7년 연속 전체 수석 매출

이충길·이동현

S+ 감정평가이론 총론

2차 | 기본서

이충길 · 이동현 편저

브랜드만족 1위 박문각

근거자료 후면표기

제3판

박문각

박문각 감정평가사

그동안 S+감정평가이론에 관심을 가져주신 수험생 여러분께 깊은 감사를 드립니다. 그동안 카페 Q&A 및 메일을 통한 수험생들과의 소통을 통해 개정판의 필요성을 느꼈습니다.

2020년 감정평가사 시험을 준비하던 시기와 2021년 감정평가이론 강의를 하던 시기 모두 감정평가이론은 저에게 쉽지 않은 과목이었습니다. 수험생이던 시기에는 시험범위가 명확하지 않았고, 아는 내용을 답안지에 적었다고 생각했는데도 점수가 나오지 않았으며, 강의를 시작한 때에는 많은 수험생분들이 내용적으로는 이해가 되지만, 새로운 문제를 접했을 경우 답안 작성에 있어서 많은 어려움을 겪는다고 말씀해주셨기 때문입니다.

감정평가이론은 법규와는 달리 단순히 암기로 인해서 해결이 될 수 있는 과목이 아닙니다. 그럼에도 불구하고, 많은 수험생분들이 이론을 암기과목처럼 생각하셔서 많은 자료를 힘들게 외우고 계시거나, 단순히 글재주가 좋은 사람들이 점수를 받아갈 수 있는 과목으로 생각하셔서 이론을 힘들어 하는 경우를 많이 보았습니다.

감정평가이론은 전형적인 암기과목이 아닌 기본서의 내용을 어떻게 활용할지 고민을 해야 하는 과목에 해당합니다. 따라서, 최대한 답안지에 활용이 가능한 내용들이 실려 있는 기본서가 필요하다고 생각하였습니다.

이번 개정판의 수정사항은 다음과 같습니다.

1. 감정평가이론의 체계 순서대로 서술하였습니다.
   감정평가이론은 각 내용이 서로 연관되어 있으며, 일정한 흐름 및 순서를 가지고 있습니다. 본서에서는 이에 따라 감정평가이론 총론에서는 개론 및 유형별·목적별에 따른 내용을 수록하였고, 감정평가이론 각론을 분리하여 배치하였습니다.

❷ 최신 법령과 기출문제를 반영하였습니다.

최근, 감정평가에 관한 규칙에 있어서 일정 부분 내용의 개정이 있었고, 마지막 개정판 이후로도 감정평가이론과 관련한 여러 기출문제가 출제되었습니다. 이번 개정판에서는 이에 따라 개정된 '감정평가에 관한 규칙'의 내용 및 기출문제를 반영하였습니다.

❸ 현행 제도와 관련하여 내용을 수정 및 추가하였습니다.

현행 시행되지 않고 있거나, 논의가 없는 부동산 정책과 관련한 내용은 일부 축소하였습니다. 반면, DSR처럼 추가로 시행되는 내용과 같이 새로운 부동산제도 중 감정평가이론과 관련이 있는 내용들을 추가하였습니다.

시험을 준비하면서 가장 많이 들었던 말은 각 과목의 단권화였습니다. 해당 교재 역시 단기 합격을 위해 감정평가이론과 관련하여 답안지에 활용할 수 있는 내용들로 구성하였습니다. 본서가 수험생분들의 단기 합격에 도움이 되기를 바랍니다.

그동안 강의에 도움을 주신 서울법학원 관계자, 출간을 도와주신 (주)박문각출판 관계자 분들께 감사드립니다.

이충길·이동현 공편저

감정평가사란?

감정평가란 토지 등의 경제적 가치를 판정하여 그 결과를 가액으로 표시하는 것을 말한다. 감정평가사(Certified Appraiser)는 부동산・동산을 포함하여 토지, 건물 등의 유무형의 재산에 대한 경제적 가치를 판정하여 그 결과를 가액으로 표시하는 전문직업인으로 국토교통부에서 주관, 산업인력관리공단에서 시행하는 감정평가사시험에 합격한 사람으로 일정기간의 수습과정을 거친 후 공인되는 직업이다.

시험과목 및 시험시간

가. 시험과목(감정평가 및 감정평가사에 관한 법률 시행령 제9조)

시험구분	시험과목
제1차 시험	❶ 「민법」 중 총칙, 물권에 관한 규정 ❷ 경제학원론 ❸ 부동산학원론 ❹ 감정평가관계법규(「국토의 계획 및 이용에 관한 법률」, 「건축법」, 「공간정보의 구축 및 관리 등에 관한 법률」 중 지적에 관한 규정, 「국유재산법」, 「도시 및 주거환경정비법」, 「부동산등기법」, 「감정평가 및 감정평가사에 관한 법률」, 「부동산 가격공시에 관한 법률」 및 「동산・채권 등의 담보에 관한 법률」) ❺ 회계학 ❻ 영어(영어시험성적 제출로 대체)
제2차 시험	❶ 감정평가실무 ❷ 감정평가이론 ❸ 감정평가 및 보상법규(「감정평가 및 감정평가사에 관한 법률」, 「공익사업을 위한 토지 등의 취득 및 보상에 관한 법률」, 「부동산 가격공시에 관한 법률」)

나. 과목별 시험시간

시험구분	교시	시험과목	입실완료	시험시간	시험방법
제1차 시험	1교시	❶ 민법(총칙, 물권) ❷ 경제학원론 ❸ 부동산학원론	09:00	09:30~11:30(120분)	객관식 5지 택일형
	2교시	❹ 감정평가관계법규 ❺ 회계학	11:50	12:00~13:20(80분)	

제2차 시험	1교시	❶ 감정평가실무	09:00	09:30~11:10(100분)	과목별 4문항 (주관식)
	중식시간 11:10 ~ 12:10(60분)				
	2교시	❷ 감정평가이론	12:10	12:30~14:10(100분)	
	휴식시간 14:10 ~ 14:30(20분)				
	3교시	❸ 감정평가 및 보상법규	14:30	14:40~16:20(100분)	

※ 시험과 관련하여 법률·회계처리기준 등을 적용하여 정답을 구하여야 하는 문제는 시험시행일 현재 시행 중인 법률·회계처리기준 등을 적용하여 그 정답을 구하여야 함

※ 회계학 과목의 경우 한국채택국제회계기준(K-IFRS)만 적용하여 출제

다. 출제영역 : 큐넷 감정평가사 홈페이지(www.Q-net.or.kr/site/value) 자료실 게재

응시자격 및 결격사유

가. 응시자격 : 없음

※ 단, 최종 합격자 발표일 기준, 감정평가 및 감정평가사에 관한 법률 제12조의 결격사유에 해당하는 사람 또는 같은 법 제16조 제1항에 따른 처분을 받은 날부터 5년이 지나지 아니한 사람은 시험에 응시할 수 없음

나. 결격사유(감정평가 및 감정평가사에 관한 법률 제12조, 2023.5.9. 개정)

다음 각 호의 어느 하나에 해당하는 사람

1. 파산선고를 받은 사람으로서 복권되지 아니한 사람
2. 금고 이상의 실형을 선고받고 그 집행이 종료(집행이 종료된 것으로 보는 경우를 포함한다)되거나 그 집행이 면제된 날부터 3년이 지나지 아니한 사람
3. 금고 이상의 형의 집행유예를 받고 그 유예기간이 만료된 날부터 1년이 지나지 아니한 사람
4. 금고 이상의 형의 선고유예를 받고 그 선고유예기간 중에 있는 사람
5. 제13조에 따라 감정평가사 자격이 취소된 후 3년이 지나지 아니한 사람. 다만 제6호에 해당하는 사람은 제외한다.
6. 제39조 제1항 제11호 및 제12호에 따라 자격이 취소된 후 5년이 지나지 아니한 사람

합격자 결정

가. 합격자 결정(감정평가 및 감정평가사에 관한 법률 시행령 제10조)

- 제1차 시험
  영어 과목을 제외한 나머지 시험과목에서 과목당 100점을 만점으로 하여 모든 과목 40점 이상이고, 전 과목 평균 60점 이상인 사람
- 제2차 시험
  - 과목당 100점을 만점으로 하여 모든 과목 40점 이상, 전 과목 평균 60점 이상을 득점한 사람
  - 최소합격인원에 미달하는 경우 최소합격인원의 범위에서 모든 과목 40점 이상을 득점한 사람 중에서 전 과목 평균점수가 높은 순으로 합격자를 결정

  ※ 동점자로 인하여 최소합격인원을 초과하는 경우에는 동점자 모두를 합격자로 결정. 이 경우 동점자의 점수는 소수점 이하 둘째 자리까지만 계산하며, 반올림은 하지 아니함

나. 제2차 시험 최소합격인원 결정(감정평가 및 감정평가사에 관한 법률 시행령 제10조)

공인어학성적

가. 제1차 시험 영어 과목은 영어시험성적으로 대체

- 기준점수(감정평가 및 감정평가사에 관한 법률 시행령 별표 2)

시험명	토플		토익	텝스	지텔프	플렉스	토셀	아이엘츠
	PBT	IBT						
일반응시자	530	71	700	340	65 (level-2)	625	640 (Advanced)	4.5 (Overall Band Score)
청각장애인	352	-	350	204	43 (level-2)	375	145 (Advanced)	-

- 제1차 시험 응시원서 접수마감일부터 역산하여 2년이 되는 날 이후에 실시된 시험으로, 제1차 시험 원서 접수 마감일까지 성적발표 및 성적표가 교부된 경우에 한해 인정함

※ 이하 생략(공고문 참조)

CONTENTS
이 책의 차례

PART 01 감정평가 총론

PART

01

감정평가 총론

Chapter 01

감정평가의 기초

01 절 감정평가의 이론적 논의

Ⅰ 서

① 「감정평가 및 감정평가사에 관한 법률」 제2조 제2호에서는 감정평가라 함은 "토지 등의 경제적 가치를 판정하여 그 결과를 가액으로 표시하는 것"이라 정의하고 있다.

② 일반적으로 감정이란 사물의 진위(권리분석), 선악(물리적・기능적 하자), 적부(용도적 적합), 양부 등을 판정하는 것이고, 평가란 물건의 가격을 판정하는 것으로 화폐단위로 계량화하는 과정이나 행동을 말한다. 그러나 부동산 감정평가에 있어서 감정과 평가에 대하여 일원설, 이원설, 삼원설 등 다양한 견해가 있다.

③ 이러한 논의는 부동산활동의 다양화・전문화・개방화에 비추어 볼 때, 감정평가 업무영역 확대 및 감정평가 업무상 기능의 증대와 밀접하게 관련되어 있어 그 중요성이 있으며, 또한 감정평가의 본질을 이해하는 기초가 된다. 즉, 논의의 실익은 감정평가의 업무범위를 명확히 하고 감정평가활동을 효율적으로 수행하고자 함에 있다.

Ⅱ 견해의 대립

1. 일원설(감정과 평가는 일련의 과정이라는 견해)

(1) 의의

감정과 평가의 기능을 구분하지 않고 대상물건의 가치를 평가하기 위해서는 감정이 선행되어야 하므로 포괄적으로 개념을 이해하여 감정과 평가를 동일한 개념으로 파악하는 것이다.

(2) 논거

부동산에는 진위 · 선악, 적부 · 양부 등의 감정활동과 가격을 판정하는 평가활동이 동일한 일련의 과정이며, 감정평가법 제2조에서도 감정과 평가를 구분하지 않고 감정평가라 하여 하나의 개념으로 정의하고 있다.

2. 이원설(감정과 평가는 독립된 개념이라는 견해)

(1) 의의

감정과 평가는 별개의 개념이고, 부동산에도 감정활동과 평가활동이 독립적으로 존재한다는 것이다.

(2) 논거

감정과 평가를 동일한 일련의 과정으로 볼 경우 감정평가의 종국적인 목적이 오로지 가격을 판정하는 것에만 있다고 볼 수 있으며, 부동산에 관한 전문지식과 경험을 평가활동으로만 국한할 필요는 없다. 또한 감정활동이 평가활동의 선행단계라 하여 하나로 보는 것은 잘못이라는 것이다.

3. 삼원설[1](evaluation 또는 감정컨설팅을 포함하는 견해)

(1) 의의

감정과 평가 이외에도 evaluation 또는 감정컨설팅(appraisal consulting)에 대한 별도의 정의를 내려 이를 포함하는 견해이다.

(2) 논거

AI에서는 감정, 평가 이외에도 evaluation은 감정평가액의 표시가 필수적이지 않은 것으로서 토지이용계획이나 시장성 및 투자성 분석 등 컨설팅 개념을 포괄한 광범위한 평가개념으로 정의하며, USPAP에서는 감정컨설팅이라 하여 평가가액에 대한 평가사의 의견이 컨설팅 의뢰목적의 일부인 경우에 문제해결 방안, 권고안, 분석 등을 제시하는 행위나 과정으로 정의한다.

Ⅲ 결

① 현대 부동산활동의 핵심인 감정평가활동은 부동산의 가치추계뿐만 아니라 타당성, 권리분석, 경제기반 분석, 입지선정, 최유효이용분석 등을 포괄한다는 측면에서 삼원설 견해가 타당하다고 보며, 이는 감정평가 업무영역 확대 및 전문성에 보다 부합한다.

② 그러나 이러한 학설의 대립은 논의의 실익보다는 경제사회의 복잡고도화에 따라 감정평가 업무의 수요가 날로 확장되어 가고 있는 추세를 업계가 적극 수용하고 대응할 필연성을 제기하고 있다고 볼 수 있다.

---

1) 경응수, 감정평가론(제6판), 나무미디어, 2021

02 절 감정평가의 필요성[2] ▸기출 31회

Ⅰ 서

감정평가는 왜 일반인들은 아무나 할 수 없고 일정한 자격을 가진 감정평가사들만 독점적으로 하는가에 대한 의문이 제기될 수 있다. 이와 관련하여 부동산은 일반재화와 상이한 여러 가지 특성에 의해 부동산 시장에서의 수급 논리 이외에 복잡한 가격 형성과정을 통하여 가격이 형성되는바 일반인들은 적정가격의 파악이 어렵고, 한편으로는 부동산의 사회성, 공공성에 의해 합리적 시장에서 성립될 수 있는 적정가격의 지적이 요구되는바 감정평가사가 필요하다.

Ⅱ 부동산 감정평가의 필요성(시복사기특)

1. 합리적 시장의 결여

일반재화는 시장에서 수요와 공급이라는 상호작용에 의하여 가격이 결정된다. 그러나 부동산은 일반재화와는 다른 여러 가지 특성으로 인하여 보편적이고 합리적인 시장이 결여되어 가격형성 메커니즘이 제대로 작동하기 어려운 특성을 가지고 있다. 이에 전문가인 감정평가사에게 합리적인 시장을 바탕으로 한 적정가격의 판단을 하게 함으로써 시장기능을 보완할 수 있도록 제도화하고 있는 것이다.

2. 부동산가격형성의 복잡성 및 변동성

부동산은 고정성을 갖고 있기 때문에 환경적인 요인에 의하여 많은 영향을 받게 된다. 이에 따라 부동산가격은 자연적 요인, 사회적 요인, 경제적 요인, 행정적 요인 등 복잡하고 다양한 가치형성요인에 의해 가격이 형성된다. 또한 그러한 요인들이 시시각각 변해감에 따라 부동산 가격 또한 항상 변동의 과정에 있게 된다. 따라서 일반인들은 파악하기 힘든 복잡하고 변화무쌍한 가격형성의 과정을 전문가인 감정평가사가 파악하게 되는 것이다.

2) (특강) 부동산감정평가의 개념과 필요성(노용호, 건대특강)

3. 부동산의 사회성과 공공성

부동산은 그 자체로 국가 성립의 기반이고, 사회형성기초로 공익에 기여하는 바가 크고, 일반재화에 비해 경제적 비중이 매우 크다. 이는 일반국민에게 직·간접적으로 큰 영향을 미치는바, 사회성과 공공성이 특히 강조된다. 이에 따라 일반재화와 달리 전문성과 윤리성이 높게 요구되는 전문가에 의해 적정가격을 도출할 필요성이 제기된다.

4. 가격형성의 기초

부동산가격은 본질적으로 시장에서의 수요와 공급의 논리에 의해 형성되는 적정가격의 성립이 어렵게 되고 이는 곧 가격의 본질적인 기능인 시장참가자의 행동지표로서의 기능을 수행할 수 없게 만든다. 따라서 시장참가자의 행동지표로서의 기능이 제대로 발휘될 수 있도록 하고, 새로운 수요와 공급에 의한 가격형성의 기초가 될 수 있도록 하기 위해서는 전문가에 의한 적정가격의 평가업무가 필요하게 된다.

5. 부동산거래의 특수성

부동산은 개별성과 고가성으로 인해 일반재화와 달리 거래당사자 간의 사정개입이 이루어지고 특수한 관계가 형성되며 정보가 비공개된다. 이에 따라 정확한 가치를 지적해 줄 전문가의 도움이 필요하다.

Ⅲ 결(사회적 필요성)[3)]

부동산은 규격화된 단위와 이용방법으로만 사용되지 않으며, 경제적인 상황과 사회적인 상황 및 행정적, 법률적 조건에 따라서 다양한 이용방법과 형태를 가지고 사용되고 있으므로 일정한 기준과 통일된 방법으로 부동산의 가격을 결정하는 것은 불가능하다. 따라서 부동산의 가격은 감정평가를 통하여 객관적이고 실체적인 가격에 접근하는 것이며 사회적인 합의를 도출하기 위한 감정평가제도가 필요한 것이다.

---

3) 나상수, 감정평가이론강의, 리북스, 2009

03 절 감정평가의 기능[4] ▶기출 1회, 7회, 20회, 24회

Ⅰ 서

감정평가의 기능이란 감정평가가 어떠한 역할을 수행하는가에 관한 것이다. 이러한 감정평가의 기능은 주로 공적 부동산활동과 관련하여 부동산정책의 효율적인 수립과 집행에 기여하는 정책적 기능과 사적 부동산활동과 관련하여 자원의 효율적 배분과 거래질서 확립에 기여함으로써 시장기능이 제대로 발휘될 수 있도록 하는 일반경제적 기능 및 사회구성원들 간의 갈등과 대립을 해소하고 사회통합에 기여하는 사회적 기능이 있다.

Ⅱ 정책적 기능(효적손과)

1. 부동산의 효율적 이용과 관리

부동산을 감정평가하는 과정에서 최유효이용을 파악하게 되는데 이는 부동산의 효율적인 이용과 관리를 지원한다. 또한 감정평가 결과는 공적주체가 사업을 진행하는 과정에서 지역분석을 하는 데 참고가 되고 사업성 판단 등에 활용되므로 부동산의 이용과 관리에 실질적인 도움을 준다.

2. 적정한 가격형성 유도

전문가인 감정평가사에 의해 평가된 가격은 시장의 불완전성을 보완하여 비정상적인 가격형성을 억제하고 적정한 가격형성을 유도한다. 경우에 따라서는 해당 지역의 과도한 지가상승과 하락을 억제하는 기능도 수행한다. 매년 1월 1일을 기준으로 하여 평가된 표준지공시지가는 이러한 기능을 수행하고 있으며 대표적인 공적인 가격지표라고 할 수 있다.

4) 노용호, 아카데미 부동산 감정평가론, 부연사, 2021

3. 손실보상의 적정화

공익사업을 수행하는 경우 적정가격을 평가하여 합리적인 보상액을 산정함으로써 국민의 재산권 보호에 기여한다. 특히 시장성이 없는 부동산이나 가치측정이 용이하지 않은 부동산의 보상액 산정에 있어 그 유용성이 크다고 할 수 있다.

4. 과세의 합리화

국가나 지방자치단체는 국민의 재산권에 대하여 세금을 부과할 수 있는데, 이때 세금부과의 기초가 되는 것이 부동산가격이다. 감정평가는 공정하고 합리적인 과세활동이 이루어질 수 있도록 중요한 기능을 수행한다. 감정평가사는 개별공시지가의 기준이 되는 표준지공시지가를 조사・평가하고 개별공시지가의 적정성을 검증하는 업무를 담당함으로써 과세업무가 합리적으로 이루어지도록 하는 데 큰 기여를 하고 있다.

Ⅲ 경제적 기능(배판거파)

1. 부동산 자원의 효율적 배분

부동산시장은 일반재화시장과는 달리 불완전한 특성으로 가격파악이 어렵다. 이에 감정평가를 통해 합리적인 시장을 상정한 균형가격을 파악하여 적정한 가격을 제시하여 부동산 자원의 효율적인 배분이 이루어질 수 있도록 지원한다.

2. 부동산 의사결정의 판단기준 제시

감정평가 결과는 새로운 사업의 타당성분석의 기준으로 유용하게 활용되고, 부동산의 거래나 투자 등 다양한 의사결정에 있어서 판단기준으로 활용됨으로써 다양한 경제주체의 의사결정을 지원하는 역할을 수행하게 된다.

3. 거래질서의 확립과 유지

감정평가활동은 부동산의 공정하고 객관적인 가격을 제시함으로써 매매, 임대, 담보, 경매 등 다양한 거래 활동을 합리적이고 능률적으로 수행하도록 하여 거래질서 확립과 유지에 기여한다.

4. 파라미터적 기능

감정평가액은 시장참여자들의 행동지표로서 기능을 수행하여 종국적으로 수요와 공급이 서로 같아지도록 유도해 간다. 즉, 수요자와 공급자는 새로운 행동을 함에 있어 전문가에 의해 평가된 가격을 중요한 지표로서 인식하게 된다. 법원경매에서 입찰을 수행하는 경우 감정평가사에 의해 도출된 경매가격을 기준으로 입찰 여부와 입찰가격을 결정하는 것이 좋은 예가 될 수 있다.

Ⅳ 사회적 기능(조재국)

1. 이해관계 조정

부동산은 경제적 가치가 매우 클 뿐만 아니라 다층적인 이해관계가 존재하는 경우가 많아 이해관계인 간의 갈등과 대립이 발생할 가능성이 매우 크다. 감정평가사는 제3자의 객관적인 입장에서 공정하게 감정평가함으로써 원만한 합의와 조정을 이끌어 내는 데 기여한다.

2. 재산권 보호

감정평가는 경제적 가치가 존재하는 것이면 무엇이든 그 가치를 판정함으로써 해당 권리자들이 정당한 재산권을 향유할 수 있게 하고, 국가공권력에 의한 수요와 같은 상황에서는 적정가격을 평가함으로써 재산권을 보호하는 역할을 수행한다.

3. 국가경제 발전에 기여

사회가 평화롭게 존속하고 유지되기 위해서는 생활의 터전이 되는 국가경제의 뒷받침이 필요하다. 감정평가는 부동산을 비롯한 다양한 자산의 가치를 평가함으로써 경제활성화에 기여하고, 자본주의 시장경제 시스템이 원활하게 작동될 수 있도록 지원하여 국가경제의 성장과 발전에 기여하는 역할을 수행한다.

Ⅴ 결

감정평가사는 국가 행정 목적의 부동산 평가업무를 수행하며, 공익사업을 위한 보상평가, 부동산 과세기준이 되는 공시가격 평가, 금융기관 등의 필요에 의한 담보평가, 분쟁의 해결목적의 소송평가 및 경매와 공매평가를 한다.

이와 같이 감정평가사가 관여되는 업무는 항상 이해가 상충되는 이해관계인들이 존재하므로 감정평가사는 공평무사한 태도를 견지하여야 한다.

04 절 감정평가의 사회성, 공공성

Ⅰ 서

부동산은 법률적, 경제적, 기술적 측면에서 이해되는 복합 개념으로서 인간 생활에 필수적인 기반이 되며, 개인의 행복, 사회의 성장 발전의 근간을 이룬다. 사회성, 공공성은 모든 재화에 있어 지적될 수 있지만, 부동산의 경우 사적 소유자뿐만 아니라 일반인들에게도 영향을 미치므로, 감정평가 시 높은 사회성과 공공성이 요구된다.

Ⅱ 감정평가의 사회성, 공공성이 제기되는 근거(필사기)

1. 부동산의 사회성 · 공공성(국용환경)

(1) 국토공간으로서의 사회성, 공공성

토지는 국토를 구성하는 공간으로서 국민 생활의 터전이며 국가 구성의 필수적 요소로서 영토를 의미하는바, 사회성, 공공성의 의미를 갖는다.

(2) 용도적 측면에서 사회성, 공공성

토지는 절대적 공급의 한정에 의한 희소성과 생활 및 산업의 기반 등에 있어 용도의 다양성이 있는바 최고의 효용을 창출할 수 있는 최유효이용과 그에 따른 강제가 요구된다.

(3) 환경요소적 측면에서의 사회성, 공공성

부동산은 독자적 가치를 갖기보다는 다른 부동산과 일정 지역을 형성하는 주위 환경에 영향을 받고 또한 주위에 영향을 주면서 상호 관계가 형성되는바, 사회성과 공공성이 요구된다.

(4) 경제적 비중 측면에서 사회성, 공공성

부동산은 국부의 대부분을 차지하며 각종 부동산 활동에 있어서의 고용원의 역할, 투자재원으로서의 역할 및 소비재 등의 역할을 행함으로써 국가 경제의 근간을 이룬다는 점에서 사회성, 공공성이 요구된다.

2. 감정평가의 필요성

부동산 특성으로 인한 시장의 합리성 저해 등으로 일반인에 의한 가격 평정이 어렵고, 감정평가액이 일반인에 대한 거래지표가 되고 있는 점에서 감정평가의 필요성은 그 사회성 · 공공성과 직결된다.

3. 감정평가의 기능

감정평가는 부동산의 객관적 가치를 평정함으로써 효율적인 부동산 정책의 수립과 집행을 가능하게 하고, 불완전 경쟁시장인 부동산시장은 물론 일반 재화시장의 결함을 보완함으로써 자원의 효율적 배분과 경제적 유통질서 확립에 기여하는바, 사회성, 공공성이 요구된다.

III 결[5)]

감정평가는 형평성을 유지함으로 해서 공공성이 확보된다. 이를 위해서 감정평가사에게는 균형적인 감각이 절실하게 요구되며 사회적인 공감대가 어떤 것인가를 직감적으로 인식할 수 있어야 한다. 이론과 논리, 법과 규칙들이 근간이 되는 균형적인 사고와 사회에서 요구되는 현실적인 흐름들이 적절히 조화되어야 공공성이 확보될 것이다. 즉, 형평성과 공정성은 정확한 감정평가를 가능하게 할 수 있는 기준이고, 공인될 수 있는 감정평가의 원칙이 되는 것이며, 이로 인하여 부동산의 감정평가는 공공성과 사회적인 공신력을 확보할 수 있을 것이다.

5) 나상수, 감정평가이론강의, 리북스, 2009

05 절 감정평가사의 직업윤리[6] ▸기출 7회, 16회, 32회

Ⅰ 서

감정평가사의 직업윤리란, 감정평가사가 그 직무를 수행함에 있어 지켜야 할 관계법령에 의한 제 규정은 물론이고, 그 외에도 자율적으로 준수해야 할 전문 직업인으로서의 행위규범을 의미한다. 감정평가는 그 자체로 정책적, 경제적 기능을 지니고 있으며 평가의 주된 대상인 부동산이 가지고 있는 사회성, 공공성에 의해 필연적으로 높은 수준의 직업윤리가 강조된다. 또한 최근 부동산에 대한 사회적인 관심과 부동산이 국가경제에서 차지하는 경제적 비중이 점점 커짐에 따라 감정평가사에 대한 직업윤리가 더욱 강조되고 있다. 감정평가사의 직업윤리가 결여된 평가결과는 의뢰인뿐만 아니라 부동산 경제활동에도 심각한 부정적 영향을 미치게 된다. 따라서 선진 각국에서는 감정평가 전문자격제도를 시행하면서 감정평가사에게 엄격한 윤리적 의무와 책임을 부여하고 있는 것이다.[7]

---

6) (특강) 부동산감정평가업자의 역할과 직업윤리에 대하여 설명하시오(이창석, 태평양특강).
7) 경응수, 감정평가론 제6판, 나무미디어, 2021

Ⅱ 직업윤리가 강조되는 이유[8](이론적 근거)(특전사기) ▸기출 5회

1. 부동산 특성으로 인한 감정평가의 필연성

부동산의 자연적, 인문적 특성으로 인해 부동산 시장은 불완전하며, 이에 따라 균형가격의 형성이 곤란하다. 그러므로 합리적인 시장제도를 대신할 감정평가의 필연성이 제기되는데, 이 경우 직업윤리가 강조된다.

2. 감정평가의 전문성

부동산에는 객관적 가치측정의 척도가 없어 전문가로서 감정평가사의 지식, 경험, 판단력, 양심에 의존할 수밖에 없는바, 공정무사하고 성실한 업무처리가 절실히 요구되는데, 이 경우 직업윤리가 강조된다.

3. 감정평가의 사회성, 공공성

부동산은 사회성, 공공성을 가지는바, 감정평가에 의해 판정된 가격은 개인의 행복과 사회복지에 큰 영향을 미치므로 감정평가사는 고도의 사회성, 공공성을 인식해야 하며, 직업윤리가 강조된다.

4. 감정평가의 기능

감정평가는 부동산이 지니는 객관적 가치를 평가하여 부동산 정책을 효율적으로 수행할 수 있도록 하는 정책적 기능과 부동산시장의 결함을 보완하여 부동산 자원의 효율적 배분과 경제적 유통질서 확립에 기여하는 경제적 기능을 수행하는바, 높은 직업윤리가 강조된다.

▶ 부동산에 대한 감정평가가 필연적으로 요청되는 이유를 부동산의 특성과 관련하여 설명하라.[9]

전문가에 의한 부동산 감정평가가 필연적으로 요청되는 이유는 부동산은 시장의 불완전성으로 인하여 균형가격이 자연적으로 성립되지 않기 때문이다. 또한 토지에는 자연적 특성이 있어 완전경쟁이 어렵고 가격이 개별적으로 형성되는 데다 개별적인 사정이 개입되는 등 자유롭고 합리적인 가격형성을 저해하는 요인이 많다. 따라서 합리적인 시장이 있어 완전경쟁이 행하여지는 경우에 형성될 것으로 기대되는 적정한 시장가치를 사회경제적 필요에 따라 평정해 줄 전문가적 판단과 의견이 필요하게 된다. 이것은 부동산 평가제도가 필연적으로 요청되는 근거이며, 감정평가사의 직업윤리가 특히 강조되는 배경이다.

---

8) 이창석, 기본강의 감정평가, 리북스, 2013

9) 경응수, 감정평가론(제6판), 나무미디어, 2021

Ⅲ 윤리적 준수사항 및 직무적 준수사항

1. 윤리적 준수사항(기성공신비감)

(1) 기여성 및 성실성

전문적인 지식과 경험 그리고 판단력을 가지고 감정평가업무에 관하여 맡은 바 책임을 다하여 사회와 국민경제발전에 기여하도록 하여야 하며, 이론과 경험뿐만 아니라 실무면에서 성실성과 정직성을 발휘하여야 한다.

(2) 공정성 및 신뢰성

감정평가 관계인의 이해관계 유무, 기타 어떤 이유에도 불구하고 공정한 자세로 업무수행을 하여야 하며, 사기성이 있다고 간주되거나 의뢰인을 오도할 수 있는 행동을 삼가고, 관련제법령 및 규정에 관하여 일반인의 이해를 얻고 신뢰성 제고를 위해 노력해야 한다.

(3) 비밀엄수 및 감정제한

감정평가사는 이유 없이 직무상 알게 된 비밀을 누설해서는 안 되며, 자기능력에 의한 업무수행이 불가능하거나 극히 곤란하다고 판단되는 물건과 특별한 이해관계가 있는 물건은 감정평가해서는 안 된다.

2. 직무적 준수사항(전조판경)

(1) 전문적 지식의 보유 및 향상

감정평가사는 가격산출의 근거와 가격의 형성 및 가격변동에 미치는 제 요인 등을 습득하여 언제나 새로운 전문적 식견의 향상을 위해 노력해야 한다.

(2) 조사능력

감정평가사는 대상물건을 정확히 파악하기 위하여 필요한 모든 자료를 수집하고 이를 조직적으로 정리하는 능력이 있어야 한다.

(3) 정확한 판단력

감정평가사는 수집된 자료의 비교, 분석을 위한 정확한 판단력이 요구된다.

(4) 풍부한 경험과 상식

부동산학은 종합적 학문이며, 부동산의 가격형성은 복잡하고 다양하므로, 현실에 부합되는 감정평가를 위하여 풍부한 경험 및 다양한 상식이 요구된다.

Ⅳ 법률적 근거 ▸기출 5회

1. 감정평가법상의 윤리규정(제25조)

「감정평가법」 제25조 성실의무 등에서는 감정평가사의 의무와 관련해서 품위유지, 불공정한 평가금지, 겸업금지, 보수제한, 중복소속금지 등을 규정하고 있다. 또한, 전항의 의무를 강제하기 위한 여러 규정을 두고 있는데, 동법 제26조의 비밀엄수, 제27조의 명의대여 등의 금지, 제28조의 손해배상책임 등이 있다.

감정평가법 제25조(성실의무 등)

① 감정평가법인등(감정평가법인 또는 감정평가사사무소의 소속 감정평가사를 포함한다. 이하 이 조에서 같다)은 제10조에 따른 업무를 하는 경우 품위를 유지하여야 하고, 신의와 성실로써 공정하게 하여야 하며, 고의 또는 중대한 과실로 업무를 잘못하여서는 아니 된다.

② 감정평가법인등은 자기 또는 친족 소유, 그 밖에 불공정하게 제10조에 따른 업무를 수행할 우려가 있다고 인정되는 토지 등에 대해서는 그 업무를 수행하여서는 아니 된다.

③ 감정평가법인등은 토지 등의 매매업을 직접 하여서는 아니 된다.

④ 감정평가법인등이나 그 사무직원은 제23조에 따른 수수료와 실비 외에는 어떠한 명목으로도 그 업무와 관련된 대가를 받아서는 아니 되며, 감정평가 수주의 대가로 금품 또는 재산상의 이익을 제공하거나 제공하기로 약속하여서는 아니 된다.

⑤ 감정평가사, 감정평가사가 아닌 사원 또는 이사 및 사무직원은 둘 이상의 감정평가법인(같은 법인의 주・분사무소를 포함한다) 또는 감정평가사사무소에 소속될 수 없으며, 소속된 감정평가법인 이외의 다른 감정평가법인의 주식을 소유할 수 없다.

⑥ 감정평가법인등이나 사무직원은 제28조의2에서 정하는 유도 또는 요구에 따라서는 아니 된다.

감정평가법 제26조(비밀엄수)

감정평가법인등(감정평가법인 또는 감정평가사사무소의 소속 감정평가사를 포함한다. 이하 이 조에서 같다)이나 그 사무직원 또는 감정평가법인등이었거나 그 사무직원이었던 사람은 업무상 알게 된 비밀을 누설하여서는 아니 된다. 다만, 다른 법령에 특별한 규정이 있는 경우에는 그러하지 아니하다.

감정평가법 제27조(명의대여 등의 금지)

① 감정평가사 또는 감정평가법인등은 다른 사람에게 자기의 성명 또는 상호를 사용하여 제10조에 따른 업무를 수행하게 하거나 자격증・등록증 또는 인가증을 양도・대여하거나 이를 부당하게 행사하여서는 아니 된다.

② 누구든지 제1항의 행위를 알선해서는 아니 된다.

2. 감정평가에 관한 규칙상의 규정(제3조)

「감정평가에 관한 규칙」 제3조는 감정평가법인등의 의무 규정으로, ① 자신의 능력으로 업무수행이 불가능하거나 매우 곤란한 경우, ② 이해관계 등의 이유로 자기가 감정평가하는 것이 타당하지 아니하다고 인정되는 경우에는 감정평가를 하여서는 아니 된다.

3. 감정평가 실무기준상의 윤리규정(200)

실무기준에서는 크게 기본윤리와 업무윤리로 구분한다. 기본윤리에서는 ① 품위유지, ② 신의성실(부당한 감정평가의 금지, 자기계발, 자격증 등의 부당한 사용의 금지), ③ 청렴, ④ 보수기준 준수를 규정하였으며, 업무윤리에서는 ① 의뢰인에 대한 설명 등, ② 불공정한 감정평가 회피, ③ 비밀준수 등 타인의 권리보호를 규정하고 있다.

4. 외국의 윤리규정

해외 각국의 윤리규정 중 특히 미국 AI의 윤리규정과 USPAP, 일본의 부동산 감정평가에 관한 법률과 감정평가기준, 그리고 영국의 왕립평가사협회(RICS)의 윤리규정 등을 집약하여 보면, 감정평가업무를 수행하는 주체는 전문적 지식과 정확한 판단력, 풍부한 경험 및 비밀유지에 관한 노력, 공정한 정신과 책임감을 지니고 평가업무에 임할 것을 일관되게 강조하고 있다.

V 감정평가 윤리(부동산 윤리)의 유형 및 윤리규제 방법[10]

1. 감정평가 윤리의 유형(조서공고)

(1) 고용윤리

부동산업자는 그가 고용하는 종업원들이 법규나 윤리규정을 비롯한 제반업무규정을 잘 준수하도록 충분히 감독할 책임이 있으며, 일반적 교육지식을 향상시키도록 노력할 책임이 있다.

(2) 조직윤리

동업자 간에 지켜야 할 윤리로 동업자와의 관계, 동업자 단체와의 관계에 적용된다. 윤리를 지키지 않아 동업자에게 불리한 결과가 생기지 않도록 하며 동업자 단체에 가입하여 단체의 역할, 기능, 지시사항에 성실히 협조해야 한다.

(3) 서비스윤리

업자로서 업무상 지켜야 할 도리를 말하며, ① 의뢰인의 이익옹호, ② 비의뢰인의 이익옹호, ③ 업자의 사적 이해관계 배제 등을 들 수 있다.

(4) 공중윤리

일반공중의 공공복리를 위하여 업자와 직접적인 의뢰관계 등의 업무관계가 없는 공중에 대해서 전문직업인으로서 요구되는 윤리를 말한다.

---

10) 방경식 외, (논문) 감정평가업계의 바람직한 윤리 규정 내용, 감정평가학 논집

2. 윤리의 규제방법

(1) 자율규제

업자의 비윤리적 행위를 업자단체에서 규제하는 방법으로, 상당히 세밀한 사항에 이르기까지도 규제를 행할 수 있는 장점이 있다.

(2) 법률규제

자율규제가 한정적일 때 정부기관이 법률의 규정을 통해서 직접 규제하는 것으로 타율규제라고도 하며, 인원과 비용이 드는 단점이 있으나, 효과가 큰 장점도 있다.

(3) 절충적 규제

앞의 두 가지 규제가 장단점이 있으므로 일정한 사항은 법률로, 다른 사항은 자율로 하는 방식이다. 양방식을 조화롭게 구성하면 효율적으로 규제할 수 있다.

(4) 검토(자율규제의 중요성)

「실무기준」에서 "감정평가법인등은 … 스스로 규율하여야 한다."고 규정한 것은 자율적인 규율이 감정평가업자의 윤리규정의 본질임을 의미한다. 이에 따라 감정평가업자는 관련 법령 등에서 준수하도록 하는 규범뿐만이 아니라, 업무상 발생하는 문제에서 윤리적인 태도를 견지해야 하며, 궁극적으로는 이를 마땅한 것으로 여길 수 있어야 한다.

Ⅵ 결[11]

감정평가의 궁극적인 목적은 대상물건에 대한 정확한 감정평가에 있고, 정확한 감정평가는 평가자의 기본능력과 양식 그리고 수집된 각종 자료를 합리적으로 이용하는 데 달려 있으며, 또한 적절한 자료의 수집이 가능한가의 여부에 따라 크게 영향을 받는다. 이러한 일련의 과정 위에 감정평가는 그 사회성, 공공성이 강조되며, 그 정책적, 경제적 기능 또한 중요하다. 그러므로 감정평가사는 감정평가업무의 중요성을 충분히 인식하고 감정평가 관련 법령과 제 규정을 준수하여 주관적인 편견에 의한 업무취급을 배제하고, 객관적이며 가장 타당성 있는 감정평가를 하여야 한다.
감정평가업은 타인의 재산을 평가하는 서비스업의 하나이며, 그가 다루는 부동산은 사회성과 공공성이 있어, 그의 행위도 당연히 사회성과 공공성을 띨 수밖에 없다. 따라서 감정평가사는 업무에 관한 무거운 사회적 책임을 안고 있다.
감정평가사는 전문직업인의 입장에서 사회적 책임을 지는 자로서 의당 업자의 도리를 지켜야 하며, 이것을 감정평가업자의 윤리라 할 수 있다. 우리나라 실정을 볼 때 직업윤리의 중요성을 여러 면에서 강조하지 않을 수 없으며, 평가업의 발전 및 사회성장을 위해서도 직업활동을 윤리적으로 하도록 하는 과제는 중요하다. 특히 감정평가활동이 국제적 수준으로 확대되고 있어 이것도 의식해야 한다.

---

11) 노용호, 아카데미 부동산 감정평가론, 부연사, 2021

06 절 감정평가의 분류 ▸ 기출 15회, 19회, 26회, 31회

Ⅰ. 서(분류의 목적)

1. 이론구성에 대한 지침제공
2. 제도에 대한 지침
3. 감정평가활동의 능률화
4. 대상 부동산의 확정

Ⅱ. 제도상 분류

1. 평가주체에 따른 분류
   (1) 공적평가 / (2) 공인평가
2. 평가의뢰 동기에 따른 분류(= 강제성 여부에 따른 분류)
   (1) 필수적 평가 / (2) 임의적 평가
3. 법령의 규정에 따른 분류(= 법정평가와 일반평가)
   (1) 법정평가 / (2) 일반평가
4. 감정평가결과의 활용목적에 따른 분류
   (1) 공익평가 / (2) 사익평가

Ⅲ. 업무상 분류

1. 감정평가의 전제조건에 따른 분류
   (1) 기준시점에 따른 분류
      1) 소급평가
      2) 기한부평가
   (2) 감정평가 조건에 따른 분류
      1) 현황평가
      2) 조건부평가
2. 감정평가 주체의 복수 여부에 따른 분류
   (1) 단수평가
   (2) 복수평가
3. 전문성(감정평가수준)에 따른 분류
   (1) 1차 수준의 평가
   (2) 2차 수준의 평가
   (3) 3차 수준의 평가
4. 평가사의 소속 여부에 따른 분류
   (1) 참모평가(Staff Valuation)
   (2) 수시적 평가(Occasional Valuation)
5. 평가조건에 따른 분류
   (1) 부분평가
      1) 의의
      2) 적용 실례
   (2) 독립평가
      1) 의의
      2) 적용 실례
   (3) 병합 분할평가
6. 평가기법상의 구분에 따른 분류
   (1) 일괄평가(감정평가에 관한 규칙 제7조 제2항)
      1) 의의
      2) 적용 사례
   (2) 구분평가(감정평가에 관한 규칙 제7조 제3항)
      1) 의의
      2) 적용 사례
   (3) 부분평가(감정평가에 관한 규칙 제7조 제4항)
      1) 의의
      2) 적용 사례

Ⅰ 서(분류의 목적)[12](이제능확)

감정평가는 평가의 주체, 평가업무의 기술상 차이점, 감정평가의 목적, 조건, 대상물건의 성격에 따라서 다양하게 분류가 가능하다. 감정평가를 다양하게 분류함에 따라 감정평가활동의 목표를 명백히 하고, 감정평가방법의 체계화를 이룰 수 있게 되었고, 궁극적으로는 평가의 신뢰성을 좀 더 향상시킬 수 있게 된다. 구체적인 분류의 목적은 아래와 같다.

1. 이론구성에 대한 지침제공

감정평가활동의 목표를 명백히 하고 감정평가방법의 체계화에 기여한다.

2. 제도에 대한 지침

제도에 대한 지침으로서 정부가 감정평가 제도를 수립, 발전시키는 데 유익한 지침이 된다.

3. 감정평가활동의 능률화

감정평가활동의 목표를 명백히 함으로써 감정평가활동의 능률화에 기여하게 되고, 궁극적으로는 감정평가의 신뢰성을 향상시킬 수 있다.

4. 대상 부동산의 확정

감정평가의 분류는 대상 부동산을 확정하는 데도 유용하다. 감정평가의 분류가 명확하게 되어 있으면 이를 바탕으로 감정평가의 목적 및 조건 등에 따라 대상 부동산의 확정이 용이하게 된다.

Ⅱ 제도상 분류

1. 평가주체에 따른 분류

(1) 공적평가

공적평가란 정부 기타 공적 기관이 평가의 주체가 되는 제도이다. 공적평가는 대체로 공공적 목적의 성격을 지닌 평가이기 때문에 평가주체에게 일정한 특권이 부여되기도 한다. 호주, 뉴질랜드의 과세평가, 독일의 평가위원회 등이 이 제도를 시행하고 있다.

(2) 공인평가

공인평가란 국가 또는 단체로부터 일정한 자격을 부여받은 개인이 평가의 주체가 되는 제도이다. 개인이 공적 규제하에서 영리추구의 형태로 이루어지며, 미국, 일본, 영국을 비롯하여 우리나라도 이 제도를 채택하고 있으며, 이 제도에 의해 감정평가업무를 수행하는 자격을 가진 자를 감정평가사라 한다.

---

12) 노용호, 아카데미 부동산 감정평가론, 부연사, 2021

2. 평가의뢰 동기에 따른 분류(= 강제성 여부에 따른 분류)[13]

(1) 필수적 평가

필수적 평가란 법률의 규정 또는 정부시책상 일정한 사유가 발생하면 의무적으로 감정평가기관의 평가를 받아야 하는 것을 말한다. 예를 들면 표준지공시지가 평가, 손실보상 평가 등이 있다.

(2) 임의적 평가

임의적 평가는 이해관계인이 강제적 구속 없이 자유의사에 따라 임의로 의뢰하여 행하여지는 평가를 말한다. 사인 간의 매매를 위한 평가가 대표적이다.

3. 법령의 규정에 따른 분류(= 법정평가와 일반평가)

(1) 법정평가

법정평가는 감정평가기준과 방법이 법령에 규정되어 있어 그에 따라 수행되는 평가를 말한다. 법정평가의 대표적인 예로 「부동산 가격공시법」에 따른 표준지공시지가 조사·평가 및 「토지보상법」에 따른 보상평가를 들 수 있다.

(2) 일반평가

일반평가는 감정평가의 일반적인 원칙과 기준, 방법에 따라 수행되는 평가를 말한다. 우리나라는 「감정평가법」에서 감정평가에 관한 일반적인 원칙과 기준 및 방법을 제시하고 있으므로 「감정평가법」에 따른 감정평가가 일반평가에 해당한다.

4. 감정평가결과의 활용목적에 따른 분류

(1) 공익평가

공익평가란 평가결과가 공익을 목적으로 하는 평가이다. 표준지공시지가 평가, 보상평가 등이 이에 속한다.

(2) 사익평가

사익평가란 평가결과가 사익을 목적으로 하는 평가이다. 담보평가, 일반거래를 위한 평가 등이 이에 속한다.

---

13) 평가의뢰동기에 따른 분류(이창석, 기본강의 감정평가), 강제성 여부에 따른 분류(경응수, 감정평가론)

Ⅲ 업무상 분류

1. 감정평가의 전제조건에 따른 분류

(1) 기준시점에 따른 분류

1) 소급평가

소급평가는 과거의 일정시점을 기준시점으로 하여 대상 부동산을 평가하는 것을 말한다. 「감정평가에 관한 규칙」 제9조에는 기준시점이 미리 정해진 때에는 가격조사가 가능한 경우에 한하여 그 일자를 기준시점으로 정할 수 있다고 규정함으로써 소급평가를 인정하고 있다(예 토지수용 등에 수반한 보상평가와 무단점유 시 부당이득금반환청구소송 등 소송평가).

2) 기한부평가

기한부평가란 장래의 도달이 확실한 일정시점을 기준으로 한 평가로서 그 시점에서의 가격을 상정하여 평가하는 것을 말한다. 기한의 도래 자체는 확실한 미래의 일이라는 점에서 불확실한 상황에 놓여 있는 조건부 평가와는 구별된다. 그러나 일반적으로 기한부평가와 조건부평가는 함께 이루어지는 경우가 많다(예 분양시점이 확실한 아파트 평가에 적용).

(2) 감정평가 조건에 따른 분류

1) 현황평가

기준시점에서의 대상물건의 이용상황(불법적이거나 일시적 이용은 제외) 및 공법상 제한을 받는 상태를 기준으로 하는 평가이다. 즉, 대상 부동산이 있는 상태 그대로의 가치를 평가하는 것으로 감정평가를 함에 있어 기본적으로 적용되는 기준이다. 기준시점도 감정평가 일자를 기준으로 한다.

2) 조건부평가

조건부평가란 기준시점의 가치형성요인 등을 실제와 다르게 가정하거나 특수한 경우로 한정하는 조건을 붙여 감정평가하는 것을 말한다. 이는 불확실하지만 부동산가치에 영향을 줄 수 있는 새로운 상황의 발생을 상정하고 그 상황이 성취되는 경우를 전제로 증가나 감가요인을 참작하여 평가하는 것을 의미한다.

「기한부평가와 조건부평가의 구별」[14)]

기한부평가란 장래 도달이 확실한 일정시점을 기준으로 장래 일정 시점에서의 상황을 상정하여 평가하는 것을 말한다. 기한의 도래 자체는 확실한 미래의 일이라는 점에서 불확실한 상황에 놓여있는 조건부평가와는 구별된다. 예를 들면, 2030년 1월 1일에 용도지역이 제2종일반주거지역에서 일반상업지역으로 변경된다면 해당 부동산의 가치는 얼마가 될 것인가와 같은 경우이다. 이 경우 2030년 1월 1일은 기한부 평가에, 용도지역이 일반상업지역으로 변경된다는 점은 조건부 평가에 해당한다.

2. 감정평가 주체의 복수 여부에 따른 분류

(1) 단수평가

단수평가는 하나의 감정평가법인등이 평가의 주체가 되어 수행하는 평가를 말한다. 단수평가는 담보평가와 경매평가 등의 사적평가에서 원칙적으로 적용되고 있으며, 공적평가 중에서 임대료산정 등 관리업무에서 간헐적으로 이루어지고 상대적으로 공공성이 떨어지는 분야에서 시행되고 있다.

(2) 복수평가

복수평가는 둘 이상의 감정평가법인등이 평가의 주체가 되어 수행하는 평가를 말한다. 복수평가는 둘 이상의 감정평가법인등이 각각 대등한 지위에서 평가가 이루어지기 때문에 단수평가와는 달리 독립된 2개 이상의 감정평가서와 평가결과가 성립하게 된다. 최종적인 가액은 각각의 평가결과를 산술평균하여 적용하는 것이 일반적이다.

이러한 복수평가는 공적평가 중에서 부동산가격공시업무(특히, 표준지공시지가 조사・평가업무)와 보상평가업무와 같이 사회경제적으로 큰 영향을 미치고, 첨예한 이해관계가 대립되는 분야에서 활용되고 있다. 경우에 따라서는 사적평가 영역에서도 이해관계자들의 요구에 따라 공정성을 담보하기 위한 수단으로 이용되기도 한다.

「단수평가제와 복수평가제의 필요성」[15)]

복수평가와 관련하여 부동산가격공시업무를 중심으로 단수평가제로의 전환에 대한 요구가 제기된 적이 있다. 단수평가제를 주장하는 측의 견해와 복수평가제를 주장하는 측의 견해를 살펴보면 다음과 같다.

단수평가제를 주장하는 측의 견해

1) 가격의 안정화 및 자료의 축적으로 인한 기반 마련
부동산가격의 안정화와 공시자료 및 실거래가격 등의 축적으로 제도의 효율적 운영을 위한 기반이 마련되어 있다.

14) 서광채 著「감정평가학원론」(제1장 감정평가의 개관), 부연사, 2023

2) 예산의 절감
복수평가제를 단수평가제로 변경함으로서 매년 투입되는 예산절감효과를 기대할 수 있다.

복수평가제를 주장하는 측의 견해

1) 부동산시장의 불완전성 및 제도적 기반의 미비
부동산시장은 부동산의 제반 특성으로 인하여 본질적인 측면에서 불완전성을 내포하고 있다. 이에 사회경제적 변화와 정책적 요인 등으로 인하여 부동산시장의 변동과 불안이 언제든지 제기될 수 있다. 또한, 공시자료 및 실거래가격 등의 축적이 양적인 측면에서는 많이 이루어졌지만, 자료의 신뢰성과 질적 수준에 있어서는 아직 미흡한 수준으로서 충분한 기반이 마련되었다고 보기에는 시기상조이다.

2) 복수평가의 대상이 되는 업무의 중요성
복수평가는 모든 감정평가업무에 대해 이루어지는 것이 아니라 공적평가 중 일부 분야에 한정하여 적용되고 있다. 부동산가격공시업무 중 표준지공시지가 조사·평가업무가 대표적이다. 표준지공시지가는 불완전한 토지시장에 지가정보를 제공하고 일반적인 토지거래의 지표가 되며, 국가·지방자치단체 등의 기관이 그 업무와 관련하여 지가를 산정하거나 감정평가법인등이 개별적으로 토지를 감정평가하는 경우에 그 기준이 된다. 또한, 표준지공시지가는 현실적으로 재산세 및 종합부동산세와 같은 각종 세금 부과와 국민연금 및 건간보험료와 같은 각종 부담금의 산정에 직간접적인 영향을 미치게 되어 일반국민들의 경제활동에 지대한 영향을 미치게 된다. 이렇게 중요한 분야에 제한적으로 적용되는 복수평가는 그 제도를 유지해야 한다. 우리나라에 비해 일찍 공시업무제도를 도입하고 운영하고 있는 일본의 경우에도 공시업무에 있어 복수평가의 원칙은 견고하게 유지되고 있다.

3) 객관성과 정확성 제고
감정평가는 근본적으로 평가사의 주관과 판단에 의한 활동이다. 이에 따라 평가의 객관성이 떨어진다는 지적을 받을 수 있다. 복수평가제는 협의과정을 통해 평가의 과정과 결과를 서로 비교할 수 있도록 함으로써 실수나 착오를 줄이고, 평가의 객관성과 정확성을 제고할 수 있는 유용한 수단이다.

4) 폐지에 따른 부작용 예방
복수평가제에서 단수평가제로 전환되는 경우 감정평가법인등의 실적악화가 발생하게 될 우려가 있다. 이는 감정평가법인등으로 하여금 가격경쟁을 유발하여 가격인플레현상과 같은 부작용을 발생시킬 가능성도 존재한다. 이는 예산절감과 같은 긍정적인 효과가 오히려 장기적이고 간접적인 측면에서의 사회적 비용을 발생시킴으로써 사회경제 전체적으로는 부정적인 결과를 가져올 수 있다.

15) 서광채 著 「감정평가학원론」(제1장 감정평가의 개관), 부연사, 2023

3. 전문성(감정평가수준)에 따른 분류

(1) 1차 수준의 평가

가장 낮은 수준의 지식과 정보를 요하는 평가를 말한다. 부동산의 소유자나 투자자, 임차인 등이 부동산의 매매, 임대 및 기타 투자 등의 의사결정을 하기 위하여 스스로 행하는 평가이다.

(2) 2차 수준의 평가

감정평가사가 아닌 부동산 관련 업무에 종사하는 자(중개업자, 건축업자, 금융기관의 부동산업무 종사자, 부동산관련 공무원 등)들이 자신의 업무와 관련하여 행하는 평가이다.

(3) 3차 수준의 평가

부동산 평가에 대한 공인된 능력을 인정받는 전문가인 감정평가사에 의한 평가를 말한다. 진정한 의미의 감정평가라 하면, 제3차 수준의 감정평가를 의미한다.

4. 평가사의 소속 여부에 따른 분류

(1) 참모평가(Staff Valuation)

참모평가란 평가사가 독립된 평가활동을 하여 대중에게 서비스를 제공하는 것이 아니라 주로 그들의 고용주 또는 고용기관의 업무를 위하여 행하는 평가를 말한다. 주로 피고용관계에서 그가 속한 단체의 업무를 위하여 행하는 평가이다(예 한국부동산원이나 금융기관에 고용된 감정평가사가 업무수행을 위해 행하는 감정평가).

(2) 수시적 평가(Occasional Valuation)

수시적 평가란 부동산의 평가를 전업으로 삼지 않으나, 특별히 고도의 전문지식이 필요한 경우에 각 분야의 전문가로 구성되는 일시적인 감정평가를 말한다(예 대규모의 improvements, 슈퍼마켓, 공장 등의 입지선정을 위하여 감정평가사, 대학교수, 건축사 등 여러 전문인들이 참여하여 행하는 평가).

5. 평가조건에 따른 분류

주로 일본에서 사용되고 있는 평가분류이며, 우리나라에서는 조건부평가에 해당한다.

(1) 부분평가

1) 의의

부분평가란 평가의 대상토지 위에 건물이 있는 경우, 그 상태를 주어진 것으로 하여 구성부분, 건물 또는 건부지만을 감정평가의 대상으로 하는 것을 말한다.

2) 적용 실례

복합부동산에 있어서 건물과 결합하여 이용되는 것을 전제로 한 토지만의 감정평가를 하는 경우가 이에 해당한다. 또한 이는 건부감가, 건부증가를 인식하는 일종의 현황평가에 해당한다.

(2) 독립평가

1) 의의

부동산이 토지 및 건물 등이 결합하여 구성되어 있는 경우에 그 구성부분인 토지만을 독립된 부동산으로 규정하여 평가하는 것을 말한다. 이는 토지 위에 건물이 있음에도 그것이 없는 것으로 전제하거나 제한물권 등이 설정되어 있는 경우에는 없는 것으로 보아 평가하는 일종의 조건부평가라 할 수 있다.

2) 적용 실례

복합부동산의 경우에 나지 상정 후 토지의 가치만을 구하는 경우가 이에 해당한다. 이는 토지에 대한 건물의 영향(건부감가, 건부증가)을 고려하지 않은 일종의 조건부평가라 할 수 있다. 건물의 철거, 제한물권의 해제를 조건으로 하는 경우 등이 이에 해당한다.

(3) 병합 분할평가

병합 분할평가는 부동산의 병합 또는 분할을 전제로 하여 병합 후 또는 분할 후의 부동산을 대상으로 하여 평가하는 것이다. 병합·분할평가에 있어서는 병합증가·감가 및 분할증가·감가의 여부와 그 크기를 파악하는 것이 중요한 과제가 된다.

6. 평가기법상의 구분에 따른 분류[16)]

감정평가에 관한 규칙 제7조(개별물건기준 원칙 등)

① 감정평가는 대상물건마다 개별로 하여야 한다.
② 둘 이상의 대상물건이 일체로 거래되거나 대상물건 상호 간에 용도상 불가분의 관계가 있는 경우에는 일괄하여 감정평가할 수 있다.
③ 하나의 대상물건이라도 가치를 달리하는 부분은 이를 구분하여 감정평가할 수 있다.
④ 일체로 이용되고 있는 대상물건의 일부분에 대하여 감정평가하여야 할 특수한 목적이나 합리적인 이유가 있는 경우에는 그 부분에 대하여 감정평가할 수 있다.

16) (특강) 일괄감정평가, 구분감정평가, 부분감정평가(노용호, 건대특강)

(1) 일괄평가(「감정평가에 관한 규칙」 제7조 제2항)

1) 의의

평가는 대상물건마다 개별로 행하여야 한다. 다만, 둘 이상의 대상물건이 일체로 거래되거나 대상물건 상호 간에 용도상 불가분의 관계가 있는 경우에는 일괄하여 감정평가할 수 있다.

2) 적용 사례

2필지 이상의 토지가 일단지로 이용되고 있는 경우, 구분소유건물에서 대지와 건물을 일괄하여 평가하는 경우, 입목과 임지가 동시 거래되는 경우, 공장의 수익가격 평가 시, 물건 상호 간에 용도상 불가분의 관계에 있는 주물과 종물의 경우 적용된다.

(2) 구분평가(「감정평가에 관한 규칙」 제7조 제3항)

1) 의의

하나의 대상물건이라도 가치를 달리하는 부분은 이를 구분하여 감정평가할 수 있다.

2) 적용 사례

광평수토지의 전면(상업용지), 후면(주거용지)이 가격차가 심하여 구분하여 평가하여야 하는 경우나, 용도지역, 도시계획도로에 저촉되어 저촉부분과 접한 부분의 가격차가 발생하는 경우, 증축건물의 평가의 경우, 빌딩의 임대료를 평가하는 경우에 각 층별로 구분하여 단위당 임대료를 산출할 때 적용된다.

(3) 부분평가(「감정평가에 관한 규칙」 제7조 제4항)

1) 의의

일체로 이용되고 있는 대상물건의 일부분은 평가하지 아니함을 원칙으로 한다. 일체로 이용되고 있는 대상물건의 일부분에 대하여 감정평가하여야 할 특수한 목적이나 합리적인 이유가 있는 경우에는 그 부분에 대하여 감정평가할 수 있다.

2) 적용 사례

토지의 일부 편입 시 감가요인이 발생하나 전체 토지가격을 적용하여 편입부분의 가격을 평가, 잔여지의 매수 또는 수용평가, 지상건물이 있는 상태에서 토지만의 평가에 적용된다.

「구분평가와 부분평가의 구별」[17)]

부분감정평가는 대상물건의 일부를 평가하는 점에서 구분감정평가와 유사하나 구분감정평가는 물건의 일부분이 다른 부분과 가치 차이가 발생하는 경우 적용되는 데 반해 부분감정평가는 가치 차이가 발생하지 않고 의뢰목적이나 제시조건에 의하여 일부분의 평가가 이루어진다는 점에서 차이가 있다. 다시 말해 부분감정평가는 물건의 일부분을 평가대상으로 하지만 가치평가에 있어서는 물건의 전체를 기준으로 한다는 점에 유의해야 한다.

구분	개별감정평가	일괄감정평가	구분감정평가	부분감정평가
적용조건	독립된 물건	둘 이상의 물건이 일체로 거래되는 경우 물건 상호 간에 용도상 불가분의 관계가 있는 경우	하나의 물건(일괄 감정평가의 대상이 되는 물건 포함)이라도 가치를 달리하는 경우	일체로 이용되고 있는 물건(하나의 물건 포함)의 일부분만을 감정평가 해야 하는 경우
물건의 개수	1개	2개 이상	1개 이상	1개 이상의 일부
감정평가 관점의 물건의 개수	1개	1개	2개 이상	1개
물건 상호 간 가치 영향	독립적	물건 상호 간 영향을 미치 증가/감가 가능	독립적	일체로 이용되는 물건 상호 간 영향을 미쳐 증가/감가 가능

17) 서광채 著「감정평가학원론」(제1장 감정평가의 개관), 부연사, 2023

07 절 감정평가의 업무영역[18] ▸기출 25회, 32회

I 서

평가사들은 고객에게 여러 가지 다양한 기능과 서비스를 제공하고 있다. 그들은 부동산의 가치를 추계하는 일뿐만이 아니라, 고객이 가지고 있는 문제에 대해 조언과 상담을 하기도 하고, 부동산 결정에 대한 근거를 제공하기도 한다. 즉, 평가사들이 고객으로부터 의뢰받는 평가문제에는 단순한 가치추계뿐만 아니라, 다양한 영역이 포함되어 있다. 부동산 평가는 가치추계, 시장지역에 대한 조사·연구, 자료의 수집과 분석 등 여러 가지 영역을 포함하는 복합적인 전문활동이다. 이 같은 측면에서 평가실무는 크게 가치추계, 평가컨설팅, 평가검토로 나누어진다.

II 가치추계업무

1. 의의

가치추계업무(Valuation Appraisal)란 토지 등의 경제적 가치를 판정하여 그 결과를 가액으로 표시하는 것으로서 감정평가사의 가장 기본적인 업무영역이다. 가치평가업무는 평가하는 목적이 무엇인지에 따라 분류하는 것이 가장 일반적이다.

예를 들어, 금융기관에서 담보대출을 실행할 목적이라면 담보 목적의 가치평가를, 법원에서 경매절차 진행을 위해 최저입찰가격을 결정할 목적이라면 경매 목적의 가치평가를, 국가나 지방자치단체에서 공익사업을 위해 협의매수 또는 수용할 목적이라면 보상 목적의 가치평가를 하게 된다.

2. 시장가치(Market value) 추계의 기준성

가치평가업무는 의뢰인들의 다양한 목적에 따라 세분화된다고 하였다. 그런데 어떤 목적으로 가치평가를 하더라도 시장가치를 판정하는 것이 선행되어야 한다. 이는 업무영역에서 차지하는 비중이 다른 것에 비하여 크게 높다거나 법률적인 측면에서 이를 특별하게 규정하고 있기 때문이 아니라 감정평가에 있어 시장가치가 기준으로 작용하기 때문이다.

감정평가의 본질은 불완전한 시장을 대체하고 보완하여 정상적인 시장기능이 작동될 수 있도록 하는 것이기 때문에 감정평가에서 기준이 되는 가치는 시장가치가 된다. 역사적으로 감정평가에서 사용되고 있는 수많은 이론과 기법들은 시장가치를 기준으로 전개되어 왔고 다른 종류의 가치는 이러한 시장가치에서 사용되는 이론과 기법이 그대로 원용되고 있다.

---

18) 안정근 著 「부동산평가이론」(1장 부동산평가의 본질), 양현사, 2013

Ⅲ 평가컨설팅 업무(Appraisal Consulting)

1. 의의

부동산문제를 해결하기 위하여, 자료를 분석하고, 합리적인 대안이나 결론을 제안하는 행위 또는 과정으로 정의된다.[19] 평가사가 제시하는 가치의견은 평가컨설팅에 있어서 중요한 구성부분 중의 하나가 된다.

2. 세부적인 활동분야(비경타토현)

(1) 경제기반분석(Economic base analysis)

1) 의의

경제기반분석이란 지역의 경제기반이 현재의 고용, 인구, 부동산가치에 어떠한 영향을 미치고 있으며, 그리고 앞으로는 어떠할 것인지를 분석하는 것을 의미한다. 경제기반이란 지역주민의 생계를 유지시켜주는 경제활동이며, 그 지역의 수출활동으로서 다른 지역으로부터 자금을 끌어들이는 산업이다.

2) 경제기반분석의 중요성

부동산의 가치에 영향을 미치는 요인에는 자연적 요인 · 사회적 요인 · 경제적 요인 및 행정적 요인 등 여러 가지가 있다. 그중에서 경제적 요인은 특히 큰 영향을 미치고 있

19) 평가가액에 대한 평가사의 의견이 컨설팅 의뢰 목적의 일부인 경우에 문제해결 방안이나 권고대안, 분석 등을 제시하는 행위나 과정을 감정컨설팅이라고 하기도 한다.

다. 경제적 요인을 살펴볼 때 대상지역의 경제기반을 분석하고 그 추세를 확인하는 작업이 가장 먼저 선행되어야 한다.

어떠한 부동산시장을 분석 평가하더라도 수요와 공급 타당성의 분석이 핵심적인 요소이다. 해당 부동산에 대하여 현재와 예상되는 미래의 상황을 이해하는 것은 부동산 투자의 사결정에 많은 도움이 될 것이다. 부동산시장에서 수요를 예측하려면 수요를 유발하는 원인과 그 결과를 먼저 파악하여야 한다. 일반적으로 부동산 경제학자들은 고용을 부동산 수요의 예측기준으로 삼고 있으므로 이를 파악하기 위한 경제기반분석이 필요하다.

3) 유용성

① 경제기반분석을 통해 인구・개인소득・고용 등에 관한 정보를 획득하면, 이외에도 다른 이용가능한 정보를 얻을 수 있어 부동산 평가의 유용한 자료가 되며, ② 인근지역 내 경제변수들의 변동을 파악하여 지역의 상대적 위치를 거시적・장기적 안목에서 고찰가능하고, ③ 특히 대규모개발사업에 대한 평가 시 중요한 의미를 지니며, ④ 평가뿐만 아니라 도시계획, 지역계획 분야에서도 활용된다.

4) 문제점(유의사항)(단비구경)

① 산업활동을 기반활동과 비기반활동으로 구분하는 것이 용이하지 않으며, ② 기반산업과 비기반산업의 분류는 분석대상이 되는 지역사회의 단위에 따라 달라진다는 것이다. ③ 또한, 지역사회의 성장은 기반산업에 의해서만 좌우되는 것이 아니라, 비기반산업에 의해서도 좌우되며, ④ 수출중심 기반산업의 제품수명주기가 불규칙하여 변동성이 극심한 경우 등에는 적용하기 어렵다는 문제점이 있다.

(2) 비용편익분석(Cost benefit analysis)

1) 의의

어떤 투자사업에 대해서 투입되는 비용과 산출되는 편익을 비교・분석하는 것으로 비용과 편익은 여러 가지 형태로 측정될 수 있지만, 화폐적 척도에 의한 측정이 가장 흔히 쓰이고 있다. 투자자는 부동산투자 사업으로부터 기대되는 현금수입과 현금지출을 고려하여 투자의사를 결정한다.

2) 비용과 편익의 측정

현금수입과 현금지출이 장기간에 걸쳐 이루어질 때에는 적절한 할인율을 사용하여 현재가치로 환원해야 제대로 비교할 수 있다. 비교 결과 현금수입의 현재가치 합이 현금유출의 현재가치 합보다 클 경우 대상사업은 경제적 타당성이 있는 것으로 평가되고 그 반대일 경우에는 타당성이 없는 것으로 판정된다.

(3) 현금수지(흐름)분석(Cash flow analysis)

1) 의의

현금유입과 현금유출을 비교·분석하는 것으로서, 지분투자액에 대한 세후현금수지의 수익률을 분석하는 것을 말한다. 매년의 순영업소득에서 투자자의 몫으로 최종적으로 돌아오는 부분은, 저당대부에 대한 원금과 이자, 그리고 세금 등을 제한 나머지가 되는데, 이를 세후현금수지(after-tax cash flow)라 한다. 또한, 보유기간 말에 대상 부동산을 처분함으로써 얻게 되는 양도차익도 포함될 수 있다.

2) 유의사항

동일한 투자사업이라 하더라도, 투자자에게 적용되는 저당조건, 감가상각방법, 한계세율 등이 달라지면 세후현금수지도 달라진다. 투자자들은 대상 부동산 자체의 수익률보다도 투자자 자신에게 최종적으로 돌아오는 세후현금수지의 수익률에 관심이 있음에 유의해야 한다.

(4) 타당성 분석(Feasibility analysis)

1) 의의

계획하고 있는 개발사업이 투하자본에 대한 투자자의 요구수익률을 확보할 수 있는지 여부를 분석하는 것을 말한다. 요구수익률(Required rate of return)은 투자자가 다른 대안에 투자하더라도 얻을 수 있는 수익률로서, 투하자본에 대한 기회비용이다.

2) 타당성 분석의 내용

분석 결과 대상투자사업의 기대수익률이 투자자의 요구수익률을 충족시키면 타당성이 있다고 하고, 그렇지 못하면 타당성이 없다고 한다. 타당성이 없을 경우 평가사는 다른 대안적 투자사업을 제시할 수도 있다. 타당성 분석은 경험적 사실의 객관적인 시장자료로 지지될 수 있어야 하며, 평가사는 결코 주관적인 해석이나 판단을 토대로 타당성 분석을 해서는 안 된다.

3) 타당성 분석의 종류

타당성 분석에는 부동산투자사업의 경제적, 물리적, 법적 측면이 모두 포함된다. 경제적 타당성 분석(Economic feasibility analysis)은 주어진 투자사업이 투자자의 요구수익률을 충족시킬 수 있는지를 분석하는 것이며, 물리적 타당성 분석(Physical feasibility analysis)은 주어진 토지의 자연적 성격이나 기술적 측면이 대상투자사업에 적합한지를 분석하는 것이다. 법적 타당성 분석(Legal feasibility analysis)은 대상투자사업과 관련된 여러 가지 법적 환경을 분석하는 것을 의미한다.

4) 경제적 타당성 분석의 중요성

이 같은 여러 가지 분석도 결국은 대상투자사업이 투자자의 요구수익률을 충족시킬 수 있느냐 하는 경제적 타당성문제로 귀착된다. 물리적으로나 법적으로는 아무런 문제가 없다고 하더라도, 경제성이 없는 투자사업은 성사될 수 없으며, 반대로 물리적, 법적으로 어려움이 많더라도 경제성만 충분하다면, 그 투자사업은 성사될 수 있다.

5) 타당성 분석 시 유의사항

타당성 분석을 수행하는 경우에는 반드시 경험적 사실에 기반한 객관적인 시장자료로 뒷받침될 수 있어야 한다. 평가사의 주관적인 해석이나 판단을 토대로 해서는 안 된다는 사실에 유의해야 한다.

(5) 토지이용분석(Land use studies)

1) 의의

주어진 토지의 여러 가지 대안적 이용을 분석하여, 어떤 용도가 대상토지의 최고최선의 이용에 해당되는지를 판단하는 것이다. 최고최선의 이용은 공지나 개량부동산에 대해 합법적이며 합리적인 이용이 가능한 대안 중에서 최고의 가치를 창출하는 이용이다.

2) 분석방법

토지이용에 대한 분석은 토지를 대상으로 하여 물리적 · 법률적 및 경제적 측면에서 이용의 가능성과 그에 따른 수입과 비용을 비교 · 분석함으로써 이루어진다. 그중에서 수익률이 가장 높은 이용이 최유효이용이 된다.

3. 컨설팅업무의 상호관계

컨설팅업무에 속하는 여러 가지 분석방법은 상호 밀접한 관련성을 가지고 있다. 비용편익분석과 타당성분석 및 현금흐름분석은 용어상에서는 큰 차이가 있는 것으로 생각될 수 있으나 동일한 분석 논리를 가지고 있어 구분의 실익이 크지 않은 것이 사실이다. 비용편익분석 중에서 그 척도를 화폐로 한정하면 현금흐름분석이 되고, 이 현금흐름을 바탕으로 타당성을 분석하게 되면 이것이 바로 경제적 타당성 분석이 되는 것이다.

Ⅳ 감정평가검토(Appraisal Review) ▸기출 32회

1. 의의

감정평가검토 업무란 이미 발급된 감정평가서를 검토평가사가 형식적인 측면과 내용적인 측면에서 적정성을 검토하여 의견을 제시하는 업무로 정의할 수 있다. 이는 다른 감정평가사가 작성한 감정평가서를 비판적으로 검증하는 행위 또는 과정으로서 감정평가서가 법률규정이나 의뢰인의 요구사항에 부합되는지, 정확성과 논리적 합리성을 갖추고 있는지를 확인하는 절차이다. (『감정평가법』 제7조와 『감정평가법 시행령』 제7조의2 내지 제7조의4)[20]

2. 감정평가검토의 목적(유용성, 기능)(정의수위감신)

(1) 정확성과 일관성 제고

감정평가검토의 1차적인 목적은 감정평가서의 형식적 측면에서의 정확성과 내용적 측면에서의 논리적인 일관성을 제고하는 데 있다. 관련 법률이나 의뢰인이 요구하는 형식을 갖추고 있는지, 그리고 내용에 있어 평가기법들이 해당 과제에 적절하게 사용되었는지, 합리적이고 일관성 있게 전개되고 있는지를 확인함으로써 감정평가서의 완성도를 높이고자 하는 것이다.

(2) 의사결정의 근거 제시

의뢰인은 단순히 감정평가서에 기재된 최종 평가액뿐만 아니라 그러한 결과가 도출되기까지의 감정평가서 전체 내용을 검토함으로써 최종적인 의사결정을 하게 된다. 따라서 감정평가검토는 의뢰인이 보다 더 합리적이고 타당한 의사결정을 할 수 있는 근거를 감정평가서가 제시하고 있는지를 확인하는 역할을 수행한다.

---

20) 우리나라에서는 지난 2022년부터 이를 감정평가서 적정성 검토라 하여 『감정평가법』 제7조 제3항 및 제4항을 법적 근거로 하여 시행하고 있다.

(3) 다양한 수요자의 요구 충족

감정평가검토는 기본적으로 의뢰인의 욕구를 충족하기 위한 목적으로 수행되나, 경우에 따라서는 제3자의 개인 또는 기관의 요청에 따라 행해지기도 한다. 예컨대, 금융기관은 담보대출의 실행을 하기 전 위험 관리의 차원에서 감정평가검토를 요청하기도 하며, 소송과 관련하여 당사자 중 반대편의 요구 또는 법원으로부터 감정평가검토를 요청받기도 한다.

(4) 위험의 평가관리

검토평가사는 평가서에 제시되어 있는 시장상황 및 시장의 변화추이를 확인하고, 민감도분석 등을 통하여 의사결정에 수반되는 위험의 정도를 평가하기도 한다. 즉, 평가서에 제시되어 있는 내용을 바탕으로 검토평가 과정에서 위험의 평가 및 관리기능을 감당하게 된다.

(5) 감정평가의 질적 발전 도모

감정평가검토는 감정평가사들로 하여금 질적으로 우수하고 통일된 체계를 갖춘 감정평가서를 작성하도록 함으로써 평가사의 자질을 향상시키고 전문성을 제고함으로써 감정평가산업의 발전을 도모하는 데 기여할 수 있으므로 실무적으로나 제도적으로 필요한 업무라 할 수 있다.

(6) 감정평가의 신뢰성 제고

감정평가는 부동산을 비롯한 다양한 경제재의 가치를 평가함으로써 경제활성화와 시장경제의 발전을 지원하는 중차대한 사회경제적 역할을 수행하고 있다. 그런데, 감정평가는 본질적으로 감정평가의 결과에 차이가 날 수 밖에 없는 내재적 특성을 지니고 있으며, 감정평가시장의 과다경쟁 등의 영향으로 부실평가 등에 대한 우려가 존재하는 것도 사실이다. 감정평가검토는 이러한 우려를 불식시키고 감정평가의 신뢰성을 제고하기 위한 목적을 지니고 있다.

3. 감정평가검토 시 유의사항

(1) 보고서 전체를 대상

평가검토는 보고서 전체를 대상으로 하는 것이어야 한다. 평가보고서의 일부만을 분석하였을 때에는, 다른 부분은 검토되지 않았다는 것을 솔직하게 진술해야 한다. 그리고 이 같은 제한적 검토를 근거로 보고서 전체를 판단해서는 안 된다.

(2) 공정하고 객관적인 업무수행

검토평가사는 자신의 의뢰인이나 고용인의 이익을 주장하거나, 자신의 개인적 이익을 도모하여서는 안 되며, 대상 부동산에 대해 현재 혹은 미래의 의도적인 이권을 가지고 있어서도 안 된다.

(3) 기준시점 당시의 관점과 시장상황에 근거

평가검토는 기준시점 당시의 관점과 시장상황에 근거하여야 하며, 결코 과거나 미래의 상황을 평가검토의 잣대로 사용해서는 안 된다. 특히 기준시점 당시 발생이 확실시되었던 것이 아닌 이상, 추후에 발생한 기준으로 평가보고서를 논박해서는 안 된다.

(4) 평가전제 존중 및 평가내용 임의변경 금지

① 평가보고서의 제한조건이나 특별한 가정, 진술된 문제의 정의 등을 임의로 무시하거나 변경해서는 안 된다. 만일 임의로 변경 시 동등한 책임이 있다. 즉, 감정평가서 검토는 감정평가가 아닌바, 사전에 의뢰인에게 검토결과서와 감정평가서는 다름을 설명한다. 검토평가사는 원감정평가서를 변경하거나 창조할 수 없고 대상 부동산에 대한 가치의견을 제시하지 않으며, 적정성 여부만 판단하여 제시한다.

② 만일 검토평가사가 자신의 판단에 근거하여 감정평가서의 분석이나 결론과 다른 의견을 제시하게 되면 이는 검토평가사로서가 아닌 새로운 감정평가사로서의 역할을 수행한 것으로 간주된다는 점에 유의해야 한다.

(5) 의뢰인 및 원감정평가사와의 충분한 의견교환

감정평가검토의 업무범위는 의뢰인과 충분한 의견교환을 통해 이루어져야 한다. 의뢰인이 무엇을 원하고 있는지를 명확하게 확인해야 의뢰목적에 맞는 감정평가검토의 결과물을 도출할 수 있다. 한편, 검토평가사는 원감정평가사를 감독하는 우월한 위치에 있는 것이 아닌 대등한 수준에서 업무를 수행한다는 인식을 가져야 한다. 그리고 검토평가사는 원감정평가서의 내용에 의문이 있는 경우에는 원감정평가사와 충분한 의견교환을 통해 감정평가검토 업무가 원활하게 이루어질 수 있도록 노력해야 한다.

4. 감정평가검토와 유사제도(감정평가 심사[21] 및 타당성 조사)의 구분

감정평가검토와 심사, 조사 모두 감정평가의 적정성을 검토하여 감정평가의 신뢰성을 제고하기 위한 목적으로 수행된다는 점에서 동일하다. 그러나, 심사는 감정평가서의 품질관리를 위하여 감정평가사가 의뢰인에게 감정평가서를 발급하기 전에 해당 감정평가의 적정성에 대하여 실시하는 사전 검토 절차이며, 감정평가서가 발급되기 전에 수행된다는 점에서 감정평가검토와 다르다. 한편, 타당성 조사는 기본적으로 감정평가서가 발급된 이후 이루어진다는 점에서는 감정평가검토와 동일하나 감정평가사가 아닌 한국부동산원이라는 기관에서 진행한다는 점에서 차별성이 존재한다.

	감정평가 심사	감정평가 검토
근거 규정	『감정평가법』 제7조 제1항	『감정평가법』 제7조 제3항
수행 시기	감정평가서 발급 전	감정평가서 발급 후
수행 주체	같은 법인 내 감정평가사	다른 법인 내 감정평가사
필수 절차 여부	필수적인 절차	임의적인 절차

21) 『감정평가법』 제7조 제1항 및 『감정평가법 시행령』 제7조에서는 감정평가법인의 경우 감정평가서의 발급요건으로 타 감정평가사의 내부심사절차를 규정하고 있다.

08 절 감정평가의 원칙

Ⅰ 서

감정평가의 일반적인 기준 역할을 수행하고 있는 『감정평가에 관한 규칙』은 감정평가의 원칙으로 시장가치 기준 원칙과 현황기준 원칙 및 개별물건 기준 원칙을 규정하고 있다. 추가적으로 원칙에 해당하는 예외로 시장가치 외의 가치 기준과 조건부 감정평가 및 일괄·구분·부분 감정평가에 대해 설명한다.

Ⅱ 시장가치기준 원칙

1. 원칙적인 시장가치

시장가치기준 원칙은 대상물건에 대한 감정평가액은 시장가치를 기준으로 결정해야 한다는 원칙으로 『감정평가에 관한 규칙』 제5조에 근거하고 있다.
가치라고 하면 일반적으로 시장가치를 의미하며, 시장가치는 가장 기본적이고 객관화된 가치로서 다양한 가치 중에서 중심적인 위치를 차지하고 있다. 대부분의 감정평가는 시장가치의 도출을 목적으로 하는 경우가 일반적이다. 그리고 시장가치 외의 가치는 시장가치와 직간접적으로 관련되어 시장가치가 기준으로 작용하는 경우가 많기 때문에 시장가치를 우선적으로 파악할 필요가 있다. 또한, 불완전한 부동산시장을 보완하는 역할을 하는 감정평가의 기능을 고려할 때도 감정평가를 통해 원칙적으로 구해야 할 가치는 시장가치라는 것을 이해할 수 있다.

2. 예외적인 시장가치 외의 가치

『감정평가에 관한 규칙』은 시장가치기준 원칙의 예외로써 시장가치 외의 가치를 기준으로 감정평가할 수 있도록 규정하고 있다. 이는 대상물건의 성격, 다양한 감정평가 목적, 감정평가조건의 특수성 등으로 인해 시장가치만으로는 감정평가업무를 적절하게 수행할 수 없으므로 시장가치 외의 가치를 기준으로 한 감정평가의 필요성이 인정된다.

Ⅲ 현황기준 원칙

1. 원칙적인 현황기준

현황기준 원칙은 기준시점에서의 대상물건의 이용상황 및 공법상 제한 상태를 기준으로 감정평가하는 원칙을 말한다. 이는 『감정평가에 관한 규칙』 제6조 제1항에 근거한다. 가치는 시간의 흐름에 따라 변할 수 있기 때문에 감정평가를 할 때는 기준시점이 중요하며, 현황 또한 기준시점을 기준으로 판단하게 된다.

2. 예외적인 조건부 감정평가 및 일시적 · 불법적인 이용 배제

감정평가는 기본적으로 현황기준 원칙에 따라야 하지만, 불법적이거나 일시적인 이용(『감정평가에 관한 규칙』 제6조 제1항)에 해당하는 경우 그리고 감정평가조건을 부가하는 경우에는 (『감정평가에 관한 규칙』 제6조 제2항) 예외가 인정된다.

『시장가치 외의 가치 기준 감정평가와 조건부 감정평가의 구별』

시장가치 외의 가치 기준 감정평가와 조건부 감정평가는 별개의 개념으로 상호 독립적인바 일대일의 대응관계가 성립하지 않는다. 즉, 감정평가조건이 부가되더라도 시장가치가 될 수 있고, 감정평가조건의 부가 없이 시장가치 외의 가치가 도출될 수 있다는 점을 유의해야 한다. 예를 들어, 전원주택 허가가 난 농지를 대상으로 기준가치를 시장가치로 정하여 감정평가하는 경우에도 기준시점의 이용상황을 주택부지로 가정한 조건부 감정평가가 가능하다. 여기서 기준시점의 이용상황을 농지로 하는 경우와 주택 부지로 하는 경우 사이에는 감정평가액의 차이가 발생한다.

Ⅳ 개별물건기준 원칙

1. 원칙적인 개별물건 기준

개별물건기준 원칙은 대상물건마다 개별로 감정평가하여야 한다는 원칙을 말한다. 이는『감정평가에 관한 규칙』제7조에 근거하며 이러한 원칙에 따라 감정평가하는 것을 개별감정평가라고 한다. 감정평가의 대상이 되는 물건은 개별적으로 독립성을 지니고 있기 때문에 감정평가는 개별 물건을 기준으로 감정평가하라는 취지이다.

2. 예외적인 일괄 · 구분 · 부분 감정평가

그러나 개별물건기준 원칙에 따를 경우 대상물건의 가치를 적절하게 반영하지 못하는 경우가 발생할 수 있다. 예를 들어, 토지와 건물의 결합으로 이루어진 복합부동산의 경우 또는 여러 필지의 토지가 일단지를 이루는 경우 개별 물건마다 감정평가하여 합산하게 되면 토지와 건물 간의 결합 또는 토지 간의 결합으로 인해 발생하는 증분가치를 제대로 반영할 수 없기 때문이다. 또한, 현실적으로는 하나의 물건이라도 부분별로 가치의 차이가 발생할 수 있고, 하나의 물건 전체가 아닌 일부분만의 가치를 평가해야 하는 경우가 발생할 수 있다. 이러한 현실적인 필요성을 고려하여『감정평가에 관한 규칙』은 개별물건기준 원칙의 예외로서 일괄감정평가와 구분감정평가 및 부분감정평가를 규정하고 있다.

09 절 소급평가와 기한부 평가

감정평가의 분류로서 소급평가와 기한부 평가를 설명하고, 감정평가 시 유의점을 검토해보라.[22]

Ⅰ 서

감정평가는 평가의 주체, 평가업무의 기술상 차이점, 감정평가의 목적, 조건, 대상물건의 성격에 따라서 다양하게 분류가 가능하다. 감정평가를 다양하게 분류함에 따라 감정평가활동의 목표를 명백히 하고, 감정평가방법의 체계화를 이룰 수 있게 되었고, 궁극적으로는 평가의 신뢰성을 좀 더 향상시킬 수 있게 된다.
부동산 감정평가는 가격 다원론과 관련하여 다양한 평가방법이 명명될 수 있으며 의뢰 목적의 합리성, 합법성 등이 인정되면 다양한 조건설정이 가능하다. 조건부 평가란, 장래 발생이 불확실한 조건의 성취를 전제로 한 기준시점 현재의 평가를 말한다. 소급평가와 기한부 평가는 일종의 조건부 평가이다.

Ⅱ 소급평가

1. 의의 및 적용대상

부동산의 감정평가는 가격 다원론과 관련하여 다양한 평가 방법이 있는데 과거의 일정 시점을 기준시점으로 하여 대상물건의 가격을 구하는 것을 소급평가라 한다. 「감정평가에 관한 규칙」 제9조에서는 기준시점이 미리 정하여진 때에는 가격 조사가 가능한 경우에 한하여 그 일자를 기준시점으로 할 수 있다 하여 소급 평가를 인정하고 있다. 토지 수용과 관련된 보상평가, 무단점유 등으로 인한 부당이득금반환청구소송 등 소송평가 등에서 적용되고 있다.

22) (연습문제) 경응수 / (특강) 조건부 감정평가(노용호, 건대특강)

2. 유의사항

소급평가는 소급평가 시점 당시의 대상 부동산 확인, 자료수집의 가능성, 각종 가격형성요인에 대한 지역·개별분석의 가능성 등에 의한 소급 당시의 적정평가 방식을 적용하여야 한다. 또한 현재 시점의 자료를 역진적 시점 수정한 평가는 잘못된 평가라 할 수 있다.

Ⅲ 기한부 평가

1. 의의 및 적용대상

기한부 평가란 장래 확실히 도래하는 사안을 상정하여 그 일정시점을 기준시점으로 하여 행하는 평가를 의미한다. 이는 미래 도래할 일정한 상황과 관련이 있으므로 단순히 기준시점이 미래인 평가와는 엄밀한 의미에서 구별된다. 적용대상으로는 분양시점이 확실한 아파트 및 조성지의 평가 등이 있다.

2. 유의사항

기한부 평가는 장래 그 성취가 명백한 사안이 상정된 것이므로 조건부 평가처럼 원칙적으로 금지되지 아니한다. 또한 평가시점도 기한부적 기대가치가 반영되어 있기 때문에 이를 배제하지 아니하고 평가하는 것이다.

Ⅳ 양자의 관계

소급평가 및 기한부 평가 모두 광의의 현황평가의 예외라는 공통점이 있는 반면, 소급평가는 과거의 시점을 기준으로 평가하고, 기한부 평가는 미래의 시점을 기준으로 평가한다는 차이점이 있다.

10 절 조건부 감정평가[23]

Ⅰ 개설

조건부 감정평가란 기준시점의 가치형성요인 등을 실제와 다르게 가정하거나 특수한 경우로 한정하는 조건을 붙여 감정평가하는 것을 말한다. 감정평가는 현황대로 하는 것이 원칙이나 다양한 경제활동의 목적상 조건부 감정평가를 필요로 하는 경우가 있다.

조건의 발생이 미래의 사실이라는 점에서 기한부 평가와 유사하나, 조건부 감정평가에 있어서 조건의 성취 여부는 불확실한 것이나 기한부 감정평가에 있어서는 장래의 일정시기가 되면 기한의 도래는 확실하다는 점에서 차이가 있다. 부동산 감정평가는 가격 다원론과 관련하여 다양한 평가방법이 가능하며, 의뢰 목적의 합리성, 합법성 등이 인정되면 다양한 조건설정이 가능하다.

Ⅱ 조건부 평가의 필요성 및 기능

1. 필요성

부동산은 사회적, 경제적, 행정적 요인의 가변성으로 인하여 현황평가만으로 다양한 평가수요를 부응하지 못한다. 현실의 다양한 부동산활동 및 문제 등에 대처하고, 다양한 의뢰자의 요구 등 사회적 수요에 부응하기 위하여 필요하다.

2. 기능

조건설정을 통해 대상 부동산의 내용과 가치형성요인을 명확히 하여 가격에 미치는 영향을 파악할 수 있으며, 다양한 의뢰자의 요구를 조건의 설정으로 다각도로 접근할 수 있어 유용한 정보를 의뢰인에게 제공할 수 있다.

23) (특강) 조건부 감정평가(노용호, 건대특강) / 감정평가 실무기준 해설서(Ⅰ), 2014, p82~87

Ⅲ 조건부 평가가 가능한 경우24)

1. 감정평가관계법규에 감정평가조건의 부가에 관한 규정이 있는 경우

(1) 「토지보상법」이나 개별법 등의 규정에 따라 감정평가를 하여야 하는 경우가 이에 해당한다. 따라서 해당 법률에 의해 감정평가를 행하는 경우에는 그 법률에서 정하고 있는 방법으로 감정평가를 해야 한다.

(2) 예를 들면, 「토지보상법」 제70조에서 개발이익 배제 등을 목적으로 규정하고 있는 공시지가 선정의 방법에 따라 감정평가를 해야 하는 경우는 개발이익 배제를 조건으로 하는 감정평가인 것이다.

2. 의뢰인이 감정평가조건의 부가를 요청하는 경우

(1) 의뢰인이 감정평가조건을 제시하고, 제시된 조건의 실현을 가정하여 감정평가할 것을 요청한 경우가 이에 해당한다.

(2) 예를 들어 도시계획의 실시 여부, 택지조성 및 수면매립의 전제, 불법점유의 해제, 환경의 개량, 건물의 증·개축을 상정하는 것과 같은 불확실한 상황에 대한 의뢰인의 요구를 검토하고, 합당한 감정평가조건이라면 해당 감정평가조건을 고려한 가치로 감정평가해야 한다.

(3) 다만, 의뢰인의 감정평가조건 부가 요청은 원칙적으로 가능하지만, 감정평가업자는 의뢰인이 제시한 감정평가조건의 부가가 가능한 내용인지 검토해야 한다. 그 이유는 감정평가조건에 따라 감정평가액이 달라질 수 있으며, 의뢰인 등이 감정평가조건의 제시 없이 감정평가액만을 이용하여 제3자의 이익에 해를 끼칠 수도 있고, 감정평가조건 자체가 비합리적이거나 불법적일 수 있기 때문이다.

3. 사회통념상 당연히 감정평가조건이 부가되어야 하는 경우

(1) 감정평가의 목적이나 대상물건의 특성에 따라 당연히 감정평가조건이 부가되는 경우를 말한다. 감정평가액 도출을 위하여 불확실한 상황에 대한 판단이 필요한 경우 이에 대한 판단을 감정평가조건으로 부가하는 것이다. 이러한 상황판단은 감정평가목적에 따라 달라지기도 한다.

(2) 예를 들면, 감정평가목적과 관련하여 국·공유지 처분 평가의 경우에는 지목 및 이용상황이 구거 또는 도로부지인 토지를 인접 토지소유자 등에게 매각할 때, 현실적인 이용상황 등이 아닌 용도폐지를 전제로 하여 감정평가하는 경우가 이에 해당된다. 그리고 대상물건의 특성과 관련하여서는 건축허가를 받아 건축이 진행되어 완공이 임박한 건축물이 소재한 토지의

---

24) 감정평가 실무기준 해설서(Ⅰ), 2014, p108~109

경우 통상적인 건축주는 사용승인을 득하기 위한 공정을 진행하게 될 것이며, 이는 곧바로 사용승인을 득하여 지목이 대지로 변경될 것을 예정할 수 있으므로 대지를 전제로 한 토지의 감정평가가 가능할 것이다.

Ⅳ 감정평가조건의 검토 및 표시

1. 감정평가조건의 검토

감정평가조건의 합리성, 적법성 및 실현가능성을 검토하도록 규정하고 있다. 즉, 예외적으로 부가되는 감정평가조건의 경우에도 사회적 타당성이 요청되며, 이들을 검토한 결과 감정평가조건 자체가 타당하다고 인정되어도 현실적인 자료 수집 등이 곤란한 경우 받아들이기 어려운 조건으로 봐야 할 것이다.

> 감정평가조건은 합리성과 적법성을 갖추어야 한다. 이 경우 합리성은 사회적으로 용인되는지, 타당한지 등 사회적 타당성 측면에서 검토해야 한다. 공법, 사법을 불문하고 법률상 내용에 위배되지 않아야 한다. 또한 사회적 · 경제적 · 물리적 관점에서 실현가능성이 검토되어야 하며, 실제 현실성이 희박한 경우는 감정평가조건으로 부가하기 어려울 것이다.

2. 감정평가조건의 표시

감정평가액은 감정평가조건에 따라 변할 수 있기 때문에 도출된 감정평가액과 관련된 감정평가조건에 관한 사항을 감정평가서에 명확히 기재하여야 한다. 다만, 법률에 근거한 감정평가조건의 부가는 해당 근거 법령을 기재하는 것으로 대신하도록 하고 있다. 감정평가조건에 관한 사항은 감정평가조건의 내용은 물론 감정평가조건을 부가한 이유, 감정평가조건의 합리성 및 적법성, 실현가능성 및 해당 감정평가가 감정평가조건을 전제로 할 때에만 성립할 수 있다는 사실을 기재하도록 하고 있다. 이는 감정평가조건에 관한 제반사항을 감정평가서에 명시하여 의뢰인에게 알려줌으로써 의사결정에 도움을 주고자 하는 데 취지가 있다. 이것은 또한 감정평가에 관한 분쟁 시에 책임소재를 명확히 하기 위한 목적도 있다.

Ⅴ 조건부 평가 시 유의사항

조건설정원칙에 부합하지 않거나, 타당한 조건이라도 자료 수집과 평가방법 적용이 곤란하다면 평가의뢰를 수락해서는 안 된다. 조건부 평가의 경우는 그 조건의 합리성, 합법성, 객관성, 실현가능성 등의 설정원칙에 부합하는지를 신중히 검토하고, 반드시 평가결과와 함께 각 조건을 평가서에 명시함으로써, 평가주체의 책임범위 및 선의의 제3자의 피해를 방지할 수 있도록 하여야 할 것이다.

11 절 현황기준 평가의 원칙 및 예외[25]

감정평가에 관한 규칙 제6조(현황기준 원칙)

① 감정평가는 기준시점에서의 대상물건의 이용상황(불법적이거나 일시적인 이용은 제외한다) 및 공법상 제한을 받는 상태를 기준으로 한다.

② 감정평가법인등은 제1항에도 불구하고 다음 각 호의 어느 하나에 해당하는 경우에는 기준시점의 가치형성요인 등을 실제와 다르게 가정하거나 특수한 경우로 한정하는 조건(이하 "감정평가조건"이라 한다)을 붙여 감정평가할 수 있다.

1. 법령에 다른 규정이 있는 경우
2. 의뢰인이 요청하는 경우
3. 감정평가의 목적이나 대상물건의 특성에 비추어 사회통념상 필요하다고 인정되는 경우

③ 감정평가법인등은 제2항에 따라 감정평가조건을 붙일 때에는 감정평가조건의 합리성, 적법성 및 실현가능성을 검토해야 한다. 다만, 제2항 제1호의 경우에는 그렇지 않다.

④ 감정평가법인등은 감정평가조건의 합리성, 적법성이 결여되거나 사실상 실현 불가능하다고 판단할 때에는 의뢰를 거부하거나 수임을 철회할 수 있다.

Ⅰ 의의(기준시점에서 대상물건의 이용상황과 공법상 제한상태 기준 평가)

감정평가는 기준시점 당시 대상물건의 이용상황과 공법상 제한상태를 기준으로 감정평가한다는 원칙을 규정하고 있다. 즉, 현황기준 원칙은 대상물건의 상태・구조・이용방법, 제한물권의 부착과 환경・점유 등의 현황대로 평가하는 것이다.

감정평가액은 시간의 흐름에 따라 달라질 수 있기 때문에 감정평가를 할 때에는 기준시점을 기재한다. 감정평가법인등은 의뢰인의 특별한 언급이 없을 경우 가격조사를 완료한 날짜로 감정평가한다.

현황의 변화는 감정평가액은 물론 감정평가방법의 적용에도 영향을 미칠 수 있다. 「실무기준」에서는 '현황'을 대상물건의 이용상황과 공법상 제한상태 등을 포괄하는 의미로 보고 있다.

25) 감정평가 실무기준 해설서(Ⅰ), 2014, p108, 109

Ⅱ 현황기준 원칙의 예외에 해당하는 경우 감정평가방법

1. 일시적인 이용과 불법적인 이용 제외

감정평가는 현황기준을 원칙으로 하나, 현황기준 원칙에 대한 예외 또한 규정하고 있다. 아울러 『감정평가에 관한 규칙』 제6조 제1항에서는 대상물건의 이용상황이 일시적이거나 불법적인 경우를 현황기준 원칙의 예외로 규정하고 있다.

2. 대상물건의 이용상황이 일시적인 이용인 경우

1) 최유효이용의 전제

대상물건이 일시적인 이용으로 최유효이용에 미달되는 경우에는 최유효이용을 기준으로 감정평가한다. 감정평가는 원칙적으로 최유효이용을 전제로 가치를 도출하는데, 일시적인 이용은 최유효이용에 해당하지 않기 때문에 이론적으로 고려대상이 될 수 없다. 여기서 일시적 이용이란 관련 법령에 따라 국가나 지방자치단체의 계획이나 명령 등으로 부동산을 본래의 용도로 이용하는 것이 일시적으로 금지되거나 제한되어 다른 용도로 이용하고 있거나 부동산의 주위 환경 등으로 보아 현재의 이용이 임시적인 것으로 인정되는 이용을 말한다.

2) 전환하기 위한 비용 고려

일시적인 이용에서 최유효이용으로 전환하기 위해 수반되는 비용을 고려해야 한다. 예를 들어, 잔존가치가 존재하지 않는 건물의 철거비용이나 나지에 쌓여있는 잡풀 또는 쓰레기 등의 처리비용이 그 예가 되며, 이러한 비용은 감정평가액에 부정적인 영향을 미치는 감가요인이다.

3. 대상물건의 이용상황이 불법적인 이용인 경우

1) 합법적 이용의 전제

대상물건이 불법적인 이용인 경우에는 합법적인 이용을 기준으로 감정평가한다. 불법적으로 대상물건을 이용하여 경제적 효용을 누리고 있는 상태대로 감정평가할 경우 합법적인 이용과의 형평에 어긋나며, 불법을 방조하는 결과를 야기할 수 있기 때문에 감정평가 제도의 취지에 부합하지 않는다. 또한, 감정평가는 원칙적으로 최유효이용을 전제로 하여 가치를 도출하는데, 불법적인 이용은 최유효이용의 요건에 부합하지 않기 때문에 이론적 관점에서도 고려해서는 안 된다.

2) 전환하기 위한 비용 고려

불법적인 이용에서 합법적인 최유효이용으로 전환하기 위해 수반되는 비용을 고려해야 한다. 합법적인 이용으로 전환하기 위해 수반되는 비용이란 불법적인 이용에 대한 원상회복 등 행정조치가 취해졌을 경우 발생하는 행정적인 비용이나 철거비용 등으로 감정평가액에 부정적인 영향을 미치는 감가요인이 된다.

12 절 개별평가와 일괄평가

(1) **현행 평가제도의 현황 및 문제점**

(2) **개별평가와 일괄평가의 필요성**

(3) **개별평가와 일괄평가의 장단점**

Ⅰ 개설

우리나라의 경우 법제도상 토지와 건물을 개별부동산으로 인정하고 있어 일반적으로 토지와 건물을 각각 분리하여 평가하는 개별평가가 원칙이나, 일체로 이용되는 등 이를 분리하기 어려운 경우에는 일괄로 평가하고 있다. 그러나 시장에서의 거래관행은 개별평가의 대상이 되는 부동산의 경우라도 토지와 건물의 일체를 전제로 하여 거래되므로 우리의 평가방법으로 이를 분리하여 평가하고 합산하는 식의 기법을 적용할 경우, 시장가격과 평가가격이 괴리되는 문제점이 발생하게 된다.

Ⅱ 현행 토지 및 건물 평가제도의 현황 및 문제점

1. 토지 및 건물 평가제도의 현황

(1) 토지의 평가

토지의 평가는 거래사례비교법, 원가법, 수익환원법의 3방식에 의하여 이루어질 수 있다. 우리나라에서는 부동산공시법, 감정평가에 관한 규칙에서 평가대상 토지와 유사한 이용가치를 지닌 표준지의 공시지가를 기준으로 토지를 평가하도록 규정하고 있어, 토지의 평가는 공시지가를 기준으로 행해지고 있다.

(2) 건물의 평가

건물도 토지와 마찬가지로 거래사례비교법, 원가법, 수익환원법 등 3방식에 의해 평가된다. 다만 「감정평가에 관한 규칙」 제15조 등에서 건물의 평가는 원가법에 의한다는 규정에 따라 원가법으로 산정함이 일반적이다. 그러나 감가상각액 추계 시 주관성 개입 등의 문제가 있으며, 건물에 대한 대체원가가 지리적 요인 등에 의해 전혀 영향을 받지 않는다는 것을 전제하기 때문에 지역적인 요건에 따라 부동산의 가치에 차이가 발생하는 일반적인 특성을 반영하지 못하는 단점이 있다.

2. 토지 및 건물 평가제도의 문제점

대부분의 부동산은 거래관행상 일체로 거래되고 있음에도 불구하고, 우리나라는 토지와 건물을 별도로 등기, 평가, 과세하고 있다. 토지와 건물이 서로 상이한 특성을 가지고 있더라도, 일체로 거래되는 부동산을 토지와 건물로 나누어 각각의 가치를 분리해내기란 매우 어렵고, 건물만의 가치를 감정평가하는 것은 평가오류를 수반할 가능성이 높다.

Ⅲ 개별평가와 일괄평가의 필요성

1. 개별평가

(1) 의의

개별평가란 토지와 건물을 개별적으로 나누어 토지는 공시지가를 기준으로 평가하고, 건물은 원가법에 의해 평가한 뒤 양자의 합으로 부동산가치를 구하는 방법을 말한다.

(2) 개별평가의 필요성

1) 제도적 측면에서의 개별평가

우리나라 「민법」 제99조 제1항에서는 “토지 및 그 정착물은 부동산이다.”라고 하여 토지와 건물을 개별부동산으로 간주하고 있다. 따라서 우리나라의 경우는 토지와 건물은 독립된 개별의 부동산이므로 별개의 권리의 객체가 되며 이에 대한 물권의 득실변경은 원칙적으로 각각에 대해 등기하여야 효력이 발생한다. 이와 같이 제도적으로 토지와 건물은 분리되어 존재하는 부동산이기 때문에 특별한 경우가 아닌 이상 개별적으로 평가하는 것이 원칙이다.

2) 토지와 건물의 속성에 의한 개별평가

① 토지 속성에 의한 평가

토지는 특별한 사정이 없는 한 그 존재가 영원하며, 위치적으로 고정되어 있어 입지적 이점 또는 불이익을 갖는다. 또한 토지는 특별한 자본이 필요 없으며 토지 그 자체에서 효용을 발생시킬 수 있으므로 최유효이용을 전제로 하여 평가해야 하며, 부지개량비용이 아닌 이상 원가법을 사용할 수 없고 대부분은 거래사례비교법 내지 수익환원법, 우리나라의 경우는 공시지가기준법을 사용하듯이, 토지는 건물과 속성이 달라 토지와 건물의 평가방법도 다른 것이고 그에 따라 각각을 개별적으로 평가하여 합산해야 한다는 것이다.

② 건물 속성에 의한 평가

건물은 토지와 달리 인위적인 자본이 투자되어 형성되는 것으로 그 존재가 유한하며 감가되는 성격을 갖고 있고, 초기 비용의 파악을 통해 비용접근법을 용이하게 적용할 수 있으나 임대료를 기초로 하여 평가하는 소득접근법은 그 자료의 부정확성으로 적용하기 어렵다.

2. 일괄평가

(1) 의의

일체로 거래되는 관행이나 용도상 불가분의 관계에 있는 경우 등에 있어 이를 일괄하여 행하는 평가를 말하며 개별평가의 예외로서 적용한다. 적용 예로는 토지와 건물이 일체로 거래되는 경우, 입목과 임지가 동시에 평가 의뢰된 경우가 해당된다.

(2) 일괄평가의 필요성

1) 토지와 건물의 일체적 이용

부동산에서 발생하는 효용은 토지와 건물의 일체적인 이용에서 발생하는 것이지 이를 개별적으로 이용하여 발생하는 효용이 아니다. 따라서 건물과 토지에서 발생하는 효용을 구분한다는 것은 이론적으로 가능하지만 실제로는 거의 불가능하다.

2) 토지와 건물의 일괄거래

우리나라 민법상 부동산은 토지의 구성은 건물로 되어있지만 그 부동산을 이용함으로 발생하는 효용은 토지와 건물의 일체적 이용에서 발생한다. 즉 부동산은 토지와 건물이 결합하여 하나의 재화로서 시장에서 거래되고 그에 따라 적정한 가격이 형성된다. 특히 구분소유건물은 대부분 토지와 건물을 일체로 하여 하나의 소유권 대상으로 거래되기 때문에 토지와 건물을 분리하여 평가할 경우 적정가격을 파악하기 어렵다. 이처럼 토지와 건물이 일체로 거래되는 경우 가치를 추계하는 평가방식도 토지와 건물을 일체로 평가하는 방식을 사용해야 시장가치를 정확하게 파악할 수 있다.

Ⅳ 개별평가와 일괄평가의 장단점

1. 개별평가의 장단점

(1) 장점(제법풍효세)

① 토지와 건물을 분리하고 있는 법률적・제도적 측면과 부합한다.
② 대상 부동산의 효용을 개별적으로 반영할 수 있다.
③ 현행 과세체계상 토지에 대한 세금과 건물에 대한 세금을 분리하여 과세하기 때문에 과세하기가 용이하다.
④ 평가선례가 풍부하여 평가하기가 용이하다.

(2) 단점

① 공동주택 등 토지와 건물이 일괄로 거래되는 부동산의 거래관행과 부합하지 않는다.
② 공동주택과 같이 토지와 건물이 일체로 거래되는 부동산의 평가가격이 시장가격과 괴리될 수 있다.
③ 부동산의 속성인 위치 이점이 대부분 토지에 귀속되기 때문에 토지가 상대적으로 과대평가되는 반면, 건물은 상대적으로 과소평가될 수 있다.

2. 일괄평가의 장단점

(1) 장점(자수관건적효)

① 부동산에서 창출되는 효용을 잘 반영할 수 있다.
② 개별평가보다 대상 부동산의 적정가치를 적절하게 반영할 수 있다.
③ 현실적인 거래관행에 부합한다.
④ 건물의 가치를 비교적 잘 반영한다.
⑤ 세계적인 추세인 수익방식을 적용하기 쉽다.
⑥ 거래사례 및 현실자료를 사용하기가 용이하다.

(2) 단점

① 물건의 효용을 개별적으로 반영하기 어렵다.
② 토지에 귀속되는 위치 이점을 반영하기 어렵다.
③ 평가선례가 풍부하지 못하다.

▼ 개별평가와 일괄평가의 특성과 장단점

구분	개별평가	일괄평가
정의	토지와 건물을 분리하여 평가하는 것	토지와 건물을 일체로 평가하는 것
법률 (감정평가에 관한 규칙)	토지의 평가(제14조), 건물의 평가(제15조)가 각각 따로 규정되어 있다.	일괄평가(제7조), 토지와 건물의 일괄감정평가(제16조)가 각각 따로 규정되어 있다.
현실	현실적인 측면에서, 그리고 제도적인 측면에서, 우리나라에서는 대부분 개별평가를 하고 있다.	평가방식의 세계적인 추세는 수익방식이고, 수익방식을 적용하기 위해서는 일괄평가가 보다 낫다.
평가방식	물건의 효용을 개별적으로 반영할 수 있다.	부동산 이용에서 창출되는 효용을 잘 반영할 수 있다. 개별평가보다 물건의 적정가치를 반영하기에 적절하다.
현실반영도 (거래관행)	거래관행에 부합하지 않고, 토지와 건물을 분리하여 평가하므로 현실을 제대로 반영하기가 어렵다.	현실적으로 토지와 건물은 일괄로 거래되고 있으므로 현실적인 거래관행을 잘 반영할 수 있다.
과세	우리나라의 현행 과세체계상 토지분과 건물분을 분리하여 과세하고 있어 과세하기가 용이하다.	평가액을 토지분과 건물분으로 배분하여 분리과세하기가 쉽지 않다.
위치 이점	위치 이점이 대개 토지로 귀속되어, 토지가 상대적으로 과대평가되는 경향이 있다.	과세목적상 토지분과 건물분을 분리하고자 할 때, 일괄평가는 개별평가에 비해 건물가치를 보다 적절히 반영할 수 있다.
평가자료	평가선례가 풍부하여 현실에 적용하기가 용이하다.	평가선례가 많지 않지만, 거래사례 및 현실의 자료를 그대로 사용할 수 있다.

13 절 시장가치와 투자가치의 비교[26]

Ⅰ 서

주어진 시점에서 대상 부동산에 적용되는 가치의 종류는 무수히 많은데, 이는 동일한 부동산이라도 보는 관점이 다르기 때문이다. 감정평가란 부동산의 가치를 추계하는 것으로, 대부분은 시장가치의 추계로부터 시작된다. 오늘날에는 평가사의 업무가 가치추계분야에만 머무르지 않고, 다양한 부동산 결정분야를 지원하는데, 부동산투자를 위한 의사결정 과정에서 대상 부동산의 투자가치를 평가하기도 한다. 투자가치는 투자자의 주관적 가치인 점에서 시장가치와 여러 면에서 차이를 보인다.

Ⅱ 시장가치와 투자가치의 개념

1. 시장가치의 개념

시장가치(Market Value)란 감정평가의 대상이 되는 토지 등이 통상적인 시장에서 충분한 기간 거래를 위하여 공개된 후 그 대상물건의 내용에 정통한 당사자 사이에 신중하고 자발적인 거래가 있을 경우 성립될 가능성이 가장 높다고 인정되는 대상물건의 가액(價額)을 말한다. 이러한 시장가치는 시장참여자들의 집단적인 가치판단에 의한 행태를 분석한 객관적 가치이며, 교환가치이자 존재가치이다.

---

26) (특강) (경응수) / 투자가치와 시장가치를 비교 설명하라(서동기).

2. 투자가치의 개념

투자가치(Investment Value)는 특정 투자자가 대상 부동산을 특정한 용도로 사용할 것을 전제로 하는 경우에 그에 따른 장래 기대되는 이익을 현재가치로 환원한 값으로 표시된다. 투자가치란 대상 부동산에 대해 특정투자자가 부여하는 주관적 가치이며, 사용가치이다.

Ⅲ 양자의 다른 점과 같은 점

1. 양자의 다른 점

(1) 가치의 성격

시장가치가 대상 부동산에 대해 시장이 부여하는 객관적 가치인 반면, 투자가치는 특정투자자가 부여하는 주관적 가치이다.

(2) 금융조건 및 세금조건

① 시장가치는 특수한 금융조건이나 소유자의 세금신분에 따라서 부동산의 가치가 바뀌어서는 안 되기 때문에 특정한 금융조건이 결부되지 않은 전형적인 저당대부와 세율을 고려하여 평가된다. ② 반면, 투자가치는 특정 투자자가 대상 부동산에 대하여 계획하는 저당대부나 투자자의 세금신분, 요구수익률 등을 고려하여 추계된다.

(3) 최유효이용의 전제

시장가치는 최유효이용을 전제로 파악되어야 하며, 투자가치는 특정투자자가 요구하는 용도를 전제로 파악되어야 한다.

(4) 산정방법

1) 시장가치는 가격3면성에 기초하여 세 가지 접근법을 모두 적용하여 구한 각각의 시산가치를 적절히 조정하여 최종적인 가치결론을 도출한다. 이때에는 사용된 자료의 신뢰성, 각 접근법의 전제된 가정과 대상 부동산의 성격, 평가조건 등에 따른 평가논리의 적합성 등이 고려된다.

2) 투자가치는 특정용도에 이용될 때에 장래 기대되는 효익을 현재가치로 환원한 값이다. 따라서 투자가치는 주로 미래 현금흐름을 현재가치로 할인하는 소득접근법에 의해 추계된다. 부동산평가에서는 일반적으로 저당지분환원법과 할인현금흐름분석법에 의해 투자가치를 추계한다.

(5) 가치의 활용

1) 시장가치는 최고최선의 이용을 전제로 파악되는 가치로서 일반거래활동을 포함한 모든 부동산활동의 기준이 된다. 또한 시장가치는 여타의 가치를 추계하는 기준을 제공한다. 보험가치, 과세가치, 저당가치, 투자가치 등의 추계는 시장가치에 기초한다.

2) 투자가치는 주로 투자안의 경제성 분석에 이용된다. 투자가치를 이용한 투자의사결정은 비용편익분석이나 시장가치와의 비교를 통해 이루어질 수 있다. 비용편익분석은 투자가치와 투자비용을 비교하여 투자결정을 판단하는 방법이며, 투자가치는 시장가치와 비교하여 투자판단에 이용될 수 있다.

2. 양자의 같은 점

(1) 가치의 다원성

시장가치와 투자가치는 하나의 부동산에 대해 보는 관점 또는 용도에 따라 성립할 수 있는 다양한 가치 개념 중의 하나이다.

(2) 기준가치

시장가치는 일반거래활동을 포함한 모든 부동산활동의 기준이 되며, 여타의 가치를 추계하는 기준을 제공한다. 투자가치는 투자자에게 투자의사결정을 위한 기초자료로서 그 기준가치의 역할을 한다.

(3) 일치가능성

시장가치와 투자가치는 특정투자자의 자료와 가정들이 시장에서의 전형적인 투자자들의 것과 같을 경우 일치할 수 있다.

(4) 수익방식의 중시

시장가치는 비교방식, 원가방식, 수익방식에 의한 시산가액의 조정을 통하여 산정되며, 투자가치는 주로 미래현금흐름을 현재가치로 할인하는 수익방식에 의해 추계된다. 그러나 양자는 현실적 필요성 및 부동산환경 변화로 점차 대상 부동산에서 기대되는 수익을 중심으로 가치를 결정하는 수익방식의 중요성이 부각되고 있다.

Ⅳ 양자의 관계(투자의 타당성 판단 측면)

1. 시장가치와 투자가치의 비교

시장가치와 투자가치를 비교하여 투자가치가 큰 경우 투자의 타당성이 있다.

2. 기대수익률과 요구수익률의 비교

객관적인 기대수익률과 주관적인 요구수익률을 비교하여, 기대수익률이 큰 경우 투자의 타당성이 있다. 즉, 투자를 통한 객관적인 내부수익률이 요구수익률보다 클 때 투자의 타당성이 있다.

3. 수입과 지출의 비교

투자결정은 투자를 통한 현금수입의 현재가치와 현금지출의 현재가치를 비교하여, 수입이 지출보다 큰 경우 투자타당성이 있다. 즉, NPV가 (+)인 경우 투자타당성이 있다.

Ⅴ 결어

① 감정평가에서 구하는 가격은 대상 부동산의 시장가치이다. 반면에 투자가치는 특별한 조건이 수반된 일종의 조건부평가(투자자가 상정하는 특정한 이용방법을 전제로 한 사용가치)에 의한 시장가치 외의 가치의 의미를 갖는다.

② 시장가치는 일정한 조건이 충족되는 상황에서 대상 부동산이 가지는 가치이다. 이때 일정한 조건이란 시장의 합리성과 전형적인 투자자들을 전제로 한 가정이다. 따라서 대상 부동산에 대한 이용경쟁의 결과 장기적으로는 시장가치와 투자가치가 일치하려는 경향이 있다.

13 절 감정평가와 부동산컨설팅의 비교

「감정평가에 관한 규칙」 제27조에서는 조언 · 정보 등의 제공에 대해서 규정하고 있으며, 감정평가사는 부동산투자 등과 관련하여 다양한 컨설팅 업무를 수행할 수 있다. 이하, 감정평가와 부동산컨설팅을 비교하여 설명하시오.

Ⅰ. 서
Ⅱ. 감정평가와 부동산컨설팅과의 비교
1. 유사점
(1) 접근방식 및 방법론상의 유사점
(2) 실무적 공통점 및 부동산활동속성상의 유사점
2. 차이점
(1) 개념상 차이
(2) 분석범위
(3) 구하는 가격의 성격
(4) 분석기법
(5) 세무적 관점
(6) 조건의 검토
Ⅲ. 결(컨설팅과 감정평가의 관계)

Ⅰ 서

컨설팅이란 의뢰한 부동산에 대한 정보, 분석, 추천, 자문 등의 서비스를 받고 전문적으로 용역을 제공하는 행위로 의뢰자의 다양한 요구에 부응하는 전문가의 활동이다. 따라서 부동산컨설팅 서비스를 제공하는 컨설턴트의 역할을 제대로 수행하기 위하여는 높은 수준의 전문지식과 풍부한 업무경험, 그리고 종합적인 분석능력이 요구된다. 아울러 부동산투자활동에는 높은 위험이 수반되므로 일반 부동산 전문가 활동보다 높은 윤리의식을 지녀야 한다. 「감정평가에 관한 규칙」 제27조에서는 조언 · 정보 등의 제공 규정을 두고 있는바, 감정평가 업무영역으로서 컨설팅의 중요성이 높아지고 있다. 감정평가사의 업무영역을 가치 추계에만 국한할 것이 아니라, 비용편익분석, 경제기반분석, 타당성 분석, 토지이용분석, 현금수지 분석 등으로 확대할 필요가 있다. 토지의 유효활용방식 또한 컨설팅 업무영역 중 하나로서 감정평가사는 다양한 개발방식에 대한 검토가 요구된다.

Ⅱ 감정평가와 부동산컨설팅과의 비교

1. 유사점

(1) 접근방식 및 방법론상의 유사점

본래의 활동목적은 다르지만 접근하는 방향과 방법이 유사하다. 대상물건을 확정하고 지역 · 개별분석을 거쳐 제 자료를 수집하고 가격제원칙을 활용하여 분석하며, 평가방법을 적용해 그 가격을 구한다. 컨설팅도 목적에 따라 일부 차이는 있지만, 접근방법 및 과정은 대체로 유사하다.

(2) 실무적 공통점 및 부동산활동속성상의 유사점

양자 모두 권리분석이 요구되며 현장조사가 요구되는 임장활동이다. 또한 사적 주체 면에서 사익성, 공적 주체 면에서 공익성, 사회전체 면에서 윤리성이 요구된다. 전문성, 과학성, 기술성, 공간활동성 등에서 유사하다.

2. 차이점

(1) 개념상 차이

감정평가는 토지 등의 경제적 가치를 판정하여 그 결과를 가액으로 표시하는 것을 말한다. 부동산컨설팅은 컨설턴트가 부동산 의사결정자에게 부동산에 관련된 제반 문제에 대한 조언과 지도 및 자문을 제공하는 것을 말한다.

(2) 분석범위

감정평가는 주로 대상 부동산과 관계하여 분석하는 미시적 분석이며, 컨설팅은 미시적일 수도 거시적일 수도 있다. 물론 감정평가상 분석도 시장상황 등과 일반적 요인 등을 고려해야 한다는 점에서 거시적인 면이 있으나 컨설팅은 보다 거시적이라 할 수 있다.

(3) 구하는 가격의 성격

감정평가상 구하는 가격은 통상적인 시장에서 충분한 기간 동안 거래를 위하여 공개된 후 그 대상물건의 내용에 정통한 당사자 사이에 신중하고 자발적인 거래가 있을 경우 성립될 가능성이 가장 높다고 인정되는 시장가치를 원칙으로 하며 주어진 시점의 객관적 가격이나, 컨설팅에서 구하는 가격은 투자가치이며 의뢰자의 주관적 가격으로서 확률개념 또는 범위의 개념으로 표현된다.

(4) 분석기법

감정평가는 지역분석을 거쳐, 주로 3방식을 중심으로 분석하고 객관적인 최유효이용을 분석하나, 컨설팅은 지역분석과 함께 입지분석을 기초로, NPV, IRR, DCF, 민감도 분석 등의 분석방법으로 의뢰자의 주관적 능력기준에 의한 최유효이용을 분석한다.

(5) 세무적 관점

감정평가에는 세금의 고려가 없으나(DCF 제외), 컨설팅은 대상 부동산의 매각 시 세금공제 후 손에 쥐게 되는 금액에 중점이 놓이는 등 세금이 중요한 판단기준이 된다.

(6) 조건의 검토

업무의 유일한 목적이 가치를 산정하는 것이나 특정한 조건이 부가된 상태인 경우 해당 조건의 합리성, 적법성 및 실현가능성이 인정되는 경우에는 감정평가서로 작성해야 한다. 그러나, 조건의 합리성, 적법성이 결여되고 사실상 실현이 불가능하다고 판단되는 경우에는 감정평가를 진행할 수 없으므로 이때는 컨설팅 보고서의 작성이 가능하다.

Ⅲ 결(컨설팅과 감정평가의 관계)

컨설팅의 주요 업무를 살펴보면 부동산의 유효활용, 부동산의 매입과 투자, 절세대책, 부동산의 매각, 기획, 권리의 조정, 중개 등을 들 수 있다. 이러한 업무에서 볼 수 있는 바와 같이 컨설팅의 기본토양은 감정평가가 제공하고 있는 것을 알 수 있다. 즉, 컨설팅이 부동산활동의 종합체라 할 때 감정평가는 그러한 기본토양이 되는 것이다.

구분	감정평가	컨설팅
정의	토지 등의 경제적 가치를 판정하여 그 결과를 가액으로 표시하는 것	컨설턴트가 부동산의 의사결정자에게 부동산에 관련된 제반 문제에 대한 조언과 지도 및 자문을 제공하는 것
분석범위	미시적	미시적 또는 거시적
구하는 가격	① 시장가치 ② 객관적 가격 ③ 주어진 시점의 가격(기준시점)	① 투자가치, 투자가격 ② 주관적 가격 ③ 확률개념 또는 범위의 개념
분석기법	① 3방식 ② 지역분석 ③ 객관적 최유효이용분석	① NPV, IRR, DCF, 회수기간법, 수익성지수법, 민감도 분석법 등 ② 최유효이용분석
세무적 관점	세금 고려 없음(DCF 제외)	세금 고려 있음
조건의 검토	합리성과 적법성 및 실현가능성 충족	합리성과 적법성 및 실현가능성 충족을 못하더라도 가능

Chapter 02

부동산학의 기초

01 절 부동산학의 이해

Ⅰ 부동산학의 정의

부동산학이란 부동산현상의 정확한 인식을 기하고, 바람직한 부동산활동을 전개해 가기 위해, 부동산의 기술적·경제적·법률적 제 측면을 기초로 하여 연구하는 종합응용과학이다.

Ⅱ 부동산학의 제 측면과 복합개념[1)]

1. 부동산학의 제 측면

부동산의 유형적 측면인 기술적 측면과 무형적 측면인 법률적 측면, 경제적 측면을 '부동산학 기초이론의 3대 측면'이라고 한다.

(1) **법률적 측면**(legal aspect)

부동산에 관계되는 제도적인 측면을 말한다. 즉, 공·사법상의 여러 가지 규율이 부동산 활동 등에 영향을 미치는 것이다.

(2) **경제적 측면**(economic aspect)

부동산의 가격에 관련된 측면을 말한다. 부동산도 가격 면에서는 수급에 의해 그 설명이 이루어진다.

1) 이창석, 부동산학개론, 형설출판사, 2014

(3) 기술적 측면(engineering aspect)

부동산공간의 이용기법적 측면을 말한다. 기술적 조건은 물론 부동산의 설계, 시공, 설비, 자재, 측량, 지질, 지형, 토양 등이 이에 속한다.

2. 복합개념의 논리

부동산학은 여러 부동산현상을 이해하고 분석하거나 부동산 결정을 행하고 부동산활동을 전개해 나가기 위해 복합개념의 사고원리를 주로 사용한다. 따라서 복합개념의 기초가 되는 3대 측면의 정립은 어떠한 부동산활동을 위한 의사결정에 있어서도 중요하다.

Ⅲ 부동산학의 연구분야[2)]

부동산의 실무분야		부동산의 이론분야
부동산 결정분야(결투금개)	부동산 결정 지원분야(지마관상평)	부동산학의 기초분야
① 부동산 투자 ② 부동산 금융 ③ 부동산 개발	① 부동산 마케팅 ② 부동산 관리 ③ 부동산 상담 ④ 부동산 평가	① 부동산의 특성 ② 부동산법 ③ 부동산시장 ④ 부동산 세금 ⑤ 기초적 금융수학

2) 안정근, 현대부동산학, 양현사, 2019

02 절 부동산의 특성과 파생현상[3] ▸기출 1회, 9회

Ⅰ 서

부동산이란 협의로는 토지 및 정착물을, 광의로는 이에 의제부동산을 포함하며 법률적·경제적·기술적 관점의 복합개념으로 이해된다. 이러한 부동산을 대표하는 것은 토지인바 부동산의 특성은 통상 토지특성을 말하며 이러한 토지의 특성은 토지의 본원적 특성인 자연적 특성과 인간과의 관계에서 나타나는 인문적 특성으로 구분된다. 이러한 부동산 특성은 타 재화의 특성과 달라서 부동산 제 현상을 특수하게 하고 토지현상분석 및 부동산활동의 토대가 된다.

Ⅱ 부동산의 특성 및 파생현상

1. 개설

부동산의 특성에는 자연적 특성과 인문적 특성이 있는데, 자연적 특성은 부동산 고유의 특성으로서 고정적·경직적이고, 인문적 특성은 부동산과 인간과의 관계에서 형성되는 특징으로 자연적 특성을 완화시켜 주는 역할을 하며 가변적·신축적이다.

2. 자연적 특성

(1) **고정성**(= 부동성, 비이동성)

1) 의의

토지의 위치는 인간의 힘으로 이동시킬 수 없다는 성격을 말한다. 이는 토지의 가장 큰 특징이며, 모든 부동산활동은 고정성을 전제로 전개된다. 이와 같이 부동산의 위치가 고정됨으로써 부동산의 주변에서 일어나는 환경조건들이 부동산의 가치에 항상 영향을 주게 되는데, 이를 외부효과라 한다.

3) (특강) 부동산의 특성과 파생적 특징(노용호, 건대특강)

2) 파생현상(동지 추정 부경위)

① 부동산과 동산의 구별기준이 되고, 부동산권리의 공시방법이 동산과 다르게 되는 이론적 근거가 된다.

② 부동산활동 및 현상을 국지화하여, 지역분석의 필요성이 요구된다. 지역마다 거래관행, 임대료, 기대이율 등이 다른 것은 이러한 특성 때문이다.

③ 부동산시장을 추상적 시장으로 만들어 균형가격의 성립을 방해하며, 정보에 의한 거래가 요구된다.

④ 부동산활동을 임장활동, 정보활동으로 만든다.

⑤ 부동산은 지역적으로 세분화되어 부분시장으로 존재하고, 부동산가격을 위치가격으로 만들게 된다.

⑥ 부동산을 인근지역의 환경에 적합하게 이용하여야 하며, 그렇지 못할 경우 경제적 감가의 근거가 된다.

(2) 부증성(= 비생산성, 불확장성, 면적의 유한성, 수량고정성)

1) 의의

토지는 생산비나 노동량을 투입하여도 물리적인 그 절대량을 임의로 증가시킬 수 없다는 특성이다. 택지조성이나 수면매립을 통해 토지의 양을 다소 증가시킬 수 있으나, 이는 토지의 물리적 증가라기보다는 토지이용의 전환 내지 유용성의 증가라는 측면에서 파악해야 한다.

2) 파생현상(부문 공수 최원)

① 토지부족문제의 근원이 되어 지가상승의 원인이 된다. 또한 감정평가제도와 공시지가제도가 마련되는 근거가 된다.

② 공급이 제한되어 토지의 물리적 공급곡선이 수직이 되므로, 수요 · 공급에 의한 균형가격이 형성되지 않게 한다. 따라서 감정평가의 필요성이 제기된다.

③ 토지의 공급제한으로 인해 공급자경쟁보다 수요자경쟁을 야기하며, 항상 부동산활동에 있어 최유효이용의 원칙에 근거가 된다.

④ 토지의 생산비 법칙이 적용되지 않게 하여, 원칙적으로 원가법에 의한 평가가 어렵다.

(3) 영속성(= 내구성, 불변성, 비소모성, 불괴성)

1) 의의

물리적 측면에서 보아 사용이나 시간의 경과 등에 의해서 소모와 마멸이 되지 않는다는 특성이다. 경제적 유용성의 측면에서는 변화할 수 있으므로 양면성을 가지고 있다.

2) 파생현상(영감투수장)

① 토지에 감가상각의 적용을 배제시켜, 토지에 원가법을 적용할 수 없는 근거가 된다.

② 토지의 가치보존력을 우수하게 하고, 소유이익과 이용이익을 분리가능하게 하며, 투기 및 투자심리를 유발한다.

③ 토지의 수익 등의 유용성을 영속적으로 만들고, 수익환원법으로 평가할 수 있는 근거가 된다.

④ 부동산활동을 장기적으로 고려하게 한다. 부동산활동은 다른 일반활동에 비해 상대적으로 많은 시간이 요구된다.

⑤ 투하자본회수에 어려움이 있지만 투자대상으로서의 안전성이 높다.

⑥ 영속성으로 인한 부동산 문제의 비가역성으로 인하여 최유효이용이 필연적으로 요구된다.

(4) 개별성(비대체성, 비동질성, 이질성)

1) 의의

개별성이란 물리적으로 완전히 동일한 토지는 없다는 것이다. 이는 고정성에서 연유된 특징으로, 물리적으로는 비대체적이나 이용 측면에서는 대체가 가능하다.

2) 파생현상(개표일이)

① 개개의 부동산을 구별하고 그 가격이나 수익 등을 개별화, 구체화시키므로 개별분석의 필요성을 제기한다.

② 부동산활동이나 현상을 개별화시키며, 표본추출 및 부동산의 비교를 어렵게 한다.

③ 토지의 가격이나 수익이 개별로 형성되어 일물일가의 법칙이 적용되지 않는다.

④ 부동산학에 있어서 원리나 이론의 도출을 어렵게 한다.

3. 인문적 특성

(1) 용도의 다양성

1) 의의

토지는 여러 가지 용도에 제공될 수 있다는 특성이다. 1차・2차・3차산업 용지, 공공용지, 주거용지, 상업용지 등으로 쓰이며, 같은 용도에 쓰이는 경우라도 그 규모와 이용방법이 항상 동일하지는 않다. 용도의 다양성은 부동산의 자연적 특성인 부증성, 개별성을 완화한다.

2) 파생현상(용우최적다)

① 토지이용의 우선순위에 대한 중요성이 요구된다.

② 적정성을 판정하는 기준을 최유효이용의 원칙에 둠으로써 부동산의 오용을 방지할 수 있다.
③ 적지론의 근거가 된다.
④ 가격다원설의 논리적 근거를 제공한다.
⑤ 부동산 용도전환을 통해 토지의 경제적 공급을 가능케 한다.

3) 용도 간의 경합 · 전환 · 병존 가능성

토지는 주택지, 상업지, 공업지, 농지, 목장 및 임야 등 여러 가지의 용도로 이용할 수가 있다. 이와 같이 토지는 일반재화와 달리 그 이용성이 다양하기 때문에 동일한 토지 위에 수 개의 용도가 경합하는 경우가 많을 뿐만 아니라, 다른 용도로서의 전환도 가능하므로 최대수익을 창출할 수 있는 용도로 최유효이용을 모색하게 된다.

예로서 도시근교에 위치한 농지나 임야를 택지로 용도변경함으로써 가치를 높일 수 있다. 또한 주상복합 건물의 경우 1층은 상점으로, 2층 이상은 주거용 등 복합적으로 이용하여 용도의 병합도 가능한 것이다.

4) 자연적 특성과의 관계

① 토지의 부증성으로 절대적인 공급이 제한되어 있으나 용도의 다양성으로 인해 상대적인 공급이 가능해진다. 즉 부증성에 의한 절대적 희소성이 상대적 희소성으로 변하게 되는 것이다.
② 개별성으로 인해 토지는 비대체성을 띠게 되나 용도의 다양성으로 용도적 측면에서는 대체가 가능하게 된다.

(2) 병합 · 분할의 가능성

1) 의의

토지는 이용목적에 따라 그 면적을 인위적으로 분할 · 병합하여 사용할 수 있다는 특성이 있으며, 토지의 효과적인 분할, 병합과 최유효이용은 불가분의 관계에 있다. 물리적 분할은 토지크기의 분할, 권리 측면에서의 분할은 소유권과 소유권 이외의 권리로의 분할을, 기간의 분할은 전기간의 대가인 가격과 용익기간의 대가인 임대료로의 분할을 뜻한다.

2) 파생현상(병규 한용기)

① 용도의 다양성을 지원하는 기능을 갖게 한다.
② 고정성과 함께 작용하여 한정가격이 존재하게 한다.
③ 균형의 원칙, 적합의 원칙, 기여의 원칙 등 지원을 가능케 한다.
④ 규모의 경제 개념의 적용이 가능하고, 합병증감가 또는 분할증감가를 발생케 한다.

(3) 사회적 · 경제적 · 행정적 위치의 가변성

1) 의의

부동산의 인문적 환경으로서 사회적 · 경제적 · 행정적 위치가 시간이 흐름에 따라 변한다는 특성이다. 즉 인문적인 측면에서 토지는 결코 부동 · 불변이 아니라는 것으로 이러한 가변성이 부동산가격에 큰 영향을 미치는 것이다.

2) 내용

① 사회적 위치의 가변성

주거환경의 악화, 슬럼화, 공장의 전입, 공공시설의 이전 등으로 인한 사회적 환경의 악화 또는 개선 등 지역요인이 변화하는 것과 인구상태 등으로 인하여 부동산의 수요가 변화하는 것 등을 의미한다.

② 경제적 위치의 가변성

도로, 철도, 전철, 항만, 역 등의 신설 · 이전 · 축소 · 확장 등으로 인한 시가지의 변화 · 발전 · 쇠퇴 등을 들 수 있고, 경제성장, 소득증대, 경기순환 등으로 인한 부동산의 수요 및 유용성의 변화 등을 들 수 있다.

③ 행정적 위치의 가변성(행정의 지배성, 피행정성, 수행정성)

부동산에 대한 정부의 정책과 행정 등의 변동으로 부동산활동이나 가격이 직접, 간접으로 영향을 받음으로써 부동산의 위치가 변화하는 것을 말한다. 행정적 요인으로는 토지제도, 토지이용활동의 규제상태, 토지세제상태, 토지 및 건축물의 구조, 방화 등에 관한 규제상태 등이 있다.

3) 파생현상(사장예시)

① 장기적 배려가 요구되며, 예측과 변동 원칙의 성립근거가 된다.

② 감정평가 시 기준시점의 확정과 시점수정의 필연성이 제기된다.

Ⅲ 결

부동산은 그 특성으로 말미암아 일반재화와 달리 시장 · 가격 · 평가방식 등에서의 미치는 작용이 특이하므로, 평가사는 가격을 산출함에 있어 상기의 특징을 숙지하여 적절한 평가방식을 적용하여야 보다 정치한 가격이 산출될 것이다. 또한 감정평가의 결과는 그 사회성, 공공성이 큰바, 보다 전문적인 부동산지식과 가격형성원리의 이해와 습득 및 평가 시의 윤리에 힘써야 할 것이다.

03 절 기타 부동산의 특성

Ⅰ 부동산의 경제적 특성(소림투위고내)

1. 의의

부동산도 일반재화와 마찬가지로 경제재의 하나로 볼 수 있는 특수한 재화이므로 경제적 측면의 특성을 가진다. 부동산의 경제적 특성이란 ① 부동산의 자연적·인문적 특성 중 경제적 측면을 강조할 때 제기되는 특성으로 ② 새로운 토지자원의 가용화, 집약적 이용, 유효수요의 조정을 통해 경제적 특성을 다소 완화시킬 수 있다.

2. 희소성

(1) 의의

토지의 희소성은 토지의 자연적 특성인 부증성 등으로 인한 토지공급의 비탄력성에 기인하며, 특히 토지이용의 관점에서 희소성의 문제는 토지에 대한 인간의 수요량과 그 이용능력의 상태에 따라 발생되고 변화한다.

(2) 희소성 문제의 해결 및 개선책

토지의 희소성 문제의 해결 및 개선책으로는 토지 가용자원의 신규개발(토지개발, 신도시 건설 등), 토지 가용자원의 집약적 이용, 도시 토지의 고도이용을 통한 유효수요의 흡수, 유효수요의 감소조정, 인구억제 및 분산시책 등을 들 수 있다.

3. 개량물(Improvements)의 토지효용가변성

(1) 의의

① Improvements란 토지에 정착 또는 부착하여 토지의 효용을 증가시키는 건축물, 구조물, 관개시설 등을 말한다. ② 토지는 지리적 위치의 고정성 및 인접성으로 인해 인근지역의 사회적·경제적·행정적 요인을 받음과 동시에 해당 토지를 둘러싸고 있는 Improvements의 제반 영향을 크게 받게 된다. ③ 공공시설의 정비 또는 설치로 토지의 효용성이 증가되는 반면 혐오시설 등의 설치로 인하여 감소하는 것이 그 예이다.

(2) Improvements의 유형 및 토지와의 관계

1) Improvements on land(토지상의 부가물)

토지와 별개의 부가물로서 다리, 구축물, 건물 등이 이에 속하며 이들은 토지와 별개로 평가의 대상이 된다.

2) Improvements to land(토지에의 부가물)

그 가치가 토지에 화체되어 독립한 평가의 대상이 되지 아니하는 부가물로서 도로, 배수로, 상하수도 등이 이에 속한다.

(3) 토지가격과 Improvements on land

토지효용을 변화시키는 개량물은 토지에 정착되거나 토지에 연결 또는 설치되어 토지의 효용과 가치를 변화시키는 것을 의미한다. 토지는 환경성과 자기완결성이 부족하므로 개량물과 결합 또는 개량물이 가미되어 그 효용이 발휘되고 변화한다.

(4) 평가 시 유의사항

개량물은 토지와 적절한 균형을 이룰 때 그 효용이 증대되며 그렇지 않은 경우에는 건부감가의 원인이 되기도 하므로 부지와 개량물 간의 균형 및 조화에 유의하여 경제적 특성을 이해하여야 한다.

4. 투자의 고정성

(1) 의의

투자의 고정성이란 부동산에 대한 투하자본의 회수나 수익의 발생이 장기에 걸쳐 이루어진다는 특성을 말한다. 그러나 최근 리츠 등 부동산의 유동화 및 증권화 수단의 발달에 따라 소규모 자본의 부동산 시장진입이 활성화되고 투자의 고정성이 다소 완화되는 경향도 있다.

(2) 특징

1) 투하자본회수의 장기성

토지의 자연적 특성인 영속성으로 인하여 물리적으로 영속한 토지를 최유효이용 상태로 경제적 위치를 가변시키는 데는 장기적 시간과 비용이 소요되고, 또한 투하자본회수 기간이 장기적이다.

2) 토지이용규제 등에 대한 적응의 곤란성

토지는 그 투자의 고정성으로 인하여 행정적 요인 등에 의한 토지이용규제에 대하여 능동적이고 기동성이 있는 적응이 어렵다.

5. 위치의 선호성

(1) 의의

사람들이 일정한 토지의 위치나 장소가 경제적으로 유리하게 작용하기 때문에 특정 위치를 선호하는 현상을 말한다.

(2) 요인

용도를 중심으로 살펴보면 주거지의 쾌적성, 상업지의 수익성, 공업용지의 생산비 절약 등이 위치를 결정하는 요인이라 할 것이다.

(3) 위치선호의 가변성

인간이 필요로 하는 토지의 위치 또는 지역의 선호도는 시간의 경과에 따라 변화하는 가변성을 가지고 있다. 교통체계 및 수단의 발달로 인하여 시내 주택지보다는 교외 전원주택을 선호하는 인구가 증대되는 사례 등을 들 수 있다.

6. 고가성

(1) 일반적으로 고가품일수록 참여자의 시장진입과 탈퇴가 자유롭지 못하다. 부동산은 고가품이기 때문에, 수요자와 공급자가 상대적으로 제한된다.

(2) 부동산시장에 수요자로 참여할 의사가 있더라도, 고가의 부동산을 살 수 있는 유효수요를 갖추지 못한 경우에는 시장에 진입할 수 없다. 유효수요란 살 의사와 지불능력을 구비한 수요를 지칭한다.

7. 내구성

내구성이란, 부동산은 장기간에 걸쳐 효용을 제공한다는 특성이다. 이는 물리적 특성 중 영속성과 같은 개념이다. 다만 여기서는 특히 경제적 투자재로서 그 효익이 장기적으로 지속되는 특성을 강조한다. 따라서 생산자 입장에서 볼 때 부동산이란 투하자본 회수기간이 길다는 것을 의미하며, 소비자 입장에서는 내구재의 소비행위에 맞추어 장기금융이 필요함을 의미한다. 한편 감정평가에서 볼 때 부동산의 가치는 장래 기대되는 수익이나 효용을 현재가치로 환원한 값이 된다는 예측의 원칙이 그 근거가 되는 특성이다.

II 건물의 특성[4)]

1. 개요(종이개영생)

건물은 토지와 달라서 인위적인 성격이 가미되기 때문에 생산이 가능하고, 내용연수를 가진 내구소비재로서 다음과 같은 특성을 가진다.

2. 비영속성

건물은 토지와는 달리 인위적인 축조물이기 때문에 재생산이 가능한 내구소비재이며 내용연수를 가진 비영속적인 특성을 가지고 있다. 건물은 개수나 보수 등으로 어느 정도 수명을 연장할 수 있다.

3. 생산가능성

일정한 설계에 따라 다량의 아파트나 연립주택 및 빌딩 등을 건축할 수 있고, 개축이나 증축 등으로 그 규모를 증가시킬 수 있기 때문에 건축에 의한 생산가능성이라는 특성을 지니고 있다.

---

4) 이원준, 부동산학원론, 박영사, 2002 / 정영철 외, 감정평가론, 부연사, 2000

4. 비개별성(동질가능성)

건물은 인위적인 축조물이기 때문에 동일한 형이나 구조 및 규격의 건물을 생산할 수 있으므로 동질성의 특성을 가진다.

5. 이동가능성

아파트나 주택, 빌딩 등 건물은 원칙적으로 부동성에 해당된다고 볼 수 있으나 최근 이동가능한 콘세트(퀀셋)나 모빌하우스 등의 등장과 이축기술의 발달로 비이동성의 특성이 있다고 주장할 수 없게 되었다.

6. 토지에의 종속성(토지의 개별적 요인의 지배성)

건물은 토지 위에 정착하여 축조되는 것이기 때문에 그 정착된 토지를 개별적으로 지배하는 특성, 즉 토지의 개별적 요인의 지배성을 가지고 있다. 예컨대 토지 위에 어떤 건물이 들어서 있는가에 따라 토지의 효용이나 가치가 결정되기도 한다. 또한 건물은 토지 위에 정착하여 축조되는 것이기 때문에 그 정착된 토지의 지배를 받기도 한다. 지역지구제의 실시 등이 대표적인 예이다. 따라서 건물은 토지를 지배하기도 하고 토지의 지배를 받기도 하는 특성을 지닌다고 할 수 있다.

Ⅲ 부동산의 인접성 및 지역성

1. 인접성의 의의

토지는 지표의 일부로서 물리적으로 다른 토지와 인접하고 있다는 특성을 말한다. 이러한 인접성으로 인해 특정 토지의 이용과 개발은 인접토지에 영향을 미치게 되어 외부효과(외부경제 혹은 외부불경제)를 발생시킨다. 인접성을 연접성 혹은 연결성이라고도 한다.

2. 부동산의 지역성

(1) 지역성의 의의

부동산은 그 자연적·인문적 조건의 전부 또는 일부를 공유함으로써 다른 부동산과 함께 어떤 지역을 구성하고 또 이에 속하고 있다. 따라서 부동산은 그가 속한 지역의 구성분자로서 그 지역과 의존·보완관계 및 그 지역 내 타 부동산과 협동·대체·경쟁 등의 상호관계를 통하여 그 사회적·경제적·행정적 위치가 결정된다는 것이 부동산의 지역성이다.

(2) 지역특성

부동산은 이러한 지역성에 따라 해당 지역 내 부동산들은 상호 유사한 이용 패턴을 보일 뿐만 아니라 가격 수준도 일정한 범위 내에서 같이 움직이는 동조화 현상을 보이게 된다.

(3) 지역의 변화

부동산이 속하는 지역의 사회적 · 경제적 · 행정적 위치는 항상 확대 · 축소 · 집중 · 확산 · 발전 · 쇠퇴 등의 변화의 과정에 있다. 이에 따라 부동산의 가격도 항상 변화의 과정에 놓이게 되며, 따라서 부동산의 지역성과 부동산가격은 중요한 연관성을 가진다.

(4) 지역분석과의 관계

1) 지역분석의 의의 및 필요성

지역분석이란 대상 부동산의 가격형성에 전반적인 영향을 미치는 지역요인을 분석하여 해당 지역의 표준적 사용과 장래동향을 명확히 함으로써 최유효이용의 판정방향을 제시하는 것으로 지역의 평균적 가격수준을 판정하는 작업이다. 부동산의 지역성, 가치형성요인 중 일반적 요인의 지역지향성, 지역의 가변성, 최유효이용의 표준적 사용에 의한 피결정성 등에 의해 지역분석이 요청된다.

2) 지역성과의 관계

부동산의 지역성에 의해 해당 지역의 지역특성을 형성하고, 이 지역특성은 지역 내 부동산 가격수준에 영향을 미치고 이는 표준적 사용의 상태로 표출되는바, 부동산의 지역성은 지역분석의 중요성이 강조되는 근거가 된다. 즉 지역성은 지역특성을 유발하고 이에 지역적 차원의 표준적 사용과 가격수준이 형성되는바, 이를 분석하기 위한 지역분석 작업이 필요하게 된다.

Ⅳ 접근성에 따라 이루어지는 부동산의 가치변화

1. 접근성의 의의

대상 부동산이 위치하는 장소에서 다른 장소에 도달하는 데 소요되는 시간, 경비, 노력 등으로 측정되는 상대적 비용이다.

2. 접근성에 따라 이루어지는 부동산의 가치변화

1) 접근대상에 따른 부동산의 가치변화

부동산의 가치는 무엇과 접근되어 있느냐에 따라서 그 높낮이가 결정된다. 즉, 접근대상에 따라 증가 혹은 감가요인으로 작용하기도 하며 증가, 감가요인이 동시에 작용하기도 한다. 예를 들어 주거용 부동산이 공원, 편의점 등과 접근성이 좋으면 가치가 상승하는 요인이 되지만 폐기물처리장 등과 접근성이 좋으면 가치가 하락한다.

2) 접근 정도 및 실거리에 따른 부동산의 가치변화

대상물이 인간생활을 위해 필요한 경우라 하더라도 그 접근성이 지나치면 오히려 불리한 경우가 많다. 또한 보통 거리가 가까우면 접근성도 좋으나 반드시 접근성의 판단이 거리와 비례함수관계에 있는 것은 아니다. 예를 들어 주차문제, 일방통행문제 등으로 거리가 가까워도 접근성이 나빠지는 경우가 있다.

3) 용도에 따른 부동산의 가치변화

부동산의 용도에 따라 접근성의 중요성과 평가기준이 달라진다. 흡인력이 강하거나 독점력이 강한 시설은 접근성이 크게 중시되지는 않으나, 소매상은 그 반대로 접근성이 중시된다.

04 절 부동산의 종별과 유형[5] ▸기출 17회

구분		대분류	소분류
종별	지역종별	택지지역	주택지역, 상업지역, 공업지역, 이행지지역
		농지지역	전지지역, 답지지역, 과수원지역, 이행지지역
		임지지역	
		후보지지역(예정지지역)	택지후보지지역, 농지후보지지역
	토지종별	택지	주택지, 상업지, 공업지, 이행지
		농지	전지, 답지, 과수원지, 이행지
		임지	
		후보지(예정지)	택지후보지, 농지후보지
유형		택지	나지, 건부지, 구분지상권이 설정된 토지
		건물 및 그 부지	자용의 건물 및 그 부지, 임차권이 설정된 건물 및 그 부지, 구분소유건물 및 그 부지

5) 노용호, 아카데미 부동산 감정평가론, 부연사, 2021

Ⅰ 서

부동산의 종류란 부동산의 종별 및 유형, 두 가지 면에서 성립하는 복합적인 부동산의 개념을 나타내는 것이다. 부동산의 종류에 따라 지역요인, 개별요인이 다르며 그 결과 서로 다른 가치형성요인이 부동산의 효용, 상대적 희소성, 유효수요에 영향을 줌으로써 가격에 영향을 미친다. 즉, 부동산의 종별 및 유형은 부동산의 경제가치에 본질적으로 영향을 미치는 것이기 때문에 양 측면을 분석해야 정도가 높은 부동산 감정평가가 가능하게 되는 것이다. 따라서 감정평가 시 감정평가의 주체는 부동산 종별과 유형에 대한 판단을 해야 한다.

Ⅱ 부동산의 종별 및 유형

1. 의의

부동산의 종별이란 부동산의 용도에 따라 구분되는 부동산의 분류를 말하고, 유형이란 그 유형적 이용 및 권리관계의 태양에 따라 구분되는 부동산의 분류를 말한다.

2. 부동산의 종별

(1) 지역종별

① 지역의 종별은 지역의 용도에 따른 분류로서 택지지역, 농지지역, 임지지역 등으로 대분류할 수 있다.

② 택지지역이란 자연적, 사회적, 경제적 및 행정적 관점에서 주거활동, 상업활동, 공업생산활동 등으로 이용되는 건물, 구축물 등의 부지로 이용되는 것이 합리적이라 판단되는 지역을 말하며, 주거지역, 상업지역, 공업지역 등으로 구분된다. 또한 주거지역, 상업지역, 공업지역 등은 그 규모, 구성내용 및 기능 등에 따라 세분할 수 있다.

③ 자연적, 사회적, 경제적 및 행정적 관점에서 농지지역은 농업생산활동 중에서 경작용으로 이용되는 것이 합리적이라 판단되는 지역으로 전지지역, 답지지역 등으로 세분되며, 임지지역은 임업생산활동 중에서 죽목 또는 특용 임산물의 생육에 이용되는 것이 합리적이라 판단되는 지역이다.

④ 지역종별 대분류 상호 간 어떤 지역에서 다른 지역으로 전환되어 가는 지역을 후보지지역(예정지지역)이라 하고, 소분류 상호 간 어떤 지역에서 다른 지역으로 전환되어 가는 지역을 이행지지역이라 한다.

(2) 토지종별

① 지역종별에 의해 분류되는 토지의 구분으로서 반드시 그 토지의 현실이용방법과 일치하는 것은 아니다. 토지의 종별은 택지, 농지, 임지, 후보지, 이행지 등으로 대분류된다.

② 택지는 주거지, 상업지, 공업지로, 농지는 답지 및 전지로 세분될 수 있다. 후보지란 택지지역, 농지지역, 임지지역 등의 상호 간에, 어떤 종별의 지역에서 타 종별지역으로 전환하고 있는 지역 안에 있는 토지를 말하며, 택지후보지, 농지후보지 등으로 나뉜다. 이행지란 택지지역, 농지지역 안에서 세분된 어떤 종별의 지역이 다른 종별의 지역으로 이행하고 있는 지역 안에 있는 토지를 말한다.

일시적인 이용상황이란

관련 법령에 따라 국가나 지방자치단체의 계획이나 명령 등으로 부동산을 본래의 용도로 이용하는 것이 일시적으로 금지되거나 제한되어 다른 용도로 이용하고 있거나 부동산의 주위 환경 등으로 보아 현재의 이용이 임시적인 것으로 인정되는 이용을 말한다.

(3) 유의사항

① 현실의 토지이용상황에 좌우되지 않는다. 예를 들어, 저층주택의 부지이나 인근지역의 표준적사용이 소매점포인 경우에는 상업지역으로 판정한다. 즉, 이용당사자의 주관적 사용방법에 좌우되지 않는다.

② 공적장부상의 지목에 좌우되지 않는다. 예컨대 택지지역 내의 택지도 지목이 '전'으로 남아있는 경우가 있으므로 지목에 따라 단순히 농지라고 판단할 수는 없다.

③ 도시관리계획상 지정된 용도지역 등에 좌우되지 않는다. 용도지역이 주거지역인 토지도 소매점포 등이 위치한 길가의 토지는 상업지역이 되는 등 실체에 맞게 판단해야 한다.

④ 감정평가주체가 사회적 · 경제적 · 행정적 관점에서 합리적으로 판단하여 정한다. 예를 들어, 현실의 토지이용상황은 '전'인 지역이지만 시가화예정구역이며 각종 편리성이 양호한 지역은 택지예상지역으로 판정된다.

『해설 부동산 감정평가기준』

토지 종별은 그 토지에 속하는 용도적지역의 종별에 기초하여 판정되며, 반드시 그 토지의 현실 이용방법과 일치하지 않는 점에 주의해야 한다. 예로, 현재 경작하고 있는 토지(이른바 현황 경지)라 하더라도 그 토지에 속하는 용도적지역의 종별이 택지지역인 경우에는 감정평가상 그 토지는 택지로 판정되어 택지로서 표준적 이용을 기초로 가격형성요인을 분석한다.

3. 부동산의 유형

(1) 택지[6]

① 택지의 유형은 그 유형적 이용 및 권리관계의 태양에 따라 나지, 건부지, 구분지상권이 설정된 토지 등으로 구분된다.

② 나지란 지상에 건물 등의 정착물이 없는 토지를 말하며, 건부지란 건물 등으로 이용되는 부지를 말한다. 그리고 구분지상권이 설정된 토지란 공작물을 소유하기 위하여 지하 또는 공중공간의 상하의 범위를 정하여 설정된 부지를 말한다.

(2) 건물 및 그 부지

① 건물 및 그 부지의 유형은 그 유형적 이용 및 권리관계의 태양에 따라 자용의 건물 및 그 부지, 임차권이 설정된 건물 및 그 부지, 구분소유건물 및 그 부지 등으로 구분된다.

② 자용의 건물 및 그 부지란 건물소유자와 그 부지의 소유자가 동일인이며 그 소유자에 의한 사용, 수익을 제약하는 권리가 부착되어 있지 않은 경우의 건물 및 그 부지를 말한다. 반면 임차권이 설정된 건물 및 그 부지란 건물소유자와 그 부지의 소유자가 동일인이나 건물이 임대차에 제공되고 있어 소유자의 사용·수익에 제한을 받는 상태대로의 건물 및 그 부지를 말한다. 구분소유건물 및 그 부지란 '집합건물의 소유 및 관리에 관한 법률'에 의하여 전유부분, 공용부분, 대지사용권 등이 불가분일체가 되어 거래·관리되고 있는 건물 및 그 부지를 말한다.

(3) 유의사항

부동산이 토지 및 건물의 결합으로 구성되어 있는 경우에는 그 상태를 주어진 것으로 감정평가하는 것이 보통이다. 그러나 부지상에 해당 부지의 최유효이용에 합치하지 않는 건물이 있기 때문에, 부지의 최유효이용이 건물에 의해 제약되고 있는 경우에는 건물의 용도를 전환하거나 또는 건물의 구조 등을 개조하여 사용하는 것이 최유효이용의 관점에서 보아 타당하다고 인정되는 경우가 있음에 유의해야 한다. 또, 최유효이용 관점에서 보아 건물을 철거하는 것이 타당하다고 인정되는 경우도 있음에 주의해야 한다.

---

6) 택지는 토지만의 단독부동산으로, 건물 및 그 부지는 토지 및 건물로 이루어진 복합부동산으로 접근한다면 쉽게 이해할 수 있다.

4. 양자의 관계

(1) 절차상 선후관계

부동산의 종별의 판단은 지역분석적 의미를 갖고, 유형의 판단은 개별분석적 의미를 갖는다고 볼 수 있다. 따라서 대상 부동산의 평가에 있어서는 종별의 판단이 유형의 판단에 앞선다고 할 수 있다.

(2) 유형의 종별에의 피결정성

부동산은 지리적 위치의 고정성이라는 자연적 특성이 있고 이의 파생적 특성인 지역성이 있다. 이로 인하여 유형은 종별에의 피결정성의 관계가 일반적으로 존재하게 되는 것이다.

5. 부동산의 종류와 경제적 가치

부동산의 종별과 유형은 부동산의 경제적 가치를 본질적으로 결정하게 된다. 왜냐하면 부동산의 경제적 가치의 본질은 장래 기대되는 편익의 현재가치인데 편익은 부동산을 이용함에 따른 효용(유용성)에서 발생하는 것으로 이러한 효용(유용성)은 근본적으로 부동산의 종별과 유형에 따라 결정되기 때문이다. 즉, 택지는 주거용토지, 상업용토지, 공업용토지로서 각각 쾌적성, 수익성, 비용성에 따라 그 용도에 상응하는 가치가 형성되는 것이다.

Ⅲ 감정평가와의 관계

1. 부동산 가격제원칙

부동산 종별은 용도적 측면에서의 판단이므로 부동산의 유용성을 최고로 발휘하기 위해서는 인근지역에 적합해야 한다는 적합의 원칙과 지역 내의 용도적 경쟁과 대체에 따르는 대체・경쟁의 원칙과 관련이 있다. 한편, 부동산의 유형은 부동산의 유용성이 최고로 발휘하기 위해서는 구성요소 간의 내부결합에 균형이 있어야 하는 균형의 원칙, 최유효이용의 원칙을 판단의 기준으로 한다. 또한, 변동과 예측의 원칙은 후보지 및 이행지의 판단에 유용하다.

2. 지역 및 개별요인의 분석

(1) 지역분석

1) 지역분석의 의의

지역분석이란 대상 부동산의 가격형성에 전반적 영향을 미치는 지역요인을 분석하여 표준적 사용, 장래의 동향을 파악함으로 최유효이용의 판정방향을 제시하는 등 가격수준을 판정하는 감정평가 작업이다.

2) 부동산의 종별과 지역분석

지역분석은 인근지역, 유사지역, 동일수급권으로 지역의 범위를 한정하여 지역분석의 대상지역에서 부동산의 종별에 따라 택지지역, 농지지역, 임지지역, 예정지지역 등으로 구분하여 분석함으로써 가격수준 파악의 정도가 높아진다. 즉 종별지역판단, 종별지역 특성파악, 종별지역의 표준적 이용 및 가격수준을 파악한다.

(2) 개별분석

1) 개별분석의 의의

개별분석이란 대상 부동산의 구체적 가격형성에 영향을 미치는 개별적 요인을 분석하여 최유효이용판정과 구체적 가격을 파악하는 감정평가상 작업이다.

2) 부동산의 유형과 개별분석

개별분석도 대상 부동산의 구체적 이용양태와 권리태양을 개별적으로 분석하는 것인 만큼 부동산의 유형에 접근함이 합리적이다. 즉, 대상 부동산이 토지인지 복합부동산인지 구분하고, 그에 따라 나지, 건부지, 자용의 건물 및 부지, 타인 건물 소재, 기타 권리설정 건물 및 부지 등으로 나누어 구체적 가격에 접근해 나아가게 된다.

3. 감정평가 3방식과의 관계

(1) 비교방식

종별에 근거하여 자료수집의 범위확정, 지역요인의 비교를 행하고, 유형에 근거하여 사정보정, 개별요인을 비교한다.

(2) 원가방식

간접법에 의한 재조달원가의 산정 시 종별에 의거 자료수집의 범위를 정하는 것이 보다 정확할 것이며, 유형에 의거 개별적 특성을 비교한다. 감가수정 시 물리적·기능적 감가는 유형적 측면이고, 경제적 감가는 종별적 측면이다.

(3) 수익방식

순수익 및 환원율의 산정 시 종별에 의거하여 자료수집의 범위를 확정하며 지역요인의 비교를 행하고, 유형에 의거하여 개별요인을 비교한다. 그리고 환원방법의 선택 시 유형별로 적정한 방법을 선택·적용하여야 한다.

4. 시산가액의 조정

① 종별에 의거 자료수집의 범위는 적정한가, ② 종별과 유형에 따른 가치형성요인의 분석은 적정한가, ③ 종별과 유형에 의거하여 적정한 평가방법을 선택하였는가 등을 고려한다.

Ⅳ 결

부동산의 종류는 종별과 유형의 복합개념으로 감정평가주체가 업무를 수행할 때, 이를 분명히 인식하고 지역분석, 개별분석, 가격제원칙, 평가절차에 관련시켜 분석함으로 감정평가의 정도를 높여 적정한 평가가격에 접근할 수 있을 것이다.
종별과 유형의 판단은 정밀한 전문지식, 풍부한 경험, 정확한 판단력이 유기적·종합적으로 요구되는바 이것의 적부는 전문가에 의해 평가될 때 합리적·객관적으로 논증될 수 있다.

심화논점

01 절 토지의 부증성과 용도의 다양성의 관계

Ⅰ 개설

부동산은 일반재화와는 다른 여러 가지 특성을 지니고 있으며, 그중 중심을 이루는 것은 토지의 특성이다. 토지는 지리적 위치의 고정성, 부증성, 영속성, 개별성이라는 고정적·경직적인 자연적 특성과 용도의 다양성, 병합·분할의 가능성, 사회적·경제적·행정적 위치의 가변성이라는 가변적·신축적인 인문적 특성을 갖는다. 이때, 인문적 특성은 토지의 자연적 특성을 완화시키는 역할을 한다.

Ⅱ 부증성 및 용도의 다양성의 개념

1. 부증성

토지는 생산비나 노동량을 투입하여도 물리적인 그 절대량을 임의로 증가시킬 수 없다는 특성이 있다. 택지조성이나 수면매립을 통해 토지의 양을 다소 증가시킬 수 있으나, 이는 토지의 물리적 증가라기보다는 토지이용의 전환 내지 유용성의 증가라는 측면에서 파악해야 한다.

2. 용도의 다양성

토지는 여러 가지 용도에 제공될 수 있다는 특성이다. 1차·2차·3차산업 용지, 공공용지, 주거용지, 상업용지 등으로 쓰이며, 같은 용도에 쓰이는 경우라도 그 규모와 이용방법이 항상 동일하지는 않다. 용도의 다양성은 부동산의 자연적 특성인 부증성, 개별성을 완화한다.

Ⅲ 양자의 관계

1. 희소성 개념의 완화

부증성은 한정된 자원에 대한 절대적 희소성의 개념을 낳게 한다. 그러나 인문적 특성인 용도의 다양성으로 인해 절대적 희소성의 개념은 상대적 희소성 개념으로 완화된다.

2. 부증성은 용도의 다양성의 배경

하나의 토지에 대해 여러 가지 효용성이 있는 이용을 생각하게 되는 것은 토지가 부족하다는 부증성 때문이다.

3. 공급의 비탄력성의 완화

완전 수직인 공급곡선을 경제적 측면에서 탄력성을 가하게 하나, 이 경우도 역시 부동산 전체량의 증가가 아닌 어느 일정용도로서의 공급의 증감을 유발한다.

4. 최유효이용의 근거

부증성과 용도의 다양성은 모두 최유효이용의 근거가 된다. 즉 물리적 절대량이 한정되어 있으므로 최유효이용을 생각하게 되고, 이렇게 물리적으로 한정된 토지는 그 이용에 있어 용도가 다양하므로 그 다양한 용도 중 최유효이용이 될 수 있는 이용을 추구하여야 한다.

Chapter

03

부동산 가격론

01 절 가치와 가격의 개념[1]

Ⅰ 서

아담스미스는 교환가치와 사용가치라는 2가지의 가치개념을 사용하였으며, 마샬은 재화의 가치는 재화에 대한 수요・공급의 관계에 의해서 결정된다고 설명하고, 수요・공급에 의해서 결정된 가격이 바로 가치라고 주장하였다. 그러나 사용가치를 측정하기 곤란하여 근대 경제하에서는 가치의 문제를 추구하지 않고, 가격만을 다루고 있다. 그러나 감정평가에서는 교환의 대가인 교환가치를 가격이라 하고, 용익의 대가인 임대료를 기준으로 한 것을 사용가치로 하여 양자를 모두 평가의 대상으로 하고 있다.[2] 감정평가에서는 여전히 가치와 가격의 동일성 여부에 대한 견해를 달리하는바, 이를 검토하고자 한다.

Ⅱ 가치의 정의[3]

1. Adam Smith의 정의

가치란 어떤 재화나 용역이 다른 재화나 용역을 교환의 대상으로 지배하는 힘이다. 이는 가치란 재화가 가지고 있는 어떤 내재적 질에 의해 결정되는 것이 아니라는 것을 의미한다. 즉, 가치란 재화와 재화 간의 단순한 교환비율이라는 것이다.

1) (특강) 부동산 가치와 가격의 괴리현상을 설명하고, 감정평가상의 적용방법을 논의하시오(나상수).
2) 경응수, 감정평가론(제6판), 나무미디어, 2021
3) 안정근, 부동산평가이론(제2장 시장가치), 양현사, 2013

2. Irving Fisher의 정의

가치란 장래 기대되는 편익을 현재가치로 환원한 값이라는 것으로 부동산 같은 내구재에 대한 가치의 정의로 적합하며, 부동산학에서 일반적으로 사용하고 있다. 장래 기대되는 편익은 금전적인 것만이 아니라, 비금전적인 것도 포함된다는 사실에 유의해야 한다.

3. 가치와 가격의 구별

경제학에서 가격이란 가치를 화폐액으로 표시한 것으로 관념상의 차이일 뿐, 특별한 상황이 아닌 한 가치는 가격과 거의 일치한다고 보고 있다. 경제학의 이 같은 개념은 비내구재에서는 쉽사리 적용될 수 있지만, 전형적인 내구재인 부동산학에서는 가격과 가치는 엄격히 구별될 필요가 있다.

Ⅲ 감정평가상 가치와 가격의 구별 논의

1. 가치와 가격의 구별 논의 필요성

일반경제학에서는 가치와 가격을 동의어로 보아 구별하지 않으나, 부동산학에서는 부동산의 가격과 가치의 동일성 여부에 대한 논의가 있다.

2. 일원설(동일시하는 견해)

토지의 가치는 경제가치를 의미하며 이러한 경제가치는 다른 재화와 교환될 수 있는 구매력으로 표시되거나 장래의 이익에 대한 현재가치로 표시된다. 가격은 이러한 가치의 화폐적 표현형태로서 수요공급의 변동에 따라 변화하므로 양자가 일시적으로 괴리될 수는 있지만, 장기적으로는 일치한다고 하여, 양자를 구별하지 않는다.

3. 이원설[4](구별하는 견해)(개과오다)

(1) 개념상의 차이

가격이란 특정부동산에 대한 교환의 대가로서 시장에서 매수자와 매도자 간에 실제 지불된 금액이며, 가치란 장래 기대되는 편익을 현재가치로 환원한 값이다. 부동산은 내구재로 영속성이 있기 때문에 부동산의 경우 가치가 타당하다.

(2) 가치 = 가격 + 오차

부동산 시장은 다른 재화시장과는 달리 여러 가지 불완전한 요소를 내포하고 있어, 시장가격이 부동산 가치를 정확히 반영한다고 보기 어렵다. 예를 들어 급전이 필요해서 자신의 주택을 정상적인 가격수준 이하로 팔았다고 해서 대상 주택의 가치가 그 시점을 기준으로 해서 갑자기 하락한 것으로 볼 수 없다.

---

4) 안정근, 부동산평가이론(제2장 시장가치), 양현사, 2013

(3) 과거의 값과 현재의 값

가격은 시장에서 실제 지불된 금액으로 과거의 값이지만, 가치는 현재의 입장에서 장래 기대편익을 다양한 목적으로 평가한 현재의 값이다. 따라서 가격은 과거의 값이기 때문에 누구나 쉽게 알 수 있지만, 가치는 전문가가 아니면 판단하기 어렵다.

(4) 가치다원성

주어진 시점에서 대상 부동산의 가격은 하나밖에 없지만, 가치는 무수히 많다. 즉, 가격은 시장에서 실제 지불된 과거의 값이기 때문에 특정시점에서 가격은 하나밖에 없지만, 가치는 현재의 값이기 때문에 보는 관점에 따라 무수히 많이 있을 수 있다.

Ⅳ 가격과 가치의 관계

1. 가치와 가격의 변동방향

① 모든 재화가 일정한 가격을 갖는 것은 그 재화가 그만큼의 유용성을 가지고 있기 때문으로, 재화의 가격이란 재화의 가치를 구체적으로 표현한 것이 된다. 즉, 가격의 기초에는 가치가 전제되고 있기 때문에 가격은 가치에 의하여 결정된다.

② 가격은 가치의 화폐적 표현이므로 화폐가치가 변동하면 가격도 변동하나 화폐가치에 역방향으로 변동한다.

③ 가격은 수요, 공급에 의해 결정되므로 수요, 공급 변동에 따라 변화한다. 즉, 수요와는 동일한 방향으로, 공급과는 역방향으로 변동한다. 수요가 공급을 초과하면 가격은 가치 이상이 되고, 수요가 공급에 미달될 때에는 가격은 가치 이하로 떨어지므로 가격은 가치로부터 괴리되는 현상을 나타낸다.

2. 가치와 가격의 일치가능성

부동산의 특성 중 사회적 · 경제적 · 행정적 위치의 가변성, 거래상황의 개별적인 동기나 특수한 사정 등으로 인하여 부동산의 가격과 가치는 서로 합치되지 못하고 현실적으로 차이가 발생하게 되는 경우가 나타나기도 한다. 그럼에도 불구하고 장기적으로 본다면 가치와 가격은 일치한다.

Ⅴ 결

전형적 내구재인 부동산을 연구대상으로 하는 부동산학에서는 가격과 가치는 구별된다. 양자의 관계는 장기적으로 일치하게 되지만, 부동산시장은 불완전한 요소가 많기 때문에 가치와 가격이 일치하기 어렵다. 이로 인해 일반인이 식별하기 어렵게 되어 감정평가가 요구되는바 감정평가사는 가격의 전문가가 아닌 가치의 전문가가 되어야 할 것이다. 또한 감정평가사는 시장을 따라다니며 가격을 추인할 것이 아니라, 시장이 따라오는 가치를 구해야 할 것이다. 국가가 인정한 전문자격자로서 감정평가사는 그의 경험과 지식에 근거해 가치를 창조해야 한다.

▼ 경제적 가치와 가격의 비교[5)]

구분	경제적 가치	가격
개념	사람의 욕구를 만족시키는 효용 또는 유용성	시장에서 경제적 가치의 대가로 수수되는 값
성격	재화나 서비스 자체의 유용성	권리 양도의 대가
	가치다원론에 의거하여 다양	주로 매매가격과 임대가격
결정	의견이나 평가로 결정	수요자와 공급자의 합의로 결정
표현	하나의 값 이외에 범위로도 표현	구체적 값
시장관련성	시장을 전제하지 않음[6)]	반드시 시장을 전제
	모든 재화나 서비스에서 발생	거래가 불가능하면 발생하지 않음
시장의 관계	가격 = 경제적 가치 + 오차	

가격, 가치, 가액의 개념

1. 가격(價格, price)
   가격은 교환거래에서 매수자와 매도자가 상호 합의한 거래금액을 말한다. 일단 거래가 종결되면 이 금액은 가격이 되고, 이 용어는 교환이란 절차를 함축적으로 내포하고 있다. 달리 표현하면 가격은 교환의 결과(fact)로 나타난다.
2. 가치(價値, value)
   가치는 장래 기대되는 편익을 현재가치로 환원한 값이다. 따라서 가격은 과거의 값이 되지만, 가치는 가치에 대한 접근 방법에 따라 기대되는 편익이 달라질 수 있기 때문에 다양한 형태를 갖는다. 감정평가에서 price는 결과적인 의미(거래가격)로서 단독으로 사용되지만, value는 market value, fair value, investment value, insure value, special value, prospective market value 등 그 의미를 명확하게 해주는 용어와 함께 사용되는 것이 일반적이다. 즉, 하나의 물건에 대해서 다양한 형태의 가치로 표현될 수 있다.
3. 가액(價額, estimated amount)
   가액이란 정상적인 거래에서 거래 자산에 화폐로 지불될 수 있는 금액을 표시한 것으로 사물이 지니고 있는 가치를 의미하거나 매매의 목적으로 주고받는 대가를 의미한다. 세법에서는 주로 과세표준의 의미로 사용되며, 세법에 따라서 공급가액(부가가치세)·과세가액(상속세 및 증여세)·가격 또는 요금(개별소비세 및 주세)·기재금액(인지세)·취득가액(취득세 및 등록세)·재산의 가액(재산세·도시계획세 및 소방공동시설세) 등으로 다양하게 표현되고 있다.
4. 감정평가는 주어진 거래조건하에 교환거래를 상정할 경우 그 결과로 나타날 수 있는 값(price)을 찾아내는 과정으로 설명할 수 있다. 결국 대상물건의 경제적 가치를 판단하는 행위인 감정평가는 대상물건의 총액을 추정하여 그 결과치를 가액으로 표시하는 과정이다.

---

5) 『감정평가론』, 서경규 著

6) 경제적 가치에 시장가치와 시장가치 외의 가치가 모두 포함된다는 점에서 반드시 시장을 전제하지 않는다. 만일, 시장가치를 전제로 한다면 이 경우는 통상적인 시장에 해당하는 시장에서의 거래를 전제해야 한다.

02 절 부동산가격의 이중성(= 이중성격)

1. 의의

모든 재화의 가격은 그 재화의 수요, 공급에 의하여 결정되고, 일단 가격이 결정되면 그 가격은 그 재화에 대한 수요, 공급에 영향을 미쳐 수급을 조절한다. 이를 가격의 이중성이라 하는 바 이 논리를 부동산에 적용시키면 부동산가격의 이중성이 된다.

2. 일반재화와의 차이

1) 일반재화와의 차이

일반재화는 수요와 공급이 균형된 상태에서 결정한 가격이 다시금 수요와 공급의 거래지표로 활용되지만, 부동산가격의 이중성은 부동산의 가격이 직접 수요와 공급에 영향을 주는 것이 아니라 가치형성요인에 영향을 준다. 이러한 상호작용은 부동산가격의 발생요인에 의해 변화되어 다시금 부동산시장에 영향을 준다.

2) 시장에서 재화의 매매 과정

① 시장에서 어떤 재화가 매매되는 과정은 매도자가 자신이 느끼는 경제적 가치를 기준으로 팔고 싶은 가격으로 내놓는다.
② 매수자는 자신이 느끼는 경제적 가치를 기준으로 사고 싶은 가격을 제시한다.
③ 당사자가 직접 조정하거나 또는 제3자가 알선하는 과정을 거친다.
④ 합의가 되면 거래가 성립되어 가격이 지불되고 소유권이 이전되며, 합의에 이르지 못하는 경우에는 매매가 성립되지 않는다.

3. 감정평가와의 관계

일반재화의 가격은 수요공급의 자동조절 기능에 의해 결정되나, 부동산가격은 자연적 특성, 인문적 특성으로 시장기구에 의한 자동적 조정이 이루어지지 못하므로 감정평가가 필요하게 되며, 감정평가 가격이 일반재화의 균형가격과 같은 역할을 하여 선택의 주요 지표가 되어 부동산 가치형성요인에 영향을 미친다.

▼ 부동산가격의 이중성과 피드백 현상

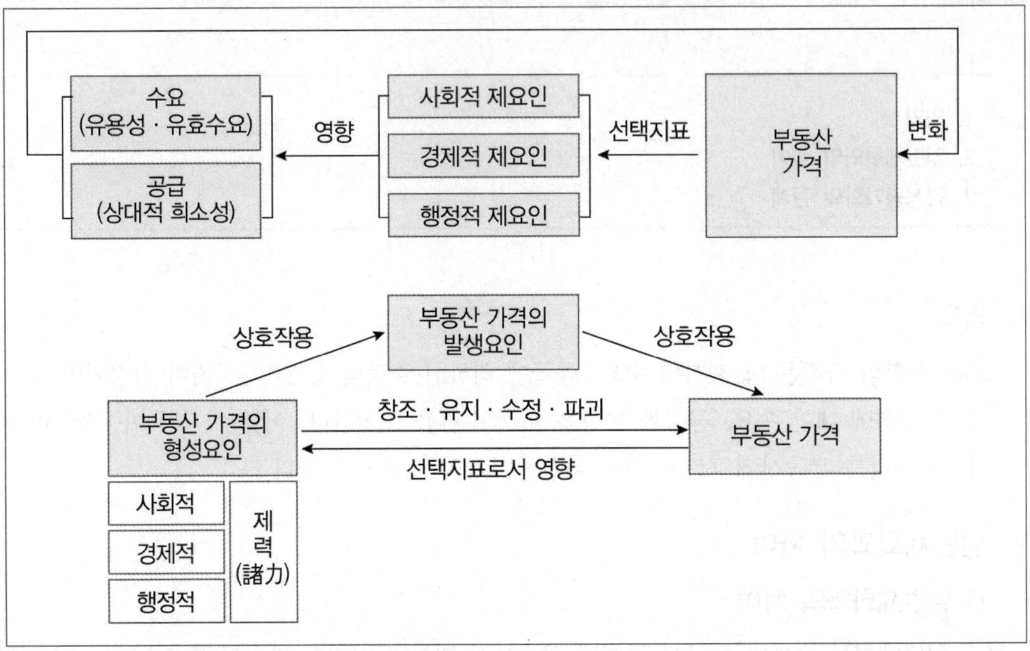

03 절 부동산가치의 특징과 기능[7] ▸기출 15회, 21회

1. 의의

부동산가치는 부동산의 소유에서 비롯되는 장래의 이익에 대한 현재가치이다. 부동산은 영속성의 특성을 가지고 있어 일반 경제재와 구별되기 때문에 부동산의 가격은 장래의 이익이 바탕이 되며, 부동산의 가격과 소유권은 불가분의 관계에 있고 부동산가격은 소유권에 바탕을 둔 소유권 가격이라고도 할 수 있다.

2. 부동산가격의 특징[8](교소장수개)

(1) 교환의 대가인 가격과 용익의 대가인 임대료로 표시

① 일반 경제재는 통상 존속기간이 단기이므로 임대차의 대상이 되지 못하나, 부동산은 영속성이 있기 때문에 임대차의 대상이 된다. 따라서 부동산은 교환의 대가인 가격과 용익의 대가인 임대료로 표시되며, 가격과 임대료는 원본과 과실의 상관관계에 있다.

② 또한, 병합 · 분할의 가능성으로 인해 시간적 · 금액적 차원에서의 분할을 통해 임대차의 대상이 될 수 있다.

(2) 소유권 기타 권리 · 이익의 가격

① 일반 경제재는 그 재화 자체가 순환하는데, 부동산은 지리적 위치의 고정성 때문에 부동산 그 자체가 순환하지 못하고 부동산을 추상화시킨 권리가 순환된다. 따라서 부동산은 소유권 기타 권리 · 이익의 가격을 지닌다.

② 병합 · 분할의 가능성으로 인해 2개 이상의 권리 · 이익이 동일부동산에 존재하는 경우에는 각각의 권리 · 이익마다 그 가격이 형성된다.

---

7) (특강) 부동산가격의 본질과 부동산가격의 특징(노용호, 건대특강)
8) 경응수, 감정평가론(제6판), 나무미디어, 2021

(3) 장기적 배려하에서 형성

① 일반 경제재는 그 존속기간이 단기적이므로 그 가격도 단기적 배려하에서 형성되나, 부동산은 영속성이 있기 때문에 부동산가격은 과거, 현재, 미래의 장기적 배려하에서 형성된다.

② 부동산은 사회적·경제적·행정적 요인의 가변성으로 인해 부동산의 가치형성요인은 부단히 변화하므로 특정시점에서 이를 정확하게 분석해야 하며 부동산의 가치는 특정시점에서만 타당할 수 있다.

(4) 단기적으로 수요요인에 의한 가격 결정

일반 경제재는 공급을 증가시킬 수 있으므로 그 가격도 공급요인과 수요요인에 의하여 결정되나, 부동산은 부증성이 있기 때문에 부동산가격은 주로 단기적으로 수요요인에 의하여 결정되는 수요자가격이다.

(5) 개별적으로 가격 형성

일반 경제재는 인위적 생산물이므로 동종·동량·동질성이 있으나, 부동산은 자연적 생산물이므로 동일성이 없으며 개별적이다. 따라서 일반 경제재의 가격에는 일물일가의 법칙이 적용되나, 부동산의 가격은 각각의 부동산마다 개별적으로 형성된다.

3. 부동산가격의 기능[9](파자잠정)

부동산은 그 특성으로 공급은 비탄력적이고 완전한 시장을 갖지 못한다. 그러므로 수급조절에 의한 균형가격의 성립이 어려워 다음과 같은 기능을 수행하기 위해 부동산가격 전문가인 감정평가사에 의한 인위적인 지적이 필요하다.

(1) 가격의 파라미터적 기능(parametric function) 및 정보제공 기능

일반재화와 마찬가지로 부동산가치는 다양한 부동산 활동주체에게 정보를 제공하는 기능을 수행하고, 수요자와 공급자의 행동을 결정하는 데 중요한 지표, 즉 매개변수가 되어 수요와 공급이 서로 같아지도록 유도해가는 기능을 수행하게 된다.

(2) 가격의 자원배분 기능

부동산가격은 부동산 자원 자체를 배분하게 만들고 건물의 건축, 유지, 수선 등과 관련하여 다른 자원의 부동산에 대한 배분도 촉진시킬 수 있다. 예를 들면, 주거용 부동산이 활황으로 가격이 상승하는 경우에는 공업용 부동산 등 타용도의 부동산이 주거용 부동산으로

9) 노용호, 아카데미 부동산 감정평가론, 부연사, 2021

용도변경되고, 그 과정에서 새로운 건축과 유지, 수선 등이 이루어짐에 따라 건축자재와 같은 다른 자원들도 주거용 부동산으로 재분배된다.

(3) 잠재가격(Shadow price)으로서의 기능

잠재가격이란 완전시장에서 재화의 기회비용을 올바르게 반영하는 가격을 말한다. 부동산 거래가격도 기회비용을 반영한 잠재가격으로서의 기능을 수행할 수 있으나, 일반적으로 부동산의 매수·매도가격은 현실적인 제약으로 인해 부동산의 기회비용을 제대로 반영하기 어렵다. 반면, 전문가에 의하여 평가된 감정평가가액은 잠재가격으로서의 기능을 수행할 수 있다.

4. 결

부동산가격은 부동산시장이 수행하는 계속적인 부지이용경쟁을 통한 최유효이용의 추구나 부동산의 효율적인 배분 등의 지표로서 인간의 삶에 있어 중요한 기능을 수행한다. 그러나 부동산의 특성으로 인해 부동산시장이 불완전하며 따라서 균형가격 성립이 곤란하여 감정평가의 필요성이 제기되고, 이에 평가사의 직업윤리가 요청된다.

04 절 부동산 가치다원론[10] ▸기출 13회, 17회, 19회, 21회, 29회, 30회

Ⅰ 서(가치다원론의 의의)

가치에 대한 개념은 그것이 어떤 상황에서 어떠한 용도로 사용되느냐 그리고, 어떤 관점으로 바라보느냐에 따라 달라지게 된다. 이처럼 사용되는 상황이나 용도 그리고 관점 등에 따라 가치의 개념이 다양하다고 보는 것을 가치의 다원적 개념 또는 가치다원론이라고 한다.

10) 경응수, 감정평가론(제6판), 나무미디어, 2021

Ⅱ 가치다원론의 이론적 근거(필요성)(다정안 목기)

1. 가치형성요인의 다양성

부동산은 그 가치형성요인이 복잡·다양하여, 한 가지 가격만 형성되는 것이 아니다. 즉, 담보가치, 보상가치, 투기가치 등 다양한 가치가 형성되며, 이는 부동산 가치형성요인의 다양성을 반영한 결과이다. 이에 부동산가치는 정형화된 하나의 시장원리로만 설명하기 어려운 부분이 많다.

2. 감정평가의 정확성과 안전성

부동산가치에 대한 다원적 개념을 이해함으로써 평가의 정확성을 기할 수 있고, 가치를 평가목적에 따라 유형화함으로써 평가의 안전성을 제고시킬 수 있다. 이는 한 가지 정형화된 가치만 평가하였을 경우보다 구체적인 평가에 있어서 타당성이 높으며, 좀 더 정확한 평가가 가능하게 된다.

3. 의뢰자의 의뢰목적에 부응

평가의뢰인이 요구하는 의뢰목적에 부응하여 그에 맞는 적절한 정보를 제공함으로써 의뢰인의 욕구를 충족시키고 그러한 유용한 정보가 복잡다양한 상황에서 제대로 된 의사결정에 기여함으로써 궁극적으로 사회발전에 이바지할 수 있게 된다. 평가의뢰인은 여러 가지 다양한 목적에 따른 결과의 산출을 요구하는데 평가사가 단지 하나의 정형화된 가치만을 제시하는 것은 의뢰인의 목적에 위배되는 결과를 초래함으로써 감정평가의 기능 자체를 무의미하게 할 수 있다.

4. 감정평가의 기능 확대

부동산가치를 일원화의 개념으로 접근하게 되면 감정평가의 기능은 단순하게 한 가지의 용도로 밖에 활용될 수 없다. 이는 감정평가의 기능과 업무영역을 과도하게 축소시키게 된다. 그러나, 사회가 발전함에 따라 현실세계에서 발생하는 복잡하고 다양한 문제들 속에서 감정평가의 기능 및 업무영역의 확대가 요구되는 상황을 고려한다면 다원적 개념의 접근이 당연하다 할 것이다.

Ⅲ 가치다원론의 견해 검토

1. 우리나라의 입장

「감정평가에 관한 규칙」 제5조에서는 시장가치 및 시장가치 외의 가치를 규정하고 있고, 「부동산공시법」 제8조에서는 일정한 경우 '가감조정'을 할 수 있다고 규정하고 있어 평가목적 등에 따른 가치다원론을 인정하고 있다고 볼 수 있다.

2. 외국의 입장

① 일본은 가격의 종류에 대해 정상가격, 특정가격, 특수가격, 한정가격을 인정하고 있다. 이 중에서 정상가격을 시장가치로 규정하고 있으며 특정가격과 특수가격, 그리고 한정가격을 비시장가치로 분류하고 있다.

② 미국의 경우는 기준가치인 시장가치(Market Value)를 전제로 청산가치, 보험가치, 과세가치, 사용가치 등의 개념을 정립하고 있다. 또한, 미국의 USPAP에서는 시장가치 이외의 가격으로 감정평가할 경우에는 비시장가치에 대한 정의와 그 정의의 출처를 명시하도록 규정하고 있다.

③ 한편, Ring 교수는 과세가치, 사용가치, 공정가치, 투기가치, 보험가치 등 32가지 다원적 가치 개념을 제시한 바 있고, Babcock 등은 3가지 가격개념, 즉 소유자가치, 시장가치, 투자가치 등을 제시하고 있다.

Ⅳ 가치의 종류[11)]

1. 가치의 특징을 설명하기 위한 기본적 가치

(1) 주관적 가치와 객관적 가치

1) 주관적 가치

주관적 가치란 개인의 주관적 판단에 따라 평가되는 가치를 말하는 것으로 주관적이라는 말은 개인적, 심리적, 가변적이라는 개념이 포함되어 있다. 이러한 주관적 가치는 제반 자료를 통해 증빙되거나 파악할 수 없는 개개인의 이념이 내포되어 있는 개념이다.

2) 객관적 가치

객관적 가치는 개인의 주관적 의사와는 관계없이 결정되는 가치를 말하는 것으로 객관적이라는 말은 집단적, 과학적, 고정적이라는 개념과 일맥상통한다고 할 수 있다. 이러한 객관적 가치는 제반 자료를 통해 검증될 수 있고 공감할 수 있는 공통된 사항을 내포하고 있다는 특성을 가지고 있다.

(2) 당위가치와 존재가치

1) 당위가치

당위성을 내포한 이상적, 규범적 가치로서 시장균형이 성립할 때 나타나는 '있어야 할 상태의 가치'이다. 이는 어떤 현상은 원인이 있어야 발생한다는 당위적 사고에 기반한 것으로 부동산의 고유한 내재가치를 인정하는 개념이다. 당위가치는 자원을 합리적으

11) 안정근, 부동산평가이론(제2장 시장가치), 양현사, 2013

로 배분하는 장점이 있지만, 주관이 개입할 우려가 있고, 가치를 구하기까지의 시간과 비용이 많이 소모된다. 또한 자료수집이 어렵다.

2) 존재가치

현실의 시장상황을 반영하는 가치로서 객관적으로 확인이 가능한 '있는 그대로의 가치'이다. 이는 시장참여자들의 집단적인 가치판단의 결과를 중시한다. 존재가치는 시간과 비용이 절약되지만, 자원이 비합리적으로 배분될 가능성이 있다.

구분	존재가치	당위가치
접근방법	직접접근 방식	간접접근 방식
장점	시간과 비용이 절약된다.	① 인과법칙에 의한 당위적 현상 파악 ② 자원을 합리적으로 배분
단점	① 원인인 가치형성요인과 결과인 가격 사이에 시간상·내용상의 괴리 존재 가능 ② 자원의 비합리적 배분 가능성	① 주관개입 우려 ② 구하는 데 많은 시간과 비용 소모 ③ 자료수집의 어려움

(3) 교환가치와 사용가치

1) 교환가치

시장에서 매매를 전제로 일반적인 이용방법을 기준으로 한 가치로서 객관적인 가치이다. 감정평가에 있어 기본적인 가치의 개념은 최유효이용을 전제로 한 교환가치로서의 시장가치라고 할 수 있다.

2) 사용가치

경제재의 생산성에 근거하는 개념으로서, 대상 부동산이 특정한 용도로 사용될 때에 가질 수 있는 가치를 지칭한다. 이것은 대상 부동산이 해당 기업이나 소유자에 대해 기여하는 가치로서 주관적 가치이다.

2. 평가목적 분류에 따른 가치

(1) 과세가치

과세가치란 국가나 지방자치단체에서 취득세나 재산세 등의 각종 세금을 부과하는 데 사용되는 기준으로 활용되는 가치로 관련법규에 의해 구체적인 기준과 절차에 따라 산정된다. 우리나라의 경우 「부동산공시법」에 따른 표준지공시지가가 대표적이라고 할 수 있다.

(2) 보상가치

보상가치는 공공의 필요에 따른 적법한 행정상의 공권력 행사로 인하여 재산에 가하여진 특별한 희생에 대하여 공평부담의 견지에서 행정주체가 행하는 보상의 기준이 되는 가치로서 관련법규에 평가기준과 방법이 규정되어 있다. 이러한 보상가치는 해당 사업으로 인한 개발이익의 배제문제와 정당한 보상을 어떻게 실현할 것인가 하는 문제와 관련하여 첨예한 이해관계가 대립되는 측면이 내재되어 있다.

(3) 담보가치

은행 등 금융기관에서 해당 물건을 담보로 대출을 실행하기 위해 사용되는 가치이다. 담보평가 시 시장가치를 기준으로 하는 것이 원칙이지만 담보물건의 안정성 등으로 인해 특수한 조건 등이 수반되는 경우 시장가치 이외의 가치로 평가할 수도 있다.

(4) 경매가치

법원에서 경매절차를 진행하기 위한 최저입찰가격의 기준으로 사용되는 가치이다. 법원은 당사자에게 손해가 생기지 않도록 하기 위하여 경매부동산에 대하여 상당한 값이라고 인정하여 정한 최저경매가격 미만으로는 경락을 허가하지 않는다. 경매 목적의 감정평가를 할 때도 시장가치를 기준으로 하는 것이 원칙이지만 경매의 특성으로 인해 특수한 조건 등이 수반되는 경우 시장가치 이외의 가치로 평가할 수도 있다.

(5) 장부가치

장부가치란 대상 부동산의 최초 취득가격에서 법적으로 허용되는 방법에 의한 감가상각분을 제외한 나머지로서 현존하고 있는 장부상의 잔존가치를 말한다. 이러한 장부가치는 주로 회계목적이나 세무목적으로 사용되는 경우가 많다.

(6) 공정가치

한국채택국제회계기준에 따라 자산 및 부채의 가치를 추정하기 위한 기본적 가치기준으로 합리적인 판단력과 거래의사가 있는 독립된 당사자 사이의 거래에서 자산이 교환되거나 부채가 결제될 수 있는 금액을 말한다. 기업체의 지분취득을 위한 가치산정에서 사용되고, 재무보고목적평가에서도 활용된다. 회계기준의 공정가치 개념은 평가분야의 시장가치와 유사한 개념이나 시장가치보다 광범위한 개념이라 할 수 있다. 예를 들어 특정 당사자 사이의 특수한 증분가치는 당사자 간에는 공정한 가격일 수는 있으나 일반시장에서 형성되는 가격과는 다를 수 있다. 시장가치는 이러한 결합가격의 요소는 고려하지 않는다.

(7) 계속기업가치

1) 의의

유・무형의 기업자산을 개별적으로가 아니라 총체적인 관점에서 계속기업이 가질 수 있는 가치를 말한다. 계속기업이란 이미 설립되어 영업을 하고 있는 회사이다. 그리고 미래수명이 무기한적인 회사로서 가까운 장래에는 결코 청산되지 않을 것이 거의 확실한 회사이다.

2) 구성

이때 계속기업가치는 2가지로 구성된다. 하나는 동산과 부동산과 같은 유형자산의 가치이며, 다른 하나는 상호, 명성, 집단노동력, 계약권, 특허권, 상표권과 같은 무형자산의 가치이다. 이 같은 무형자산은 기업이 존속할 경우에는 가치를 지니지만, 청산할 경우에는 대부분 아무런 가치를 지니지 못한다.

(8) 청산가치

청산가치란 기업자산이 청산의 대상으로 강제매각을 전제로 하므로 불리한 상황의 시장가치 외의 가치를 말한다.

(9) 투자가치

1) 의의

투자가치란 특정한 투자자가 특정 투자목적에 대하여 부여하는 투자조건에 따라 투자대상물건이 발휘하게 되는 가치이다. 시장가치가 시장에서의 객관적 가치인 데 반해서, 투자가치는 투자자가 대상 부동산에 갖는 주관적 가치이다. 투자가치는 투자에 소요되는 비용과 창출되는 편익을 분석함으로써 추계된다.

2) 활용

투자자는 시장가치와 투자가치를 비교하여 투자결정을 한다. 평가사는 투자자를 대신하여 대상 부동산의 투자가치를 추계하기도 한다. 새로운 부동산개발사업을 구상하고 있는 투자자는, 개발사업이 완성되었을 때 시장에서 팔릴 수 있는 시장가치보다 비용편익분석으로 측정되는 투자가치가 오히려 작다고 하면 투자하기를 주저할 것이다.

투자가치와 시장가치의 비교(관계)

1. 가치의 성격
   시장가치가 대상 부동산에 대해 시장이 부여하는 객관적 가치라면, 투자가치는 투자자가 대상물건에 대하여 갖게 되는 주관적 가치에 해당한다.
2. 가치의 전제
   시장가치는 최유효이용을 전제로 파악되어야 하지만, 투자가치는 특정 투자자가 요구하는 용도를 우선적인 전제로 파악되어야 한다.
3. 금융조건과 세금조건
   시장가치는 특정한 금융조건이 결부되지 않은 전형적인 저당대부와 세율을 고려하지만, 투자가치는 특정 투자자의 세금신분, 요구수익률, 대상 부동산의 저당대부 등을 고려한다.

4. 추계방법
시장가치는 전통적인 감정평가 3방식에 의해 추계되지만, 투자가치는 주로 직접환원법과 할인현금수지분석법을 적용하는 수익방식으로 추계된다.
5. 활용
시장가치는 일반거래활동 등을 포함한 모든 부동산활동의 기준이 되며, 과세가치, 보험가치, 저당가치 등의 추계를 위한 기초가 되지만, 투자가치는 일반적으로 투자안의 경제성 분석에 주로 이용된다.

공정가치와 시장가치의 비교

1. 공정가치와 시장가치의 공통점
(1) 시장증거에 근거한 가치
공정가치는 시장증거에 근거하였는지 여부를 밝히도록 하고 있다. 시장가치도 시장분석을 통해 시장증거를 수집, 분석하여 가치가 도출된 것으로 양자 모두 시장증거에 기초한다는 점에서 공통점이 있다.
(2) 존재가치의 성격
존재가치란 현실의 시장상황을 반영하는 가치이고, 당위가치란 현상보다 원인을 중시하는 가격개념이다. 각 가격개념은 모두 시장증거에 기초하고 이상적·당위적 시장상황을 전제하거나 규범적 가치판단이 개입되지 않는 존재가치의 성격을 지닌다는 점에서 공통점이 있다.
(3) 가치3면성의 반영
양 가치개념은 모두 시장성, 비용성, 수익성을 종합·고려하여 결정되는 점이 동일하다. 따라서 구체적으로 감정평가 3방식이 적용되고, 도출된 시산가액을 적절히 조정하여 가치결론을 내린다는 점에서 공통점이 있다.
(4) 가치의 기능
부동산시장은 불완전시장이므로 시장가치와 공정가치는 균형가격의 역할을 대신하여 자원분배와 수급조정기능을 수행한다는 점에서 공통점이 있다.

2. 공정가치와 시장가치의 차이점
(1) 시장가치 외의 가치 여부
기업회계 관련 공정가치 평가가 항상 시장가치 외의 가치가 되는 것은 아니다. 그러나 공정가치에 시너지효과가 반영되거나 부도기업의 청산가치를 구하는 경우처럼 특정한 조건이 수반되는 경우에는 시장가치 외의 가치의 성격을 갖는 경우가 있다는 점에서 시장가치와 차이점이 있다.
(2) 시장의 전제 여부
기업자산의 특수성으로 인하여 공정가치가 반드시 시장을 전제로 형성되는 가치는 아닐 수 있다는 점에서 차이점이 있다.
(3) 적용분야
시장가치는 일반적으로 부동산의 평가 시에 적용되는 개념이나, 공정가치는 기업자산을 재무보고목적으로 평가할 때 적용되는 가치개념이라는 점에서 차이점이 있다.

3. 일본 부동산감정평가기준의 시장가치 외의 가치의 종류 및 정의

종류	정의
한정가격	시장성을 갖는 부동산에 대해 부동산과 취득할 타 부동산과의 병합 또는 부동산의 일부를 취득할 때, 분할 등으로 인하여 합리적인 시장에서 형성될 수 있는 시장가치와 괴리됨으로써 시장이 상대적으로 한정되는 경우, 취득부분이 해당 시장에 한정되는 데 근거하여 시장가치를 적정하게 표시하는 가격
특정가격	시장성을 갖는 부동산에서 법령 등에 따른 사회적 요청을 배경으로 하는 평가목적 하에서 정상가격의 전제가 되는 제 조건을 만족시키지 않는 경우에 부동산의 경제적 가치를 적정히 나타내는 가격
특수가격	문화재 등 일반적으로 시장성이 없는 부동산에 대해 그 이용상황을 전제로 한 부동산의 경제적 가치를 적정히 나타내는 가격

V 결

부동산에는 여러 가지 형태의 가격의 다원적 개념이 상존하고 있다. 평가사는 각자의 전문분야에 따라 여러 종류의 가치를 평가한다. 평가기준이 되는 가치의 종류가 달라지면, 평가된 금액뿐만이 아니라 그것에 적용되는 이론이나 기법 등도 달라진다. 현재 우리가 사용하는 여러 가지 평가이론과 기법 등은 시장가치의 추계를 기준하고 있다. 다른 종류의 가치추계에는 시장가치의 추계에서 사용되는 이론과 기법이 원용된다. 부동산 가격다원론에 따라 우리나라의 규정도 단순히 시장가치와 시장가치 외의 가치로 구분할 것이 아니라, 보다 세분화하여 규정함으로써 이에 대한 평가기법 및 이론의 연구가 필요할 것이다.

05 절 시장가치기준 원칙 ▸기출 10회, 23회, 27회, 30회

『감정평가에 관한 규칙』 제5조(시장가치기준 원칙)

① 대상물건에 대한 감정평가액은 시장가치를 기준으로 결정한다.

② 감정평가법인등은 제1항에도 불구하고 다음 각 호의 어느 하나에 해당하는 경우에는 대상물건의 감정평가액을 시장가치 외의 가치를 기준으로 결정할 수 있다.

1. 법령에 다른 규정이 있는 경우
2. 감정평가 의뢰인(이하 "의뢰인"이라 한다)이 요청하는 경우
3. 감정평가의 목적이나 대상물건의 특성에 비추어 사회통념상 필요하다고 인정되는 경우

③ 감정평가법인등은 제2항에 따라 시장가치 외의 가치를 기준으로 감정평가할 때에는 다음 각 호의 사항을 검토해야 한다. 다만, 제2항 제1호의 경우에는 그렇지 않다.

1. 해당 시장가치 외의 가치의 성격과 특징
2. 시장가치 외의 가치를 기준으로 하는 감정평가의 합리성 및 적법성

④ 감정평가법인등은 시장가치 외의 가치를 기준으로 하는 감정평가의 합리성 및 적법성이 결여(缺如)되었다고 판단할 때에는 의뢰를 거부하거나 수임(受任)을 철회할 수 있다.

Ⅰ 서[12)]

「감정평가에 관한 규칙」 제5조에서는 시장가치기준 원칙을 규정하여 감정평가액의 성격을 시장가치로 명확히 하였다. 이는 가격과 가치를 명확히 구분함으로써 감정평가의 본질에 부합하도록 하고 외국의 감정평가 관련 기준이나 회계・금융・세무・컨설팅 등 타분야에서도 'Market Value'라는 용어를 사용하고 있어 국제 표준에 맞게 시장가치로 변경한 것이다. 다만, 감정평가액을 결정할 때 시장가치를 원칙으로 하되 시장가치 외의 가치를 기준으로 할 수 있는 경우를 규정함으로써 다양한 감정평가 수요에 대응할 수 있도록 하고 있다.

12) 감정평가 실무기준 해설서(Ⅰ), 2014, p104, 105

Ⅱ 시장가치

1. 의의(통충정신성)

시장가치란 감정평가의 대상이 되는 토지 등이 통상적인 시장에서 충분한 기간 동안 거래를 위하여 공개된 후, 그 대상물건의 내용에 정통한 당사자 사이에 신중하고 자발적인 거래가 있을 경우 성립될 가능성이 가장 높다고 인정되는 대상물건의 가액으로 정의되며, 교환가치이자 존재가치이며, 객관적 가치라 할 수 있다.

2. 시장가치의 개념요소

(1) 시장성이 있는 재화

시장가치는 시장성이 있는 물건에 대한 가치로서 시장성이란 매매가능성 혹은 임대가능성 등을 말하며, 시장성이 있는 물건이란 일반 다수인간에 거래의 대상이 되는 물건을 말한다. 따라서 시장성이 없는 공공·공익에 제공되는 부동산은 계속적으로 공공·공익에 이용하는 것을 전제로 하는 경우에는 시장성이 없으므로 시장가치가 형성되지 못한다.

(2) 통상적인 시장[13)]

통상적 부동산 거래시장은 일반재화가 거래되는 시장과는 특성이 다르나, '시장가치'의 제반 조건을 만족하는 상정된 시장이지만 현실에 존재하지 아니하는 시장이 아니고 통상적인 부동산 거래가 이루어질 수 있는 시장을 지칭한다. 또한, 현실적으로 불완전경쟁시장의 성격을 가진다고 보아야 할 것이다.

(3) 충분한 기간 동안 거래를 위하여 공개된 후

기준시점 이전 대상 부동산을 시장에 출품하되, 충분하고 합리적인 기간 동안 매도자의 적정 마케팅 활동이 수반되어야 한다는 개념으로 정리할 수 있다. 만일, 출품기간이 너무 길거나 너무 짧게 되면 시장가치의 요건을 충족하지 못하게 된다. 여기서 충분한 기간이란 부동산시장을 구성하는 제반 요건 및 기준시점의 상황, 부동산 유형별로 다양한 기간을 의미하나 거래당사자가 대상물건에 대해 충분히 인지할 수 있는 정도의 시간을 말한다고 볼 수 있다.

---

13) 통상적인 시장이란 다수인이 참여하고 시장참가자의 의사에 따라 시장의 참여 또는 진출입이 자유로운 공개된 시장을 말한다.

(4) 대상물건의 내용에 정통한 당사자 사이

수요와 공급이 자유롭게 작동하는 공개시장[14]에 다수의 매수자와 매도자가 존재하고, 매수자나 매도자 쌍방이 시장의 사정에 충분히 정통하고 자기의 이익을 위해 사려 깊게 거래활동을 한다고 보고 있다.

(5) 신중하고 자발적인 거래가 있을 경우

물건의 내용에 정통한 거래당사자가 '특별한 제약이나 거래동기를 갖지 않고 신중하고 자발적인 의사에 의해 거래가 이루어지는 형태'를 상정하고 있다. 즉, 자발적인 거래의사를 필요조건으로 함으로써 징발이나 기타 강제적인 수단에 의한 거래에서 발생하는 경우의 가격을 배제하고 있다.

(6) 성립될 가능성이 가장 높다고 인정되는 가액

거래가능가격의 평균을 의미하는 것이 아니고, 거래가능가격 중에서 가장 일어날 수 있는 빈도수가 높은 거래가능가격을 의미한다. 즉, 통계적인 개념이라고 볼 수 있으며, 최빈치의 개념이 가장 타당하다.

성립될 가능성이 가장 높다고 인정되는 가액

성립될 가능성이 가장 높은 가격이 무엇인지가 문제가 된다. 이와 관련하여 통계학에서 사용하는 중심경향을 통해 의미를 파악할 수 있다. 중심경향이란 확률분포에 있어서 사상들이 분포의 중앙에 모이게 되는 현상을 말하는데 중심경향을 나타내는 지표에는 산술평균, 중위치, 최빈치가 있다. 세 가지 중심경향치 중에서 감정평가 분야에서 성립될 가능성이 가장 많은 가격의 개념으로 일반적으로 사용되는 것은 최빈치이다.

1. 산술평균
   산술평균은 모든 관측치의 값을 합한 후 그 값을 표본의 수로 나누어 계산한 값이다. 가장 일반적이고 계산하기 쉽다는 장점이 있지만, 극단적인 값이 있으면 측정치가 왜곡될 수 있는 단점이 있다.
2. 중위치
   중위치는 데이터를 가장 낮은 수에서 가장 높은 수로 배열했을 때 그 중간에 위치한 값을 말한다. 데이터의 극단적인 값에 영향을 받지 않는 장점이 있지만 데이터의 순서정보만 활용되고 구체적인 값은 무시되기에 정보의 손실이 발생하는 단점이 있다.
3. 최빈치
   최빈치는 모든 데이터에서 가장 빈번하게 발생하는 관측치를 말한다. 극단적인 값에 영향을 받지 않고 분포경향을 쉽게 파악하는 장점이 있지만, 자료를 어떻게 묶느냐에 따라 값의 변화가 커서 중심경향치 중에서 가장 안정성이 낮다는 단점이 있다.

---

14) 거래시장에서의 다수 당사자의 참가가 허용될 때 이를 공개시장이라고 한다. 이와 대비되는 부동산시장이 폐쇄시장이다.

3. 검토

비록 세부적인 조건은 다소 다르더라도 AI나 IVS, 그리고 우리나라의 감정평가에 관한 규칙상 시장가치는 상당히 유사한 개념체계를 갖추고 있으며, 공통적으로 이해되고 적용될 수 있다. 그러나 앞으로 우리나라의 감정평가규칙에는 더 상세한 시장가치의 조건 규정이 필요할 것으로 본다. 왜냐하면 감정평가 가치의 자의적인 해석 및 적용 여지를 없애고 감정평가 결과에 대한 일반의 신뢰도를 높이기 위하여는 시장가치에 대한 명확하고도 상세한 규정이 필수불가결하기 때문이다.

Ⅲ 시장가치 외의 가치15)

1. 의의 및 요건(법의목특사)

시장가치와는 달리 시장가치 외의 가치에 대한 개념이 규정되어 있지 않으나, 시장가치와 시장가치 외의 가치로 구분하여 규정하고 있는 형식을 볼 때, 시장가치 외의 가치는 시장가치의 요건을 충족하지 못하는 경우의 가치로 해석할 수 있을 것이다.

시장가치 외의 가치는 ① 법령에 다른 규정이 있는 경우, ② 감정평가 의뢰인이 요청하는 경우, ③ 감정평가의 목적이나 대상물건의 특성에 비추어 사회통념상 필요하다고 인정되는 경우에 그 물건의 성격 또는 조건에 부응하는 대상물건의 가액을 말한다.

2. 시장가치 외의 가치로 결정 시 검토사항

시장가치 외의 가치로 감정평가할 경우 ① 해당 시장가치 외의 가치의 성격과 특징, ② 시장가치 외의 가치를 기준으로 하는 감정평가의 합리성 및 적법성을 검토해야 한다. 다만, 법령에 다른 규정이 있는 경우는 그러하지 아니하다. 감정평법인등은 시장가치 외의 가치를 기준으로 하는 감정평가의 합리성 및 적법성이 결여되었다고 판단할 때에는 의뢰를 거부하거나 수임을 철회할 수 있다.

3. 시장가치 외의 가치의 예시

(1) 개념

시장가치 이외의 가치는 공정가치, 투자가치 등이 있다. 공정가치는 해당 자산이나 부채의 주된 시장에서 시장참여자 간의 정상적인 거래를 통해 자산을 판매하고 수취하거나 부채를 이전하고 지급할 가치를 의미한다. 투자가치는 투자 또는 영업목적으로 보유한 자산이 특정 투자자 또는 투자집단에게 갖는 가치로, 투자가치는 시장가치보다 높거나 낮을 수 있다.

---

15) 감정평가 실무기준 해설서(Ⅰ), 2014, p106, 107 / (특강) 특정가격의 요건과 특정가격을 구하는 경우(노용호)

(2) 검토사항

시장가치 외의 가치를 가치기준으로 삼은 경우에는 가치의 성격과 특징을 검토하여야 한다. 예를 들면, 공정가치는 시장에서 시장성과 교환거래를 전제로 하나, 특수 당사자 간의 한정된 시장에서 형성되는 가치라는 특징을 갖는다. 그리고 투자가치의 경우 시장성은 있으나 통상 교환거래를 전제하지 않는다는 특징이 있다. 이와 같이 시장가치 외의 가치를 기준으로 감정평가할 때에는 가치의 성격과 특징뿐만 아니라 사회적으로도 합리성이 충족되어야 하고, 아울러 감정평가관계법규에도 위배되지 않아야 한다.

Ⅳ 결

감정평가에서 구하여야 할 가격은 궁극적으로 시장가치로 귀착되는바, 이러한 시장가치를 구하기 위해서는 거래시장 및 대상물건, 거래당사자 등 일정한 조건을 요하게 된다. 따라서 감정평가사는 위의 조건충족 여부를 면밀히 조사하여 평가에 임하여야 한다. 감정평가에 관한 규칙에서는 시장가치의 예외로서 시장가치 외의 가치를 제한적으로 인정하고 있으나, 가격의 다원론을 인정하는 이론적, 실무적 관점에서 볼 때 미국이나 일본과 같이 시장가치 외의 가치 개념을 보다 세분화할 필요가 있다.

06 절 적정가격의 성격 및 시장가치와의 동일성 여부[16] ▸기출 6회

Ⅰ 서

감정평가사가 구해야 하는 가격은 법에 정해놓은 적정가격이나 시장가치이다. 부동산 가격공시법에는 적정가격, 감정평가에 관한 규칙 및 감정평가 실무기준에는 시장가치라 규정하고 있다. 이로 인하여 여러 가지 제재를 받게 되는바, 평가사가 산정한 가격이 정당한가 여부는 가격이 갖는 의미에 합당한지 여부에 상관없이, 현실은 오로지 법의 내용과 절차, 그리고 기준 등에 따라 평가했는지 여부에만 관심이 있으며, 그것만이 정당성과 객관성을 확보할 수 있는 길이다. 또한 최근 국제화의 추세로 인하여 국제평가기준의 통일에 대한 요구 및 국제회계기준의 도입으로 외국의 평가방법 및 평가규정과 괴리될 수만은 없는 문제가 있다. 대다수의 선진국가가 Market Value의 개념을 평가의 기준가격으로 규정하고 있는 반면, 우리나라에서는 시장가치와 적정가격에 대한 개념 또한 명확히 정리하지 못하는 문제가 있다. 이하에서는 양자의 가격에 대한 진정한 의의를 정리함으로써, 혼동을 피하고 평가주체의 의견이 신뢰성을 가질 수 있도록 하고자 한다.

16) (특강) 정상가격과 적정가격(노용호, 건대특강)

II 적정가격의 성격

1. 적정가격의 의의

적정가격이란 "토지, 주택 및 비주거용 부동산에 대하여 통상적인 시장에서 정상적인 거래가 이루어지는 경우 성립될 가능성이 가장 높다고 인정되는 가격"(부동산공시법 제2조)을 말한다. 적정가격이 현실의 존재가격(Sein)이라는 견해와 당위가격(Sollen)이라는 견해가 대립한다.

2. Sein 가격이라는 견해

(1) Sein 가격의 개념

① 현실의 시장상황을 반영하는 가격으로서, 객관적으로 확인 가능한 가격을 말하며, 원인보다 현상을 중시하는 개념 ② 즉, 시장참여자의 집단적인 가치판단을 중시하는 개념이다.

(2) Sein 가격의 주장 논거

① 적정가격은 불확실한 인위적인 요소가 개입되는 것보다, 시장의 흐름에 따른 자연 발생적인 가격이 더 중요하다.

② 적정가격은 현실 부동산시장을 전제로 하여, 시장참여자들의 집단적 가치판단에 초점을 맞추어야 한다.

③ 적정가격은 불확실한 부동산시장 하에서 최빈이용가능가격이라는 확률적 개념을 중시하는 추세에 부합한다.

④ 부동산시장에서 완전경쟁시장은 현실성이 없으며, 부동산의 고유한 내재가치는 현실성 없는 추상적·가상적인 것이다.

3. Sollen 가격이라는 견해

(1) Sollen 가격의 개념

① Sollen 가격이란 당위성을 내포한 이상적·규범적 가격으로서, 시장이 균형을 회복했을 때 성립할 것으로 생각하는 가격을 말한다.

② 이는 어떤 현상은 원인이 있어야 생긴다는 당위적 사고로서 부동산의 고유한 내재가치를 존중하는 개념이다.

(2) Sollen 가격의 주장 논거

① 부동산시장의 특성상 Sein 가격은 개별적 사정 등 불합리한 요소를 내포할 가능성이 많다.

② 부동산의 가격이 가격선도 기능이 있다면 당위성을 내포하여야 한다.

③ 부동산의 고유한 내재가치를 무시할 수 없다.

④ 부동산시장이 불안정한 상황에서는 Sein 가격보다 Sollen 가격이 더 낫다.

⑤ 적정가격은 지표성을 지닌 새로운 가치의 창조이다.

4. 검토

적정가격은 시장상황을 전제로 한 가격이라는 측면에서 sein 가격으로 보는 견해도 타당하다. 그러나 적정가격은 시장가치와 괴리될 개연성이 있는 법정가격이며, 시장에서 자유로운 거래동기에 따라 시장의 경기상황이 그대로 반영된 가격이 아님에 유의해야 한다.

실제로 적정가격의 평가방법은 3방식 적용과 시산가액 조정을 거쳐 가격을 구하도록 법정하고 있을 뿐만 아니라 경제상황, 물가상승 등의 요인을 참작하여 해당 부동산이 "그래야 하는 당연한 가치(sollen)를 창조"하는 작업이라는 것을 시사한다. 우리나라에서의 적정가격은 sein 개념뿐만 아니라, sollen 가격의 개념도 내포하고 있다고 판단된다.

현실가격과 당위가격[17]

1. 현실가격과 당위가격
   현실가격(sein wert)이란, "있는 그대로의 상태"의 가격이고, 당위가격(sollen wert)이란 "있어야 할 상태"의 가격을 의미하는데 감정평가의 기준으로 정하여야 할 가격은 둘 중 어느 것인가 하는 문제에 대해서는 여러 가지 논쟁이 있다. 현실가격을 구하는 것은 직접접근이라 하고, 당위가격을 구하는 것을 간접접근이라고 한다.
2. 현실가격(sein wert) 직접접근
   현실가격에서 말하는 "있는 그대로의 상태"란 현실의 거래가격을 의미하는 것이다. 따라서 이와 같은 직접접근방법은 가격을 구하는 데 시간과 비용이 절약되는 방법이기는 하나 당위성이 반영되지 않는 경우가 많아 가격의 요인과 그 요인을 반영하는 현실 사이에 시간적인 괴리가 있을 수 있으며, 가격의 요인과 그 요인을 반영하는 현실 사이에 내용상의 괴리도 나타나는 것이 일반적이다. 또한 시장가격은 현실의 가격이 되어야 한다는 주장은 감정인이 감정평가를 행함에 있어 자기의 주장을 가미한다면 오히려 가격을 혼란에 빠지게 한다는 근거를 제시하고 있다.
3. 당위가격(sollen wert) 간접접근
   "감정평가란 부동산가격에 대한 전문가의 판단이며 의견이다"라는 관점에서 볼 때 감정평가에서 구하여야 할 가격이란 "있어야 할 상태"를 의미한다고 할 것이다. 이와 같은 당위가격은 어떤 현상을 파악할 수 있는 장점이 있는 반면, 주관개입의 우려가 있고, 시간과 비용이 많이 들며, 자료수집이 어렵다는 단점이 있다.
4. 검토
   부동산 실거래가 신고제가 도입되면서 다수의 시장거래사례가 체계적, 공개적으로 축적, 활용되고 있다. 이는 감정평가 사례자료가 풍부하게 활용됨으로써 감정평가의 객관성을 높이는 좋은 계기가 되고 있는 한편 감정평가 무용론이 제기되는 근거가 되기도 한다. 그러나 실거래가 자료는 어디까지나 '현실가격'으로서 가격요인이 시장의 효율성에 의하여 즉각 반영되지 못하므로 시간적, 내용적 괴리현상이 발생한다. 따라서 감정평가활동에 의한 '당위가격 접근'이 필요하게 됨은 당연하다.

---

17) 경응수, 감정평가론 제6판, 나무미디어, 2021

Ⅲ 적정가격과 시장가치와의 관계

1. 시장가치의 의의

"시장가치"란 감정평가의 대상이 되는 토지 등이 통상적인 시장에서 충분한 기간 동안 거래를 위하여 공개된 후, 그 대상물건의 내용에 정통한 당사자 사이에 신중하고 자발적인 거래가 있을 경우 성립될 가능성이 가장 높다고 인정되는 대상물건의 가액으로 정의된다.

2. 동일한 개념이라는 견해

① 양 가격의 정의에서 통상적 시장 하에서의 가격 개념을 요소로 함으로써, 궁극적으로 시장가치와 적정가격은 동일한 개념이며, ② 적정가격으로 고시된 공시지가가 가격선도 기능 및 거래 지표의 기능을 한다면 시장가치 개념과 다를 이유가 없다.

3. 다른 가격 개념이라는 견해

① 적정가격 개념은 시장성을 강조한 개념으로 개정되었으나, 적정가격은 시장가치조건인 당사자의 정통성이 충족되지 못한다.
② 적정가격의 정상적인 거래가 의미하는 것이 시장가치의 조건을 충족한다고 보기 어려우며 이는 투기적인 거래나 비정상적인 거래를 배제한다는 의미로 이해하여야 할 것이다.
③ 적정가격은 법률목적상의 가격이고, 시장가치는 시장성을 중시하는 개념이다.
④ 적정가격은 부동산 관련법규에서 다양한 개념으로 설명되나, 시장가치는 순수한 가치를 반영하는 평가의 행위기준으로서 하나의 가격개념이다.
⑤ 시장가치는 현실적・객관적 가격이며, 적정가격은 가치지향적・정책적 가격이다.

4. 검토[18)]

① 이 두 법령에서 규정하는 가격 개념은 동일한 가치전제, 즉 시장가치를 기초로 하고 있음은 명백하다. 두 법령의 용어 정의상의 차이는 그 동안의 법적 관행상 행정목적에 따라 다르게 부르고 있을 뿐 그 어떤 조항에도 각기 다른 평가방법이나 가치전제를 규정하고 있지 않기 때문이다. ② 적정가격은 공시지가 적용 평가 시 부동산시장의 불완전성으로 인한 시장가치와의 괴리를 보정하기 위하여 규정한 당위가격이지만, 통상적 시장에서 거래될 가능성이 가장 높은 가격을 기초로 결정되는 시장가치라는 점에서는 동일하다고 본다. ③ 다만, 불필요한 혼란과 민원제기 사례를 고려할 때 시장가치로 통일하여 사용하도록 함으로써 이용자의 주관적 적용이나 일반 국민의 불신 여지를 제거하는 것이 바람직하다.

---

18) 경응수, 감정평가론 제6판, 나무미디어, 2021

Ⅳ 결

부동산공시법에서 적정가격이 법률상 용어로 정립됨에 따라 시장가치와 적정가격의 개념상의 차이에 대하여 논의하는 경우가 많은데, 적정가격과 시장가치가 동일한 개념이라는 견해와 다르다는 견해가 있다. 또한 적정가격은 당위가격이고, 시장가치는 존재가격이라고도 한다. 시장가치나 적정가격을 반드시 sein과 sollen으로 양분할 것이 아니라 경우에 따라 양자의 개념을 동시에 내포할 수 있다고 이해해야 할 것이다. 특히 부동산공시가격의 경우 sein 가격을 원칙으로 하면서도, 동시에 정책가격인 sollen의 성격을 내포하기 때문에 시장가치와 괴리될 가능성을 완전히 배제할 수 없다. 그러므로 각종 민원의 대상이 되고 있는 공시지가 및 보상가격은 시장가치와는 현실적인 괴리가 발생할 수밖에 없음을 명백히 할 필요가 있다.

시장가치의 변경 전 개념인 정상가격과 (구)「공공용지의 취득 및 손실보상에 관한 특례법(공특법)」상의 적정가격의 동일성 여부에 대한 건설교통부의 유권해석에 따르면, 같은 의미로 볼 수 없다고 하고 있는바, 이를 유추하면 현재의 「토지보상법」상의 적정가격 또한 시장가치 외의 가치로 볼 여지가 있는 것으로 판단된다.

07 절 부동산 가치발생요인(효상유이) ▸기출 6회, 8회, 29회

Ⅰ 서

부동산의 가격은 시장에서의 수요와 공급에 의해 발생하는데 수요를 결정하는 효용과 유효수요, 공급을 결정하는 상대적 희소성 3자의 상호작용에 의하여 발생하며, 이 3요소를 부동산 가치발생요인이라 한다. 이러한 가치발생요인은 부동산이 경제적 재화[19]이면서 부동산만의 특성을 가지는 재화이기 때문에 발생하게 된다. 이로 인하여 부동산가격은 일반재화의 가격결정과 달리 높은 수준의 가격분석과정이 요구되는바, 감정평가를 필요로 하게 된다.

Ⅱ 효용(Utility)(편익)

1. 의의

인간의 욕구를 만족시킬 수 있는 재화의 능력으로서 이는 부동산의 인문적 특성으로 인해 파생된 것으로 수요 측면에 영향을 미치는 가치발생요인이다. 재화나 서비스가 경제적 가치를 가지려면 사람의 욕구가 있어야 하고 이러한 욕구를 만족시키는 유용성이 있어야 한다.

19) 경제재란 인간의 욕망에 비하여 상대적으로 그 존재량이 희소한 한편, 누군가가 이를 소유하고 있기 때문에 이를 얻는 데 대가를 필요로 하는 재화를 의미한다. 반면, 돈이나 노력을 들이지 않고 얻을 수 있는 재화를 자유재라 한다.

2. 효용의 형태

(1) 쾌적성(amenities)

① 쾌적성은 주로 주거용 부동산에 해당되는 것으로서 어떤 주택을 소유하고 생활함으로써 느끼는 정신적 만족도를 의미한다.

② 내적 쾌적성은 건물재료의 양질, 설계나 시공의 우수성 또는 내부시설 및 장식의 적합성 등을 말하며, 외적 쾌적성은 양호한 환경, 경관, 고저, 기타 외관상의 요인을 말한다.

③ 쾌적성은 그 나라의 사회적, 경제적 수준이 향상됨에 따라 높이 평가되는 경향이 있으며, 대도시에는 이미 경관 좋은 쾌적한 고지대가 저지대에 비하여 쾌적성을 보다 더 인정받고 있다.

(2) 수익성

① 수익성이라 하면 수익을 발생하는 능력을 말하는데, 부동산 감정평가에 있어 대상 부동산이 기업용 또는 임대용인 경우 최유효이용을 판정하는 지표가 된다.

② 상업용 부동산의 수익성은 매상고에, 공업용 부동산은 생산비의 다과에, 임대용 부동산은 임대순수익을 기준으로 수익성을 판단한다.

(3) 생산성

공업용 부동산에서 효용성은 생산성으로 나타나는데, 생산성이란 생산을 위해 투입된 생산요소와 그 결과 생산된 생산량의 비율을 말한다. 즉, 생산성이 높다는 말은 적은 비용으로 많은 생산을 한다는 것을 의미한다.

3. 일반재화와의 비교

① 부동산은 영속성과 용도의 다양성이라는 특성이 있어 부동산의 효용은 영속적이며 다용도적 효용의 특징을 가지게 되는 반면, 일반재화는 소멸적이고 단일적 효용의 특징을 가진다.

② 부동산은 특히 투자자산으로 인식할 경우 취득해서 보유하는 행위에서 만족을 느끼는 보유적 효용의 성격을 지니고 있는 반면, 일반재화는 취득해서 소비하는 것 그 자체로 만족을 느끼는 향유적 효용의 성격을 지니고 있다.

Ⅲ 상대적 희소성(Scarcity)[20]

1. 의의

상대적 희소성이란 인간의 욕구에 비해 그 수가 부족한 상태를 말하며, 상대적이라는 의미에 대해서는 부동산의 물리적 측면이 아닌 용도적 측면에서 양에 대한 상대적 희소성으로 보는 견해와 수요에 비해 공급이 상대적으로 한정되기 때문에 상대적 희소성이라는 견해가 있다.

2. 상대적 희소성의 원인

부동산은 부증성의 특징으로 인해 물리적 측면에서의 총량이 한정되어 있다. 이에 반해 도시화・공업화・국토개발・인구증가・핵가족화・소득수준 향상 등으로 토지에 대한 수요가 증가하고, 용도지역・건폐율・환경보전 등 행정적・사회적 요인에 의해 희소성이 높아지기도 한다. 즉, 부동산의 상대적 희소성은 부동산의 특성 중 부증성과 지리적 위치의 고정성 및 토지에 대한 수요 증가, 행정적 제요인의 작용에 의해 기인한다.

3. 상대적 희소성의 해소방안

① 공급 측면에서는 가용토지의 신규개발이나 기존 토지의 집약적 및 입체적 이용(도시토지의 고도이용) 등을 통한 효율성 제고와 용도지역 및 용적률 규제의 완화와 같은 행정적 측면의 조종 등을 통해서 개선할 수 있다.

② 수요 측면에서는 유효수요의 조정과 인구억제 및 분산시책 등을 통해 해결할 수 있다.

4. 일반재화와의 비교

부동산은 공급 측면에서 볼 때, 지역적 및 용도적 측면에서의 상대적 희소성이 문제가 되는 반면, 일반재화는 이동이 가능하고 필요한 경우 물리적인 생산이 가능하므로 절대적인 양 측면에서의 절대적 희소성이 문제가 된다.

Ⅳ 유효수요(Effective Purchasing Power)

1. 의의

부동산의 유효수요는 부동산에 대한 실질적인 구매능력을 의미하는 것으로 살 의사(willing to buy)와 지불능력(ability to pay)을 갖춘 수요로서 수요 측면에 작용한다. 구매능력은 경제적인 개념으로 부동산을 구입할 수 있는 지불능력인데, 지역과 시기에 따라 변화하며 부동산의

---

20) (특강) 부동산 가격의 발생요인, 부동산의 상대적 희소성과 부동산가격과의 관련상, 감정평가상 취급(노용호, 건대 특강)

가격수준의 높고 낮음에 따라서 영향을 받는다. 따라서 부동산에 있어 구매력의 분석 또는 그 변동에 관한 관찰이 중요시되며, 그러한 노력은 주어진 가격수준을 전제로 하여야 한다.

2. 일반재화와의 비교

일반재화와 달리 부동산에서 유효수요를 가치발생요인으로 취급하는 이유는 부동산의 고가성에 기인한다. 부동산은 고가의 상품으로서 수요자가 충분한 지불능력을 가지고 있지 않으면 시장에서 수요가 이루어지지 않기 때문이다. 반면, 일반재화의 경우에는 대체로 그 금액의 규모가 적기 때문에 살 의사만 있으면 구매는 언제든지 가능하게 된다.

Ⅴ 이전성(Transferability)

1. 의의

부동산의 이전성이란 부동산의 물리적인 이동을 말하는 것이 아니라, 부동산의 소유자에 의해 부동산 소유권에 대한 명의가 자유롭게 이전될 수 있어야 한다는 것이다. 효용, 상대적 희소성, 유효수요가 경제적인 측면에서의 가치발생요인이라면, 이전성은 법률적인 측면의 가치발생요인으로서 부동산이 가치를 가지기 위해서는 법률적인 측면에서 그 권리의 이전이 가능해야 한다는 것이다.

2. 이전성에 대한 비판

경제적 가치는 시장을 전제하는 용어가 아니므로 이전성은 불필요하며, 추가적인 이전성에 대한 비판이 있다. 무주 부동산이나 공공부동산의 경우 소유권을 이전할 수 없으나 가치를 지닌다.

Ⅵ 가치발생요인 간의 상호관련성

가치발생요인들은 상호밀접하게 관련되어 있다. 이러한 상호작용은 수요와 공급이라는 경제학의 기본원리에 기초하고 있는데 시장의 수요와 공급이 상호 영향을 미치고 있는 것처럼 가치발생요인들 또한 서로 영향을 주고 받게 된다. 희소성을 예로 들면, 어떤 부동산은 희소하기 때문에 공급이 계속 늘어날 수 없고, 또한 희소하기 때문에 기꺼이 대가를 지불하려는 수요가 발생하는 것이다.

08 절 부동산 가치형성요인(일지개) ▸기출 17회, 21회, 26회, 27회

Ⅰ 서

1. 의의

부동산의 가격은 효용, 상대적 희소성, 유효수요에 의해 발생하고 시장에서의 수요와 공급의 상호작용에 의해 결정되며 가치발생요인에 영향을 미치는 가치형성요인에 의해 변화하는 과정을 거치는데, 이처럼 “가치형성요인”이란 대상물건의 경제적 가치에 영향을 미치는 일반요인, 지역요인 및 개별요인 등을 말한다. 이러한 가치형성요인은 분석의 지리적(공간적) 범위에 따라 일반요인, 지역요인, 개별요인으로 구분할 수도 있고, 내용적 측면에 따라 자연적, 사회적, 경제적, 행정적 요인으로 구분할 수도 있다.

2. 가치형성요인의 특성[21)]

(1) 상호관련성

1) 의의

가치형성요인의 각 요인들은 독립하여 개별적으로 작용하는 것이 아니라 각 요인들의 유기적인 관련하에 가격을 변화시킨다.

2) 유의사항

가치형성요인이 상호 관련되어 있거나 중복되는 경우가 있어 이중으로 작용하여 과대평가나 과소평가될 우려가 있다. 따라서 가치형성요인을 분류할 때에는 요인 간의 복합과 중첩 관계가 있는지를 검토하여야 한다.[22)]

(2) 유동성

1) 의의

가치형성요인은 고정적인 것이 아니라 사회의 변화나 경기상태의 변화 등에 의해 항상 변동하게 되는 특성을 가지고 있다. 이에 시계열적인 측면에서 동태적으로 파악하고 분석할 필요가 있다.

2) 유의사항

가치형성요인은 시간의 경과에 따라 변화하므로 항상 동태적으로 이를 파악하여야 하며, 장래의 동향에 특히 유의하여야 한다. 따라서 과거에서 기준시점까지의 변화를 받아들이고, 가까운 장래에 일어날 수 있는 변화를 생각하면서 가치형성요인을 파악할 필요가 있다.

II 일반요인

1. 의의

일반요인은 대상물건이 속한 전체 사회에서 대상물건의 이용과 가격수준 형성에 전반적으로 영향을 미치는 일반적인 요인을 말하는데, 지역요인, 개별요인에 비해 광범위성, 추상성의 특징을 지니고 있다. 이는 부동산이 입지한 지역 전반에 걸쳐 작용하는 요인으로 그 내용에 따라서 크게 사회적 요인, 경제적 요인, 행정적 요인의 3가지로 대별되며, 자연적 요인을 일반적 요인에 포함하기도 한다.

---

21) (특강) 부동산 가격형성요인의 성질인 유동성의 특성과 관련성의 특성(노용호, 건대특강)
22) 이러한 복합과 중첩 관계가 있는지를 검토하는 것을 다중공선성의 문제를 조사한다고도 한다.

2. 일반요인분석의 중요성

일반요인은 일반경제사회의 부동산의 이용 및 가격수준 형성에 전반적으로 영향을 주는 요인으로서 가치형성요인을 분석할 때 최우선적으로 고려해야 하며, 동시에 일반요인의 지역지향성에 기초하여 일반요인이 지역마다 다르게 작용하기 때문에 지역분석에서도 중요하게 고려되어야 한다. 또한 감정평가기법을 적용할 때는 거래사례의 수집 및 선택과 시산가액의 조정에 이르는 제반 절차에서도 단순히 현재 나타나는 현상만을 취급해서는 안 되고, 그 배경이 된 일반요인과의 관련성을 충분히 파악하고 분석하여 시산가액 조정의 타당성을 검토하는 데 유용하게 활용해야 한다.

3. 일반요인의 지역지향성

(1) 일반요인의 지역지향성의 의의

일반요인은 우리나라 전체에 공통적으로 영향을 주는 요인이기는 하나 전국적으로 동일한 영향을 미치는 것은 아니다. 즉, 용도적 지역에 따른 지역의 구분에 따라 동일지역에는 동질적인 영향을 주고 다른 지역에는 다른 영향을 미치게 되는데 이처럼 구분된 지역에 따라 지역마다 각각의 영향력의 정도가 상이하게 나타나게 되는 것을 지역지향성이라고 한다.

(2) 일반요인의 지역지향성의 발생원인으로서의 지역성

일반요인이 지역지향성을 갖게 되는 이유는 부동산의 지역성이라는 특성하에 지역마다 차별화된 지역특성을 나타내기 때문이다. 즉, 일반요인은 지역성에 기반한 각각의 지역마다 그 지역특성에 따라 각기 다른 영향을 미치게 되는 것이다.

4. 일반요인의 종류

(1) 자연적 요인

자연적 요인은 부동산의 이용 및 가격수준 형성에 영향을 미치는 제반 자연적 특성과 환경으로서 토양 등과 일조, 강수, 바람, 기후 등 자연적 자질과 자연자원으로 구분할 수 있다. 한편, 자연적 요인은 환경적 측면을 보다 넓게 해석하여 교통체계, 철도, 공항, 가용수로와 같은 인공환경까지 포함하기도 한다.

(2) 사회적 요인

부동산가격에 영향을 미치는 일련의 사회적 환경 및 현상으로서 인구의 상태, 도시의 형성 및 공공시설의 정비상태, 교육 및 사회보장의 수준, 가족의 구성 및 가구분리의 상태, 부동산 관련거래 및 사용수익의 관행, 건축양식 등, 정보화의 수준, 생활양식 등이 있다.

(3) 경제적 요인

부동산가격에 영향을 미치는 일련의 경제적 상황으로서 저축, 투자, 소비수준 및 국제수지 등의 상태, 국가의 재정 및 금융의 상태, 물가와 임대료 및 고용의 상태, 세부담의 정도, 기술수준 및 산업구조, 교통체계의 상태, 국제화의 정도 등이 있다.

(4) 행정적 요인

부동산가격에 영향을 미치는 공법적 규제 및 기타의 행정적 조치를 말하며 토지제도, 토지이용계획 및 규제, 토지 및 건축물의 구조 등에 대한 각종 규제, 토지정책, 부동산 관련 세제, 부동산가격 등에 대한 통제 등이 있다.

Ⅲ 지역요인[23)]

1. 의의

지역요인이란 대상물건이 속한 지역의 가격수준 형성에 영향을 미치는 자연적・사회적・경제적・행정적 요인으로서, 일반요인의 상호결합에 의해 가치형성요인이 지역적 차원으로 축소된 형태를 말한다. 일반적 제 요인은 전국에 걸쳐 동질적으로 작용하나, 대상지역의 자연조건과 상호작용하여 지역의 규모, 구성의 형태, 기능 등에 영향을 미쳐 그 지역특성을 형성하게 된다. 이 지역특성은 그 지역의 부동산가격 수준에 영향을 주는 요인으로 작용하게 되는데 이를 지역요인이라 하는 것이다.

2. 지역요인의 중요성

부동산은 지역성이라는 특성 하에 지역마다 차별화된 지역특성을 지니고 있어 구분되는 지역에 따라 동일지역에는 부동산의 이용상태 및 가격수준이 동질적으로 형성되지만, 다른 지역에는 일반요인의 영향력도 다르게 작용한다고 하였다(일반요인의 지역지향성). 이에 일반요인과 같은 광역적 개념보다 대상 부동산이 속해 있는 지역의 가치형성요인이 대상 부동산의 가치에 보다 직접적인 영향을 미치게 된다.

3. 지역요인의 종류

지역요인도 일반요인과 동일하게 자연적 요인・사회적 요인・경제적 요인・행정적 요인으로 구분할 수 있다.

---

23) 노용호, 아카데미 부동산 감정평가론, 부연사, 2021

Ⅳ 개별요인

1. 의의

개별요인이란 대상물건의 구체적 가치에 영향을 미치는 대상물건의 고유한 개별적 요인을 말한다. 크게 토지의 개별요인과 건물의 개별요인으로 구분되는데, 이에 속하는 제 요인은 토지용도 및 물건의 종류에 따라 각각 다양한 특성을 지닌다.

2. 개별요인의 중요성

개별요인은 부동산의 개별성이라는 특성으로 인하여 지역의 이용상태와 가격수준과는 달리 개별부동산 차원에서 이용상태와 구체적 가치가 형성되게 하는 요인이므로 중요성이 있다.

3. 개별요인의 종류

개별요인 또한 일반요인 및 지역요인과 마찬가지로 자연적 요인·사회적 요인·경제적 요인·행정적 요인으로 구분할 수 있다.

Ⅴ 가치발생요인과 가치형성요인의 관계

① 부동산가격 역시 수요·공급의 이론에 의해 가격이 형성된다. ② 따라서 수요요인인 효용과 유효수요의 변화는 수요곡선을 이동시켜 가격변화를 초래하고, ③ 공급요인인 상대적 희소성의 변화는 공급곡선을 이동시켜 가격변화를 초래한다. ④ 가치형성요인의 일반적 요인 중 사회적 요인인 인구의 증가는 효용과 수요의 증가를, 핵가족화 역시 수요의 증가를 유발하며, ⑤ 행정적 요인인 토지이용의 규제는 상대적 희소성을 더욱 유발시킨다. ⑥ 즉, 가치형성요인들은 가치발생요인에 영향을 가하여 수요·공급곡선을 이동시킴으로써 부동산가격의 변동을 초래한다.

Ⅵ 결

부동산 가치형성요인의 분석은 감정평가과정상 지역분석을 통하여 표준적 사용 및 가격수준을 판정하고 개별분석을 통해 최유효이용 및 구체적 가격을 판정하는 데 중요한 의의를 갖는다. 따라서 정확한 가치형성요인을 파악해야 하며, 또한 이러한 가치형성요인은 부단히 변동하는 바 변동 및 예측의 원칙에 의거하여 철저한 분석이 필요하다 하겠다.

09 절 부동산 가격형성과정[24] ▸기출 2회, 22회

Ⅰ 서

부동산은 자연적, 인문적 특성으로 인해 그 가격형성과정이 복잡·다양하여 사회구조와 함께 계속적으로 변화해 가는 과정 중에 있으며, 이러한 부동산의 특성은 완전경쟁시장의 조건을 와해하여 합리적 균형가격의 형성을 저해한다.

이는 곧 감정평가의 필연성으로 귀착되며, 감정평가란 부동산 가격형성과정의 추적, 분석이라고도 볼 수 있으므로 부동산 가격형성과정을 충분히 이해하고 검토·분석할 필요가 있는바, 이하에서는 가격발생요인과 형성요인을 살펴보고 그 형성과정을 설명하기로 한다.

Ⅱ 부동산가치의 발생요인과 형성요인

1. 가격발생요인

(1) 의의

부동산가격은 수요와 공급에 의해 결정되는바, 수요 측 요인으로 효용, 유효수요 및 공급 측 요인으로 상대적 희소성의 상호결합에 의해 발생하는데 이를 부동산 가격발생요인이라 한다. 즉, 수요자가 부동산을 수요하기 위해서는 효용(유용성)이 있어야 하고, 구매력이 있어야 수요에 포함된다. 그리고 공급자는 부동산이 희소하기 때문에 공급을 하려 하며, 이에 이전성을 포함하는 견해가 있다.

---

24) (특강) 부동산 가격의 개별화 구체화(김태훈, 10점) / (특강) 개별부동산 가격이 구체화되는 과정에 대하여 체계적으로 기술하시오.(문영기, 40점) / (특강) 부동산 가격수준(김태훈, 5점)

(2) 내용

① 효용(유용성)이란 인간의 필요나 욕구를 만족시켜 줄 수 있는 재화의 능력을 말한다. 주거용 부동산은 편리성과 쾌적성으로, 상업용 부동산은 수익성으로, 공업용 부동산은 생산성과 비용 절감성으로 나타난다.

② 유효수요란 살 의사와 지불능력이 있는 수요를 말한다. 살 의사를 욕구, 지불능력을 구매력이라 한다.

③ 상대적 희소성이란 현재나 가까운 미래에 공급이 수요에 비해 상대적으로 충분하지 못한 상태를 의미한다.

④ 이전성이란 법적인 개념으로 부동산의 소유권을 구성하는 모든 권리에 대한 통제의 정도가 이전되는 것을 의미하는데 이에 대해 효용의 공사법적인 규제 측면에서 가치발생요인이 아니라는 주장이 제기된다.

2. 가격형성요인

(1) 의의

부동산 가격형성요인은 부동산 가격발생요인에 영향을 미치는 일반요인, 지역요인, 개별요인을 말한다. 가격형성요인은 그 요인을 이루는 여러 현상의 변동에 따라 끊임없이 변동하는 유동성의 특징과 가격형성요인이 서로 유기적으로 상호 관련되는 관련성의 특징이 있다.

(2) 내용

① 일반요인이란 일반경제사회에 있어서의 부동산의 위치, 활동, 가격수준 등에 영향을 주는 전반적 요인으로서 사회적 · 경제적 · 행정적 요인으로 구분된다.

② 지역요인이란 일반적 요인이 지역성으로 인해 지역적 차원으로 축소되고, 지역의 자연적 조건과 결합한 것을 말한다.

③ 개별요인이란 부동산의 개별적인 상태 · 조건 등 개별성이 부동산 가격형성에 영향을 미치는 요인을 말한다.

3. 가격발생요인과 가격형성요인과의 작용관계

부동산 가격형성요인은 가격발생요인인 효용, 상대적 희소성, 유효수요에 영향을 미쳐 수요공급에 작용하며, 형성요인과 발생요인의 상호작용 속에서 부동산가격은 창조 · 유지 · 수정 · 파괴가 되고, 이 과정에서 가격제원칙이 작용한다.

Ⅲ 가치형성과정

1. 개요

부동산 가치형성과정이란 부동산의 지역성에 따른 그 지역의 가격수준과 개별성에 따른 구체적 가격으로 개별화, 구체화되어 가는 과정을 말한다. 이러한 부동산 가격형성과정에는 일정한 법칙인 가격제원칙이 있는바, 평가사는 이러한 가격형성과정을 이해함으로써 정도 높은 평가가 가능할 것이다.

2. 가격 수준의 형성

(1) 부동산의 지역성

부동산이 가격수준을 갖게 되는 이유는 부동산의 지역성이라는 특성 때문이다. 부동산의 지역성이란 부동산은 자연적, 인문적 특성을 공유하는 다른 부동산과 함께 지역을 구성하고, 그 지역 및 지역 내 다른 부동산과 의존, 보존, 협동, 대체, 경쟁의 관계를 통하여 사회적, 경제적, 행정적 위치가 결정되는 특성을 말한다.

(2) 지역요인

가치형성요인은 지역성이라는 기반 위에 지역적 차원에서 파악되어야 한다. 지역요인이란 광역적인 일반적 요인이 지역의 자연적 조건과 결합하여 지역적 범위로 축소되어 지역 내 부동산의 상태 및 가격 수준에 영향을 주는 요인을 말한다.

(3) 가격 수준의 형성

부동산의 지역성에 의한 일반적 요인의 지역지향성으로 일반적 요인이 지역적 차원으로 축소되고 자연적 조건과 결합하여 형성된 지역요인은 지역특성을 나타내게 되고, 이 결과 표준적 이용과 가격 수준이 형성된다.

3. 구체적 가치의 형성

(1) 부동산의 개별성

부동산이 구체적 가치를 갖게 되는 이유는 부동산의 개별성이라는 특성 때문이다. 부동산의 개별성이란 동일한 복수의 부동산은 없다는 특성으로, 이는 부동산 가격형성요인을 개별화시키고, 부동산가격, 수익 등을 개별화시킨다.

(2) 개별요인

부동산은 개별성을 지니고 있기 때문에 가치형성요인은 개별부동산 차원에서 파악되어야 한다. 개별요인이란 부동산의 개별적 특성을 반영하는 가격을 개별화, 구체화시키는 요인으로, 해당 토지가 속하는 지역의 표준적 사용을 전제로 하는 토지의 가격수준과 비교하여 개별적 차이를 발생하게 하는 요인을 말한다.

(3) 구체적 가격의 형성

부동산의 표준적 사용과 가격 수준은 개개 부동산의 개별적 요인과 결합하여 최유효이용을 결정하게 되고 이에 의해 가격 수준은 개별화, 구체화되어 구체적 가치를 형성하게 된다.

Ⅳ 결

부동산의 가격형성과정은 일반재화가 수요와 공급에 의해 가격이 결정되는 것과는 달리 부동산은 변화무쌍한 제 요인에 의해 형성, 변동되므로 일반인이 부동산 가격형성과정을 분석, 고찰하기란 어려운 일이다. 따라서 전문인에 의한 가격판정의 필요성이 대두되며, 감정평가사는 내・외적인 철저한 직업윤리 의식의 고취가 요청된다.

10 절 가치이론의 발달사[25] ▸기출 5회, 30회

Ⅰ 서

부동산 평가의 가장 핵심적인 사항은 대상 부동산의 가치를 추계하는 일이다. 따라서 평가이론은 가치추계이론을 중심으로 발달해왔다. 가치추계이론은 경제학의 가치이론과 밀접한 관계가 있다. 오늘날 일반적인 평가방법으로 비교방식, 원가방식, 수익방식의 세 가지 방법이 널리 쓰이게 된 것은, 가치의 본질이 무엇이냐에 대한 경제학자들의 가치이론을 반영한 것이다. 즉, 가치이론은 감정평가 3방식의 논리적 근거를 제공함으로써, 감정평가이론의 발전에 지대한 공헌을 하였는바, 이하에서 가치이론을 검토하고 감정평가와의 관련성에 대해 살펴보고자 한다.

Ⅱ 가치이론의 발달사[26]

1. 고전학파

(1) 생산비가치설

아담스미스를 위시한 고전학파 경제학자들은 재화의 가치는 재화의 생산에 투입된 생산요소의 대가로 보고, 생산비가 가치를 결정한다고 주장한다.

---

25) 안정근, 부동산평가이론(제3장 가치이론과 평가이론), 양현사, 2013
(특강) 고전학파와 한계효용학파의 가치이론의 차이점을 지적하고, 이 같은 차이를 신고전학파는 어떻게 조정하고 있는가를 설명하시오(김상한, 10점).

26) 가치의 본질은 장래 기대되는 편익의 현재가치라고 하였다. 그러나, 편익, 즉 효용 외에 희소성과 유효수요가 추가되어 현재 가치발생요인으로 명명되고 있다.

(2) 가치발생요인

재화의 가격은 효용 및 희소성에 의해 발생하며, 공급과 비용 측면을 강조하였다. 사실, 고전학파는 효용이 가장 중요한 가치발생요인이라는 것을 인식하고 있었지만 효용의 근본이 곧 비용이라는 전제하에 생산비가치설을 주장하여 공급과 비용 측면을 강조한 것임을 알아야 한다.

(3) 가정된 효용(Assumed utility)

효용과 희소성이 있어야 가격이 발생하기 때문에, 고전학파의 생산비가치설에 따라 생산비가 가격이 되기 위해서는, 재화의 효용도 생산비에 해당하는 만큼의 가치를 지니고 있다는 가정이 필요한데, 이를 가정된 효용이라 한다.

(4) 생산비와 시장가격과의 관계

시장의 수요와 공급에 의해 성립된 교환가치가 그 재화의 생산비에 못 미치면 공급의 감소로 가격이 상승하고, 교환가치가 생산비를 초과하면 공급의 증가로 가격이 하락한다. 결국 생산비와 가격이 일치하는 선에서 균형을 이룬다. 즉, 재화의 교환가치는 생산비에 의해 결정된다는 것이다.

2. 한계효용학파(오스트리아학파)

(1) 한계효용가치설

고전학파의 생산비가치설과 Karl Marx의 재화의 모든 가치는 노동의 직접적인 산물이라는 극단적인 노동가치설에 반대하면서, 재화의 가치는 한계효용에 의해 결정되는 것이라고 주장하였다. 한계효용이란 재화를 한 단위 더 소비했을 때 획득되는 효용의 증분을 의미한다.

(2) 가치발생요인

재화의 가격은 효용, 희소성뿐만 아니라 유효수요에 의해 발생한다. 즉, 가치란 수요에 바탕을 둔 효용에 의해 좌우된다고 하여, 한계효용학파는 수요, 시장가격 측면을 중시하였다.

(3) 기여된 효용

한계효용학파에 따르면 투입된 생산비가 아니라, 추가로 제공되는 한계효용이 대상 부동산의 가치에 어느 정도 기여하는가에 따라 가격이 결정된다고 한다. 효용은 비용에 의해서가 아니라 시장에서 수요자들의 반응에 의해 측정된다.

(4) 효용 및 시장가격과의 관계

재화의 효용은 시장에서 매수자가 기꺼이 지불하려는 가격에 의해서 측정되며, 부동산 가격은 단기적으로 수요에 의해 결정된다. 장기적으로는 수요증가는 가격상승을, 가격상승은 공급증가를 유도하고, 공급에 제한이 없다면 가격과 생산비가 일치하는 수준이 된다. 생산비와 가치는 아무 상관이 없다는 것이 아니라 생산비가 가격을 결정하는 요인이 아니라는 것이다. 즉, 생산비와 가치 사이에 어떤 인과관계가 존재하는 것이 아니라, 가격에 따라 수요와 공급이 변동하므로 시장의 힘에 의해 단지 비용과 가격이 같아지는 경향이 있을 따름이다.

3. 신고전학파의 가치이론

(1) Alfred Marshall의 조정

① 마샬은 가격을 결정하는 수요와 공급은 가위의 양날과 같아서 어느 것도 가치결정에서 도외시될 수 없으며, 단기와 장기라는 시간개념을 도입하여 양 학파의 견해를 조정하였다.

② 단기란 기존의 생산시설이 확장되지 않을 정도의 짧은 시간을 의미하며, 장기란 새로운 시설과 공급자가 시장에 진입할 정도의 긴 시간을 의미한다. 그는 단기에서는 시장이나 수요의 힘이 재화의 가치에 영향을 미치지만, 장기에서는 생산비가 가치에 영향을 미친다고 주장한다.

(2) 단기에서의 시장가격

단기에는 공급이 상대적으로 고정되어 있으므로, 수요가 가격을 결정하는 주요요인으로 작용한다. 이는 평가사가 부동산의 가치를 평가할 때, 시장가치를 지지할 수 있는 증거를 현재의 시장에서 확보해야 한다는 것을 의미한다.

(3) 장기에서의 시장가격

재화의 가치는 단기적으로는 수요의 함수이나 장기적으로는 공급의 함수가 된다. 부동산의 시장가격이 생산비에도 미치지 못한다면, 장기적으로 공급이 감소하게 된다. 공급의 감소는 시장가격을 상승시키게 되며, 시장가격의 상승은 다시 공급을 증가시키게 된다. 공급의 증가는 시장가격과 생산비가 일치하는 선까지 이루어진다.

Ⅲ 가치이론과 가치평가이론에 미친 영향

가치이론과 가치평가이론은 매우 밀접한 관련을 가지고 있다. 가치의 본질은 무엇이고 재화가 가치를 가지는 이유는 무엇인지에 관한 이론인 가치이론은 가치를 평가하는 원리와 방법에 관한 가치평가이론의 이론적 기초가 된다. 즉, 가치평가이론은 가치이론을 기반으로 전개된다. 가치가 무엇에 의해 결정되는지에 대한 이론적 근거가 달라지게 되면 가치를 평가하는 원리나 방법도 달라질 수 밖에 없는 것이다.

1. 고전학파의 영향

고전학파 경제학자들은 재화의 가치는 생산비에 의해 결정된다고 주장했는데, 이러한 고전학파의 가치이론을 따르게 되면 재화의 가치는 비용성의 원리에 기반한 원가방식을 적용하여 평가해야 한다.

2. 한계효용학파의 영향

재화의 가치는 투입된 생산비가 아니라 추가로 제공되는 한계효용에 의해 결정된다는 한계효용학파의 가치이론을 따를 경우에는 수익방식으로 가치를 평가해야 한다. 한편, 한계효용학파는 한계효용의 구체적인 크기가 수요에 의해 결정되며 그것은 가격에 의해 측정된다고 주장함으로써 비교방식의 이론적 근거도 제공하였다. 그러나 본질적인 측면에 착안할 때 한계효용학파는 수익방식의 이론적 기초를 제공한 것으로 보는 것이 일반적인 시각이다.

3. 신고전학파의 영향

신고전학파는 고전학파와 한계효용학파의 이론을 수요와 공급의 균형이론으로 결합하여 비교방식에 대한 보다 확고한 이론적 근거를 제공했다.

학파	가치이론	가치평가이론
고전학파	생산비가 가치를 결정	원가방식
한계효용학파	한계효용이 가치를 결정	수익방식
신고전학파	수요와 공급의 상호작용에 따라 가치가 결정	비교방식

Ⅳ 결

가격의 본질로서 가치의 소재 원인을 파악하고자 한 경제학의 가치이론은 감정평가이론의 정립과 발달에 크게 기여하였다. 그러나 각 가치이론은 단독으로는 완전하지 못하며, 동적인 현실의 부동산시장을 감안할 때, 3방식에 의한 시산가액이 일치할 수 없다는 것이 일반적인 견해이다. 특히 각각의 가치추계이론은 상호 보완관계로서 대상물건의 특성과 평가 조건에 부합하는 방법을 중심으로 접근하고 사용함이 바람직하다.

심화논점

01 절 교환가치와 사용가치[27]

Ⅰ 서

부동산의 특성으로 부동산은 일반 경제재와 달라 가치의 정의와 가치의 발생요인에 있어 차이가 있다. 일반적으로 가치의 정의는 장래기대편익의 현재가치로 정의되며, 효용・상대적 희소성・유효수요의 상관결합으로 발생하는 가치는 곧 시장에서 매매를 전제로 한 가치로서 교환가치의 개념으로 볼 수 있다. 감정평가사가 구해야 하는 가치의 본질은 교환가치이나, 경우에 따라서는 사용가치를 산정할 필요가 있다. 양자의 개념을 명확히 함에 따라 평가대상 및 목적에 따른 적정한 가치산정이 가능할 것이다.

Ⅱ 교환가치와 사용가치의 의의 및 특성

1. 교환가치

(1) 의의

시장에서 매매를 전제로 한 가치이며, 가치의 발생요인으로서 효용, 희소성, 유효수요가 있는 경우, 시장선택의 결과인 최유효이용을 전제로 가치가 형성된다.

(2) 특성

① 시장에서의 일반적 이용방법을 전제로 한 가치로서 소유자의 주관적 이용을 전제로 하는 가치가 아닌 객관적 가치이다.

27) (특강) 부동산의 사용가치와 교환가치(노용호, 건대특강)

② 시장에서 시장참여자의 선택결과로 이용과 가치를 결정하는바 시장에서 형성되는 가치이다.

③ 교환가치는 시장에서의 매매를 전제로 한 가치개념이므로 Sein 가치이다.

2. 사용가치

(1) 개념

경제재의 생산성 개념하에 부동산은 특정한 용도로의 제공을 전제로 형성되는 가치개념으로서 다양한 용도로의 이용을 전제로 하지 않는 특정용도를 전제로 한 가치개념이다.

(2) 특성

① 다양한 용도 중 시장의 선택결과가 아닌 특정한 용도로의 이용을 전제로 한 주관적 가치이다.

② 시장성이 없거나 제한된 조건하에서 성립할 수 있는 가치개념이다.

(3) 사용가치를 산정하는 경우

특수 부동산 평가로서 오래된 공장을 평가하는 경우, 현황 이용을 계속할 것을 전제로 한 평가와 대치원가를 적용하여 평가하는 경우, 합병·분할 토지 등의 경우와 같이 상대적 시장을 상정한 한정가치 평가 등 시장에서의 매매를 전제로 하여 평가하지 않는 경우 등이다.

Ⅲ 교환가치와 사용가치의 평가상 활용(관계)(대가조)

1. 전제조건에 따른 활용

부동산 평가는 최유효이용을 전제로 한 시장가치인 교환가치를 구함이 원칙이나, 평가목적, 조건 등에 따라 사용가치를 구하는 경우가 있다. 따라서 특수 부동산, 병합, 분할 토지, 법정평가 등에 있어서는 교환가치가 아닌 사용가치의 개념이 사용된다.

2. 평가대상에 따른 활용

특정한 물건을 생산하도록 설계된 공장건물은 그것이 다른 용도로 전환되었을 때 교환가치는 없을 수 있으나 사용가치는 지니게 되는바 사용가치로 평가하게 된다.

3. 가격과 임대료

대상 부동산의 현행 계약상의 임대료(실제임대료)를 환원한 가치, 즉 임대권 가치는 사용가치인 반면, 대상이 속한 지역시장의 유사부동산으로부터 검증한 정상임대료를 환원한 가치, 즉 소유권 가치는 교환가치라 할 수 있다.

Ⅳ 결

부동산시장은 그 자체가 극히 불완전한 모습의 시장이며 왜곡되거나 과장된 시장의 형태로 자주 출현하므로 부동산의 시장가격이 가치를 항상 정확히 반영한다고 할 수는 없다. 따라서 부동산의 가치는 그 부동산이 차지하는 사회적, 경제적, 법률적 위치를 적정하게 반영하는 경우에 합리적인 가격으로 표현되게 되므로 감정평가사는 이러한 부동산의 가격형성요인들을 정확하게 분석해야 하는 책무를 가지고 있는 것이다.

경제학적 측면에서 가치를 대별하면 사용가치와 교환가치로 구분할 수 있다. 사용가치는 물건의 유용성에 기인한 가치이고, 교환가치는 물건의 상품성, 즉 시장에서 교환될 수 있는 경제적 가치의 크기로 측정된다. 가치의 질적, 양적 구분은 이외에도 여러 종류의 가치로 실제적 구분이 가능하나 부동산의 가치평가는 주로 교환가치의 파악에 그 주안점을 두고 있는 점에 유의해야 한다.

02 절 청산가치와 계속기업가치

Ⅰ 개요

평가전제란 대상기업을 가치기준에 따라 평가해야 하는 상황을 말한다. 기업가치평가에서는 대상기업이 계속 존속하는 상황과 청산되는 2가지 상황을 전제한다. 이때의 기업가치를 각각 계속기업가치와 청산가치라 한다.

Ⅱ 청산가치와 계속기업가치의 개념

1. 청산가치

청산가치란 기업 활동에 사용되던 자산들이 각각 매각되는 경우의 가치로, 기업자산이 청산의 대상으로 강제매각을 전제로 하므로 불리한 상황의 시장가치 외의 가치를 말한다.

2. 계속기업가치

계속기업가치란 유·무형의 기업자산이 개별적으로가 아니라 총체적인 관점에서 계속기업이 가질 수 있는 가치를 말한다. 계속기업이란 이미 설립되어 영업을 하고 있는 회사이다. 그리고 미래수명이 무기한적인 회사로서 가까운 장래에서는 결코 청산되지 않을 것이 거의 확실한 회사이다.

Ⅲ 양자의 관계

1. 평가방법

청산가치는 청산대차대조표상의 개별자산의 가액을 기준으로 하여 산정하며, 일반적으로 원가법을 활용한다. 다만, 유형 고정자산은 법원의 부동산입찰절차의 평균낙찰률을 적용하여 할인한 가액을 기준으로 산정할 수 있다. 계속기업가치는 기업의 영리활동에 비추어 미래 수익흐름을 현재가치로 할인하는 할인현금분석법에 의하여 산정함이 일반적이다.

2. 무형자산의 반영 여부

청산가치의 경우 기업의 청산을 가정하는바 영업권 등의 무형자산의 가치를 사실상 반영하기 어렵다. 계속기업가치의 경우 매기의 현금흐름 속에 무형자산이 창출하는 수익이 포함되어 있으므로 무형자산의 가치를 반영하기 쉽다. 무형자산은 기업이 존속할 경우에는 가치를 지니지만, 청산할 경우에는 대부분 아무런 가치를 지니지 못한다.

3. 회사정리상 판단

기업의 회생가능성을 판단하기 위해 청산가치와 계속기업가치를 비교하게 되는바 만약 청산가치가 계속기업가치보다 크다면 투자자의 이익을 위해 기업을 청산함이 타당하며, 반대로 청산가치보다 계속기업가치가 더욱 크다면 정부의 공적자금 등의 투입을 통해 회생의 길을 마련한다.

03 절 시상 시장가치 논의[28]

Ⅰ 개설

부동산 평가의 대부분은 시장가치의 추계로부터 시작된다. 시장가치(Market Value)는 부동산 평가에서 가장 중요한 개념 중의 하나이다. 평가사는 보험가치, 과세가치, 보상가치 등 여러 종류의 가치를 추계하지만, 이 각각은 시장가치의 추계를 전제로 하거나 그것을 기준으로 하는 수가 많다. 시장가치의 개념은 현실적 측면뿐만이 아니라 이론적 측면에서도 중요한 의미가 있다. 부동산평가에 사용되는 자료와 그것의 가치증거로서의 채택 여부는 시장가치의 정의에 의해 영향을 받는다.

Ⅱ 시장가치의 개념

시장가치란 감정평가의 대상이 되는 토지 등(이하 "대상물건"이라 한다)이 통상적인 시장에서 충분한 기간 동안 거래를 위하여 공개된 후 그 대상물건의 내용에 정통한 당사자 사이에 신중하고 자발적인 거래가 있을 경우 성립될 가능성이 가장 높다고 인정되는 대상물건의 가액(價額)을 말한다.

28) 안정근, 부동산평가이론(제2장 시장가치), 양현사, 2013 / (특강) 시장가치의 의의와 요건(노용호, 건대특강) / (특강) 시장가치를 정의하고, 이와 결부하여 '대표성이 없는 매매사례'를 설명하라(김상한, 10점).

Ⅲ 시장가치에 대한 논란(기대균정)

1. 측정기준의 문제

(1) 논쟁의 내용

시장가치를 무엇을 기준으로 측정해야 하는가 하는 것이다. 이는 시장접근법으로 대상 부동산의 가치를 측정할 때, 비교매매사례의 분석에서 매매가격의 전부를 현금으로 지불한 것과, 일부는 현금으로, 나머지는 다른 방법으로 지불한 것일 때 무엇을 기준하는가가 논쟁의 중심이 된다.

(2) 결론

전부 현금거래인 경우와 일부는 현금, 일부는 저당대부인 경우 양자의 가치는 다르다. 이처럼 매매조건이나 금융조건의 차이를 매매시점을 중심으로 현금가치로 환산하는 것을 현금등가분석이라 한다. 오늘날 저당대부가 일반화된 상태에서, 평가사는 현금등가분석을 사용하여 비교매매사례를 현금등가로 조정하여 시장가치를 산정하거나, 평가시점을 중심으로 가장 전형적인 금융조건이 결부된 상태하에서 시장가치를 평가하기도 한다.

2. 평가대상의 문제

(1) 논쟁의 내용

대상 부동산의 무엇을 평가대상으로 하는가의 문제로, 대상 부동산의 물리적 실체 그 자체를 평가대상으로 하느냐, 또는 결부된 권익을 대상으로 하느냐 하는 문제이다.

(2) 결론

시장가치는 부동산에 결부된 특정한 권익을 대상으로 하는 것이지, 그것의 물리적 실체를 대상으로 하는 것이 아니다. 같은 부동산을 평가한다고 할 때에도, 소유권의 행사를 제한하는 공적, 사적인 제약이 있는 경우가 그렇지 않은 경우보다 가치가 낮게 평가된다.

3. 존재가치와 시장가치의 문제

(1) 논쟁의 내용

현재 시장에서 형성되는 일반적인 가격이 과연 대상 부동산의 진정한 가치를 반영하고 있느냐 하는 것이다. 부동산시장은 다른 재화시장에 비해 상대적으로 불완전한 요인을 많이 가지고 있다. 만약 시장이 균형을 이루고 있다면, 그 때 형성되는 균형가치는 과연 시장가치와 일치하는가의 문제이다.

(2) 결론

평가사는 이상적인 상황하에서 성립될 수 있는 가치를 추계하는 것이 아니라, 현실적 상황에서 성립될 수 있는 가치를 추계한다. 즉, 시장가치는 존재가치(Sein wert)이지 당위가치(Sollen wert)가 아니라는 것이다. 평가사는 객관적인 시장자료를 바탕으로 하여 특정일을 기준으로 성립될 가능성이 가장 많은 가격을 추계해야 한다.

4. 시장가치 정의 자체에 대한 문제

(1) 논쟁의 내용

시장가치는 ① '매도자와 매수자가 …… 기꺼이 주고받는 가격', ② '……을 화폐액으로 표시한 최고가격', ③ '……한 가능성이 가장 많은 가격'으로 변해왔다. AI 제7판에 이르기까지 '……을 화폐액으로 표시한 최고가격'이라는 정의를 고수함에 따라 시장가치가 최고가격인지 성립될 가능성이 가장 높다고 인정되는 가액인지 논란이 있었다.

(2) 결론

Ratcliff는 시장가치를 '성립될 가능성이 가장 많은 가격'이라고 정의했는데, Ratcliff의 정의는 컴퓨터를 이용하는 계량적 기법으로 부동산의 시장가치를 결정하는 데에 잘 부합되며, 시장가치를 객관화시킬 수 있다는 장점이 있다.

04 절 가치 · 가격 · 원가의 관계

Ⅰ 서

가치의 개념은 부동산시장 요소에 파급되어 있어 가치의 검토는 광범위하고도 다양한 부동산 활동 범위에서 중심이 되는 중요한 요소이다. 감정평가에서는 가치(Value), 가격(Price), 원가(Cost)에 대하여 분명하게 구분할 필요가 있다. 또한 고전학파, 한계효용학파, 신고전학파의 가치이론사에도 3면성에 대한 논의가 있어 왔다. 신고전학파의 마샬에 의하면, 3면등가성의 원리에 의해 가치, 가격, 원가가 일치하여야 하나, 현실의 불완전하고 동적인 부동산시장하에서는 이들은 일치하지 않는다. 이러한 가격의 3면성은 감정평가 3방식과 연관되는바, 이에 대한 이해는 감정평가의 정확성에 기여할 수 있을 것이다.

Ⅱ 가치, 가격, 원가의 관계

1. 개요

토지로 대표되는 부동산은 대자연의 무상공여물로, 재생산이 불가능하고 생산비법칙이 적용되지 않아, 재화로서 원가 및 생산비 개념이 부인되며, 효용의 영속성과 가변성으로 인해 삼자가 괴리되는 것이 일반적이다.

2. 가치, 가격, 원가의 개념

(1) 가치(Value)의 개념

가치는 일정한 시간에 매도자와 매수자가 합의한 부동산, 상품 또는 용역의 화폐적 가치로서 부동산의 소유권에 기인하여 자연 증가한 미래편익의 현재가치로 정의된다.

(2) 가격(Price)의 개념

가격(價格, price)은 교환거래에서 매수자와 매도자가 상호 합의한 거래금액을 말한다. 일단 거래가 종결되면 이 금액은 가격이 되고, 이 용어는 교환이란 절차를 함축적으로 내포하고 있다. 달리 표현하면 가격은 교환의 결과(fact)로 나타난다.

(3) 원가(Cost)의 개념

원가는 개량물 또는 구조물을 축조하기 위한 현금지출 총액으로 교환가격이 아닌 생산에 사용되는 개념이다. 감정평가사는 직접원가와 간접원가 및 기업가의 이윤을 구분하여야 한다. 원가는 실제 건설원가, 종합 개발원가 등의 개념으로 사용된다.

3. 가치, 가격, 원가의 관계

(1) 가치와 가격과의 관계

양자를 구분하는 견해에서는 개념적 차이뿐만 아니라, 가격과 가치는 일정 오차가 존재하며, 가격은 과거의 값이며 하나만이 존재하나, 가치는 현재의 값이며 다원적 개념으로 이해된다는 차이가 있다. 그러나 가격은 가치의 화폐적 표현으로 양자는 단기에는 일치되지 못하나 장기에는 가격의 파라미터적 기능에 의해 일치되려는 경향이 있다.

(2) 가격과 원가와의 관계

양자 모두 과거의 값으로 장기적으로는 일치하나 단기적으로는 초과이윤에 의해 일치하지 않을 수 있다. 또한 가격은 수요자・공급자 모두의 측면을 고려하여 결정되나, 원가는 공급자 측면만을 고려한 개념이다.

(3) 가치와 원가와의 관계[29)]

부동산가치는 그 부동산의 원래 가지고 있던 원가와는 구분되는 개념으로 원가와 가치는 일치할 수도 있으나 대부분 일치하지 않는다. 합리적인 개발업자나 투자자는 개발 후 기대되는 가치가 원가보다 클 경우에만 개발이나 투자를 할 것이다. 적절한 가치 분석 없이 부동산을 개발하는 것은 원가와 가치가 다르다는 점을 간과한 것이다.

Ⅲ 감정평가에서 가치・가격・원가의 반영

1. 가치발생요인에서의 반영

부동산가격은 효용성, 상대적 희소성, 유효수요라는 가격발생 3인자의 상관결합으로 발생하는데, ① 효용성은 수요에 작용하는 가치로, ② 상대적 희소성은 공급에 작용하는 원가로, ③ 유효수요는 수요・공급 조절 측면의 가격으로 표현된다.

---

29) 조주현, 부동산학원론, 건국대학교출판부, 2003

2. 감정평가 3방식에서의 반영

(1) 원가법

원가법은 기준시점에서 대상물건을 재생산 또는 재취득하는 데 소요되는 재조달원가에 감가수정을 가하여 대상물건이 가지는 현재의 가치를 산정하는 방법이다. 이는 비용성에 근거한 공급가격을 의미하는 것이다. 즉, 가치를 과거에 투입된 원가 측면에서 접근한 것이라 할 수 있다.

(2) 수익환원법

수익환원법은 대상물건이 장래 산출할 것으로 기대되는 순수익이나 미래의 현금흐름을 환원하거나 할인하여 대상물건의 가액을 산정하는 감정평가방법을 말한다. 이는 수익성에 근거하여 영속성을 지니는 부동산 가치의 본질과 부합하게 된다.

(3) 거래사례비교법

거래사례비교법은 대상물건과 가치형성요인이 같거나 비슷한 물건의 거래사례와 비교하여 대상물건의 현황에 맞게 사정보정, 시점수정, 가치형성요인 비교 등의 과정을 거쳐 대상물건의 가액을 산정하는 감정평가방법을 말한다. 이는 시장성에 근거한 비준가격을 구하는 방법으로, 가격의 측면에 의한 평가방식이다.

3. 시산가액조정 과정에서의 반영

A. Marshall은 장기의 정적 · 균형시장에서는 3면등가성이 인정된다고 하였으나, 부동산시장은 불완전한 동적 시장이므로 3면등가는 인정되기 어렵다. 따라서 3방식을 병용하고, 합리적 시장을 상정하여 평가주체의 인위적 조정작업인 시산가액조정의 필요성이 제기되는 것이다.

Ⅳ 결

부동산의 가격은 원가, 가격, 가치라는 삼면에서 접근이 가능하다. 감정평가사는 가치의 전문가이지 가격의 전문가가 아니다. 또한, 평가목적에 맞는 적정한 가치의 산정을 위해서는 원가와 가격에 대한 검토가 반드시 요구된다. 평가대상이나, 자료의 신뢰성, 시장상황 등에 따라 3가지 개념에 대한 종합적인 분석을 통한 시산가액조정 작업이 요구된다.

Chapter

04 부동산 가격제원칙

01 절 부동산 가격제원칙

Ⅰ 부동산 가격제원칙의 의의

부동산 가격제원칙은 부동산 가격이 어떻게 형성되고 유지되는가에 관한 법칙성을 추출하여 부동산 평가활동의 지침으로 삼으려는 하나의 행위기준이다. 이는 부동산시장에서의 구매자 및 수요자의 행동과 경제적 합리성에 근거하여 성립・도출되는 것으로서 가격형성, 도시성장 및 부동산에 관한 제이론의 집약으로서의 위치를 가진다.

Ⅱ 감정평가와의 관련성

감정평가사는 감정평가를 할 때 이러한 법칙성을 기초로 한 가격에 관한 제원칙을 충분히 이해하고, 또 이러한 것을 늘 행위지침으로 삼아 감정평가 절차의 각 단계, 특히 가치형성요인 작용의 분석과 검토를 중심으로 하는 지역분석 및 개별분석에서 이것을 판단의 근거로 삼아야 한다. 이에 따라서 비로소 감정평가가 단순한 사상에 기초한 추량에 의한 것이 아닌, 이론을 감안한 객관적인 판단에 근거한 것임을 입증할 수 있다.

Ⅲ 부동산 가격제원칙의 특징[1](특유기)

1. 부동산의 특성 반영

부동산의 자연적, 인문적 특성으로 인해 가격형성이 일반재화와는 다르고 이러한 부동산 가격 형성과정의 법칙성 추출이 가격제원칙이므로 부동산의 특성을 반영하고 있다.

1) 경응수, 감정평가론 제6판, 나무미디어, 2021

2. 상호 유기적 관련성

부동산 가치형성요인의 상호 유기적 관련성이 존재하므로, 이를 반영한 가격제원칙 또한 유기적으로 상호 밀접한 관계에 놓여 있다.

3. 최유효이용원칙의 기준성

부동산가격은 최유효이용을 기준으로 형성된다는 최유효이용원칙을 상위원칙으로 하여 하나의 체계를 형성하고 있다.

Ⅳ 부동산 가격제원칙의 분류(종류)

1. 최유효이용의 원칙을 기준으로 한 분류

(1) 최유효이용의 규준성	(2) 내부측면의 원칙	(3) 외부측면의 원칙	(4) 토대가 되는 원칙
	① 기여 ② 수익배분 ③ 균형 ④ 수익체증・체감	① 적합 ② 외부성 ③ 대체 ④ 경쟁 ⑤ 수요・공급 ⑥ 기회비용	① 예측 ② 변동

2. 부동산 특성을 기준으로 한 분류

(1) 고정성	(2) 부증성	(3) 영속성	(4) 개별성	(5) 용도의 다양성	(6) 병합・분할 가능성	(7) 사회・경제・행정적 위치의 가변성
① 적합 ② 외부성 ③ 수익배분	① 수요・공급 ② 경쟁	① 예측 ② 변동	① 대체 ② 경쟁	최유효이용	① 수익체증・체감 ② 균형 ③ 기여	① 예측 ② 변동

3. 일반경제원칙과 비교한 분류

(1) 부동산 고유의 원칙	(2) 일반경제원칙과 동일한 원칙	(3) 일반경제원칙과 유사한 원칙
① 최유효이용 ② 적합 ③ 외부성	① 대체 ② 수익체증・체감 ③ 기여	① 수요공급 ④ 균형 ② 변동 ⑤ 수익배분 ③ 예측 ⑥ 경쟁

02 절 부동산 가격제원칙의 내용[2] ▸기출 2회, 5회, 8회, 12회, 16회, 25회

구분		토대		내부원칙				외부원칙					
부동산 평가원리	최고최선의 이용	변동	예상	균형	기여	잉여 생산성	(균형)	적합	외부성	대체	경쟁	수요 공급	기회 비용
가격 제원칙	최유효이용	변동	예측	균형	기여	수익 배분	수익 체증 체감	적합	외부성	대체	경쟁	수요 공급	기회 비용

Ⅰ 토대가 되는 원칙

1. 최유효이용의 원친

최유효이용의 원칙이란 부동산의 가치는 최유효이용을 전제로 하여 형성된다는 원칙으로 가장 기본적이고 핵심적인 가격제원칙이다. 이러한 최유효이용의 원칙은 가격제원칙의 체계에서 중심에 위치하고 있으며, 다른 가격제원칙과 유기적으로 관련되어 있다. 한편, 최유효이용의 원칙에 따라 감정평가를 하기 위해서는 최유효이용을 분석하는 과정이 선행되어야 한다.

2. 예측의 원칙(Principle of Anticipation)

(1) 의의

부동산의 가치가 과거와 현재의 이용상태에 의해 결정되는 것이 아니라 앞으로 어떻게 이용될 것인가에 대한 예측을 근거로 결정된다는 원칙을 말한다. 가격은 항상 변화의 과정에 있으므로 과거 및 현재뿐만 아니라 미래의 장기적 예측에 의하여 현재의 가격 결정에 영향을 미치게 된다.

2) 노용호, 아카데미 부동산 감정평가론, 부연사, 2021 / 경응수, 감정평가론(제6판), 나무미디어, 2021

(2) 성립근거

① 부동산의 영속성과 사회적, 경제적, 행정적 위치의 가변성에 근거하여, 부동산 가치형성요인 및 발생요인이 어떻게 변동하고 있는지를 파악하여야 하며, ② 부동산가격은 장기적 배려하에서 형성된다는 가격의 특징과 투자자의 투자행태에도 그 근거를 찾을 수 있다.

(3) 관련원칙

① 변동을 기초로 예측을 하므로 변동의 원칙과 관련이 있다.
② 또한 비현실적인 이용이나 투기적, 비합리적인 상태를 전제하여서는 안 되므로 최유효이용의 원칙과도 관련된다.

(4) 감정평가와의 관련성

① 원가방식 중 재조달원가에 대한 감가수정을 행할 경우 예측을 바탕으로 경제적 잔존내용연수를 판단해야 한다.
② 비교방식 중 지역요인 및 개별요인의 비교에 있어 장래 기대되는 동향을 판정해야 한다.
③ 수익방식 적용 시 대상 부동산이 장래 산출할 것으로 기대되는 총수익 및 환원율 결정 등의 지침이 된다.

3. 변동의 원칙(Principle of Change)

(1) 의의

변동의 원칙이란 부동산의 가격이 사회적, 경제적, 행정적 요인이나 부동산 자체가 가지는 개별적 요인에 따라 부단히 변동한다는 것을 강조하는 원칙이다.

(2) 성립근거

자연적 특성으로서 영속성과 개별성을, 인문적 특성으로서 용도의 다양성, 병합・분할의 가능성, 위치의 가변성 등을 들 수 있다.

(3) 관련원칙

① 과거의 변동과정을 기초로 하여 장래를 예측하므로 변동의 원칙은 예측의 원칙과 관련된다.
② 수요와 공급, 대체, 균형, 외부성의 원칙은 가치의 변동을 설명하고 가치의 동향을 밝혀내는 데 도움이 되며, 이 원칙들이 일치될 때 결과가 최유효이용으로 나타난다.

(4) 감정평가와의 관련성

① 부동산의 가치형성요인이 항상 변동의 과정에 있다는 것을 인식해서 각 요인 간의 상호 인과관계를 동적으로 파악해야 한다.

② 감정평가 시 기준시점의 필요성을 제시해야 하며, 시점수정의 이론적 근거가 된다. 기준시점은 부동산 가치형성요인의 변화에 따른 감정평가사의 책임의 한계를 명확히 해준다.

③ 부동산이 속하는 지역은 확대, 축소, 집중, 확산의 변화과정 속에 있어 부동산의 지역요인도 부단히 변화하므로 지역분석 및 비교방식의 지역요인 비교 시 유의해야 한다.

III 내부측면의 원칙

1. 기여의 원칙(Principle of Contribution)

(1) 의의

부동산가격은 부동산을 구성하고 있는 각 요소가 가격에 기여하는 공헌도의 영향을 받아 결정된다는 원칙으로, 전체 부동산가격은 각 구성요소의 기여도의 합으로 구성된다는 가격제원칙을 말한다. 주의할 점은 각 구성부분의 기여도를 합한 것이지 구성부분의 생산비를 합친 것은 아니라는 것이다.

(2) 성립근거

부동산의 구성요소가 전체에 기여하는 정도가 가장 큰 사용방법을 선택해야 한다는 점에서 용도의 다양성과 병합분할의 가능성이 근거가 된다.

(3) 관련원칙

① 부분과 전체가 균형을 이룰 때 부분이 전체에 가장 큰 영향을 미치게 되므로 균형의 원칙과 관련된다.

② 부동산 일부에 대한 추가투자의 적정성 판단에 있어 수익체증체감의 원칙과 관련된다.

③ 추가투자를 통해 전체의 최유효이용이 적정한가를 판단하므로 최유효이용원칙과도 관련된다.

(4) 감정평가와의 관련성

① 거래사례비교법에서 대상 부동산과 비교부동산 간의 속성의 차이로 인한 가격의 보정의 기초를 제공한다.

② 토지상의 부가물의 증가, 건물의 증축, 건물의 구조변경, 건물의 물리적・기능적 감가 시 수리 여부 등의 추가투자의 판단기준이 된다.

③ 병합에 공헌하는 필지별 기여도에 따라 한정가격을 평가한다.

④ Consistent use와 관련 복합부동산의 토지와 건물은 동일한 용도로 평가되어야 하며, 토지의 용도가 달라 부동산의 가치에 기여하지 못하는 정착물은 가치가 없다.
⑤ 배분법 및 토지잔여법의 근거가 된다.

2. 수익배분의 원칙(= 잉여생산성의 원칙)(Principle of Return Distribution)

(1) 의의

부동산의 자연적 특성으로 인하여 부동산의 수익은 자본, 노동, 경영 등에 배분되고 남는 잔여수익이 배분되므로, 이러한 잔여수익의 크기가 토지가치의 형성에 영향을 미친다는 원칙이다.

(2) 성립근거

부동산은 지리적 위치의 고정성으로 인하여 유동성 있는 타 생산요소에 배분되고 남는 수익이 최종적으로 토지에 배분된다는 것으로 고전경제학의 토지에 대한 인식에서 기인한다.

(3) 관련원칙

토지는 다른 요소에 대한 배분이 적정한 것이냐 또는 다른 요소에 대한 관리능력의 발휘가 합리적이냐 아니냐에 따라서 그의 배분에 영향을 받으므로, 이는 토지에 대한 최대의 배분은 최유효이용상태에 따라 결정되는바, 최유효이용의 원칙과 관련성을 갖는다.

(4) 감정평가와의 관련성

① 기업용 부동산의 감정평가에 있어 중요한 이론적 근거가 되고 있다.
② 수익방식 중 토지잔여법 및 건물잔여법의 이론적 근거가 된다.

3. 균형의 원칙(Principle of Balance)

(1) 의의

부동산의 유용성이 최고도로 발휘되려면, 그 구성요소의 결합이 균형을 이루고 있어야 한다는 원칙이다. 따라서 부동산의 최유효이용의 판정에서 이 균형이 잘 이루어졌는가의 여부를 분석할 필요가 있다.

(2) 성립근거

부동산은 다른 일반재화와는 달리 내부적으로 여러 가지 요소가 복합적으로 구성되어 이루어진 재화에 해당되므로 그 구성요소 간의 균형이 전체 가치에 끼치는 영향이 큰 것이며, 따라서 균형이 성립되고 있어야 최유효이용이 된다.

(3) 관련원칙

구성요소 간의 균형이 수익획득과정을 통하여 부동산가격에 어느 정도 기여하였는가, 그리고 균형의 정도가 최유효이용에 적합한가를 판단할 수 있으므로 기여의 원칙과 최유효이용의 원칙에 관련이 깊다. 그리고 기여의 원칙은 균형의 원칙에 선행하는 원칙이다.

(4) 감정평가와의 관련성

① 균형의 원칙이 성립되는 점에서는 초과나 부족한 투자가 없고 최대이익이 확보되는 상태에 있으므로 높은 가격으로 감정해야 한다.

② 대상 부동산의 내부 구성요소 간의 불균형 시 기능적 감가요인의 파악에 지침이 된다.

4. 수익체증 · 체감의 원칙(Principle of Increasing and Decreasing Return)

(1) 의의

부동산에 대한 단위투자당 수익은 체증하다가 일정수준을 넘으면 체감하게 된다는 원칙이다. 즉, 투자와 관련하여 부동산의 가치가 최대로 되는 경우에는 한계비용과 한계수입이 일치하는 수준까지 비용을 투입했을 때이다.

(2) 성립근거

부동산은 부증성으로 인하여 공급량은 유한한데 인구증가, 산업화 등으로 수요가 증가하므로, 토지이용효율의 극대화를 위한 추가투자의 한계점을 판단해야 한다는 점에서 부증성과 용도의 다양성과 관련하여 성립한다.

(3) 관련원칙

부동산 수익의 한계점은 구성요소의 균형을 찾는 데 중요한 역할을 하므로 균형의 원칙, 어느 부분의 투자가 해당 부동산 전체 수익에 어느 정도 기여하였는가를 판단하는 기여의 원칙, 투자의 한계점을 제시하여 부동산의 최유효이용 판정의 지침이 되므로 최유효이용의 원칙과도 관련된다.

(4) 감정평가와의 관련성

추가투자의 적정성 판단, 한계층수의 결정, 입체이용율과 저해율 산정근거, 지가배분율 및 층별효용비율의 산정근거, 공중권의 이용가치 등과 관련된다.

Ⅲ 외부측면의 원칙

1. 적합의 원칙[3](Principle of Conformity)

(1) 의의

부동산의 효용이 최고도로 발휘되기 위해서는 그 이용방법이 주위환경이나 시장수요에 적합하여야 한다는 원칙으로 부동산 고유의 원칙이다. 기여의 원칙이 부동산의 대내적 관계의 것이라면 적합의 원칙은 대외적인 관계의 것이라고 할 수 있다.

(2) 성립근거

부동산은 자연적 특성 중 지리적 위치의 고정성으로 인하여 일정한 지역을 이루고, 그 지역 내에서 인근의 부동산과 대체 · 경쟁의 관계를 이루며 용도, 이용방법, 가격 등이 유사해지는 경향이 있으므로 이러한 지역성에 의해서 적합의 원칙이 성립된다.

(3) 관련원칙

부동산이 최유효이용이 되기 위해서는 인근 환경에 적합하여야 하며, 적합의 원칙은 최유효이용 판정의 기준이 된다. 또한 최유효이용에 미달되는 적합은 감가의 원인이 된다. 따라서 적합의 원칙은 최유효이용의 원칙과 관련이 있다.

(4) 감정평가와의 관련성

부동산과 환경과의 적합성의 판단에 있어서는 그 부동산이 속한 인근지역의 표준적 이용을 명확하게 할 필요가 있는데, 이는 지역분석에 의해서 행해진다.

2. 경쟁의 원칙(Principle of Competition)

(1) 의의

일반경제활동과 같이 부동산도 이용으로 인한 초과이윤을 얻기 위해 시장참가자들의 경쟁관계에 의해 그 가격이 형성된다는 원칙이다. 부동산가격은 경쟁에 의해서 결정되는데, 경쟁이 있음으로 인해 초과이윤이 없어지고 부동산은 그 가치에 적합한 가격이 형성된다는 것이다.

(2) 성립근거

부동산의 자연적 특성인 고정성과 부증성으로 인하여 경쟁이 성립되지 않으나, 인문적 특성인 용도의 다양성으로 인하여 경쟁이 인정된다.

---

3) (특강) 부동산 가격원칙 중 최유효이용의 원칙과 적합의 원칙에 관하여 상술하시오(김태훈, 15점).

(3) 관련원칙

① 용도나 이용 등이 유사한 부동산 상호 간이나 또는 다른 재화 사이에는 불완전하나마 대체성이 작용하므로 이익이 있으면 대체 가능한 재화 사이에 경쟁이 생기는바, 대체의 원칙과 관련된다. 경쟁의 원칙이 인적 경쟁이라면, 대체의 원칙은 물적 경쟁이다.

② 초과이윤이 생기면 경쟁이 나타나 수요가 증가하고 수요가 증가하면 가격이 높아져서 초과이윤을 소멸시키게 된다. 이렇듯, 경쟁과 수요의 관계는 상호의존의 관계에 있으므로 수요공급의 원칙과 관련된다.

(4) 감정평가와의 관련성

경쟁의 원리가 의미하는 바는, 대상 부동산의 일시적 초과이윤을 장래에도 계속되는 것으로 잘못 판단해서, 대상 부동산의 가치를 실제 이상으로 과대평가해서는 안 된다는 것이다. 평가사는 지역사회에 관한 정보와 지식을 바탕으로 하여 일시적이고 비정상적인 초과이윤을 적절히 조정할 수 있어야 한다.

사전적 독점

경우에 따라서는 대상 부동산이 창출하고 있는 초과이윤이 오랫동안 지속되기도 한다. 이 같은 현상은 사전적 독점이 발생하게 될 때 나타나는데, 여기서 사전적 독점이란 부동산의 가치에 영향을 줄 수 있는 어떤 사건이 발생하기 전에 특정 위치에 미리 입지함으로써 생기는 독점을 말한다. 예를 들면, 특정지역만 용도지역이 관리지역에서 주거지역으로 변경된다거나, 일부 지역만 좋은 학군으로 편입되는 경우 등이다.

한편, 사후적 입지란 어떤 사건이 발생하고 난 후에 특정위치에 입지하는 것을 말하는 것으로 여기서는 독점적 이윤이 발생할 여지가 없다.

3. 대체의 원칙(Principle of Substitution)

(1) 의의

① 부동산의 가격은 대체・경쟁관계에 있는 유사한 부동산 또는 다른 재화의 영향을 받아 형성된다는 원칙이다. 대체의 조건은 용도, 유용성, 가격이 유사하여야 한다.

② 대체의 조건 : 대체의 관계가 성립하기 위해서는 부동산 상호 간 또는 부동산과 일반재화 상호 간에 용도, 효용, 가격에 있어서 동일성 또는 유사성이 있어야 한다.

③ 대체의 대상 : 지역성에 기인하여 동일지역 내 소재하는 부동산 상호 간 대체가 가능하고, 인근지역과 유사지역은 지역특성 면에서 상호대체가 이루어지는 지역 간 대체가 가능하며, 부동산과 일반재화 상호 간에도 투자의 대상으로서 상호 간 대체가 가능하므로 일반재화 역시 부동산 대체대상이 된다.

(2) 성립근거

효용이 같으면 가격이 낮은 것을, 가격이 같으면 효용이 큰 것을 선택한다는 것으로, 부동산의 가격도 대체가능한 다른 부동산이나 재화의 가격과 상호영향으로 형성된다는 것으로서 이는 물리적으로는 비대체적이나 인문적 특성과 지역성으로 인해 용도적 측면, 토지이용 측면에서 대체성이 인정됨에 따라 성립이 가능하다.

(3) 관련원칙

① 수익이 있으면 대체가능한 재화끼리 경쟁이 생긴다. 따라서 경쟁은 대체를 전제로 하므로 대체의 원칙은 경쟁의 원칙과 연관이 있으며, 이를 통해 수요・공급의 원칙과도 관련성을 갖는다.

② 대체의 원칙하에서 대안적 선택개념을 도입한 기회비용의 원칙과 관련된다.

(4) 감정평가와의 관련성

① 대체의 원칙은 3방식 성립의 이론적 기초가 된다. 즉, 대체가능한 부동산의 가격은 상호작용하면서 형성된다는 것으로 평가에 있어서 대체가능한 부동산을 매개로 하여 가격형성과정을 합리적으로 분석하는 이론적 근거가 된다.

② 지역분석 시 대체・경쟁의 범위를 파악함으로써 지역분석 대상지역의 설정과 경계를 파악할 수 있으며, 개별분석 시 대체가능한 용도 중 용도의 경쟁에 의하여 최유효이용의 용도가 결정되고 이 최유효이용의 판정에 의해 구체적 가격에 접근하게 된다.

4. 수요 공급의 원칙(Principle of Demand & Supply)

(1) 의의

부동산의 가격은 최유효이용을 전제로 시장에서의 수요와 공급의 상호작용에 의해 결정되며 이렇게 결정된 가격은 다시 수요와 공급에 영향을 미친다는 원칙이다. 수요・공급면에서의 부동산가격은 피드백 원리에 의한 부동산가격의 이중성의 이론적 근거가 된다.

(2) 성립근거

부동산은 자연적 특성인 부증성으로 인하여 공급곡선이 수직으로 형성되며, 이에 일반재화와 같은 수요・공급이 이루어지지 않는다. 그러나 인문적 특성인 용도의 다양성으로 인한 용도대체로서 경제적 공급이 이루어져 수요・공급원칙이 성립하게 된다.

(3) 관련원칙

① 수요 측면에서 수요자가 선택의 과정에서 물건 간에 초과이윤이 있는 것은 경쟁의 원칙에 의해 초과이윤을 소멸시키며, 비용과 효용을 비교하는 과정에서 대체의 원칙이 활용된다.

② 공급 측면에서도 공급자의 생산자 균형과정에서 물건 간의 대체, 경쟁의 관계가 성립되므로 대체의 원칙, 경쟁의 원칙과 관련된다.
③ 수요・공급 측면에서 현재의 수요와 공급은 장래의 동향을 반영하는 것이므로 변동의 원칙, 예측의 원칙과 관련된다.

(4) 감정평가와의 관련성

① 부동산의 감정평가에 있어서 부동산의 자연적 특성인 개별성으로 인해 대체가 불가능하나, 용도・기능면에서는 대체가 가능하다. 단, 공급은 부증성이란 제약하에서 적용되고 있다.
② 부동산시장은 국지적・개별적으로 형성되므로 부동산 수요・공급 분석은 대상 부동산이 속하는 부분시장별로 구체적으로 행하여야 한다.
③ 수요・공급면에서의 부동산가격은 피드백 원리에 의한 가격의 이중성의 이론적 근거가 된다.

5. 외부성의 원칙(Principle of Externalities)

(1) 의의

대상 부동산의 가치는 외부적인 요인에 의하여 영향을 받는다는 원칙이다. 외부적 요인이 대상 부동산의 가치에 긍정적인 영향을 미칠 때에 이를 외부경제라 하고, 부정적인 영향을 미칠 때에 이를 외부불경제라 한다.

(2) 성립근거

부동산은 물리적 특성인 고정성에 의해서 그 가치가 스스로 결정되는 것이 아니고 부동산의 안전성, 환경성 등 외부환경에 의하여 영향을 받기 때문이다. 지역분석의 필요성도 여기에서 유발된다.

(3) 관련원칙

적합의 원칙은 대상 부동산이 외부환경에 적합하여야 한다는 원칙으로 외부환경과의 양방향적인 영향관계를 보이는 데 반하여, 외부성의 원칙은 외부적 요인이 대상 부동산에 영향을 준다는 원칙으로 적합의 원칙에 비하여 수동적 영향성을 보이므로 양 원칙은 같은 내용을 방향을 달리하여 고찰하고 있음을 알 수 있다.

(4) 감정평가와의 관련성

가치형성요인의 분석 시 외부성의 원칙이 적용된다. 즉 평가사는 외부경제가 있을 경우는 대상 부동산을 그 외부경제에 해당하는 가치만큼 높게 평가해야 하고, 외부불경제가 있는 경우에는 가치하락분만큼 낮게 평가하여야 할 것이다.

6. 기회비용의 원칙(Principle of Opportunity Cost)

(1) 의의

기회비용이란 어떤 대안을 선택함으로써 선택되지 않은 다른 기회 중 가장 큰 비용을 말하며, 기회비용의 원칙이란 이러한 기회비용이 요구수익률 등에 영향을 미쳐 부동산가격을 형성한다는 것이다.

(2) 성립근거

투자자는 일정한 자금이 주어졌을 때, 어떤 투자대상을 선택하면 자금이 한정되어 있으므로 다른 투자대상을 선택할 수 없다. 따라서 투자자는 선택되지 않은 다른 투자대상의 수익률을 고려하면서 투자결정을 하게 된다. 합리적인 투자자라면 선택된 투자대상의 수익률이 선택되지 않은 것보다 높도록 선택할 것이다. 이런 면에서 기회비용은 요구수익률이라고도 한다.

(3) 관련원칙

기회비용의 원칙은 기회 선택상 대체관계에 있는 다른 투자대상과 비교하면서 어떤 투자대상을 선택하고 있으므로 대체의 원칙과 관련이 있다.

(4) 감정평가와의 관련성

부동산의 감정평가 시 기회비용의 개념은 부동산 선택의 대체성을 판단하는 기준이 되며 투자자본에 대한 경제성의 비교를 통하여 수익률을 평가하는 중요한 기준이 된다.

03 절 과대개량된 부동산의 평가원리

Ⅰ 개요

부동산 평가원리란 부동산 가치를 추계하는 데 평가사가 적용하는 원리를 일컫는다. 이는 부동산의 가치가 시장에서 어떻게 결정되며 어떠한 힘에 의해서 영향받는가를 연구하여 그 논리를 거꾸로 적용시키는 원리라 할 수 있다. 부동산의 가치는 반드시 투하된 비용만큼 상승하지 않고 일정한 한계를 갖는다. 이하에서는 그 이유를 평가원리와 결부하여 설명하기로 한다.

Ⅱ 부동산의 평가원리와의 관련성

1. 최유효이용의 원리

최유효이용의 원리란 부동산의 가치는 최유효이용을 전제로 하여 평가해야 한다는 원리를 말하며, 여러 가지 평가원리 중 가장 상위의 개념에 있는 평가원리라 할 수 있다. 과대개량된 부동산은 최고최선의 이용에 부합하지 못하고 개량규모 또는 개량비가 과다한 부동산을 말하는바 최고최선의 이용을 전제로 형성되는 부동산 가치의 속성에 비추어 투하된 비용만큼 가치가 상승하지 않는 것은 당연하다.

2. 대체의 원리

대체의 원리란 부동산의 가치는 그것과 대체관계에 있는 유사부동산의 영향을 받아서 결정된다는 원리를 말한다. 즉 부동산의 가치는 유사한 효용을 갖는 인근지역의 다른 부동산과 유사한 수준에서 결정된다. 과대개량 부동산의 과대개량된 부분은 적정한 부분에 비해 효용을 제대로 발휘하기가 어렵고 따라서 적정하게 개량된 인근지역의 유사부동산과 유사한 가치 또는 투입비용보다는 적은 가치상승이 있게 된다.

3. 적합의 원리

적합의 원리란 부동산이 가지는 제 특성은 그것이 시장수요와 일치하거나 주변의 토지이용과 어울릴 수 있을 때 높은 가치를 창출할 수 있다는 원리이다. 즉 부동산의 가치는 지역사회에서 선호되는 어떤 기준에 적합할 때 최고가 될 수 있다는 의미에서 과대개량 부동산은 투입비용에 따른 최고의 가치를 창출하지 못하고 투입비용만큼의 가치상승이 이루어지지 못하게 될 것이다.

4. 균형의 원리

균형의 원리란 부동산이 최대의 가치를 구현하기 위해서는 투입되는 생산요소의 결합비율이 적절한 균형을 이루고 있어야 한다는 원리이다. 즉 토지와 건물의 결합비율이 최적일 때 투입된 비용이 완전히 반영된다는 의미에서 과대개량 부동산은 투입비용만큼의 가치가 상승하지 않게 된다.

5. 기여의 원리

기여의 원리란 부동산의 가치는 각 구성부분이 전체 부동산의 가치에 기여한 정도를 전부 합한 것이라는 원리 또는 각 구성부분의 가치는 그것이 전체 부동산의 가치에 기여한 정도에 의해서 결정된다는 원리이다. 과대개량 부동산의 과다부분은 전체 부동산에 기여하는 정도가 상대적으로 적을 수밖에 없다는 의미에서 투입된 비용만큼의 가치 상승이 이루어지지 않게 된다.

Ⅲ 결

과대개량 부동산은 내부적, 외부적 측면에서 볼 때 최고최선 이용에 공여되지 못하고 있다. 시장가치가 개발비용에 미치지 못하는바 원가법 적용 시 신축건물이라 할지라도 기능적, 경제적 감가를 행하여 가치하락분을 반영하여야 할 것이다.

Chapter 05

부동산시장론, 경기변동

01 절 부동산시장 개관

Ⅰ 부동산시장의 의의

일반적으로 시장이란 재화나 서비스의 유통을 가능하게 해주고 교환이 이루어지는 장소라고 한다. 그러나 부동산시장의 경우는 다른 재화시장과는 달리 어떤 특정한 장소를 일컫는 의미는 아니다. 부동산시장이란, 양·질·위치 등 제 측면에서 유사한 부동산에 대하여 그 가격이 균등해지려는 경향이 있는 지리적 구역으로 정의된다. 이러한 부동산시장은 부동산이 지니고 있는 자연적 특성으로 인하여 일반상품시장과는 다른 특징을 가진다.

(AI) "부동산시장이란 부동산권리를 화폐와 같은 다른 자산으로 교환하는 개인들의 상호작용, 또는 부동산 거래를 목적으로 다른 사람과 접촉을 유지하는 개인이나 기업의 집단으로 정의된다."[1)]

II 부동산시장의 특징[2]

1. 개요

부동산시장이 일반재화의 시장과 다른 특성을 가지는 것은 지리적 위치의 고정성, 개별성, 영속성 등 부동산만이 가지는 자연적 특성들 때문이다. 또한 이들 부동산의 제 특성으로 인하여 부동산시장은 불완전성을 띤다. 부동산에 대한 법적 제한도 시장을 불완전하게 만드는 한 요인이 된다.

2. 부동산시장의 특성

(1) 시장의 국지성

부동산시장은 지리적 공간과 밀접하게 결부되어 있는바, 지역에 따라 여러 개의 부분시장으로 나누어진다. 또한, 같은 지역이라 할지라도, 부동산의 위치, 규모, 용도 등에 따라 다시 여러 개의 부분시장으로 세분된다.

(2) 상품의 개별성(비표준성)

부동산은 개별성 및 고정성으로 인해 표준화가 불가능하여 대량생산이 곤란하고, 개별성으로 인하여 부동산은 각각 그 교환형태가 다르므로 일물일가의 법칙이 적용되지 않는다. 다만 예외적으로 건물은 인위적인 생산품으로 표준화, 규격화가 가능하다.

(3) 수급조절의 곤란성

토지의 부증성으로 인해 공급이 비탄력적이므로 부동산에 대한 수요증가로 가격이 상승하더라도 공급을 늘리기가 어렵다. 따라서 부동산시장은 수요와 공급의 조절이 쉽지 않아 가격의 왜곡이 발생할 가능성이 많다.

(4) 거래의 비공개성(= 거래의 은밀성)

부동산의 개별성과 사회적 통제나 관행으로 인해 일반재화와는 달리 거래사실이나 내용의 공개를 꺼리는 관행이 있다. 시장의 국지성과 더불어 부동산가격이 불합리하게 형성되는 주요원인으로 작용한다.

(5) 법적 제한 과다

부동산시장은 여러 가지 법적 제한이 많고, 시장이 불완전해지는 경향이 많다. 이는 부동산 가격을 왜곡시켜 시장의 조절기능이 저하된다.

---

1) 경응수, 감정평가론(제6판), 나무미디어, 2021

2) (특강) 부동산시장의 기능과 특성을 설명하시오(김갑열, 10점).
(특강) 부동산시장의 특성과 기능(노용호, 건대특강)

(6) 매매기간의 장기성

상품으로서 부동산은 단기적 거래가 곤란한 경우가 많아 유동성, 환금성 면에서 곤란을 가져온다. 또한 부동산 공급에는 계획수립, 부지확보, 건축 등 완성에 이르기까지 많은 시간이 소요되므로 단기적으로 왜곡이 발생할 가능성이 크다.

(7) 자금의 유용성과의 관계

부동산은 고가품이므로 자금의 조달과 깊은 관계가 있으며, 원활한 자금 융통은 더 많은 공급자와 수요자를 시장에 참여하게 한다. 자본시장에서의 이자율 하락은 부동산 공급을 증가시키며, 동시에 수요자의 구매력을 향상시켜 수요를 증가시킨다.

(8) 부동산시장의 불완전성

사실 부동산시장의 가장 근본적이고 핵심적인 특성은 바로 시장이 불완전하다는 것이다. 부동산의 지리적 위치의 고정성, 부증성, 영속성, 고가성 등은 시장의 자유조절기능을 저하시켜 결국 시장을 불완전하게 만든다. 부동산은 위치가 고정되어 있기 때문에 공급이 자유롭게 이동할 수가 없다는 점, 부동산은 부증성이 있어 공급이 제한된다는 점, 부동산은 영속성이 있기 때문에 비록 수요가 감소한다고 하더라도 기존의 공급량이 쉽사리 줄어들지 않는다는 점, 부동산은 고가품이기 때문에 참여자의 시장진입과 탈퇴가 자유롭지 못하고, 소비자와 생산자의 수가 상대적으로 제한된다는 점 등이 대표적인 예가 된다.

Ⅲ 부동산시장의 기능[3)]

1. 개요

부동산시장의 기능은 도시성장에 절대적인 역할을 하며 지역과 정부 및 개인적인 구속에 의하여 제한된 범위 내에서 부동산이 어떻게 이용될 것인가를 결정한다고 할 수 있다. 토지의 경우 그 이용도가 높고 잘 이용되면 토지수익은 극대화된다.

2. 부동산시장의 순기능(배교수가정도)

(1) 자원배분기능

기존 부동산 공간을 수요자에게 배분하거나, 개량물의 유지 · 수선 · 개축을 통해 타 재화의 부동산에 대한 분배를 촉진한다.

3) 방경식, 부동산학개론, 부연사, 2007

(2) 도시성장기능

부동산시장은 도시성장에 절대적인 역할을 수행한다. 투자자는 투자에 대한 토지수익을 극대화하기 위해 토지자원을 최대한 활용하는데, 이러한 과정 속에서 도시는 성장한다.

(3) 교환기능

부동산시장은 자금능력을 갖춘 부동산 이용자의 기호에 따라 부동산을 재분배하는데, 부동산과 현금, 부동산 상호 간의 교환이 이루어지는 기능을 수행한다.

(4) 수급조절기능

부동산시장은 수요의 변화에 따라 경제적 공급이 적정하게 조절되도록 유도하고 경제적 공급조건의 변화에 따라 적절한 수요를 유도한다.

(5) 가격창조기능

부동산시장에서 부동산의 매매 시 매매당사자는 그 가격을 협의한다. 즉, 매도자의 주관적 요구가격과 매수자의 주관적 제안가격의 가격조정과정을 통해 시장가격이 결정된다.

(6) 정보제공기능

부동산시장은 부동산 활동주체에게 각종 정보를 제공한다. 부동산 활동 주체, 즉 투자자, 개발업자, 중개업자 등은 그들의 업무수행상 가격결정이나 판단을 위해 부동산에 관한 정보를 부동산시장을 통해 수집, 이용한다.

3. 부동산시장의 한계(불시공)

(1) 시장의 불완전성

부동산시장은 공급이 제한되고, 이질적이기 때문에 균형가격 성립이 곤란하고 독점화되는 구조적 결함이 있다. 이로 인해 부동산시장은 불완전시장이 되고 이는 시장의 효율성의 문제를 야기한다.

(2) 시장실패

외부효과, 공공재 문제로 인해 부동산시장은 실패할 가능성이 높다. 이는 자원배분의 형평성 문제를 야기시킨다.

(3) 공적개입의 필요성

부동산시장의 불완전성으로 인하여 파레토 최적에 의한 합리적인 배분이 이루어지지 않으므로 토지자원 배분기능이 왜곡되는바, 효율적인 배분을 위해 공적개입이 필요하다.

Ⅳ 부동산시장의 분류

1. 지리적 위치에 따른 분류

부동산은 지리적 위치의 고정성으로 인해 지역시장의 성격을 지닌다. 일반적으로 수도권시장과 지방시장으로 구분할 수 있고, 수도권시장은 다시 서울과 인천, 경기도로 나눌 수 있고, 서울은 다시 강남과 강북 등으로 세분화할 수 있다.

2. 용도(유형)에 따른 분류

이는 거래되는 부동산의 용도에 따른 분류이다. 부동산시장은 부동산의 용도에 따라 크게 주거용 시장, 상업용 시장, 공업용 시장, 농업용 시장 등으로 구분할 수 있다.

이들 부동산 시장은 다시 세분화된 하위시장으로 분류할 수 있는데 주거용 시장은 공동주택시장과 단독주택 시장으로, 상업용 시장은 매장용 시장과 업무용 시장으로, 공업용 시장은 공장용 시장과 창고용 시장으로, 농업용 시장은 밭 시장과 논 시장 등이 예이다.

3. 규모에 따른 분류

부동산은 고가의 상품으로서 수요자가 제한되고 유효수요를 뒷받침하기 위한 금융의 역할이 매우 중요하다. 이러한 고가성 때문에 부동산시장을 그 금액의 대소에 따라 분류하기도 하는데 이는 일반적으로 금액과 면적이 동일한 방향으로 움직인다는 전제가 깔려있다고 볼 수 있다.

(1) 금액에 따른 분류

금액에 따라 저가시장, 중가시장, 고가시장으로 구분할 수 있다. 구분하는 기준은 일반적인 기준이 있는 것이 아니라 지역이나 부동산의 종류에 따라 달라질 수밖에 없다. 서울의 아파트시장을 예로 들면 종합부동산세의 기준이 되는 11억원(공동명의의 경우 각각 6억원)을 기준으로 그 이상은 고가시장, 그 이하는 중저가시장으로 구분할 수 있다.

(2) 면적에 따른 분류

면적에 따라 소형시장, 중형시장, 대형시장 등으로 구분할 수 있다. 일반적인 기준이 있는 것은 아니고 통상적으로 아파트를 기준으로 소형은 60㎡ 이하, 중형은 60㎡~135㎡, 대형은 135㎡ 초과 등으로 분류할 수 있다.

4. 가격의 유형에 따른 분류

부동산의 가격은 협의의 가격과 임대료로 구분된다. 그래서 부동산시장도 매매시장과 임대차시장으로 분류할 수 있다. 매매시장은 소유권이 거래되는 시장이고, 임대시장은 사용·수익권이 거래되는 시장이다. 임대차시장은 다시 그 형태에 따라 전세시장, 보증금부 월세시장, 순수월세시장으로 세분화된다.

5. 거래의 자연성 여부에 따른 분류

부동산거래는 일반적으로 개인 간의 자유로운 의사에 의한다. 그러나 경우에 따라서 국가 공권력에 의한 강제적인 힘에 의한 거래가 나타나기도 하는데 대표적인 예로 경매와 공매가 있다. 따라서 부동산시장도 일반거래시장과 경매시장, 공매시장으로 구분할 수 있다.

6. 시장참가자의 상대적 힘의 차이에 따른 분류

부동산시장이 호황과 침체를 반복하면 이러한 시장상황에 따라 시장참가자들 역시 시장에서 차지하는 비중과 역할이 달라진다. 이처럼 시장참가자의 상대적 힘의 차이에 따라 매도자 우위시장과 매수자 우위시장으로 구분할 수 있다.

7. 상품의 신구에 따른 분류

부동산은 대표적인 내구재로서 상품의 신구에 따라 부동산시장은 분양시장과 재고시장으로 구분할 수 있다. 우리나라의 경우 특히 아파트를 중심으로 한 주택 부동산시장이 형성되고 있어 분양주택시장과 재고주택시장이 주된 관심의 대상이 되고 있다. 분양주택과 재고주택은 상호 대체재의 관계에 있기 때문에 두 시장 간 가격의 상관성은 매우 높다. 우리나라에서 재고주택의 가격 안정을 위해 분양주택에 대한 가격규제 정책을 펴는 이유가 바로 여기에 있다.

02 절 부동산시장과 완전경쟁시장(강성효율적 시장)의 비교

Ⅰ 서

부동산시장은 수요와 공급의 작용으로 가격이 형성되나, 그 자연적 · 인문적 특성으로 수요 · 공급의 자동조절에 의한 균형가격 성립이 어렵다. 즉 부동산시장은 순수성과 완전성을 상실하였다고 할 수 있다. 시장의 순수성과 완전성의 가정은 현실부동산시장의 예측 · 분석을 위한 기본도구로서 나름대로 유용하다. 완전경쟁시장과 부동산시장의 비교는 이상적인 완전경쟁시장의 성립조건을 기준으로 양자의 차이점을 중심으로 알아보기로 한다.

Ⅱ 양자의 비교

1. 시장참여자수

(1) 완전경쟁시장

매도인 · 매수인이 다수이며 시장참가인은 시장지배력이 없다. 따라서 가격순응자(Price-taker)로서 집단적 가치판단을 통해 가격이 결정된다.

(2) 부동산시장

① 부동산은 고정성, 지역성의 특성으로 시장지역에 따라 각기 다른 한정된 매도인 · 매수인으로 구성되므로 시장참가인은 가격형성의 주체(Price-maker)이며 가격순응자가 아니다.

② 또한 부동산은 고가성으로 인해 경제력이 있는 자만이 시장에 참가할 수 있기 때문에 한정된 참여자만이 존재한다.

2. 제품의 동질성

(1) 완전경쟁시장

제품이 질적인 면에서 동질하며 일물일가의 법칙이 성립한다.

(2) 부동산시장

부동산은 고정성과 개별성으로 인해 시장 및 제품의 비표준화로 일물일가의 법칙이 성립하지 못한다. 이로 인해 부동산 가격은 개별적 가격이 형성된다.

3. 기업의 진입과 이탈

(1) 완전경쟁시장

시장참여자의 진입과 이탈이 자유롭다.

(2) 부동산시장

① 부동산이 가진 고가성으로 부동산시장의 진입과 탈퇴를 어렵게 한다. 거래대금을 마련할 수 있어야 부동산을 매수할 수 있는데 고가라 매수하는 것이 어렵다. 또한, 특정 부동산을 원하는 매수자가 있어야 이를 매도할 수 있는데 원하는 시기에 원하는 가격으로 매도하는 것이 어렵다. 물건을 팔아서 돈과 바꿀 수 있는 성질을 환금성이라고 하는데 부동산을 일반적으로 환금성이 낮다.

② 거래의 장기성도 부동산시장의 진입과 탈퇴를 어렵게 한다. 부동산시장에서 거래는 다른 시장과는 달리 부동산의 탐색과 선택, 계약체결, 등기 이행 등 여러 절차가 필요하기 때문에 거래에 상당한 기간이 필요하다.

③ 수규제성으로 인한 높은 거래비용도 부동산시장의 진입과 탈퇴를 어렵게 한다. 부동산 거래의 경우 필연적으로 세금이 부과되며 그 외에도 중개수수료, 이사비용 등이 발생하는 경우가 많다. 부동산을 취득하거나 양도할 때 부과되는 세금을 거래세라 한다.

4. 완전한 정보

(1) 완전경쟁시장

완전한 정보를 공유하므로 별도의 정보비용을 필요치 않는다.

(2) 부동산시장

부동산의 개별성은 부동산 또는 그 거래정보의 공개를 저해하는 요인이 된다. 정보의 비공개성은 정보의 불완전성 및 비대칭을 초래하여 합리적인 가격형성과 자유로운 거래를 저해한다. 예를 들어 소유하고 있는 부동산에 대한 많은 정보를 가진 매도자가 이를 정확하게 제공하지 않고 매도한 경우 시장가치 이상의 고가로 거래될 가능성이 높다.

Ⅲ 결

부동산시장은 완전경쟁시장의 요건을 충족시키지 못하는바 대표적인 불완전경쟁시장이라 할 수 있다. 이는 부동산이 일반재화와는 달리 고유의 특성이 있기 때문이다. 이에 전문적인 지식을 겸비한 평가사에 의한 감정평가가 필요하다.

03 절 부동산의 수요와 공급

Ⅰ 서

일반재화의 가격은 시장 조직 내에서 수요와 공급의 메커니즘을 통하여 형성됨을 기본으로 삼는데, 부동산 역시 광의의 경제재로서 이러한 수요와 공급에 의하여 가격이 결정되는 것은 원칙적으로는 타당할 것이다.

다만, 부동산이 지니는 자연적, 인문적 특성으로 인하여 부동산시장은 불완전하고, 가치형성요인이 매우 복잡하고 다양하여 그 가격형성에 있어 많은 제약이 나타난다. 이로 인하여 수급에 의한 부동산의 가격결정 논의는 개별적, 구체적으로 논의되어야 한다.

Ⅱ 부동산 수요

1. 의의

부동산 수요란 일정기간 동안 수요자가 부동산을 구매하고자 하는 욕구로서, 이때의 수요는 구입의사(willing to buy)뿐만 아니라 구매력(ability to pay)을 갖춘 유효수요를 의미한다. 일반재화시장에서의 수요는 구매하고자 하는 욕구가 중요하지만, 부동산시장에서는 경제적 고가성으로 인해 실질적인 구매력이 뒷받침된 수요, 즉 유효수요일 때 그 의미가 있게 된다.

2. 특징(유비 국수 차 전파)

(1) 파생수요

부동산의 수요는 부동산 자체에 대해 독립적으로 발생하는 경우도 있지만, 부동산이 생산의 한 요소이기 때문에, 부동산으로부터 파생되는 다른 형태의 수요가 있음으로 해서 발생하는 경우가 많다. 가령, 농업지의 수요는 농산물에 대한 수요에서, 택지의 수요는 주택에 대한 수요에서, 공업지의 수요는 그 공장에서 생산될 제품의 수요에서 파생된다.

(2) 새로운 수요로의 전환

부동산의 영속성과 내구재의 특성으로 부동산에 대한 수요는 한번의 수요행위로 그치는 것이 아니라 다른 수요와 공급으로 전환된다.

(3) 차별화된 수요

부동산은 개별성이 있고 또한 인간의 욕구는 다양하므로, 부동산에 대한 수요는 비동질적이며 개별적인 양상을 보인다.

(4) 수요자의 수의 영향

부동산은 개별성 때문에 표준화가 곤란하므로, 수요된 수량보다는 수요자의 수가 더욱 중요한 의미를 갖는다.

(5) 수요의 비탄력성

부동산은 고가의 재화에 속하고 또한 필수재인 경우가 많으므로 그 수요가 비탄력적인 경우가 일반적이다.

(6) 국지적인 수요

부동산은 지리적 위치의 고정성 및 지역성으로 인하여 그 수요는 지역적 차원의 국지적 양상을 띤다.

(7) 일정한 수준의 가격 유지

일반재화의 경우 수요가 없으면, 그 가격이 하락하는 경향이 있으나, 부동산의 경우 담보나 임대 등을 통하여 수익을 창출할 수 있으므로 일정한 수준의 가격을 유지하는 경우가 많다.

3. 부동산 수요의 결정요인

임대료, 소득, 인구분포, 인구구조, 기호, 이자율, 신용의 유용성, 미래에 대한 예상 등이 있으며, 크게는 자연적, 사회적, 경제적, 행정적 요인의 일반적 요인, 지역요인, 개별요인으로 대별할 수 있다. 이를 수요함수로 표현하면 다음과 같다.

DR = D(PR, Sf, Ef, Af, Rf, If)
DR : 부동산의 수요, PR : 부동산의 가격, Sf : 사회, Ef : 경제, Af : 행정, Rf : 지역, If : 개별

4. 수요곡선

수요곡선은 대체효과와 소득효과 등에 의해 통상 우하향의 형태를 취하고, 부동산가격을 제외한 수요에 영향을 미치는 제 요인에 의해 수요곡선 자체가 이동한다.

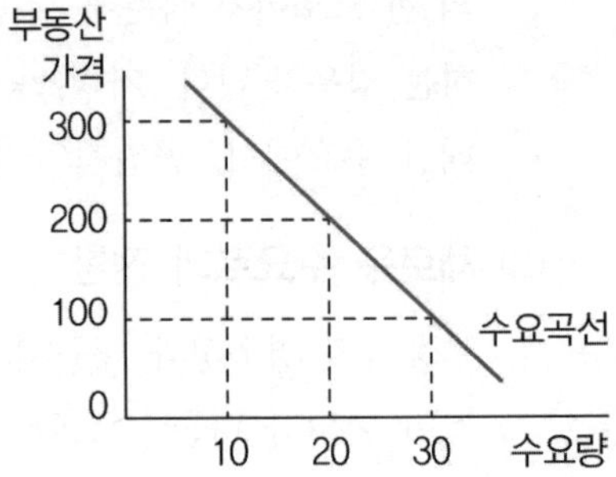

Ⅲ 부동산 공급

1. 의의

부동산 공급이란 판매자가 일정기간 동안에 부동산을 판매하고자 하는 욕구를 의미하며, 이에는 자연물로 공급된 총량인 물리적 공급과 경제적 이용도를 증대시키는 경제적 공급이 있다.

2. 특징(독물 위장 전환)

(1) 공급으로의 전환

부동산의 영속성으로 인해 수요가 전환되어 공급이 될 수 있고, 기존의 공급이 다른 공급으로 전환될 수 있다.

(2) 공간 및 위치의 공급

부동산의 속성인 공간성, 위치성으로 부동산 공급은 공간의 공급이고, 위치의 공급이 되는 성질을 나타낸다.

(3) 공급의 장기성

가격이나 수요의 변화에 공급은 그 반응기간이 비교적 길다. 부동산은 생산기간이 비교적 장기이기 때문이다.

(4) 물리적 공급과 경제적 공급

토지는 부증성으로 그 물리적 절대량을 증가시킬 수 없다. 매립, 간척 등으로 토지의 양을 증가시키는 것은 토지이용의 전환에 불과하다. 그러나 물리적 공급의 제한하에 토지개발, 토지이용의 집약화 등으로 인한 효율성 증대, 공법상 규제의 완화, 용도전환 등의 경제적 공급을 갖는 특징이 있다.

(5) 비탄력적, 독점적 공급

부동산의 특성인 부증성・개별성으로 부동산 공급은 비탄력적, 독점적인 성질을 가진다.

3. 부동산 공급의 결정요인

기술수준과 자원가격, 다른 재화의 가격, 이자비용, 인플레이션, 미래에 대한 전망, 정부의 정책 등이 있으며, 크게 일반적 요인, 지역적 요인, 개별적 요인으로 파악할 수 있다. 이를 함수로 표시하면 다음과 같다.

SR = S(PR, Sf, Ef, Af, Rf, If)

SR : 부동산의 공급, PR : 부동산의 가격, Sf : 사회, Ef : 경제, Af : 행정, Rf : 지역, If : 개별

4. 공급곡선

공급곡선은 생산비 곡선 등에 의해 통상 우상향의 형태를 취하며, 부동산가격을 제외한 제 요인의 변동에 의해 공급곡선 자체가 이동한다. 다만, 단기의 공급제약의 속성상 단기에서는 수직으로, 장기에서는 우상향의 모습을 나타낸다.

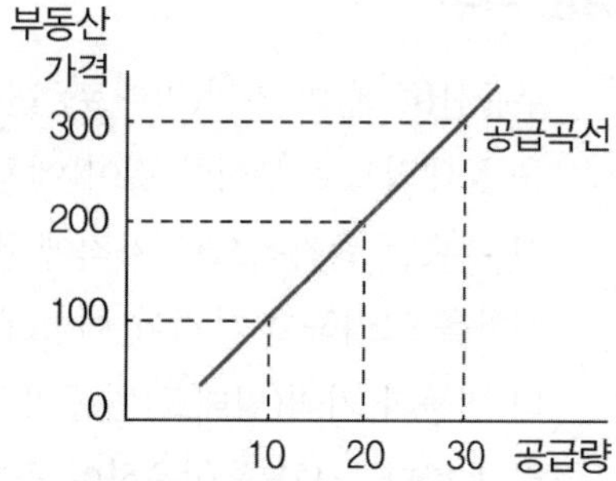

Ⅳ 부동산시장의 균형

1. 균형의 의미 및 구분

시장균형이란 시장의 수요량과 공급량이 일치하여 시장 전체적으로 생산물의 초과수요 또는 초과공급이 발생하지 않는 상태를 말한다. 부동산의 수요요인과 공급요인이 변화하게 되면 균형임대료와 균형량 또한 변하게 된다. 그런데, 부동산의 공급은 시간의 구분에 따라 단기와 장기로 나누어 설명할 수 있다고 하였다. 이에 따라 균형 또한 단기균형과 장기균형으로 구분하여 살펴볼 수 있다.

2. 단기와 장기의 의미

단기란 기존의 생산시설이 확장되지 않거나 새로운 공급자가 시장에 진입할 수 없을 정도의 짧은 기간을 말하고, 장기는 기존시설 외에 새로운 생산시설이 추가되거나 새로운 공급자가 시장에 진입할 정도의 긴 기간을 의미한다.

04 절 거미집 모형[4)]

Ⅰ 의의

부동산(주택)의 가격(임대료) 변동에 대한 공급의 시차를 고려하여 그 일시적 균형의 변동과정을 동태적으로 분석한 것이 에치켈의 거미집이론(Cobweb process model)이다. 즉, 가격변동시 수요는 즉각적으로 가격에 적응하나, 공급은 일정한 생산기간이 경과한 후 적응하는데 그 시차를 고려하여 가격이 어떻게 균형에 접근해 가는지 그 과정을 설명하는 이론이다. 수급량의 변동과 가격(임대료)변동의 궤적이 마치 거미집 모양을 이루고 있기 때문에 거미집이론이라고 한다. 시차를 이용하여 균형의 안정성을 검토하는 동태이론으로서, 부동산시장에서의 수급의 gap이 생기는 원인을 설명하는 도구로 이용되고 있다.

Ⅱ 기본가정

① 기간구분이 가능해야 하고, 수요의 탄력성이 공급의 탄력성보다 크다.
② 현실적으로 가격이 변동하면 수요는 즉각적으로 영향을 받지만 공급량은 일정한 생산기간이 경과한 후에만 변동이 가능하다.
③ 공급자는 전기의 시장에서 성립한 가격을 기준으로 해서 금기의 생산량을 결정하고, 금기에 생산된 수량은 모두 금기의 시장에서 판매되어야 한다.
④ 금기의 수요량은 금기의 가격에 의존하고, 금기의 공급량은 전기의 가격에 의존한다.

4) 안정근, 부동산평가이론(제6장 부동산시장의 분석), 양현사, 2013
노용호, 아카데미 부동산 감정평가론, 부연사, 2021

Ⅲ 거미집 모형에 의한 수요와 공급의 조정과정

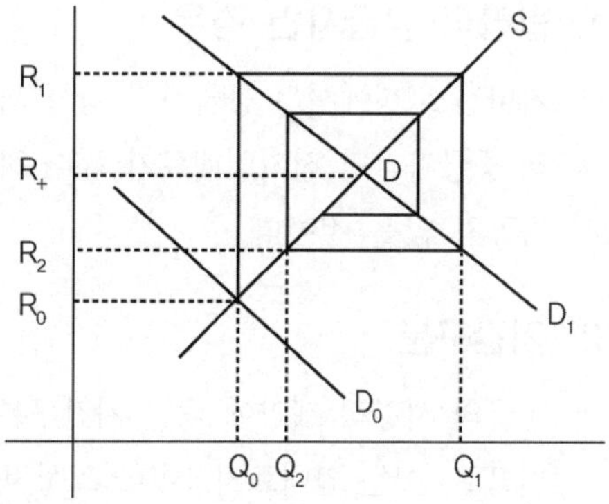

① 현 상태에서 임대료 R_0, 수급량 Q_0에서 균형, 현재 수요곡선은 D_0, 공급곡선은 S

② 어떤 원인에 의해 수요가 급증하여, 수요곡선이 D_1으로 이동한다. 부동산의 공급은 단기에 불변이므로 공급량은 여전히 Q_0인바, 수요자는 R_1까지 지불할 용의가 있으므로 임대료는 R_1으로 상승한다.

③ 시장임대료가 R_1으로 상승함에 따라 공급자는 Q_1까지 공급을 증대시킬 용의가 있으므로, 착공량은 Q_1으로 변한다.

④ 일정시점 후, 착공된 부동산이 출하되어 공급량은 Q_1, 수요량은 Q_0가 된다. 즉 Q_1Q_0만큼의 초과공급이 발생하고, 이에 따라 임대료는 R_1에서 R_2수준으로 하락한다. R_2수준의 임대료에서 다시 Q_1Q_2만큼의 초과수요가 발생하며 부동산은 탄력성이 수요보다 비탄력적이므로 수렴순환과정을 거쳐 D에서 새로운 균형이 형성되게 된다.

Ⅳ 의미(유용성)

1. 경기변동의 원인

초과수요 시 계속적인 가격의 상승, 초과공급 시 지속적인 침체국면의 지속으로 이러한 과정에서 경기변동하며, 특히 주거용보다는 상업용 내지 공업용 부동산에 더 강하게 나타난다.

2. 부동산 경기변동의 특징

공실률의 경우 계속 없다거나, 높은 수준의 지속유지로 나타난다. 따라서 경기의 변동폭이 크고 주기가 길다.

3. 감정평가의 필요성

부동산시장에서 균형가격의 성립이 어렵기 때문에 감정평가의 필요성이 도출된다.

V 한계

1. 합리적 공급자인 경우

거미집 모형에서는 공급자가 항상 과거의 시장임대료에만 반응한다고 가정하고 있으나, 합리적 공급자라면 전기임대료가 높다 하더라도 초과공급이 예상될 때는 쉽사리 새로운 부동산을 착공치 않을 것이다.

2. 기간구분

공급의 시간적 제약에 대한 기간구분이 부동산시장에서 반드시 명확하게 이루어지는 것은 아니므로, 이는 임대료시장이나 조성지, 매립지, 신규주택시장 등에 한정적으로 적용할 수 있다.

3. 대체의 가능성

부동산시장이 지리적 한계를 가지고 있더라도 용도적 특성상 대체가 가능하므로 부분균형분석을 전제한 가정이 틀릴 수 있다.

부분균형분석(Partial Equilibrium Analysis)

다른 시장상황이 일정하게 주어져 있다고 가정하고 한 시장만을 분석하는 방법을 가리킨다. 부분균형분석은 간편하다는 장점이 있으나 시장 간에 영향을 주고받는 것을 고려하지 못할 우려가 있다.

일반균형분석(General Equilibrium Analysis)

특정시장과 다른 모든 시장이 영향을 주고받는 것을 고려하면서 특정시장을 분석하거나 모든 시장들을 한꺼번에 분석하는 방법을 가리킨다. 일반균형분석은 경제변수들의 상호의존관계를 동시에 분석하므로 분석이 복잡하게 될 가능성이 있다.

05 절 효율적 시장이론[5]

Ⅰ 서

부동산시장도 일반재화와 마찬가지로 수요와 공급이 일치하는 곳에서 균형을 이룬다. 그런데 시장상황이 별다른 변화가 없는 것처럼 보이는데도 특정지역의 부동산가격은 등락을 반복하는 경우가 있다. 이러한 현상을 설명하는 것이 효율적 시장이론(Efficient market theory)이다. 효율적 시장이론이란 금융학 분야에서 발전한 이론으로 주식시장이 정보를 주식가격에 어떻게 반영하는가라는 가설의 형태로 출발하여 많은 검증을 거쳐 이론으로 정립하여 부동산학에서도 광범위하게 적용되고 있어 부동산가치의 급등・급락현상을 설명할 수 있다.

Ⅱ 효율적 시장이론

1. 효율적 시장의 의의

부동산가치는 장래 기대되는 편익의 현재가치로 환원한 값으로 정의된다. 따라서 장래 수익이 변동될 것으로 예상되면 부동산가치는 변화한다. 즉 장래수익이 변동되는 시점에서 부동산가치가 변하는 것이 아니라 현재시점에서 변하게 된다.

부동산시장이 새로운 정보를 얼마나 지체 없이 가치에 반영하는가 하는 것을 시장의 효율성이라고 하며, 새로운 정보가 지체 없이 가치에 반영되는 시장을 효율적 시장이라 한다. 따라서 효율적 시장이란, 부동산가격에 영향을 주는 새로운 정보가 발생할 때, 부동산가격이 그 정보를 신속하고 정확하게 반영하는 시장을 의미한다.

5) 안정근, 부동산평가이론(제6장 부동산시장의 분석), 양현사, 2013
(특강) 부동산시장의 효율성을 결정하는 두 가지 특성을 제시하고 부동산시장의 효율성을 제고할 수 있는 방안에 대해 설명하시오(노태욱, 30점). / (특강) 개발정보가 부동산가치에 반영되는 과정을 효율적 시장이론으로 설명하시오(김상한, 10점).

2. 효율적 시장의 유형(구분)

(1) 약성 효율적 시장(weak efficient market)

1) 의의

현재의 시장가치가 과거의 역사적 추세를 충분히 반영하고 있는 시장이다. 따라서 가치에 대한 과거의 역사적 자료를 분석함으로써, 정상 이상의 수익을 획득할 수 없다.

2) 특성

현재의 부동산가격이 과거의 부동산가격, 가격변화의 양상 및 거래량과 관련된 모든 과거의 정보를 반영하고 있다. 과거의 역사적 자료를 토대로 시장가치의 변동을 분석하는 기술적 분석(technical analysis)으로는 정상 이상의 초과이윤을 획득할 수 없다.

(2) 준강성 효율적 시장(semi strong efficient market)

1) 의의

일반투자자에게 공개되는 모든 정보가 신속하고 정확하게 현재의 부동산가격에 반영되는 시장이다. 일반에게 공개되는 모든 정보에는 과거의 부동산가격과 거래량 변동에 대한 정보뿐만 아니라, 일반투자자에게 이미 알려진 모든 정보를 의미한다.

2) 특성

기본적 분석은 부동산가격을 결정하는 기본적 요인이 존재한다고 믿고, 이 기본적 요인으로부터 부동산의 내재가치를 평가하여 투자결정하는 방법이다. 기본적 분석에서 고려하는 대부분의 기본요인들은 이미 일반에게 공개된 정보들이기 때문에, 기본적 분석을 통해 초과이윤을 획득할 수 없다.

(3) 강성 효율적 시장(strong efficient market)

1) 의의

공표된 것이건 공표되지 않은 것이건 어떠한 정보도 이미 시장가치에 반영되어 있는 시장을 의미한다. 즉, 공표된 정보나 공표되지 않은 어떤 정보든 이미 시장가치에 반영되어 있어 어떤 투자자라도 정상 이상의 이윤을 획득할 수 없는 시장이다.

2) 특성

이 시장은 완전경쟁시장의 가정에 부합되는 시장으로서, 진정한 의미의 효율적 시장으로, 어느 누구도 정상 이상의 초과이윤을 획득할 수는 없다.

효율적 시장	가치에 반영된 정보	분석방법	정상 이윤	초과이윤			정보 비용
				과거 정보	현재 정보	미래 정보	
약성	과거 정보	기술적 분석	○	×	○	○	○
준강성	공표된 정보 (과거 + 현재)	기본적 분석	○	×	×	○	○
강성	모든 정보 (과거 + 현재 + 미래(내부정보))	분석 불필요	○	×	×	×	×

3. 상호 관련성

위 세 가지 형태의 효율적 시장은 서로 배타적인 것이 아니며, 단지 관련되는 정보의 범위와 시장 효율성의 정도에 있어서만 차이를 갖는다. 강성 효율적 시장에서는 부동산가격이 공표되지 않은 정보까지를 포함한 모든 이용가능한 정보를 반영하므로, 가장 폭넓은 시장 효율성 개념으로 약성 효율적 시장과 준강성 효율적 시장을 모두 포함한다.

4. 우리나라 부동산시장의 효율성

효율성의 정도는 시간과 공간에 따라 다르게 나타나며, 일반적으로 부동산시장에서는 준강성까지의 효율적 시장이 존재한다. 시장이 비효율성이 높을수록, 투자자들은 더 높은 수익률을 요구한다. 최근, 부동산 증권화의 진전으로 물건과 거래정보에 대한 접근성이 높아지고 있다. 따라서 우리나라 부동산시장의 효율성도 증대되고 있다고 볼 수 있다.

Ⅲ 할당적 효율성(Allocationally Efficient)

1. 할당적 효율성의 개념

할당적 효율성이란 자금이 자본시장의 이자율과 위험을 감안한 적절한 요구수익률로 각 부문에 균형적으로 배분된 상태를 말한다.

부동산시장에서 자원이 효율적으로 할당되었다는 말은, 부동산투자와 다른 투자대안에 따르는 위험을 감안하였을 때, 부동산투자의 수익률과 다른 투자의 수익률이 서로 같도록 할당되었다는 것을 의미한다.

2. 할당적 효율성의 성립

만약 위험을 감안하고도 임대료 수익률이 자본시장의 이자 수익률보다 높다면 자금은 계속해서 부동산시장으로 유입될 것이다. 이러한 자금유입은 부동산가격을 상승시킴에 따라 임대료 수익률은 점차 하락한다. 임대료 수익률이 하락하면 자금의 유입도 점차 줄어들어, 위험을 감안한 임대료 수익률과 자본시장의 이자율이 같아지는 선에서 균형을 이루게 된다. 따라서 자금은 부동산시장과 다른 자본시장에 효율적으로 할당된다.

3. 할당적 효율성과 부동산시장

(1) 완전경쟁시장과 할당적 효율성

완전경쟁시장에서는 항상 할당효율적이지만, 할당효율적 시장이 완전경쟁시장을 의미하는 것은 아니다. 완전경쟁시장에서는 정보가 모두 공개되어 있으므로 정보비용이 0이며, 따라서 정보비용이 존재하는 시장은 완전경쟁시장이 아니다.

(2) 불완전경쟁시장과 할당적 효율성

할당효율적 시장은 완전경쟁시장을 의미하는 것이 아니며, 불완전경쟁시장도 할당효율적일 수 있다. 완전경쟁시장에서는 초과이윤이 있을 수 없지만, 불완전경쟁시장에서 초과이윤은 발생할 수 있는데, 초과이윤을 발생시키는 비용과 일치한다면, 불완전경쟁시장도 할당효율적 시장이 될 수 있다.

(3) 부동산시장과 할당적 효율성

부동산시장에서 특정 투자자가 초과이윤을 획득하고 있다는 것은 시장이 불완전하고 독점적이기 때문이 아니라 할당효율적이지 못하기 때문이다. 부동산투기가 성립되는 이유도 시장이 할당효율적이지 못하기 때문이지 부동산시장이 불완전하기 때문이 아니다.

Ⅳ 결

모든 경제주체가 합리적이라는 효율적 시장가설은 시장의 변동성이나 원동력을 제대로 설명하지 못하고 있다는 비판을 받고 있다. 그럼에도 불구하고, 효율적 시장이론은 부동산시장을 이해하고, 가격의 변화 및 부동산 정책수립에 미치는 영향이 크다. 부동산시장은 약성 내지 준강성의 효율성을 지닌 불완전시장의 성격을 지닌다. 물론, 최근 부동산 증권화의 진전과 부동산 실거래가 신고제 등의 도입, 인터넷을 통한 실시간 가격정보의 공개 등으로 이러한 정보의 불완전성이 완화되고, 시장의 조직성이 촉진되면서 점차 부동산시장도 준강성 효율적 시장의 성격이 증대되는 방향으로 움직이고 있지만 이는 제한적일 수밖에 없다. 부동산의 적정한 가격을 판정하고, 이에 대한 합리적인 정보를 제공하는 것을 목적으로 하는 감정평가는, 적정한 가격의 판정과정 자체가 시장참여자에게 효과적인 정보를 제공하는 행위라는 점에서 부동산시장의 효율성을 제고하는 데 일조할 수 있다.

▼ 부동산시장과 효율적 시장의 비교[6)]

구분	효율적 시장	부동산시장
1) 동질성	제품과 서비스는 본질적으로 동질적이며, 상호 간에 대체성이 있음.	어떠한 부동산도 물리적으로 동일한 것은 없음.
2) 고가성	제품과 서비스의 질은 균등하고, 가격은 상대적으로 저가이며 안정적임.	가격은 대체로 고가임.
3) 시장참여자수	시장참여자들이 많기 때문에 시장은 자유롭고 경쟁적이 됨. 어느 누구도 가격에 직접적인 영향력을 행사하지 못함.	소수의 매도자와 매수자만이 특정시점, 특정위치, 특정가격의 특정부동산에 관심을 가짐. 매도자와 매수자는 수요와 공급을 조절하여 개별적으로 가격에 영향력을 행사함.
4) 자기규제성	효율적 시장은 자기규제적으로 작동. 자유공개경쟁을 제한하지 않음.	부동산시장은 각종 공적・사적 규제를 받고 있음.
5) 균형성	수요와 공급은 균형에서 크게 벗어나지 않음. 벗어났을 경우라도, 경쟁효과에 의해 신속하게 균형상태로 되돌아옴.	수요와 공급은 상호 간에 원인요소로 작용하고, 가격은 그 결과로 나타남. 가격변화는 보통 시장활동보다 선행. 수요와 공급은 시장활동이 증가하는 시기나 아무런 시장활동이 없는 시기에도 급작스럽게 변동
6) 시장정보	매수자와 매도자는 과거와 현재의 시장상황, 시장참여자의 행태, 제품의 질과 대체성에 대해 충분한 지식과 정보를 가지고 있음. 입찰사례, 제안사례, 매매사례에 관한 정보는 항상 유용한 상태에 있음.	부동산의 매수자와 매도자는 충분한 정보를 제공받지 못하고 있음.
7) 시장의 입출	증권거래소와 같은 조직화된 시장메커니즘이 매수자와 매도자의 공식적인 회동장소를 제공, 매도자는 수요에 따라 시장진입과 탈퇴를 용이하게 할 수 있음.	매도자와 매수자의 공식적인 회동장소가 제한됨.
8) 제품의 성질	제품은 신속하게 공급되고 소비됨. 제품은 쉽게 이동할 수 있음.	부동산은 내구재임. 투자상품으로서 시장성이 적고 유동성이 떨어짐.

6) 안정근, 부동산평가이론(제6장 부동산시장의 분석), 양현사, 2013

06 절 부동산시장의 분석[7]

Ⅰ 서

시장분석(Market Analysis)은 원래 부동산개발 및 마케팅 분야에서 주로 사용되는 개념으로서 부동산 개발사업 시행 전에 계획의 타당성을 미리 분석해보거나 시행한 후에 상품의 판매나 임대를 원활하게 할 목적으로 시장위험을 파악하고 성공적인 사업을 영위하기 위한 수단으로 활용되고 있다. 이러한 시장분석의 궁극적인 목적은 결국 적절한 용도를 결정하고 적정한 분양가격과 임대료의 산출을 통해 수익을 극대화하기 위한 방안을 찾는 것으로서 이는 감정평가를 통해 평가사들이 찾고자 하는 최유효이용 및 가치의 개념과 일맥상통하게 된다. 따라서,

7) 안정근, 부동산평가이론(제6장 부동산시장의 분석), 양현사, 2013

사용되고 있는 분야나 용어 등이 다소 상이할 뿐 내용적으로는 큰 차이가 없다.
부동산의 가치는 효용과 상대적 희소성 및 유효수요에 의해 생성되고 자연적 · 사회적 · 경제적 · 행정적 제 요인의 영향을 받아 부단히 변동해 가는데 이는 현대 경제학의 기본적인 분석 도구인 수요와 공급의 틀 속에서 일목요연하게 설명할 수 있다. 이러한 기본적인 인식을 가지고 시장분석을 이해해 나간다면 감정평가에서의 가치형성요인의 분석과의 연계성을 쉽게 찾을 수 있을 것이다.

II 시장분석의 의의 및 필요성

1. 시장분석의 의의

시장분석이란 수요와 공급의 상호관계가 대상물건의 가치에 어떠한 영향을 미치는가를 조사 · 분석하는 것이며, 시장의 수요공급 조건을 대상 부동산과 관련짓는 것이다. 경제학에서 시장분석이라 하면 보다 광범위한 의미를 지니지만, 감정평가에서 말하는 시장분석은 특정부동산이나 특정시장에 한정하는 협의로 해석된다. 즉, 평가대상 부동산의 적정한 시장지역을 획정하여 시장지역 내에서 발생하는 수요를 파악하고(수요분석), 이러한 수요에 상응하는 공급량을 추정하는 것(공급분석)이다.

2. 시장분석의 필요성

(1) 감정평가 시 시장분석의 필요성

부동산시장은 매수인과 매도인이 동일한 시장정보를 갖기 어려운 불완전한 시장이 되기 쉽고, 수요와 공급도 눈에 보이지 않는 추상적 시장으로서 분석될 수밖에 없다. 또한, 부동산 시장지역은 대상 부동산의 가치에 영향을 미치는 공간적 범위가 되며, 감정평가사는 시장분석에서 도출된 정보를 기초로 대상 부동산의 최유효이용을 전제로 한 시장가치를 추산한다. 최유효이용 분석은 감정평가사의 단순한 추측이나 판단이 아니라 객관적인 시장자료에 근거해야 하기 때문이다.
추가적으로 시장분석은 감정평가 3방식을 적용함에 있어서도 기초적인 정보를 제공하며, 최종적인 감정평가액은 『감정평가에 관한 규칙』 제5조에 의하여 시장가치를 원칙적인 기준가치로 하여야 한다. 시장가치는 통상적인 시장에서의 거래를 전제로 하므로 시장가치를 판정하기 위해서는 반드시 시장분석이 필요하다.

(2) 컨설팅 시 시장분석의 필요성

컨설팅에서의 시장분석은 보다 세부적인 결론을 도출하여 의뢰인의 의사결정을 지원하여야 하므로 타당성 분석을 통하여 잠재적 용도에 대한 법적 · 물리적 · 경제적 실행가능성을 판단하는 데에 결정적인 정보를 제공하게 된다.

부동산의 투자자에게 있어 부동산시장분석은 특히 중요한 의미를 갖는다. 예컨대 신축 건물에 투자할 경우 향후 예상되는 임대료나 관리비는 사업타당성을 분석하는 데 필수적이며, 기존 건물에 투자할 경우 향후 예상되는 임대료나 관리비는 사업타당성을 분석하는 데 필수적이며, 기존 건물에 투자할 경우에도 기존 임차인의 임대기간 만료 시 시장임대료 등의 자료를 부동산시장분석에서 얻을 수 있다. 이러한 자료는 현금흐름 분석에 필수적인 요소들이 된다. 이외에도 부동산정책을 집행하는 중앙 및 지방 정부나 부동산 중개업자에게도 시장분석은 의사결정에 적절하고도 유용한 정보를 제공해준다.

Ⅲ 부동산 분석의 체계[8](지시성타투)

1. 지역경제분석(Analysis of local economy)

지역경제분석에서는 특정지역이나 도시의 모든 부동산에 대한 기본적인 수요요인을 분석한다. 인구, 가구, 고용, 소득, 교통망 등은 지역경제분석의 필수적 요인이 된다. 개발업자는 특정한 지리적 구역을 중심으로 이 같은 수요결정요인의 과거 추세를 분석하고, 이를 바탕으로 미래 추계치를 예측한다.

2. 시장분석(market analysis)

(1) 의의

부동산 시장분석은 그 속성상 지리적 범위를 지닌다. 개발업자는 먼저 대상개발사업의 시장지역을 획정해야 한다. 시장분석이란 특정부동산에 대한 시장의 수요와 공급상황을 분석하는 것을 말한다.

(2) 차별화와 세분화

시장분석에는 시장특성에 따른 차별화와 세분화가 포함된다. 시장차별화란 제품의 특성에 따라 대상 부동산을 범주화하여 다른 부동산과 차별화하는 것을, 시장세분화란 소비자의 특성에 따라 가능사용자를 범주화하여 다른 사람과 차별화하는 것을 말한다. 개발업자는 대상 부동산의 시장을 차별화, 세분화함으로써, 시장분석의 초점을 정립할 수 있으며 불필요한 자료수집을 제거할 수 있다.

8) 조주현, 부동산학원론, 건국대학교출판부, 2003

3. 시장성 분석(marketability analysis)

(1) 의의

개발된 부동산이 현재나 미래의 시장상황에서 매매되거나 임대될 수 있는 능력을 조사하는 것을 시장성 분석이라 한다. 그러기 위해서는 대상개발사업의 현재의 경쟁력과 미래의 경쟁력을 연구할 필요가 있다.

(2) 부지분석과 입지분석

① 입지분석

입지분석이란 입지주체가 추구하는 목적에 적합한 입지조건을 구비한 토지를 발견하는 작업을 말한다. 그 이외에 이미 보유하고 있는 토지를 어떤 용도와 규모로 이용할 것인가를 결정하기 위한 작업도 포함된다.

② 부지분석

부지분석이란 주어진 목적을 만족시키기 위하여 개발되었거나 아직 개발되지 않은 부지의 법적·물리적·경제적 조건 등을 분석하는 작업을 말한다.

③ 입지분석과 부지분석의 관계

입지분석과 부지분석은 서로 유사하지만 입지분석은 특정부지를 포함하여 일정지역을 분석하는 것이며, 부지분석은 특정부지 자체를 분석한다는 관계가 있다. 또한, 이러한 분석을 통해 대상 부동산이 시장에서 가능수요자들에게 얼마나 받아들여질 수 있는 것인지를 평가할 수 있어야 한다는 관계가 있다.

(3) 흡수 분석

① 내용

시장성 분석의 한 방법으로 흔히 쓰이는 흡수 분석이란 흡수율이나 흡수시간 등을 분석하여 부동산의 수요와 공급을 구체적으로 조사하는 것을 의미한다. 흡수율이란 시장에 공급된 부동산이 단위 시간 동안 시장에서 흡수된 비율을, 흡수시간이란 공급된 부동산이 시장에서 완전히 흡수될 때까지 걸린 시간을 말한다. 개발업자는 흡수율이나 흡수시간의 분석을 통하여 시장수요의 강도를 측정할 수 있다.

② 유의사항

흡수분석은 부동산시장의 추세를 파악하는 데도 큰 역할을 수행한다. 이때 역사적 흡수율 및 흡수시간과 같은 과거의 추세만을 파악해서는 안 된다는 점에 유의해야 한다. 흡수분석은 과거의 추세와 현재의 상황을 바탕으로 궁극적으로는 개발사업에 대한 미래의 흡수율과 흡수시간을 파악하는 데 있다. 개발업자는 지역이나 유형별로 어떠한 요인이 그러한 추세를 야기시킨 것인가에 대한 원인을 파악하고 추세의 강도와 지속성에 대해서도 판단해야 한다.

「흡수율분석과 흡수시간분석」[9)]

흡수율분석(Absorption Rate Analysis)은 부동산의 특성에 따라 지역별・유형별 비교분석을 통해 구체적으로 이루어져야 한다. 예를 들어, 강남지역에 33평형의 아파트가 지난 3년간 매년 평균 10,000채씩 공급되었다고 할 때 서초구에서는 몇 퍼센트, 강남구에서는 몇 퍼센트, 송파구에서는 몇 퍼센트가 각각 소화되었는지를 분석해야 한다. 그리고, 같은 방식으로 연립주택과 단독주택은 어떻게 되었고, 상업용건물은 어떻게 되었는지 등을 파악하여 비교가능성을 높게 해야 한다.

한편, 시계열적인 측면에서 흡수시간분석(Absorption Time Analysis)도 행해져야 한다. 흡수율이 아무리 높다고 하더라도 그것이 긴 시간 동안 이루어진 것이라고 하면 사실 큰 의미를 가지지 못할 수도 있다. 흡수율분석은 흡수시간분석과 함께 병행하여 이루어질 때 의미를 지니게 된다. 흡수율이나 흡수시간의 분석은 특히 시장수요의 강도를 적절하게 측정할 수 있게 해주는 유용한 도구가 된다.

4. 타당성 분석(feasibility analysis)

(1) 의의

타당성 분석이란 계획하고 있는 개발사업이 투하자본에 대한 투자자의 요구수익률을 확보할 수 있는지 여부를 파악하여 대상 개발사업이 성공적으로 수행될 수 있는 것인가를 분석하는 것을 말한다. 여기서 성공적이라는 말은 대상 개발사업이 충분한 수익성이 있는가를 의미하는 것으로 일반적으로 세후현금흐름을 기준으로 판단하게 된다.

(2) 내용

타당성분석은 물리적・법률적・경제적 측면에서 구분하여 이루어지는데, 물리적・법률적 타당성 분석은 결국 대상개발사업이 투자자의 요구수익률을 충족시킬 수 있는지 즉, 경제적 타당성을 검토하기 위한 과정으로서의 성격을 지닌다. 따라서 타당성분석의 핵심은 경제적 타당성 분석이라 할 수 있다.

경제적 타당성분석을 할 경우에는 수요와 공급에 바탕을 둔 시장상황에 대한 분석과 함께 대상 개발사업의 공실률, 영업경비, 대출조건, 세금 등에 대한 철저한 분석이 이루어져야 한다.

5. 투자분석(investment analysis)

(1) 의의

투자분석이란 위험과 수익의 상쇄관계 속에서 여러 가지 투자대안을 분석하여 받아들일 수 있는 위험수준에서 최고의 수익을 창출하는 대안을 선택하는 과정을 말한다.

9) 서광채 著 「감정평가학원론」(제2장 부동산시장분석), 부연사, 2023

(2) 내용

여러 가지 대안에 대해서 개발업자는 순현재가치법, 내부수익률법, 수익성지수법과 같은 각종 투자분석기법을 활용하여 구체적이고 객관적으로 분석해야 한다. 이러한 분석기법을 활용하여 최대의 이윤을 제공하는 대안이 최종적인 투자안으로 선택되는 것이다.

6. 상호관련성(부동산 분석의 체계)

(1) 계층 체계[10)]

일련의 부동산 시장분석들은 지역경제분석에서 시작하여 투자분석에 이르기까지 하나의 계층체계를 이룬다. 즉, 투자분석 시는 미리 지역경제분석부터 타당성 분석까지의 절차를 거쳐야 한다. 다시 표현하면 '지역경제분석 < 시장분석 < 시장성 분석 < 타당성 분석 < 투자분석'의 순으로 미시적이며 세밀한 분석이 이루어지게 된다.

> **『시장분석과 시장성분석의 관계』**
>
> 감정평가에서 시장분석은 일반시장분석으로서 시장조사와 특정부동산에 대한 시장성조사가 그 기초를 이루게 된다. 즉, 시장조사는 수요공급, 인구동향, 건축동향 등에 대한 거시적 분석을 수행하며, 시장성조사는 특정부동산이 수요를 창출할 수 있는 세분시장에 대한 분석과 흡수율 예측 등 미시적 연구를 수행하게 되며, 이로 인해 시장분석은 시장성분석에 대한 선행작업에 해당한다.

(2) 포함 여부

상위계층의 분석은 하위계층의 분석을 포함하며, 최상위의 투자분석에는 타당성 분석을 포함하여 그 이하 하위계층의 모든 분석이 포함된다.

(3) 분석의 초점

전자의 3가지는 특정개발사업의 시장에 초점을 두는 연구로 시장분석이라 통칭하고, 후자 2가지는 개발업자의 결정에 초점을 두는 연구로 타당성 분석 또는 경제성 분석이라 한다.

<table>
<tr><th>단계</th><th>1단계</th><th>2단계</th><th>3단계</th><th>4단계</th><th>5단계</th></tr>
<tr><td>명칭</td><td>지역경제분석</td><td>시장분석</td><td>시장성 분석</td><td>타당성 분석</td><td>투자분석</td></tr>
<tr><td>부동산
분석내용</td><td>특정대상지역의
경제분석</td><td>시장의
수요공급분석</td><td>개발사업의
시장성 분석</td><td>수익가능성의
분석</td><td>최유효이용
판단</td></tr>
<tr><td rowspan="2">사업분석
내용</td><td colspan="3">특정개발사업의 시장분석</td><td colspan="2">개발사업자의 의사결정</td></tr>
<tr><td colspan="3">부동산 시장분석</td><td colspan="2">부동산 경제성 분석</td></tr>
</table>

10) 이러한 여러 분석들은 분석방법이나 절차가 다르다기보다 분석의 범위나 초점을 어디에 두는가에 따라 달라진다.

Ⅳ 시장분석의 단계(절차)(생시수공균포) ▸기출 9회, 10회, 14회, 24회

1. 생산성 분석

대상 부동산에 관한 자연적, 사회적, 행정적, 경제적 제 특성을 고려하여 대상 부동산이 가지고 있는 다양한 생산능력을 확인하고, 그중에서 최고의 부동산서비스를 창출할 수 있는 용도가 무엇인지 결정하는 과정이다.[11] 즉, 과거의 개별분석을 보다 구체화한 것이다. 생산성 분석을 통해 대상 부동산의 가치를 최고가 될 수 있게 하는 용도를 결정하는 것은 시장의 관점에서 볼 때 최고의 부동산 제품을 만드는 것으로 이해할 수 있다. 이는 곧 대상 부동산 제품이 시장참여자로부터 주목을 받고 수요자의 요구를 충족시킬 수 있도록 제품의 특성을 다른 제품과 구별하는 것으로 제품차별화라고 부른다.

2. 시장획정

시장획정이란 제품차별화 이후에 이에 맞는 시장[12]을 여러 변수에 따라서 구분, 획정하는 것이다. <u>이렇듯이 특정한 부동산 제품의 소비자시장을 보다 동질적인 소집단으로 구분하는 것을 시장의 세분화라고도 한다</u>. 시장을 세분화할 때는 대상 부동산은 어디에 위치하는가, 대상 부동산과 대체, 경쟁관계의 부동산, 보완관계의 부동산은 각각 어떤 것이 있는가, 또한 그들의 위치는 어디이며, 영향력의 범위는 어디까지인가 등에 유의해야 한다.

3. 수요분석

시장이 획정되면 그 다음 절차는 구체적으로 수요와 공급을 분석하는 것이다. 먼저 수요분석은 획정된 시장별로 잠재유효수요를 파악하고, 수요에 영향을 주는 여러 요인들을 조사 및 분석하는 것이다. 수요분석은 추상적이고 일반적인 요인들에 대한 단순한 나열과 검토만으로 이루어져서는 안 되고, 경쟁부동산의 수요와 공급자료에 바탕을 둔 구체적인 작업이 되어야 하고, 특히 수요의 강도가 어느 정도 되는지를 분석해야 한다는 점에 유의해야 한다. 예를 들어, 주거용 부동산의 경우는 인구구조, 소득, 고용과 같은 가구특성에 기반하여 주거공간에 대한 수요와 욕구의 파악에, 상업용 부동산은 시장지역 내 물품판매업체의 매장공간에 대한 수요와 욕구의 파악에 주력해야 한다.

---

11) 이때 선정되는 용도는 하나의 용도일 수도 있지만 다수의 용도가 선정되는 경우도 있다.

12) 시장지역은 대상 부동산과 대체·경쟁관계가 성립하여 거래와 가치형성에 서로 영향을 미치는 지리적 범위를 말하며, 동일수급권이라고도 한다.

4. 공급분석

수요분석과 함께 공급분석도 이루어져야 하는데 공급분석이란 대상 부동산과 동일한 유형의 공급상황을 분석하는 절차이다. 여기에서 공급은 단순히 신규부동산의 생산뿐만 아니라 기존 부동산의 유용성도 포함하는 개념이므로 건축 중인 부동산, 계획예정인 부동산, 기존 부동산까지 포함해서 분석해야 한다. 공급분석 시에는 건축 중이거나 계획예정인 부동산의 경우 그 중 일부가 완공되지 못하고 최종적으로 공급되지 못할 수도 있고, 기존 부동산에 있어 멸실물량, 전환물량도 고려해야 하는 것에 유의해야 한다. 경쟁부동산의 공급분석 시 고려해야 할 요인으로는 기존 부동산의 양과 질, 현재 분양 중인 부동산, 건축과 개발비용, 경쟁 중이거나 계획 중인 경쟁부동산과 보완부동산, 멸실량과 전환량, 소유자・임차자 점유비율, 건축대부와 금융의 유용성 등을 고려해야 한다.

5. 균형분석

균형분석이란 전 단계의 수요와 공급분석의 결과를 종합하여, 현재와 미래의 시장수요와 공급량이 균형을 이루고 있는지, 수요가 초과되었는지, 공급이 초과되고 있는지 분석하고 만약 수요와 공급이 초과되고 있다면 언제쯤 해소되는지 분석하는 절차이다. 부동산의 자연적 특성으로 공급이 비탄력적이거나 용도의 다양성으로 인한 용도전환 등으로 장기적으로 수요, 공급은 이론상 균형을 이룬다. 그러나 현실적으로는 장기적으로도 균형을 이루는 경우가 거의 없음에 유의해야 한다. 따라서 평가사들은 현재와 미래의 수급상황을 면밀히 검토하여 시장의 흐름과 추세를 적절히 분석할 수 있어야 한다.

6. 포착률의 추계

포착률이란 특정유형의 부동산에 해당하는 잠재적인 전체 시장에서 대상 부동산이 차지하고 있거나 차지할 것으로 예상되는 비율을 말한다. 단기의 포착률은 시장흡수율, 장기의 포착률은 시장점유율로 구분할 수 있다. 포착률의 추계란 대상 부동산의 특성에 따른 경쟁력을 파악하여 시장에서의 예상포착률을 추계하는 것이다. 포착률의 추계로 대상 부동산이 어떤 가격으로 시장에서 가장 잘 소비될 수 있는지 파악할 수 있게 된다.

V 시장분석과 타당성 분석의 역할[13)]

1. 주어진 부지를 어떠한 용도로 이용할 것인지를 결정하는 역할

특정부지를 어떠한 용도로 이용할 것인가에 대한 시장분석은 주변의 토지이용이 대상부지의 사용에 어떠한 영향을 주고 있는가를 파악하는 데에 중점을 둔다. 예를 들어, 법원 근처의 공지는 변호사 사무실로 개발하는 것이 가장 타당성이 있을 수 있다. 이처럼 주변의 토지이용이 특정부지의 용도에 미치는 영향을 입지효과(location effect)라 한다.

2. 특정용도에 어떠한 부지가 적합한가를 결정해주는 역할

이 같은 목적을 달성하기 위한 시장분석은 교통의 편의성, 주차공간의 유용성, 인근주민의 소득, 인구특성 등을 파악하는 데 중점을 둔다. 경우에 따라서 적합한 부지가 여럿일 경우 시장분석가는 각 부지의 특성, 장단점 등에 '부지선택의 준거'를 적용하여 개별 투자대안의 우선순위를 정하고, 이를 투자자에게 제시한다.

3. 주어진 자본을 투자할 대안을 찾는 역할

시장분석은 주어진 자본을 투자할 대안을 찾는 투자자를 위해 수행되기도 한다. 이런 투자자들은 대체적으로 세후현금수지의 극대화에 관심이 많다. 이럴 경우 시장분석은 투자대안에 대한 영업수지분석과 시장가치의 분석 등에 중점이 주어진다.

4. 기존 개발사업의 경쟁력 파악

새로운 개발사업뿐만이 아니라 기존의 개발사업이 시장에서 현재 어떠한 위치를 점하고 있는지를 정확하게 파악해야 한다. 즉, 기존의 개발사업은 현재 시장경쟁력이 있는가, 계약임대료는 시장임대료에 비해 적절한가, 만약 계약임대료가 시장임대료보다 낮다고 하면 그 이유는 무엇인가 등이 그것이다.

VI 부동산 시장분석의 한계[14)]

1. 자료와 관련한 한계

미래에 대한 정확한 예측을 위해서 이용되는 과거의 통계자료가 단지 과거의 현상만을 설명해주는 한계를 가지는 경우가 종종 나타난다. 또한 분석보고서에 사용된 자료 중에는 해당 프로젝트와 관련이 없는 자료가 활용되는 경우도 종종 있다. 이러한 경우 신뢰성이 낮고 불완전한 자료로 인하여 잘못된 의사결정을 내릴 가능성이 있다.

---

13) 안정근, 현대부동산학(제13장 부동산개발론), 양현사, 2019
14) 경응수, 감정평가론, 2021

2. 분석과 관련한 한계

분석과정에서 중요한 현상에 대하여 충분한 고려를 하지 않는 경우도 종종 발생한다. 예를 들면 지역, 지방 및 국가 경제의 향후 변화방향, 수준 및 폭 등을 충분히 고려하지 않거나 지역의 인구가 무조건적으로 증대한다는 식의 비현실적 가정에 기초할 경우 정확한 시장분석을 기대할 수 없다.

Ⅶ 결

부동산 개발영역에 있어서, 부동산 분석의 궁극적 목적은 특정 부지에 대한 가장 경제성 있는 개발대안을 찾는 것이다. 이를 위하여 개발업자들은 먼저 개발사업을 입지시킬 특정한 부지를 찾고, 그 부지에서의 개발사업이 투자자의 목적을 충족시킬 수 있는지를 분석한다. 전자에 속하는 연구로는 지역경제분석, 시장분석, 시장성 분석이 있고, 후자에 속하는 연구로는 타당성 분석, 투자분석이 있다. 따라서 부동산 시장분석은 부동산 개발의 전체 과정 중 어느 특정 단계에서 일시적, 독립적으로 작성될 수 있는 것이 아니며, 사회경제환경 변동에 대한 대응능력을 고려한 수익성 분석을 지원하도록 구성되는 '추세'여야 하고, 비단 시장분석에 국한되지 않고 가치추계 및 비가치추계영역에서 그 결과의 적정성을 담보하므로 그 중요성이 인정된다 하겠다. 감정평가사의 업무영역이 과거 가치추계에 그치지 않고, 컨설팅 영역으로 확장되어 가고 최근의 경향을 고려할 때, 감정평가사의 시장분석에 대한 이해와 분석능력의 향상이 요구된다.

07 절 부동산 경기변동 ▸기출 4회, 8회, 27회, 32회

Ⅰ 서

부동산 경기변동이란 일반 경기변동과 같이 지역별, 부문별 경기변동의 가중평균치적인 성격을 지니고 있다. 경기변동에는 순환적 경기변동, 계절적 경기변동, 장기적 경기변동, 무작위적 경기변동이 있다. 이 중에서 가장 중요하고 비교적 뚜렷하게 나타나고 있는 것이 순환적 변동이다. 경기순환이란 경제가 파형과 같이 상승운동과 하강운동을 반복하는 것이다.

부동산 경기변동은 부동산 시장조건을 변화시켜, 동일한 부동산이더라도 각 국면에 따라 서로 다른 가격으로 평가되고, 수집한 평가 자료의 활용 및 평가방식의 적용에 있어서도 달리 적용할 필요가 있는바, 평가사는 부동산 경기순환에 따른 제 국면을 정확히 파악하여 거시적・장기적 평가를 가능하게 하여야 한다.

Ⅱ 부동산 경기순환의 특징(진주시대 공국계행)

1. 시차

부동산시장의 경기변동은 부문별로 차이가 있다. 즉 상업용, 공업용 부동산 경기는 일반경기와 변동 패턴이 유사하나, 주거용 부동산의 경기는 일반경기와 역순환적 현상을 보인다. 전체적으로 볼 때, 부동산경기는 일반경기보다 시간적으로 뒤지는 경향이 있다. 그러나 부동산 경기순환국면은 명백하거나 일정하지 않고 불규칙적으로 변동할 수 있다.

2. 진폭

부동산 경기순환은 일반 경기순환에 비해 정점이 더 높고, 저점이 더 낮다. 즉, 부동산경기의 진폭이 일반경기의 진폭보다 더 크다. 부동산을 완성하는 데 많은 시간이 소요된다는 것은, 수요와 공급 간의 불균형을 심화시켜, 부동산 경기순환의 진폭을 일반경기의 그것보다 크게 만드는 요인이 된다.

3. 주기

부동산경기는 공급의 비탄력성, 토지의 영속성, 건물의 장기성으로 일반경기보다 변동주기가 더 길다. 부동산 경기순환 중 약 17~18년을 주기로 하는 건축순환은 일반경기의 주순환과 비교했을 때 약 2배 정도 길게 나타나고 있다.

4. 우경사 비대칭

부동산경기는 정점에서 저점에 이르는 기간은 짧은 데 반해, 저점에서 정점에 이르는 시간은 장기간에 걸쳐 나타나는 경향이 있다. 즉, 경기회복은 느리고, 경기후퇴는 빠르게 진행된다.

5. 개별성과 국지성

부동산경기는 각 부동산의 유형에 따라 개별적으로 이루어지는 경향이 있으며, 지역적으로도 각각 변량의 진행이 다르게 움직이는 특성이 있다.

Ⅲ 부동산경기의 측정지표[15]와 측정방법

1. 부동산경기의 측정지표

(1) 개설

부동산경기 측정지표란 경기를 표시하는 Index를 말하며, 부동산 특성상 다양한 방법이 있다. 일반경기 변동 시는 선행 · 동행 · 후행지표를 활용하나 부동산은 고정성, 부증성 등

15) (특강) 부동산의 측정지표(노용호, 건대특강) / (연습문제) 부동산경기를 측정하는 방법을 설명하고, 측정하기 위한 지표를 각각 논의해 보라(경응수, 2021, 감정평가론).

으로 인해 체계적 파악이 곤란한 측면이 있다. 따라서 단순지표로서 판단은 지양해야 하며 종합적・동태적 파악이 필요하다.

(2) 측정지표

1) 부동산가격 변동지표

부동산가격이 상승하면 부동산경기가 상승국면에 있다고 보기 쉬우나, 건축비 상승으로 인한 경우와 투기로 인한 일시적 상승의 경우는 부동산경기의 상승이라 볼 수 없다.

2) 주택의 거래량

부동산시장이 활황이면 일반적으로 거래가 활발하며, 특히 공가(空家), 공실률의 동향은 부동산경기의 선행지표가 된다.

3) 택지의 분양실적

택지의 분양실적은 장래에 도래할 부동산경기를 측정할 수 있는 가장 좋은 방법으로, 이는 장래 토지의 활용도와 거래량과 밀접한 관계를 지니게 되는 선행지표이다.

4) 건축량

건축허가 면적은 물론 실질적인 건축면적이 증가하는 것을 모두 포함하여야 한다. 주거용과 비주거용으로 구분하여야 하며, 착공의 지연현상에 주의해야 한다. 착공의 지연현상은 부동산경기의 후퇴조짐, 정부의 주택행정상의 문제점을 시사한다.

5) 기타

상기 내용 외에도 주식, 금리, 통화량, 경제성장률, 물가변동, 사회・경제적 환경 등의 제반요인에 의하여 측정하기도 한다.

(3) 유의사항 등

① 수요 측면에서 부동산가격이 상승하면 경기가 좋아진다고 하는 것은 잘못된 개념으로, 부동산경기에 의해 부동산가격이 결정되는 것이다.

② 현실적으로 경기변동예측을 위한 기법이 부족하고, 있더라도 체계화되어 있지 못하다. 따라서 계량화된 모델이나 축적된 자료를 사용하여 평가의 신뢰도를 높일 필요성이 제기된다.

2. 경기변동의 측정방법

(1) 과거 추세치를 연장하는 방법

회귀분석과 같은 통계적 기법을 이용해서 과거의 자료를 통해 그 추세를 파악하여 경기를 측정하는 방법이다. 이 방법은 쉽게 적용할 수 있는 장점이 있으나, 미래가 반드시 과거로부터 추세 속에서 일직선상으로 움직이지 않기에 이 방법에 의해서만 경기를 측정할 수 없다.

(2) 지역경제분석 등에 의한 경제분석에 의한 방법

특정지역이나 도시의 모든 부동산에 대한 수요요인과 시장에 미치는 요인을 확인하고 분석하여 경기를 측정하는 방법이다. 이 방법은 일정수준의 정확성 담보가 가능하나 많은 자료가 필요하고 비용이 많이 들기 때문에 일반적으로 사용되기 힘들다.

(3) 지수를 사용하는 방법

실거래가격지수, 거래량 등 대표적인 지수를 통해 경기흐름을 측정하는 방법으로 사용하기 편리하다. 그러나 단지 몇 개 지수만으로 경기의 흐름을 일반화하기 곤란하다는 근본적 한계가 있다.

(4) 대체수요를 이용하는 방법

대체투자자산인 예금금리, 채권수익률, 주가지수 등 부동산경기와 역행하는 지표를 활용하여 측정하는 방법이다. 이 방법은 사용하기 간편하지만 정확성을 담보할 수 없으며, 시대적 여건이나 정부정책 등에 의해 상관관계가 달라질 수 있음에 유의해야 한다.

Ⅳ 부동산시장의 경기별 유형[16)]

1. 개설

부동산경기는 부동산거래의 수급은 물론 가격에도 큰 영향을 미치기 때문에, 평가에 있어서 수집한 사례자료의 활용이 부동산경기의 국면에 따라 다르게 적용되는 점에 유의하여야 한다. 따라서 감정평가사는 부동산경기순환에 따른 시장국면을 정확하게 파악하여 가치형성요인을 분석하고 적합한 평가가격을 결정하게 된다.

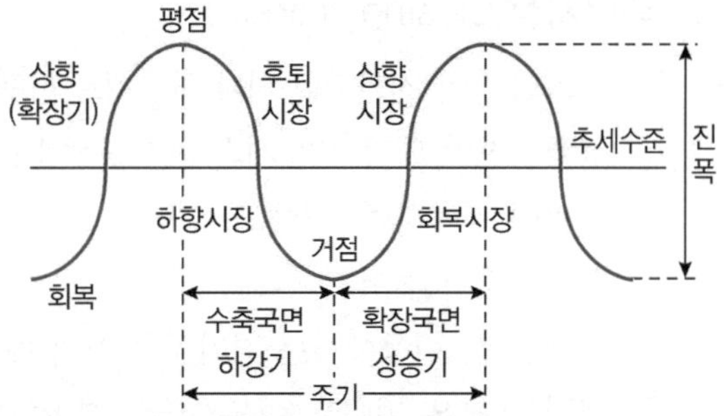

2. 회복시장[17)](Opening market)

① 경기 저점을 지나 상향을 시작한, 아직 불황에 있는 시장이다. 하향시장이 일정기간 계속되면 계곡에 이르러 가격의 하락이 중단하고, 반전하여 가격이 점차 상승하기 시작하는 회복시장의 국면으로 접어들게 된다.

---

16) 방경식, 부동산학개론, 부연사, 2007 / 이창석, 부동산학개론, 형설출판사, 2014
(연습문제) 부동산 경기순환국면을 설명하고, 각각의 국면에 따르는 특징을 설명해 보라(경응수, 2021, 감정평가론).

17) (특강) 부동산경기변동의 사이클에 있어서 회복시장을 설명하고, 감정평가상 유의하여야 할 사항을 논하시오(이창석, 태평양특강, 30점).

② 금리는 낮고 여유자금이 생겨 부동산거래가 활기를 띠기 시작하며 부동산투자 또는 투기가 발생하기 시작한다.
③ 부동산전문활동에 있어서는 매수인 중시화에서 매도인 중시화로 변화한다.
④ 부동산의 특성으로 인하여 경기회복은 개별적, 지역적으로 이루어지는 것이 일반적이다.
⑤ 공가율 또는 공실률이 점차 줄어든다.
⑥ 과거의 부동산 사례가격은 새로운 거래의 하한선이 된다.
⑦ 건축허가 신청건수가 점차 증가한다.

3. 상향시장(Rising market)

① 불황을 벗어나 호황에 이르러 경기상승국면을 지속해가는 시장으로, 하향시장의 반대시장이며 일반경기의 확장시장에 해당하는 국면이다.
② 부동산가격은 상승하며, 거래가 활발하다.
③ 과거의 부동산 사례가격은 새로운 거래의 하한선이 된다.
④ 매도인은 가격상승률이 점차 높아지기 때문에 판매를 미루려는 반면, 매수인은 구매를 앞당기려 하므로 부동산전문활동에 있어서는 매도인 중시화 현상이 나타난다.
⑤ 건축허가 신청은 증가하며, 그 증가율이 계속 상승하기도 한다.

4. 후퇴시장(Closing market)

① 경기의 상향 전환점을 지나 하강세로 바뀌나, 아직 불황시장에까지 하강하지 않는 시장이다.
② 상향시장이 일정기간 계속되면 정상에 이르러 가격의 상승이 중단하고, 반전하여 가격의 하락이 시작하며, 거래도 점차로 한산해지고, 전반적인 부동산활동이 침체하기 시작하는 후퇴시장에 접어든다.
③ 부동산전문활동에서는 경기상승 시의 매도인 중시화 태도에서 매수인 중시화로 변화한다.
④ 금리는 높은 편이고 여유자금은 부족하다.
⑤ 후퇴시장이 일반경기와 병행하여 장기화되면, 점차 공실률이 커지고 부동산 거래활동이 중단되기도 한다.
⑥ 과거의 사례가격은 새로운 거래가격의 상한선이 된다.

5. 하향시장(Declining market)

① 불황하에서 계속적인 경기하강이 진행되는 부동산시장이다.
② 하향시장에서는 부동산가격이 하락하고 거래가 거의 일어나지 않으며, 금리는 높아 부동산을 소유하는 것이 하나의 부담이 된다.
③ 일반경기의 불황과 병행할 경우에는 건축활동이 둔화되고 공가율이나 공실률이 증가한다.

④ 과거의 사례가격은 새로운 거래가격의 상한선이 되므로 사례의 선정과 거래사례비교법 적용 시 사정의 개입 등에 유의해야 한다.
⑤ 부동산전문활동에 있어서 매수인 중시화 현상이 더 커진다.
⑥ 건축허가 신청건수는 상당히 저하된다.

6. 안정시장(Stable market)

① 부동산시장에서만 고려의 대상이 되는 시장으로서, 부동산의 가격이 안정되어 있거나 가벼운 상승을 지속하는 유형의 시장이다.
② 주로 위치가 좋은 곳의 적당한 규모의 주택(well located small house)과 도심의 택지가 여기에 속하는데, 불황에 강한 유형의 시장이라고도 한다. 이때 불황에 강한 부동산이란, 유동인구가 많고 공실률이 거의 없는 중심상업지역의 상업용 건물이며, 불황에 약한 부동산은 공급과잉상태의 신도시지역 상업용 건물 등이다.
③ 안정시장에서의 과거의 사례가격은 새로운 거래에 있어서 신뢰할 수 있는 기준이 된다.
④ 안정시장은 경기순환에 의해 분류된 것이 아니나 경기와 전혀 무관하다고 할 수는 없다.

▼ 경기순환국면별 비교

순환국면	회복시장	상향시장	후퇴시장	하향시장
일반경기	회복	확장	후퇴	수축
가격동향	가격상승 시작	가격상승	가격하락 시작	가격하락
거래동향	증가	활발	한산	중지
투자	시작	활발	중단	대기
금리	낮음	낮음	높음	높음
공실	감소	감소	증가	증가
과거사례가격	하한	하한	상한	상한
시장주도자	매도자	매도자	매수자	매수자

V 감정평가 시 유의사항[18)]

1. 가격제원칙 관련

감정평가 시 부동산 경기변동 제 국면과 관련하여, 현재의 시장이 어디에 놓여 있는가에 대하여 전문성, 합리성에 근거하여 정확한 지적 및 장래 변동의 예측이 가능하여야 한다. 또한 각종 경기변동 지표의 종합적 고려로 해당 예측에 설득력을 부여할 수 있어야 할 것이며 이때 변동의 원칙, 예측의 원칙이 중요시된다.

18) (특강) 부동산시장의 경기순환과 감정평가 시 유의할 사항(노용호, 건대특강) / (특강) 부동산경기변동론을 논술하고 감정평가 시 착안사항을 설명하시오(나상수, 학원특강).

2. 지역, 개별분석 관련

① 전체 경기변동과 지역 및 개별부동산의 가격은 같은 방향으로 움직인다고 할 수 있다. 따라서 이러한 점을 지역·개별분석 시 잘 반영해야 한다.

② 그러나 부동산시장의 국지성으로 인해 일반 경기변동과 특정지역 또는 개별부동산의 경기변동 상황이 상반될 수 있음에 유의해야 한다.

③ 따라서 전반적인 부동산경기와 더불어 인근지역의 Life-cycle 등을 고려해야 하며, 지역적 경기변동을 중시해야 한다.

3. 평가방식 적용과 관련[19)]

(1) 비교방식

1) 사례선택 시

사례자료는 경기순환의 각 국면에 따라 다르므로 가급적 최신의 사례자료를 동일 국면에서 수집하여야 한다. 특히 거래가 한산한 하향시장과 후퇴시장에서는 사례수집이 어렵고 회복시장이나 상향시장에서는 비교적 풍부하다는 점에 유의해야 한다.

2) 사정보정 시

현실의 거래사례에는 특수한 사정이 존재하는 일이 많으므로, 자료를 충분히 조사하여 가격형성의 메커니즘의 규명과 그 지역의 장래동향을 충분히 파악하여 사정보정을 하여야 한다. 특히 회복시장에서는 투기적 성향이 있으므로 투기가격 배제에 유의해야 한다.

3) 시점수정 시

지가동향이 상승국면에서 하강국면으로 이행하는 경우에는 상승국면에서 하강국면으로 전환한 피크시점을 파악하여 피크시점 이전의 기간은 상승의 변동률을, 이후의 기간은 하강의 변동률을 채용하는 등 각 기간을 다시 세분화하여 각각 다른 변동률을 채용하여야 한다. 시점수정을 위한 변동률을 사정하는 경우에는 상기 이외에 부동산 공시가격 또는 감정평가 선례와 부동산 중개사 등 시장참가자들의 의견도 종합적으로 참작하여야 한다.

4) 요인비교 시

지역요인, 개별요인 등 가치형성요인은 경기순환의 각 국면에서 어떻게 작용하는가를 파악·예측함으로써 적정한 가격수준과 최유효이용을 파악할 수 있다. 특히 상향시장과 하향시장에서는 정점과 저점이 언제 도래할 것인가에 대한 예측이 중요하며 이에 따라 표준적 사용과 최유효이용이 영향을 받게 된다.

---

19) 부동산경기변동과 감정평가 3방식(노용호, 건대특강)

(2) 원가방식

1) 재조달원가 산정 시

원가법 적용에 있어 재조달원가를 산정할 경우 경기국면에 따라 많은 영향을 받게 되므로 기준시점 현재의 최신 신축원가를 구하되 가격변동이 심한 경우에는 원가보정에 특히 유의할 필요가 있다.

2) 감가수정 시

감가수정에서 경제적 감가의 적정 여부는 각 국면에 따라 상이할 수 있음을 인식하여 평가 시 반영해야 한다.

(3) 수익방식

1) 순수익 산정 시

경기순환의 각 국면이 현재 어떤 국면이고 장래 어떻게 변동될 것인가를 예측하여 순수익을 예측하여야 한다. 특히 상향시장과 하향시장에서는 정점과 저점의 도래시기를 예측하여 이에 따른 수익 변화 여부를 예측하여야 한다.

2) 환원율 산정 시

환원율은 지가와 역관계에 있으므로 경기순환의 각 국면에 따라 적정하게 조정하여야 한다. 즉 하향시장과 후퇴시장에서는 환원율이 상향 조정되고, 회복시장과 상향시장에서는 환원율이 하향 조정된다. 환원이율을 구하는 요소구성방식에서는 금리와 환원율이 밀접한 관련이 있으므로 경기변동의 각 국면에서 금리동향을 적절히 파악하여 환원율을 반영하여야 한다.

4. 시산가액 조정 관련

부동산가격은 수요, 공급에 관한 시장참여자들의 장래 예측에 대한 판단에 영향을 받아 성립되는 것이므로 감정평가사는 장래 부동산시장의 경기변동에 대한 예측을 하게 된다. 시산가액의 조정단계에 있어서는 특히 투기적 요소가 있는 자료의 채택 여부에 유의하여야 한다. 또한 감정평가 3방식의 적용에 있어 각 방식의 장단점, 사례자료의 선택에 있어 신뢰성과 객관성, 경기변동 국면에 맞는 요인 비교의 적절성 등을 충분히 고려하여 가장 합리적, 객관적인 시장자료가 뒷받침되는 시산가액에 높은 비중을 두고 최종가치 결론을 이끌어 내는 것이 중요하다.

Ⅵ 결

부동산 경기변동은 부동산시장의 수요, 공급요인의 일부로 파악될 수 있다. 따라서 부동산가격은 부동산시장의 상황, 즉 경기상태에 지대한 영향을 받게 되므로 감정평가 시 개별부동산의 요인 분석에 앞서 일반적 요인, 지역요인 분석 시 부동산시장의 경기변동이 고려되어야 한다. 또한 경기변동은 부동산시장의 특성상 각 부분시장별로 미치는 영향력을 달리하므로, 평가대상 부동산이 속하는 시장의 구분 및 경기변동과의 영향력 정도 여부를 개별, 구체적으로 파악함이 정도 높은 감정평가액 산정을 위해 필요할 것이다. 최근 부동산의 증권화, 유동화를 통해 자본시장과의 통합이 가속되고 있으므로 경기변동을 관찰, 예측하기 위해서는 자본시장의 흐름 및 전체 경기의 순환을 고려해야 한다.

08 절 용도별 경기변동 및 경기변동의 종류[20]

Ⅰ 용도별 경기변동의 시차적 관계

1. 개설

일반경기와 부문별 경기순환의 시간적 관계는 전순환적, 동시순환적, 후순환적, 역순환적의 4가지로 표현된다. 전순환적이란 부문별 경기가 일반경기에 비해 앞서 진행되는 것을, 동시순환적이란 동시에 진행되는 것을, 후순환적이란 뒤에 진행되는 것을, 역순환적이란 부문별 경기와 일반경기의 순환이 정반대 방향으로 진행되는 것을 의미한다.

일반적으로 주식시장의 경기는 전순환적이며, 부동산시장의 경기는 후순환적인 것으로 알려져 있다. 그러나 부동산시장도 부문에 따라 그 유형을 달리한다.

2. 용도별 경기변동의 시차적 관계

(1) 주거용 부동산의 경우

1) 신용의 유용성

주거용 부동산의 건축경기는 일반경제의 경기와 역순환적 현상을 보이고 있다. 이것은 주거용 부동산의 공급자와 수요자에게 제공되는 신용의 유용성과 밀접한 관계가 있다.

2) 일반경기가 호황인 경우

일반경기가 호황일 때는, 유용한 자금의 상당부분이 수익성이 높은 다른 부분으로 투자되기 때문에, 주택부문에 투자되는 부분은 상대적으로 적어진다. 호황기에는 기업으로부터 자금수요가 많아 이자율이 높아지는 경향이 있다. 그런데 주택수요자에게 제공되는 주택자금은 저리인 경우가 많으므로, 금융기관이나 투자자는 수익성이 높은 다른 부

20) 안정근, 현대부동산학, 양현사, 2019

분으로 자금을 이동시킨다. 주택자금의 융통이 어렵게 됨에 따라, 주택에 대한 수요는 감소한다. 그리고 주택수요가 감소함에 따라, 주택건설업체의 주택 공급량도 줄어든다.

3) 일반경기가 불황일 경우

불황이 되면, 반대현상이 일어난다. 불황에는 일반산업부문의 투자기회가 적어지게 되며, 기업의 자금수요가 감소한다. 따라서 시장이자율은 하락하고, 상대적으로 주택금융부문에서 이용할 수 있는 자금이 풍부해진다. 이자율이 하락하기 때문에, 주택수요자나 공급자들의 자금융통도 수월해진다. 그에 따라 주택착공량도 증가한다. 그러므로 주거용 부동산의 건축경기는 일반경기와 역순환적 관계를 보이게 된다.

(2) 상업용 및 공업용 부동산의 경우

상업용 및 공업용 부동산의 건축경기는 주거용 부동산의 그것과는 반대되는 현상을 보이고 있다. 즉, 상업용 및 공업용 부동산의 경기순환은 일반경제의 경기순환과 거의 일치하고 있는데, 이것은 상업용 및 공업용 부동산의 경기순환이 일반경제활동과 밀접한 관련을 가지고 있기 때문이다. 경기가 호전되어 경제가 활성화되면, 생산을 위한 공장건물이나 업무를 위한 사무실 공간에 대한 수요가 증대된다. 또한 호경기가 되면 소비자들의 구매력이 향상되기 때문에, 판매를 위한 매장공간에 대한 수요도 아울러 증가한다. 수요가 증대됨에 따라 부동산의 공급도 늘어나게 되므로, 상업용 및 공업용 부동산의 건축경기는 일반경기와 대체로 일치하는 경향이 있다.

3. 유의사항

전체적으로 볼 때 부동산경기는 일반경기보다 시간적으로 뒤지는 경향이 있다. 이것은 부동산경기가 주거용, 상업용, 공업용 등 부문별 특수순환의 가중평균치적인 성격을 갖고 있기 때문이다. 동시에 부동산의 경우에는 착공에서 완공까지 상당한 시간이 걸리기 때문이기도 하다. 그러나 부동산 경기순환국면은 명백하거나 일정하지 않고 불규칙적으로 변동한다. 따라서 일반경기보다 앞서 진행하여 선순환할 수도 있고, 역순환할 수도 있으며, 때로는 독립적으로 순환할 수도 있다.

II 경기변동의 종류

1. 계절적 변동

(1) 의의

일 년을 단위로 하여, 적어도 일 년에 한 번씩 정기적으로 나타나는 경기변동을 계절적 변동이라 한다.

(2) 원인

계절이 가지는 속성과 그에 따른 사람들의 관습 때문에 나타나게 된다.

(3) 내용

① 연말연시에는 백화점의 매상고가 증가하는 경향이 있고, 여름철에는 여름용 상품이, 겨울철에는 겨울용 상품이 잘 팔리는 경향이 있는데 이 같은 현상은 부동산의 경우에도 마찬가지로 나타난다.

② 일반적으로 겨울철에는 부동산경기가 다른 계절보다 둔화되는 성질이 있고, 대학교 근처의 임대주택은 방학을 주기로 공실률이 높아진다.

2. 장기적 변동

(1) 의의

통상적으로 50년 또는 그 이상의 기간으로 측정되는 것으로 일반경제가 나아가는 전반적인 방향을 의미한다.

(2) 원인

산업혁명 후부터 지금까지 구미제국은 꾸준한 성장추세를 지속시켜 왔고 대부분 신생국들도 2차 대전 후부터 계속적으로 성장하고 있다. 이러한 세계경제의 장기적인 성장추세는 인구의 증가, 자원의 개발, 기술의 진보 등에 기인하는 것으로 믿어지고 있으며 부동산 부분에도 이 같은 장기적인 변동현상이 나타나고 있다.

(3) 내용

① 어떤 지역이 새로 개발된다거나 기존의 지역이 재개발되었을 때 장기적 변동현상이 나타난다. 예를 들어 어떤 지역이 새로 주거지역으로 개발되었을 때 개발이 진척됨에 따라 새로운 주택이 점점 많이 건설되고 주변에 생활편의시설도 많이 들어서게 된다. 사람들이 몰려들고 새로운 건물이 들어서게 되어 유용한 토지가 없어지게 되면, 더 이상의 성장은 멈추고 지역사회는 안정단계에 들어선다. 그리고 일정기간 동안의 안정기가 지나고 나면 대상지역사회는 장기적인 쇠퇴현상을 보이게 되는 것이다.

② 부동산경기의 장기적 변동은 일반경제의 그것보다는 기간이 짧고, 지역적으로 불규칙하게 나타나는 경향이 있다.

3. 무작위적 변동

(1) 의의

예기치 못한 사태로 인해 초래되는 비주기적 경기변동을 의미한다.

(2) 원인

① 정부정책에 의해 야기될 수도 있고, 지진, 홍수, 화재와 같은 자연재해에 의해서 일어날 수도 있다. 그 외에 노동자들의 파업, 혁명, 전쟁과 같은 사태도 무작위적 변동을 일으키는 요인이 된다.

② 부동산활동, 그중에서도 특히 건축활동은 정부정책의 변화나 노동자의 파업, 자연재해 등에 민감하게 반응한다.

(3) 내용

① 정부정책의 변화로 농업지역이 주거지역으로 바뀌면 그 지역에는 새로운 건축 붐이 일게 된다.

② 노동자들의 파업은 일시적으로 건축활동을 중단시킬 수 있다.

③ 지진과 같은 자연재해로 인해 많은 건축물들이 파괴되면, 건축 활동은 예기치 못한 호황을 누릴 수도 있다.

심화논점

01 절 부동산 간접투자방식의 활성화

(1) 부동산시장에 있어 공간시장과 자산시장의 의의 및 관계[21]

(2) 4사분면 모형(DiPasquale - Wheaton 모형)의 각 사분면 특징[22]

(3) 시장이자율의 하락이 부동산시장에 미치는 영향 ▸기출 10회, 20회, 32회

(4) 부동산시장과 자본시장의 통합화에 따른 감정평가업계의 대응방안

Ⅰ. 서

Ⅱ. 공간시장과 자산시장의 의의
1. 공간시장(space market)
(1) 의의 / (2) 내용
2. 자산시장(asset market)
(1) 의의 / (2) 내용
3. 자산시장의 통합성
4. 부동산 공간시장과 자산시장의 작용관계

Ⅲ. 부동산시장과 금융시장과의 관계
1. 부동산과 금융시장과의 관계
(1) 고가성
(2) 내구재
(3) 타인자본을 이용함에 따른 혜택
(4) 자산으로서의 대체·경쟁관계의 성립
2. 금융시장에 대한 이해
(1) 의의
1) 화폐시장과 자본시장의 의의
2) 화폐시장과 자본시장의 관계
(2) 금리의 의의 및 역할

Ⅳ. 디파스퀠리·위튼의 4사분면 모형의 각 사분면 특징
1. 4사분면 모형의 의의
2. 1사분면의 특징(공간시장 - 임대료결정)
3. 2사분면의 특징(자산시장 - 가격평가)
4. 3사분면의 특징(자산시장 - 건설)
5. 4사분면의 특징(공간시장 - 재고조정)
6. 4사분면 모형의 해석
7. 4사분면 모형의 장점 및 단점
(1) 장점 / (2) 단점

Ⅴ. 시장이자율 하락이 부동산시장에 미치는 영향
1. 개요
2. 시장이자율 하락이 부동산시장에 미치는 영향
(1) 자본시장에서의 시장이자율의 의의
(2) 단기분석(수요분석)
(3) 장기분석(공급분석)
3. 4사분면 모형을 통한 검토
(1) 장기이자율의 변화
(2) 부동산시장에 미치는 영향

Ⅵ. 부동산시장과 자본시장의 통합화에 따른 감정평가업계의 대응방안
1. 부동산시장과 자본시장의 통합화
2. 간접투자방식의 필요성
3. 부동산시장의 증권화와 감정평가
(1) 부동산 종합관리회사
(2) 자산운용전문가로서의 역할
4. 부동산 투자정보체계구축 필요성

Ⅶ. 결

21) 김지현, 부동산경제학의 이해, 부연사

22) 조주현, 부동산학원론, 건국대학교 출판부

Ⅰ 서

부동산시장이란 양, 질, 위치 등 여러 가지 측면에서 유사한 부동산에 대해 그 가격이 균등해지려는 경향이 있는 지리적 구역이다. 부동산은 고가성이라는 경제적 특성이 있는바, 자본시장과 관련성이 높다. 부동산시장은 공간을 사용하려는 목적으로 형성된 공간시장과 공간보다는 자산으로서의 이용가치가 목적인 자산시장으로 구분할 수 있으며, 부동산시장의 자산시장은 이자율을 매개변수로 하여 자본시장과 통합되어 가고 있다.

부동산의 증권화(MBS, ABS, REITs)가 최근 들어 급속히 진전되면서 부동산 자산시장과 자본시장은 점차 밀접한 관련을 맺고 있다. 감정평가업계에서도 공간시장과 자산시장의 연관성에 대한 이론적 고찰을 바탕으로 전문성 향상과 부동산시장변화 연구, 투자 컨설팅 영역에서의 활용도를 높일 수 있을 것이다[※ 공간시장(김지현)= 소비시장(조주현)= 공간, 임대시장(경응수)].

Ⅱ 공간시장과 자산시장의 의의

1. 공간시장(space market)

(1) 의의

공간시장은 토지 또는 건물과 같은 부동산 그 자체를 사용하기 위한 시장을 말한다. 즉, 부동산의 점유, 임대 등이 이루어지는 시장이다. 따라서 이 시장은 부동산 이용시장 또는 임대시장이라고 한다. 공간시장에 있어 수요자는 소비 또는 생산의 목적으로 공간을 이용하고자 하는 개인, 가구, 기업 등이며, 공급자는 부동산소유자, 정부나 공공단체, 민간개발업자 등이다.

(2) 내용

공간시장은 수요자가 공간을 이용하는 권리에 대하여 특정 기간 동안 특정 목적으로 대가인 임대료를 공급자에게 지불함으로써 이루어진다. 따라서 수요, 공급에 의하여 결정되는 공간시장의 임대료는 건축물 공간의 가치(가격)와 공간에 대한 수요, 공급의 현재 균형 상태를 알 수 있다. 이때, 공간사용의 수요는 증가하는 데 반하여 공급이 증가하지 않는다면, 임대료는 오르게 된다. 또한 공간시장의 수요와 공급은 위치와 유형에 따라 명확히 구분될 수 있다.

2. 자산시장(asset market)

(1) 의의

자산시장은 부동산과 관련된 자산의 현금흐름과 관련된 시장으로 자본시장에서 증권과 채권과 같은 유형의 자본자산들과 경쟁관계에 놓이게 된다. 즉, 부동산의 매입, 매각 및 교환 등이 이루어지는 시장이다. 자산시장은 부동산 산업의 가장 중요한 요소이며 부동산 산업 역시 필요한 자금을 자산시장에서 이용해야 하기 때문에 부동산시장에서 자산시장은 매우 중요한 시장이다.

(2) 내용

현금흐름 측면에서 보면 건물의 임대료는 일정 기간별로 계속해서 현름흐름이 발생되기 때문에 부동산의 자본시장과 자산시장은 유사한 개념으로 취급하기도 한다. 즉 경제학적 측면에서 보면 자산도 미래의 현금흐름으로 측정되며 자본시장 역시 증권과 같은 투자행위이기 때문에 부동산을 현금화하여 자산시장의 일부로 취급한다.

3. 자산시장의 통합성

공간시장에서 수요자인 오피스빌딩의 사용자는 특정 입지, 특정 유형의 공간과 같이 부동산 자산의 물리적 특성을 요구하게 되지만, 부동산 자산시장의 수요자인 투자자의 경우 그렇지 않다. 자산시장의 투자자는 물리적 특성보다는 미래의 현금흐름을 중시한다. 기본적으로 투자자는 현금이 어떻게 어디서 발생하느냐에 관심이 있지 않다. 즉, 부동산임대수입은 주식이나 채권시장에서 얻은 수입과 같을 뿐이다. 이는 부동산 자산시장이 부동산 공간시장보다 훨씬 통합되어 있음을 의미한다.

4. 부동산 공간시장과 자산시장의 작용관계[23)]

① 공간시장에서 결정되는 임대료는 자산시장에서 자산가격으로 환산되고 자산가격은 신규건축의 수준을 결정하며 이는 결국 부동산 공간시장에서의 재고를 결정하게 된다.

② 공간시장에서 공간에 대한 수요의 증가는 수요곡선의 상향이동을 초래하여 임대료를 올리고 그것은 다시 자산가격을 올리며 신규건설과 공간의 재고를 증가시킨다.

③ 자산시장에서 자본환원율의 감소는 자산수요를 증가시켜 자산가격을 상승하게 하고 자산가격의 상승은 신규건축과 재고를 증가시키며 임대료를 하락시킨다.

④ 건설비용의 증가는 신규건축을 감소시키며, 이는 재고를 줄이고 임대료와 자산가격의 상승을 초래한다.

---

23) (논문) 부동산 자산시장에 대한 이론적 고찰(오인철), 부동산학보

Ⅲ 부동산시장과 금융시장과의 관계

1. 부동산과 금융시장과의 관계

(1) 고가성

부동산은 기본적으로 일반재화와 달리 고가의 자산으로서 거래 및 건설, 투자 등 전반적인 부동산활동은 자기자본에 의해서만 이루어지기 어려운 특성을 가지고 있다. 이에 타인자본을 활용함으로써 제반 부동산활동을 보다 활성화하고 촉진할 수 있게 된다.

(2) 내구재

부동산은 경제적 수명이 길다는 특성을 가진 내구재이다. 토지는 영속적이며, 건물은 영속적이지는 않지만 수십 년 동안 충분히 길게 유지된다. 이에 부동산은 오랜 기간 동안에 걸쳐 서비스와 수익을 창출하게 된다. 이는 부동산의 경우에는 할부구매가 수요자들의 합리적인 소비행위에 더 적합하다는 것을 뜻한다. 따라서 부동산을 구입하게 되는 수요자는 부동산을 이용한 결과 얻게 되는 효용에 해당하는 양만큼의 대가를 매 기간마다 지불할 수 있도록 저당금융을 활용하는 것이 보다 합리적인 소비행위가 되는 것이다.

(3) 타인자본을 이용함에 따른 혜택

부동산활동에 있어 타인자본을 활용함으로써 자기자본의 수익률을 극대화시킬 수도 있다. 즉, 이자가 낮은 자금을 동원하여 자기자본과 합하여 투자함으로써 자기자본만을 투자했을 때보다 오히려 더 큰 수익을 실현할 수 있게 된다. 이를 정(+)의 지렛대효과라고 한다. 한편, 타인자본을 이용함으로써 조세 측면에서 다양한 공제 및 감면혜택 등이 주어짐에 따라 실질수익률을 높일 수도 있다. 예를 들면, 수익성 부동산의 경우에는 이자지급분과 감가상각분이 세제상 과세대상 소득에서 공제되기 때문에 절세효과를 누릴 수 있다.

(4) 자산으로서의 대체 · 경쟁관계의 성립

투자자산은 일반적으로 예금, 주식 및 채권에 해당하는 증권, 부동산으로 구분되기도 한다. 투자자들은 각 자산의 비교를 통해 투자의사결정을 하기 때문에 부동산도 자산의 개념으로 인식할 때는 다른 자산들과 동등한 위치에서 대체 · 경쟁관계가 성립하는 투자자산이 된다. 투자자들은 위험을 고려한 수익률에 따라 투자의사결정을 하고 이에 따라 자금은 시장상황에 따라 예금, 증권, 부동산 등으로 이동하게 된다. 최근에는 부동산관련 투자상품들이 도입되고 활성화되기 시작하면서 금융시장과의 연계성은 더욱 커져가고 있다.

2. 금융시장에 대한 이해

감정평가사는 부동산에 가장 큰 영향을 미치는 경쟁적 투자시장, 즉 자본시장과 화폐시장의 특성과 작동원리를 잘 이해하지 않으면 안 된다. 왜냐하면 부동산시장의 투자자들은 아파트나 상가 등 부동산을 사둘 것인지, 아니면 주식이나 채권 등 유가증권에 투자할 것인지, 안전한 정기예금을 넣어 둘 것인지를 나름대로 치밀하게 상호 비교·분석한 다음 투자의사결정을 내리기 때문이다.

(1) 의의

1) 화폐시장과 자본시장의 의의

기업의 투자자금은 비교적 장기에 걸치는 것이 많기 때문에 장기금융시장에서 조달되는 것이 일반적이며, 운전자금의 조달을 위한 단기금융시장인 화폐시장과 구별된다. 즉, 단순히 1년 이상 장기의 자금대차가 이루어지는 장소를 자본시장(capital market)이라고 한다.

2) 화폐시장과 자본시장의 관계

자산시장은 부동산과 관련된 자산의 현금흐름과 관련된 시장으로 자본시장에서 증권과 채권과 같은 유형의 자본자산들과 경쟁관계에 놓이게 된다. 즉, 부동산의 매입, 매각 및 교환 등이 이루어지는 시장이다. 자산시장은 부동산 산업의 가장 중요한 요소이며 부동산 산업 역시 필요한 자금을 자산시장에서 이용해야 하기 때문에 부동산시장에서 자산시장은 매우 중요한 시장이다.

(2) 금리의 의의 및 역할

금융시장에서 가장 중요한 요소 중의 하나는 바로 금리이다. 금리란 화폐에 대한 수요와 공급을 통해 결정되는 화폐의 가격이라고 할 수 있다. 화폐가 풍부해지면, 즉 화폐의 공급이 늘어나면 화폐의 가격인 금리는 하락하고, 반대로 화폐의 공급이 줄어들면 금리는 상승하게 된다. 금리는 화폐에 대한 수요와 공급에 따라 결정되지만, 금융시장과 부동산 시장을 연결하여 시장참가자들의 의사결정과 행동에 영향을 미치는 중요한 변수로도 작동하게 된다.[24]

---

24) 또한, 공간시장과 자산시장이라는 두 가지 특성에 기초한 부동산시장이 증권화를 통하여 점차 자본시장과 밀접하게 연결되고 있다.

Ⅳ 디파스퀠리 · 위튼의 4사분면 모형의 각 사분면 특징

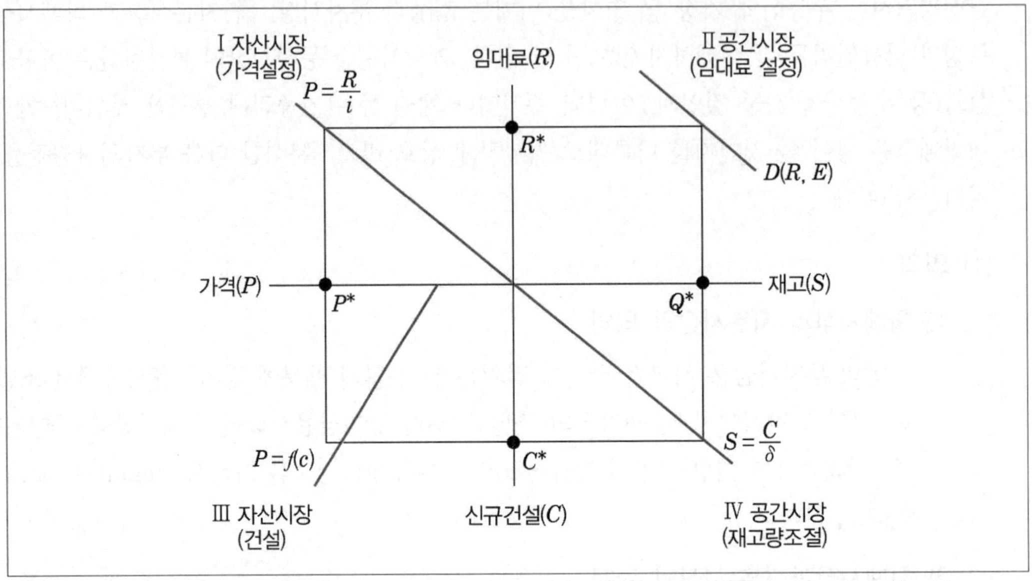

1. 4사분면 모형의 의의

4사분면 모형은 공간시장과 자산시장으로 나누고 이를 다시 단기와 장기 시장으로 구분하여 이 두 시장의 관계에 대한 장기균형효과를 설명하는 모형을 말한다. 물론 부동산의 장기균형이란 수요를 충족하기 위하여 공간을 추가공급할 때 소요되는 시간을 고려하였다는 것을 의미한다.

2. 1사분면의 특징(공간시장-임대료 결정)

4사분면 모형에서 가로축은 부동산 공간의 물리적 재고량을 말하고, 세로축은 단위면적당 연간 임대료이다. 임대료 수준이 결정되는 1사분면을 살펴보면, 여기서는 단기적으로 공간시장에서 결정되는 임대료를 설명해 주고 있다.

3. 2사분면의 특징(자산시장-가격평가)

2사분면의 원점에서 시장되는 곡선은 부동산 자산시장에서의 환원율로, 임대료와 가격과의 비율이자 투자자들이 부동산 자산을 보유하기 위해 요구하는 기대수익률이다. 1사분면에서 결정된 임대료를 2사분면으로 이동하게 되면, 자산시장에서의 임대료 수준과 부동산 가격과의 관계를 설명할 수 있다.

4. 3사분면의 특징(자산시장-건설)

3사분면 모형의 직선은 주어진 가격수준과 부동산의 신규건설량과의 관계를 나타내는 것으로 재조달원가 곡선이라고도 한다. 건설곡선은 부동산가격을 나타내는 축의 원점에서 떨어진 지점에서부터 시작하는데 이는 부동산가격이 어느 시점 이하로 떨어지게 되면 개발 자체가 이루어질 수 없음을 반영한 것이다.

5. 4사분면의 특징(공간시장-재고조정)

4사분면의 원점에서 시작되는 직선은 시장에서 꼭 유지하여야 하는 공간의 재고수준을 유지하기 위하여 필요한 신규 건설량을 연(年)평균으로 나타낸 것이다. 4사분면에서는 공간시장에서 이용 가능한 부동산 공간의 총량과 신규로 개발되는 건설량을 연계시키므로 공간시장과 자산시장의 장기적 통합이 달성된다.

6. 4사분면 모형의 해석

이상의 4사분면 모형에서 모든 변수들의 결정과정과 장기간의 지속적인 균형이 어떻게 이루어지는가를 알 수 있다. 즉, 공간시장의 부동산 재고량과 수요가 임대료를 결정하고, 이것이 자산시장에 의해 부동산가격으로 전환된다. 자산가격은 다시 새로운 건설을 유도하고 이것이 다시 공간시장에서 새로운 부동산 재고량을 산출하게 된다.

여기서 부동산의 재고수준이 처음과 끝이 같다면 공간시장과 자산시장의 결합은 균형을 이루게 되지만, 재고수준의 처음과 끝이 같지 않다면 임대료, 가격, 건설량, 재고량은 완전하게 균형상태가 되지 않는다는 것을 알 수 있다. 장기균형에서는 주택 재고가 일정하므로 신규공급과 감가상각에 따른 멸실 주택의 양이 같아야 한다.

7. 4사분면 모형의 장점 및 단점

(1) 장점

① 4사분면 모형은 공간시장과 자산시장이 어떻게 작동하며, 이 두 시장의 관계에 대한 장기균형효과를 설명하는 점에 있어서 매우 유용하다.

② 비교정태분석을 통해 외생적 환경변화로 인한 균형의 이동방향을 설명하는 데도 매우 효과적인 분석틀이라고 할 수 있다.

③ 자본시장의 변화가 부동산시장에 미치는 영향을 분석할 수 있다는 측면에서도 유용성이 높다.

(2) 단점

① 그래프를 통해 장기 균형점을 찾기 위해서는 시행착오를 거쳐야 한다.

② 장기 균형으로의 조정과정에서 나타나는 중요한 특징들을 구체적으로 보여주지 못하고 있다. 즉, 이동경로상의 즉각적인 시장반응을 판단함이나 둘 이상의 변수가 동시에 변하는 경우, 시장 구성요소간 동태적 상호 작용 설명에 있어서는 큰 한계가 있다.

③ 자본환원율이 자본시장에서 결정되는 외생변수라고 가정하고 있는데, 이는 일반적인 부동산 분석에서 자본환원율은 기대수익과 부동산가격에 의해 결정된다는 관점과 다소 차이가 있다.[25]

④ 기대와 공실, 정부정책이나 세금 등 제도적인 요인과 같은 현실적인 측면을 무시하고 있다.

V 시장이자율 하락이 부동산시장에 미치는 영향

1. 개요

합리적인 투자자는 자신의 투자수익률 극대화에 초점을 맞추고 투자활동에 임하는 투자자로서 이러한 투자자는 결코 부동산시장만을 따로 놓고 보지 않을 것이다. 따라서 부동산시장과 자본시장 간의 상호관련 속에서 대상 부동산의 경쟁적 위치를 확인하고 치열한 수익률 계산 끝에 최선의 결정을 내리게 된다. 이러한 시장 간의 상호관계 속에서 가장 중요한 매개변수의 역할을 수행하는 것이 시장이자율이다.

2. 시장이자율 하락이 부동산시장에 미치는 영향

(1) 자본시장에서의 시장이자율의 의의

자본이나 자금의 원본에 대한 이자의 비율을 이자율이라고 하며, 자본시장뿐만 아니라 다른 모든 시장과 서로 영향을 주고받으며 결정되게 된다. 따라서 자본시장에서의 이자율의 변화는 부동산투자의 의사결정에도 영향을 미치게 된다. 왜냐하면 이자율은 결국 투자자의 기회비용 또는 기업투자자에게는 가중평균자본비용(WACC)을 좌우하므로 투자자는 자신의 포트폴리오 수익률의 극대화를 위한 자산관리의 의사결정을 내리기 때문이다.

(2) 단기분석(수요분석)

시장이자율이란 자금의 이용을 위한 연간 기회비용을 의미한다. 시장이자율이 하락한다면 자금을 이용하기 위한 기회비용이 종전보다 작아진다. 따라서 부동산에 투자수익률이 상

25) 환원율은 부동산시장의 외부요소인 증권, 채권, 단기성예금 등 모든 금융자산이 거래되는 금융시장에서의 이자율과 수익률에 기초하여 결정된다.

대적으로 커지게 되며, 이로 인해 자금이 자본시장(주식, 채권시장)에서 부동산시장으로 몰리고 부동산 수요 증가로 부동산 가치가 상승할 개연성이 커지게 된다.

(3) **장기분석**(공급분석)

장기분석은 부동산의 공급 측면을 고려해야 하므로 장기에 부동산 공급탄력성을 감안한 분석이 요구된다. 단기에는 물리적 공급은 부증성이라는 부동산만이 갖는 특수한 특성에 의해 완전 비탄력적이고, 용도의 다양성에 의한 경제적 공급 또한 원활히 작동되지 않아 시장이자율의 영향이 수요에 비해 적게 미치지만 공급자의 투자비용 하락으로 공급 증가를 가져오기도 한다. 장기에는 이자율의 하락은 공급에 있어서 부동산 투자개발에 있어서 기회비용 등을 하락시켜 공급 증가를 가져온다.

3. 4사분면 모형을 통한 검토

(1) 장기이자율의 변화

장기이자율의 변화는 제2사분면에서의 환원이율의 변화를 초래하여 환원이율곡선을 회전하게 한다. 만일 이자율이 하락하면 부동산에 대한 최저요구수익률이 하락하게 되며, 환원이율곡선을 시계반대방향으로 회전시킨다.

(2) 부동산시장에 미치는 영향

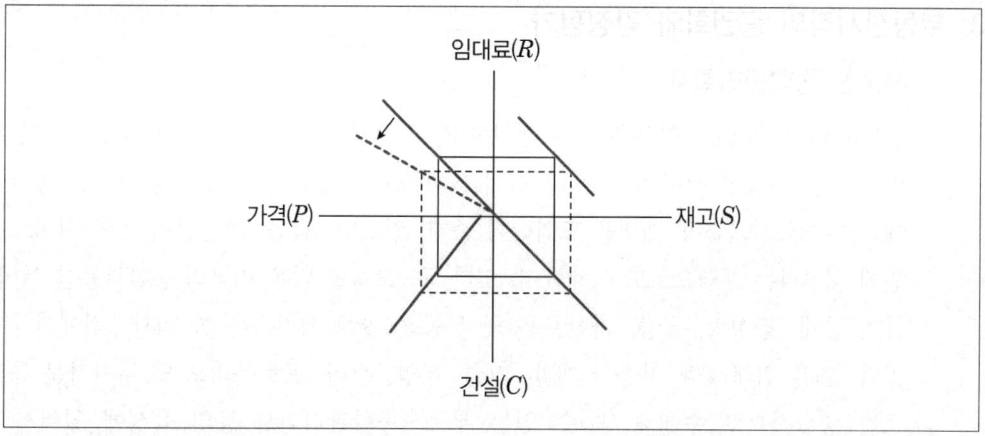

환원이율이 낮아짐에 따라 자산가격은 상승하고 신규건축은 증가하게 된다. 그러므로 재고도 증가하고 임대료는 하락하게 된다. 결국 균형점에서의 임대료는 하락하고, 가격, 신규공급, 재고는 증가하게 된다(예 저소득층을 위한 임대주택사업에서 가속감가상각을 인정하는 정책을 시행한다든가 혹은 부동산 구입융자의 지급이자에 대한 과표공제혜택을 부여한다든가 하는 정책은 곧 실효이자율을 낮추고 요구수익률을 낮추는 효과를 가져온다).

Ⅵ 부동산시장과 자본시장의 통합화에 따른 감정평가업계의 대응방안

1. 부동산시장과 자본시장의 통합화

부동산시장은 단독적으로 구성되는 시장이 아니라 자본시장 및 화폐시장과 상호 관련성을 지니고 있는 시장이다. 이에 이자율이라는 변수를 토대로 하여 연관성을 지니며 점점 서로 통합되어 가는 추세를 보이고 있다. 즉, 부동산 투자시장과 자본시장의 통합이 진행되고 있는데, 이를 부동산시장의 증권화라고 한다. 이는 자본시장의 투자자들에게 기회를 부여하고, 투자에 따른 위험을 분산시켜 주는 등 여러 가지 이점이 있다.

2. 간접투자방식의 필요성

IMF 재경 위기가 부동산시장에 준 충격과 파급효과를 통하여 우리나라에는 부동산에 대한 사회적 인식에 전환이 일어났다. 부동산가격이 급락하고 거래가 동결되는 것을 보면서 가계와 기업, 그리고 정부 모두가 고수익-고위험의 법칙이 부동산투자에도 적용된다는 것을 확인하게 되었다. 부동산투자를 계획할 때 안정성과 유동성을 고려하여 다양한 투자대상을 비교하고, 투자기준도 자본이득 또는 개발이익을 추구하는 일확천금의 대가보다 활용에 의한 주기적 현금흐름을 중시하며, 투자기법 역시 전문가에 의한 간접투자방식이 필요하다는 것을 인식하게 되었다.

3. 부동산시장의 증권화와 감정평가

(1) 부동산 종합관리회사

통합(consolidation)현상은 달리 해석하면, 업종 간 경계 허물기로 이해될 수 있다. 다시 말하자면, 부동산 서비스 업종 간 경계를 허물고 부동산 서비스의 글로벌화, 통합화 추세에 따른 '원스톱 쇼핑' 개념을 도입하여 중개, 컨설팅, 금융, 자산관리 등의 서비스를 한꺼번에 제공하는 개념으로도 이해할 수 있다. 즉 오늘날 많은 미국의 종합부동산 서비스회사들이 중개, 컨설팅, 금융, 자산운용 및 부동산 관리 서비스를 한 회사조직에서 제공하고 있다. 이를 위해 향후 부동산 개발, 건설, 분양, 관리, 포트폴리오 및 투자자문 등의 서비스를 종합적으로 수행해 낼 수 있는 부동산종합관리회사 등의 육성에 있어서도 감정평가회사들이 선도적인 역할을 감당할 수 있는 역량을 갖출 것이 요구되고 있다.

(2) 자산운용전문가로서의 역할

부동산시장과 자본시장의 통합화 현상은 한국에서도 활발히 자리잡아 가고 있는 현상으로서 부동산시장의 유동화를 선도함으로써 감정평가업의 영역확대라는 기회로 자리잡고 있는 것이다. 따라서 감정평가사들은 더욱 설득력 있고 과학적인 타당성 분석이나 투자수익률 분석을 수행해 낼 수 있는 자산운용전문가로서의 역할을 해야 한다. 부동산 증권화가 진전되어 간접금융상품이 부동산시장과 자본시장을 선도하게 될 경우 이들 상품에 대한 정확한 이해와 평가기법도 아울러 갖추어 나아가야 한다. 부동산시장동향과 거시 및 국제 경제동향, 금융 및 자본시장동향 등을 두루 조망할 수 있어야 한다.

4. 부동산 투자정보체계구축 필요성

이를 위하여 미국의 AI, ASA는 물론 영국의 RICS 등과의 활발한 국제교류 확대도 필요하다. 또한 부동산의 증권화는 정보화를 바탕으로 하는 것으로 정보통신의 발달로 인해 부동산과 경쟁관계에 있는 투자재화에 대해 우월성을 지니기 위해서라도 부동산 투자정보체계를 협회 차원이나 국가적으로도 구축할 필요성이 제기되며, 이미 이러한 필요성에 힘입어 활발히 진행되고 있다.

Ⅶ 결

합리적인 경제주체라면, 부동산시장에서 투자활동을 하면서 부동산시장과 상호 밀접한 관계를 갖는 자본시장이나 화폐시장의 동향과 환경 변화 양상, 향후 전망 등이 어떻게 부동산시장에 영향을 미칠 것인가를 주시하면서 투자에 임하게 된다. 이때 부동산시장은 '이자율'을 매개변수로 하여 자본시장이나 화폐시장과 밀접한 관련성을 지니게 된다. 임대시장의 변화는 부동산의 임대료, NOI에 변화를 가져오고 이는 다시 부동산가치의 변동을 가져오게 된다. 그리고 부동산 임대시장의 합리적인 의사결정자는 이러한 임대시장의 수요, 공급조건 변화에 따라 보유나 처분 등의 의사결정을 하게 된다. 이 경우 자본시장의 이자율이나 유동성의 크기에 따라 의사결정에 지대한 영향을 받게 되는데 이는 이자율이 결국 투자자나 임대자 등의 기회비용을 좌우하므로 의사결정자는 이러한 상관관계를 면밀히 분석하여 의사결정을 내리게 되기 때문이다. 이자율의 하락이 장기적으로 지속될 경우 부동산투자 지분수익률 상승기회의 확대, 부동산수요의 증가, 부동산가치 증가, 가격상승의 순환을 보이게 된다. 감정평가사는 자본시장의 통합화에 따라 부동산시장의 공간시장에만 국한할 것이 아니라, 자산시장 측면에서의 분석이 요구된다 할 것이다. 공간시장과 자산시장과의 관련성에 대한 분석은 4사분면모형(DiPasquale-Wheaton 모형)이 유용한바, 이에 대한 검토가 필요하다.

02 절 부동산 임대수요의 변화(증가)에 따른 비교정태분석

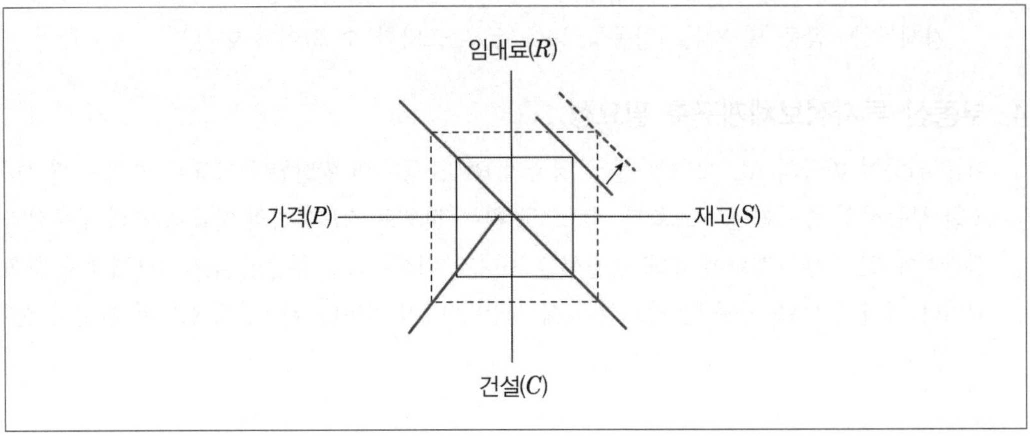

일반적으로 부동산 수요곡선의 이동은 소득, 가구수, 생산량 등의 변화에 의해서 초래되며, 이는 현재의 임대료 수준에서 부동산 소비수요를 증가시키고, 소비수요가 가용공간과 일치하는 점(임대료 상승에 따른 공간소비 감소)까지 임대료 상승 → 자산가격 상승 → 신규 건축 증가 → 부동산 재고의 증가로 이어져서 결국 새로운 균형점에서의 임대료, 가격, 건축량, 재고는 모두 증가하게 된다(예 학교라든가 도로 등 사회간접자본시설에 대한 공공투자와 같은 정책변수는 인구의 이주를 유발함으로써 수요곡선을 상향이동시키는 간접효과를 발휘한다).

03 절 건축조건의 변화(비용상승)에 따른 비교정태분석

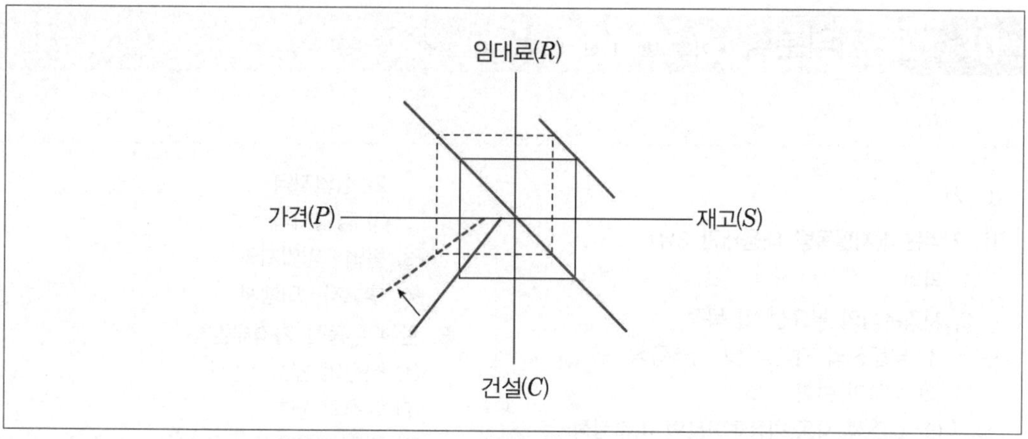

건축조건의 변화는 제3사분면의 곡선을 회전 혹은 이동하게 한다. 예를 들어 개발규제의 강화로 인한 고정비용의 상승은 곡선을 왼쪽으로 이동시키며, 단기이자율의 상승은 곡선을 시계방향으로 회전시킨다. 이와 같이 개발비용이 증가하게 되면 건설물량은 감소하고 부동산 재고도 감소하며, 이에 따라 임대료는 증가하고 궁극적으로 가격도 상승한다. 따라서 균형점에서 가격과 임대료는 상승하고, 건설과 재고는 하락하게 된다.

Chapter 06

지역분석과 개별분석

01 절 지역분석 ▸기출 4회, 11회, 15회, 18회, 29회

Ⅰ 서

부동산 가치발생요인에 의해 발생한 가격은 가치형성요인의 영향을 받아 부단히 변동하며, 이러한 과정에서 부동산의 특성 중 고정성과 지역성으로 인해 지역적 차원의 가격수준이 형성되며 이의 제약하에 개별부동산마다 개별 · 구체적 가격이 형성된다.

이러한 부동산 가격형성과정에서 결국 감정평가사는 대상 부동산의 가치판단에 이르기까지는 대상이 속해 있는 지역의 가치형성요인을 판단하여 지역의 가격수준 및 표준적 사용을 판정하고, 이에 개별분석을 통해 대상의 최유효이용여부를 판단하여 개별 · 구체적 가격을 판정하게 되는바 지역 및 개별분석은 대상의 가격판정에 있어 매우 중요한 작업이라 할 수 있다.

부동산 감정평가는 가치발생요인에 가치형성요인이 어떻게 작용하는가를 분석하여 3방식(원가, 비교, 수익방식)을 도구로 부동산가격을 구해내는 작업이다. 이때 가치형성요인의 정확한 파악 여부에 따라 가격의 정도가 좌우되는바, 이러한 가치형성요인에는 지역요인과 개별요인이 특히 중요하다.

II 지역분석(지필목방 대용개관 3유)

1. 의의(특표장수)

지역분석이란, 대상 부동산이 속하는 지역의 범위를 확정하고, 그 지역 내 부동산의 가격형성에 영향을 미치는 지역요인의 분석을 통해 지역특성과 장래동향을 명백히 함으로써 대상 부동산의 지역 내 전반적 위치와 표준적 사용을 파악하여 가격수준을 가늠하는 작업을 말한다.

2. 지역분석의 필요성 및 목적 ▸기출 4회, 11회

(1) 부동산의 지역성 및 지역특성

부동산은 다른 부동산과 어떤 지역을 형성하고 지역 내 다른 부동산과 상호관계를 유지하고 그 상호관계를 통하여 사회적, 경제적, 행정적 위치가 정해진다. 각 지역은 다른 지역과 구분되는 지역적 특성을 갖는데, 이 특성은 대상 부동산의 가격수준에 전반적인 영향을 주는 지역요인이 그 바탕이 된다.

(2) 지역의 변화

지역은 대상 부동산의 가격에 전반적인 영향을 미치며, 이 지역은 고정적인 것이 아니라 항상 변동하고 있다.

(3) 표준적 사용(최유효이용의 피결정성)

지역의 특성은 그 지역의 일반적이고 표준적인 사용에 의하여 구체적으로 나타나며, 표준적 사용은 그 지역부동산의 최유효사용을 판정하는 유력한 기준이 된다.

(4) 가격수준의 파악

부동산 가격형성이나 기능발휘는 고립적으로 전개되는 것이 아니므로 지역 내 부동산 집단의 가격수준을 판정하여야 개별부동산의 구체적 가격 판정 시 그 적정성을 인식할 수 있다.

(5) 사례자료의 수집범위의 결정

지역특성이 동일 또는 유사한 지역의 종별에 대한 범위를 명백히 하여 대체성 있는 사례자료의 수집범위를 밝혀준다.

(6) 상대적 위치 파악

지역분석을 행할 시 대상 부동산이 속해 있는 인근지역뿐만 아니라 대체·경쟁관계에 있는 동일수급권 내 유사지역까지 분석을 행하는바, 이는 대상지역의 상대적 위치 파악을 위해서이다.

3. 방법(순서)

(1) 지역의 획정

같은 용도지역이라도 규모에 따라 가격형성에 미치는 영향이 다르다. 따라서 인근지역의 범위는 자료의 수집정리와 현장답사를 통하여 명확히 해야 한다. 인근지역의 범위가 너무 좁으면 사례자료의 선정이 어렵고, 너무 넓으면 가격수준의 파악이 어렵다. 그 밖에 상대적 위치를 파악하기 위해 유사지역, 동일수급권도 획정해야 한다.

(2) 지역요인의 분석

지역요인은 용도지역별로 그 의미가 다르므로, 사회적, 경제적, 행정적 관점에서 정확한 용도지역 판단과 그에 따른 요인 파악이 필요하다. 지역분석을 할 때는 그 지역의 시장상황, 시장참여자의 거래관행을 분석하여, 거래상황을 정확히 파악한 후 투기적인 요소 유무를 정확히 판단해야 한다.

(3) 표준적 사용파악 및 가격수준의 판정

① 표준적 사용이란 인근지역에 속하는 개개의 부동산의 최유효이용의 집약적, 평균적인 사용방법으로, 지역분석의 요체인 지역특성은 그 지역 내 부동산의 일반적이고 표준적인 사용에 의해 나타나고, 표준적 사용은 최유효이용을 판정하는 유력한 기준이 되므로 정확히 판정되어야 한다.

② 가격수준이란 개개의 부동산의 가격이 아니고, 지역 내의 부동산의 평균가격을 의미하며 지역 간의 격차를 나타내 준다. 부동산의 개별적, 구체적 가격은 그 부동산이 속한 지역의 가격수준 내에서 형성되고, 가격수준은 지역 내 부동산의 일반적, 표준적 사용의 상태와 장래동향을 파악함으로써 그 판정이 가능하다.

▼ 지역분석과 입지분석의 비교

구분	지역분석	입지분석
목적	표준적인 이용과 가격수준 파악	부지사용자의 최유효입지 선정
분석대상	지역 및 지역의 특성	주로 개개 장소의 입지조건
분석내용	지역요인에 의한 지역분포, 지역특성 및 지역간의 관계 등	입지인자(입지주체에 따른 입지조건 평가)의 분석[26]
동태분석	지역요인의 변화와 지역 간 상호작용	입지조건의 변화와 입지적응의 검토

4. 지역분석의 대상지역

지역분석의 대상은 부동산의 지역성으로 인하여 인근지역이 그 분석의 중심이 되나, 인근지역의 상대적 위치, 장래의 동향을 명확히 하기 위하여 유사지역, 동일수급권 및 주변 용도지역에 대한 분석도 중요하다.

5. 용도지역별 지역요인(지역분석의 내용)

(1) 개설

① 부동산 가격형성의 일반적 제요인은 부동산의 지역성으로 인하여 지역적 제약을 받음과 동시에, 지역의 자연적 조건과 결합하여 지역부동산의 상태를 결정하고 지역의 지가수준을 형성하게 된다. 이와 같이 일반적 요인 및 자연적 요인의 결합을 지역요인이라 하고, ② 이러한 지역요인은 용도나 유형에 따라 가격수준 · 가격형성에 미치는 영향이 다르므로 용도지역별 비중도 달라지게 된다.

(2) 택지지역의 지역요인

1) 주거지역

① 주거지역의 유용성(쾌적성)을 좌우하는 일반적 요인과 자연적 조건을 말하며, 이는 주택지의 입지조건이 된다.

② 유의해야 할 사항으로는 일조, 온도, 습도, 풍향 등의 기상상태, 거주자의 직업과 계층 등 사회적 환경의 양부, 가로의 폭, 구조 등의 상태, 도심과의 거리 및 교통시설의 상태, 상가배치의 상태, 상 · 하수도 등 공급처리시설의 상태, 학교 · 공원 · 병원 등의 배치상태, 변전소, 오물처리장 등 위험 또는 혐오시설 등의 유무, 홍수, 사태 등 화재발생의 위험성, 소음, 대기오염 등의 공해발생 상태, 각 획지의 면적과 배치 및 이용의 상태, 조망, 경관 등 자연적 환경의 양부, 토지이용에 관한 공법상의 규제의 정도 등이 있다.

2) 상업지역

① 상업지역의 유용성(수익성)을 좌우하는 일반적 요인과 자연적 조건을 말하며, 이는 상업지의 입지조건이 된다.

② 유의해야 할 사항으로는 배후지 및 고객의 양과 질, 영업의 종류 및 경쟁의 상태, 경영자의 창의력과 자본능력, 번영성의 정도와 성쇠의 상태, 토지이용에 관한 공법상 규제의 정도 등이 있다.

---

26) 가장 가까운 전철역까지의 거리를 입지조건으로 본다면, 입지주체가 이를 평가할 때 고려하는 항목인 통근의 편리성 정도는 입지인자가 된다.

3) 공업지역

① 제품의 생산과 판매활동에 영향을 미치는 일반적 요인과 자연적 조건을 말하며, 이는 공업지역의 입지조건이 된다.

② 유의해야 할 사항으로는 제품의 판매시장 및 원재료 구입시장과의 위치관계, 수송시설의 정비상태, 동력자원 및 공업용수의 용・배수상태, 노동력 확보의 난이, 관계 산업과의 거리, 온도, 습도, 풍우 등의 기상조건, 공해발생의 위험성, 행정상의 조장 및 규제의 정도 등이 있다.

(3) 농업・임업지역

① 토지의 농업・임업생산성을 좌우하는 일반적 요인과 자연적 조건을 말하며, 이는 농업・임업지역의 입지조건이 된다.

② 유의해야 할 사항으로는 일조, 온도, 습도, 풍우 등의 기상상태, 기복, 고저 등 지세의 상태, 토지의 비옥도, 수리 및 수질의 상태, 소비자와의 거리 및 수송시설의 상태, 홍수, 사태 등 재해발생의 위험성, 기타 농가와의 접근성, 농기구 사용의 적합성, 행정상의 규제사항 등이 있다.

(4) 후보지・이행지

전환 후・이행 후 용도지역의 지역요인을 중시해야 한다. 그러나 전환, 이행의 정도(성숙도)가 낮은 경우 전환・이행 전 용도지역 요인을 중시해야 한다.

6. 관련 부동산 가격제원칙[27]

(1) 적합의 원칙

부동산은 지리적 위치의 고정성으로 인하여 그 지역이 주위환경과 적합하여야 하며 부적절할 경우는 경제적 감가문제가 발생한다.

(2) 예측의 원칙

부동산의 가격은 부동산의 소유에서 비롯되는 장래의 이익에 대한 현재가치이다. 따라서 부동산의 가격은 장래의 이익을 현재가치로 전환하여야 하며, 이는 부동산의 가격이 예측의 원칙에 의거하여 결정된다는 것을 의미한다. 또한 대상 부동산에 속해 있는 지역은 부단히 변동하므로 지역분석에 있어서 예측의 원칙에 의거하여 그 지역의 표준적 이용의 현상과 장래의 동향을 분석, 판정해야 한다.

---

27) 최태규, 감정평가이론연습, 부연사 / (특강) 부동산의 가격에 관한 제 원칙 중 지역분석에 있어 고려할 원칙 셋을 들고 그 이유를 설명하시오(노용호, 건대특강).

(3) 변동의 원칙

부동산이 속하는 지역은 고정적인 것이 아니라 항상 확대, 축소, 집중, 확산, 발전, 쇠퇴의 과정에 있다. 따라서 지역요인, 지역특성도 부단히 변화하며, 이는 지역의 표준적 이용과 가격수준을 변동시키므로 지역분석에 있어서도 변동의 원칙에 의거하여 동태적으로 파악해야 한다.

(4) 대체의 원칙

지역분석에서는 인근지역, 동일수급권 내 유사지역 등이 중시되는데, 이들 지역은 대상 부동산과 대체관계가 성립하고 가격형성에 있어서 서로 영향을 주고받는다. 따라서 지역분석에 있어서는 대상 부동산과의 대체의 범위와 정도 등을 명백히 할 필요가 있으므로 대체의 원칙이 고려되어야 한다.

7. 감정평가 3방식과의 관계

(1) 비교방식에서의 활용

비교방식 적용 시 대체성 있는 사례자료의 수집범위를 확정한다. 사례선택 시 위치의 유사성은 지역분석의 결과를 활용하여 판단하며, 시점수정은 지역의 동태적 분석을 요하며, 지역요인의 비교과정에서 지역분석의 결과를 활용한다.

(2) 원가방식에서의 활용

원가법에서 재조달원가는 최유효이용상태를 전제로 파악되는 것으로 최유효이용은 지역특성의 제약하에 있으므로 지역분석의 결과로 나타난 표준적 이용과 관련되고, 감가수정 중 경제적 감가인 외부환경과의 부적합에서 나타나는 감가의 처리 또한 지역분석의 결과를 기초로 한다.

(3) 수익방식에서의 활용

수익환원법에서 순수익은 최유효이용을 전제로 파악되므로, 지역분석을 행하여 표준적 이용을 파악한 후 대상 부동산의 개별성에 기인한 개별분석을 통해 산정된다.

8. 지역분석 시 유의사항(일인동행)

(1) 일반적 요인의 지역지향성

일반적 요인은 부동산의 지역특성으로 인해 자연적 조건과 결합하는 지역지향성을 갖는다. 따라서 지역범위로 축소된 일반적 요인이 지역분석의 대상이 된다.

(2) 명확한 인근지역의 경계설정

같은 용도지역이라도 규모에 따라 가격형성에 미치는 영향은 다르다. 그러므로 인근지역의 범위는 개별분석을 제약하고 1차적 가격수준을 결정하는바, 자료의 수집정리와 현장답사를 통해 인근지역의 범위를 명확히 해야 한다. 이때 지역범위가 너무 좁으면 사례선정이 어렵고, 너무 넓으면 가격의 정도가 낮아질 수 있다.

(3) 동태적 분석의 필요성

부동산의 지역요인은 부단히 변화하고 있으므로 그 가격은 장기적 배려하에 형성된다. 따라서 예측・변동의 원칙하에 동태적으로 파악하여야 한다.

(4) 유사지역 동일수급권 분석의 동행

인근지역에 자료가 풍부하다 할지라도 분석범위를 넓혀 인근지역의 상대적 위치 및 동향을 명백히 할 때 정도 높은 가격을 구할 수 있다.

(5) 부동산시장에 기반한 자료의 수집과 분석[28]

구체적인 자료의 수집과 분석을 통해 객관적으로 이루어져야 정확성과 신뢰성이 높아진다. 그리고 자료의 수집과 분석은 부동산시장의 현황과 시장참가자들의 행동, 거래상황 등을 기준으로 한 실증적인 것이어야 의미를 가지게 된다는 점에 유의해야 한다.

---

28) 평가현장에서 평가사들이 지역분석과 개별분석 등을 행함에 있어 시장(지역)의 일반적인 특성과 대상 부동산의 개별적 특성을 단순하게 나열하고 기술할 뿐 그러한 특성이 시장수요와 공급으로 구체적으로 어떻게 나타나고 있는가하는 실증적인 분석을 하지 않고 있다는 비판이 있다. 시장분석은 시장에서 표출되는 구체적이고 실증적인 자료를 통해 평가의 객관성을 보다 높이기 위한 방안의 하나로 이해하면 좋을 것이다.

02 절 개별분석(개필최용 지관3유) ▸기출 8회, 15회, 18회

Ⅰ 의의

개별분석이란 지역분석에 의해 판정된 지역의 표준적 사용과 가격수준을 전제로 부동산의 개별성에 근거하여 가격형성의 개별적 요인을 분석하여 대상 부동산의 최유효이용을 판정하고 대상 부동산의 가격을 개별화 · 구체화시키는 작업을 말한다.

Ⅱ 필요성 및 목적

1. 부동산의 개별성

부동산은 개별성이라는 특성을 지니고 있기 때문에 물리적으로 동일한 부동산은 존재하지 않으며, 각각의 개별성에 의해 가격형성 또한 개별적으로 이루어지기 때문에 개별분석이 필요하다.

2. 가격전제로서 최유효이용의 판정

부동산의 가격은 최유효이용을 전제로 형성되므로 이러한 최유효이용을 판단하기 위해 개별분석을 하게 된다.

3. 구체적 가격에 영향을 미치는 정도의 분석

다양한 가격형성요인들이 개별부동산 차원의 구체적 가격에 어떠한 영향을 얼마나 미치는지 분석하기 위해 개별분석이 필요하다.

4. 지역분석과의 피드백 관계로 인한 적정성의 검증, 보완

어떤 지역의 표준적 이용과 가격수준이 개별부동산의 최유효이용 및 개별·구체적 가격에 영향을 미치고, 개별부동산의 최유효이용과 개별·구체적 가격이 표준적 이용 및 가격수준이 되므로 지역분석과 개별분석은 서로 피드백 관계에 있다. 따라서 양자는 각각의 적정성을 검증하고 보완한다는 차원에서 의미가 있다.

Ⅲ 개별분석의 방법

1. 대상 부동산의 확정

부동산은 어떤 상태를 기준으로 하느냐에 따라 최유효이용의 행태가 달라지고 가격에 미치는 영향의 정도가 상이하기 때문에 대상 부동산의 확정이 이루어져야 한다. 즉, 토지와 건물로 이루어진 복합부동산인 경우 복합부동산 자체를 대상으로 하는지, 아니면 나지를 상정한 토지만을 대상으로 하는지에 대한 기본적 사항을 확정해야 한다. 이 외에도 병합을 전제로 하는 것인지, 분할을 전제로 하는 것인지, 일괄감정평가의 대상인지 등에 대한 것들이 있다.

2. 개별요인의 분석

가치형성요인은 부동산의 개별성에 따라 부동산마다 그 영향의 정도가 달라진다. 따라서 자연적 제 조건과 사회적·경제적·행정적 관점에서 구체적으로 개별부동산에 미치는 영향의 정도를 파악해야 한다.

3. 최유효이용의 판정 및 구체적 가격에 미치는 영향의 정도 분석

개별분석에 있어 가장 핵심적인 사항은 해당 부동산의 최유효이용이 무엇인지를 판정하는 것이다. 또한, 개별분석은 궁극적으로 개별부동산의 구체적 가격에 미치는 영향의 정도를 분석하는 것에 목적이 있다. 따라서 개별분석을 통해서는 대략적인 영향의 정도만 추정할 수 있고, 구체적인 가격의 도출은 감정평가기법의 적용을 통해 최종적으로 알 수 있다.

Ⅳ 개별분석의 내용

1. 토지의 개별요인

(1) **주거지** : 획지의 면적, 형상, 일조, 건습, 교통시설에의 거리, 공급 및 처리시설의 상태, 접근의 정도, 획지의 고저, 각, 기타 접면 가로와의 관계, 접면 가로 등의 계통, 구조 등의 상태

(2) **상업지** : 접면 너비, 획지의 형상, 면적, 고저, 각, 기타 접면 가로와의 관계, 접면 가로의 구조 등의 상태 및 그 위치관계, 고객의 통행 패턴 및 적합성, 번화가의 접근성

(3) **공업지** : 면적, 형상 및 지반, 항만, 철도, 간선도로 등 수송시설과의 위치관계, 용·배수 등의 공급 및 처리시설의 정비의 필요성

(4) **농업지** : 토양 및 일조, 경작의 난이, 관개, 배수의 상태, 농로의 상태, 취락과의 접근정도, 출하 지역과의 접근정도, 재해위험성의 정도

(5) **임업지** : 입목의 반출 및 운반 등의 난이, 일조, 건습, 우량 등의 상태, 표고, 지세 등의 상태, 토층의 상태, 공법상의 규제, 관리의 난이

2. 건물의 개별요인

면적, 구조, 재질, 설계 등의 양부, 시공의 질과 양, 공사법상의 규제, 제약 등

3. 건물과 그 부지에 관한 요인

건물의 배치, 부지와 건물과의 적합 상태

Ⅴ 관련 가격원칙

1. 최유효이용원칙 및 지원원칙

개별분석은 대상 부동산의 최유효이용을 판정하여 구체적 가격에 접근하는 작업이므로 최유효이용원칙은 개별분석 전 과정에 걸쳐 고려되어야 하며, 기타 제원칙도 직·간접적으로 관련되어 있다. 따라서 최유효이용을 지원하는 내부측면, 외부측면의 가격원칙도 모두 관련된다.

2. 변동 · 예측의 원칙

가치형성요인은 끊임없이 생성 · 유지 · 소멸하는 등 변화하는바, 개별요인도 부단히 변동한다. 따라서 변동의 원칙에 유의하여 과거의 추이와 미래의 동향을 예측할 것이 요구되는바 예측의 원칙이 중시된다.

Ⅵ 감정평가 3방식의 관계[29)]

1. 비교방식에서의 활용

비교방식에서 사례선택 시 위치의 유사성, 물적 유사성, 시점수정의 가능성, 사정보정의 가능성이 있어야 하는데, 이 중 물적 유사성은 개별분석의 결과를 활용하여 사례부동산을 비교분석한다. 또한 비교과정에서 개별분석의 결과가 활용된다.

2. 원가방식에서의 활용

원가법에서 재조달원가는 최유효이용상태를 기준으로 선정하므로 개별분석의 결과가 활용되며, 감가요인 중 내부적 요인에 의한 감가인 물리적, 기능적 감가는 개별분석의 결과를 기준으로 파악된다.

3. 수익방식에서의 활용

수익환원법 적용 시 순수익은 최유효이용을 전제로 파악되므로, 대상 부동산의 개별성에 기인한 개별분석을 통해 순수익을 산정해야 한다. 환원율을 구하는 투자시장 질적비교법 등에서 개별부동산 간 질적요소에 대한 평점비교에서 사용된다.

Ⅶ 개별분석 시 유의사항

1. 대상 부동산의 명확한 확정

대상 부동산을 어떻게 어느 범위로 설정하느냐에 따라 최유효이용 및 개별부동산의 가격에 미치는 영향에 대한 파악 정도가 달라지므로 개별분석하기 전에 관련 자료 및 현장조사 등을 통해 명확하게 확정할 필요가 있다.

---

29) 최태규, 감정평가이론연습, 부연사

2. 가치형성요인의 개별성

부동산의 개별성에 따라 제반 가치형성요인 또한 지역차원에서와 달리 개별부동산마다 부동산의 이용상태 및 구체적 가격에 미치는 영향의 정도가 달라진다. 이에 따라 개별적 특징에 대해 면밀한 검토가 요구된다.

3. 동태적 분석의 필요성

제반 요인이 최유효이용 및 구체적 가격에 미치는 영향은 시장상황에 따라 변화하므로 시계열적인 측면의 동태적 분석이 필요하다.

4. 부동산시장에 기반한 자료의 수집과 분석

개별분석은 구체적 자료의 수집과 분석을 통해 객관적으로 이루어져야 정확성과 신뢰성이 높아진다. 그리고 자료의 수집과 분석은 부동산시장의 현황과 시장참가자들의 행동, 거래상황 등을 기준으로 한 실증적인 것이어야 의미를 가지게 된다는 점에 유의해야 한다.

5. 지역분석의 결과를 적정하게 활용

지역분석에 의해 파악된 표준적 이용과 가격수준은 개별부동산의 최유효이용 및 구체적 가격에 영향을 미치게 되기 때문에 지역분석의 결과를 적절하게 개별분석에 활용하여야 한다.

03 절 지역분석과 개별분석의 관계[30] 및 3방식의 활용 ▸기출 4회, 6회, 11회

Ⅰ 지역분석과 개별분석의 관계

1. 분석범위와 선후관계

지역분석은 대상지역에 대한 전체적·광역적·거시적 분석인 반면, 개별분석은 대상 부동산에 대한 부분적·국지적·구체적·미시적 분석이다. 개별분석은 고립적인 분석이 아니며, 작업의 선후관계로는 지역분석이 선행되고 그 결과에 따라 개별분석이 행해진다.

2. 부동산의 종별과 유형에 따른 관련성

부동산의 종류는 용도에 따른 종별과 유형적 이용 및 권리관계의 태양에 따른 유형이 있다. 지역분석이 부동산의 종별에 의한 지역의 표준적 사용·가격수준의 관점이라면, 개별분석은 부동산의 유형에 의한 대상 부동산의 최유효이용을 판정하여 가격을 개별화·구체화하는 작업이다.

3. 분석목적 및 관련 가격제원칙

지역분석은 표준적 이용과 가격수준을 파악하고, 개별분석은 대상 부동산의 개별요인을 분석하여 최유효이용과 구체화·개별화된 가격을 산정하는 것이다. 지역분석은 적합의 원칙과 관련이 있고, 개별분석은 균형의 원칙과 관련이 있다.

4. 표준적 사용과 최유효이용의 관계

(1) 일치성 여부

표준적 사용은 지역분석의 결과이며, 최유효이용은 개별분석의 결과이다. 원칙적으로 표준적 사용에 적합한 것이 최유효이용이나 반드시 일치하는 것은 아니다. 최유효이용은 부동산의 개별성에 의하여 규정되는 것이므로 항상 표준적 사용과 동일하지는 않다.

---

30) (특강) 개별분석과 지역분석의 관련성(노용호, 건대특강) / (연습문제) 경응수

(2) 창조적 토지이용 영향

창조적 토지이용이 침입, 계승된 경우 최유효이용으로 되고, 이는 표준적 사용의 변화를 초래한다.

(3) Feed-back 관계

지역요인 변동으로 지역특성이 바뀐 결과 표준적 이용과 최유효이용이 불일치한 경우에도 다소 장기간이 걸리더라도 서로 일치하려는 feed-back 관계를 가지려는 게 부동산의 속성이다.

구분	지역분석	개별분석
대상범위	대상지역(대상지역에 대한 전체적, 광역적, 거시적 분석)	대상 부동산(대상 부동산에 대한 부분적, 국지적, 구체적, 미시적 분석)
목적	표준적 사용과 가격수준	최유효이용과 구체적 가격
선후관계	선행분석	후행분석
종류관계	종별에 따른 표준적 사용	유형에 따른 최유효이용
관련 가격원칙	적합의 원칙	균형의 원칙
일치 여부	최유효이용은 개별성으로 인해 표준적 사용과 반드시 일치하지는 않음	
최유효이용의 피결정성	최유효이용은 표준적 사용에 의한 피결정성	
Feed-back 관계	양자는 Feed-back 관계로 서로 영향을 미침	

II 지역 · 개별분석의 3방식에의 활용(가격 측면)

1. 개설

부동산가격의 형성과정을 이해하고 이러한 과정에서 지역분석과 개별분석을 통하여 가격형성에 관한 제 요인을 분석함으로써 대상물건에 대한 가치접근은 이루어지지만, 이를 구체적으로 수치화시키기 위해서는 수익성 · 비용성 · 시장성의 원리에 의한 감정평가 3방식이라는 도구를 활용해야 한다.

2. 비교방식에의 활용

(1) 사례수집과 사례선택에 있어 ① 지역분석을 통해 위치적 유사성이 있는 사례를, ② 개별분석을 통해 물적 유사성이 있는 사례를 선택한다.

(2) 사정보정 시 개별분석을 통해 사례나 대상 부동산의 개별적 사정을 보정한다.

(3) 시점수정 시 인근지역의 cycle pattern 등을 충분히 활용하고, 지역의 동태적 파악, 분석이 이루어진다.

(4) 지역요인 비교 시 지역분석의 결과인 표준적 사용을 파악하여 가격수준을 가늠한다.

(5) 개별요인 비교 시 개별분석의 결과인 최유효이용을 판정하여 개별・구체적 가격을 가늠한다.

3. 수익방식에의 활용

(1) 순수익 산정 시 ① 순수익은 최유효이용을 전제로 파악되어야 하는바, 대상물건의 최유효이용판단 시 개별분석 결과가 활용되며, 이러한 최유효이용의 판단은 지역분석을 통해 파악된 대상지역의 표준적 사용의 제약하에 판정된다. ② 간접법으로 순수익을 구할 때, 지역요인 비교와 개별요인 비교에 활용된다.

(2) 환원율 산정 시 ① 시장추출법은 인근지역의 대체가능한 부동산으로부터 추출 시 지역분석을 요하고, ② 투자시장질적비교법은 질적평점비교 시 개별분석 결과가 활용된다.

4. 원가방식에의 활용

① 재조달원가는 개별분석의 결과인 최유효이용을 전제하여 구하고, ② 감가수정 시 지역분석을 통해 경제적 감가를, 개별분석을 통해 물리적・기능적 감가를 행한다.

5. 시산가액 조정 시

① 자료선택의 적부와 관련하여, 일반적 요인, 지역요인, 개별요인 분석의 적부 검토 시 활용되며, ② 특히 물적 유사성 여부, 단가와 총액과의 관계에서 최유효이용 관계 등이 고려되어야 한다.

Ⅲ 결

지역분석 및 개별분석은 용도적 기능의 동질성을 중심으로 대체, 경쟁의 가격 원리가 작용하는 지리적 범위를 설정하고 구체적 부동산 가치 접근을 위한 가격형성 제 요인의 분석 작업으로 그 정확성 및 신뢰성이 감정평가의 정도를 좌우하게 된다.

따라서 지역분석 및 개별분석의 분석 기법의 지속적인 연구 및 선진기술의 도입, 계량화 방안의 연구가 시급하다 할 것이다. 또한 감정평가의 활동 중 비가치추계 활동(컨설팅), 타당성분석 등이 최근 중요 활동 영역으로 인식되고 있는바, 지역분석 및 개별분석의 중요성이 보다 요구된다 할 것이다.

04 절 지역분석의 대상지역 ▸기출 12회, 15회, 16회, 22회

Ⅰ 개설(의의 및 분석 필요성)

① 지역분석의 대상지역은 지역분석 작업을 위해 용도적 관점 등에서 인위적으로 구분한 지역을 말하는 것으로 인근지역 및 유사지역, 동일수급권을 의미한다.

② 부동산의 지역성으로 인근지역 분석이 중심이 되나, 인근지역의 상대적 위치・장래동향을 보다 명백히 하고 자료수집 범위를 확대하여 평가의 정도를 높이고자 인근지역, 유사지역을 포함하는 광역적 범위인 동일수급권 분석이 필요한 것이다.

Ⅱ 인근지역

1. 의의

"인근지역"이란 감정평가의 대상이 된 부동산이 속한 지역으로서 부동산의 이용이 동질적이고 가치형성요인 중 지역요인을 공유하는 지역을 말한다(감정평가에 관한 규칙 제2조).

2. 특징

① 인근지역은 감정평가의 대상이 되는 부동산이 속해 있다는 특징이 있다.
② 인근지역 내 부동산은 대상 부동산과 용도적 및 기능적으로 동질성을 가지며, 동일한 가격수준을 가진다.
③ 인근지역 내 부동산은 대상 부동산과 상호 대체 및 경쟁의 관계가 있다.
④ 인근지역은 그 지역의 특성을 형성하는 지역요인의 추이, 동향에 따라 성장기·성숙기·쇠퇴기·천이기·악화기라는 인근지역의 사이클 패턴을 가지면서 변화한다.

3. 인근지역의 조건(요건)(노용호)

① 대상 부동산이 속해 있는 지역의 일부분일 것
② 주거활동, 상업활동, 공업활동 등의 특정한 토지용도를 중심으로 집중된 형태일 것
③ 인근지역의 지역특성이 대상 부동산의 가격형성에 직접 영향을 미칠 것 등을 요건으로 한다. 즉, 인근지역은 지역 내 부동산들의 용도상 공통성이 있고, 기능적인 면에서 동질성이 있으며, 상호 대체·경쟁관계에 있어야 한다.
④ 도시, 농촌과 같은 종합형태의 지역사회보다 작은 지역일 것

4. 인근지역 분석의 필요성

인근지역은 ① 대상 부동산의 가격형성에 직접적으로 영향을 주며, ② 개별부동산의 최유효이용 판정의 방향을 제시하는 표준적 사용을 파악하기 위해서 인근지역 분석이 필요하게 된다. 즉 인근지역의 지역특성이 대상 부동산의 최유효이용을 1차적으로 제약하기 때문이다.

5. 인근지역의 경계와 범위

(1) 경계의 의의

부동산은 자연적 특성인 개별성으로 물리적 대체성이 인정되지 않으며 비동질적이나, 인문적 특성인 용도의 다양성으로 용도적·기능적 측면에서 동질성이 인정된다. 따라서 인근지역이란 이러한 용도적 동질성이 인정되는 지역이고, 인근지역의 경계란 이러한 동질성이 인정되는 지역의 범위를 정하는 것이라 할 수 있다.

(2) 경계설정의 중요성(필요성)

1) 지역분석의 대상지역으로서 중요성

대상 부동산의 가격형성에 직접 영향을 미치는 범위설정과 개별부동산의 최유효이용 판정의 방향을 제시하는 표준적 사용의 판정범위를 설정하기 위해 중요하다. 즉 가격수준 파악에 가장 큰 영향을 미치는 지역범위이므로 경계설정이 중요하다.

2) 사례자료 수집에 있어서 중요성

사례자료 수집 시 인근지역 사례의 신뢰도가 매우 높다. 즉 수집범위가 너무 넓으면 가격수준 판정이 곤란하고, 수집범위가 너무 좁으면 신뢰도가 낮아지는바, 인근지역의 범위설정이 중요하다.

(3) 경계설정의 기준31)

1) 일반적 기준

토지의 이용형태와 토지이용의 편리성, 연속성의 차단, 교통체계 등을 중시해야 하며, 부동산의 종별을 고려하고 용도적 동질성을 기준으로 설정해야 한다.

2) 구체적 기준

연속성을 차단하는 하천, 산악, 구릉 등, 부동산 이용형태에 차이를 주는 지반, 지세, 지질 등의 자연적 경계와 도로, 철도, 공원 등의 인공적 경계, 종교, 언어, 소득수준, 문화수준, 토지이용계획 및 규제, 용도지역 등의 인문적 경계를 기준으로 한다.

(4) 경계설정 방법(3단계)32)

1) 지역의 물리적 특성 검토

토지이용의 유사성 정도, 구조의 유형, 건축기술의 형태, 유지비 등을 알기 위해 주변분석을 요한다.

2) 지도상에 예비적 경계 설정

지도상에 물리적 특성이 변화하는 지점을 연결한다. 물리적 특징의 변화와 일치하거나 그 근처에 있는 물리적 장애물을 확인할 수 있다.

3) 예비적 경계의 검토

인구통계 자료에 대비하여 예비적 경계를 검증한다. 가능하다면 인근지역 주민의 연령, 직업, 수익 그리고 교육수준에 관한 정확한 자료를 구해야 한다.

---

31) (특강) 인근지역의 경계를 설정하는 주요기준(노용호, 건대특강)

32) 이창석, 부동산감정평가론, 형설출판사, 2000

(5) 경계설정 시 유의사항

1) 적정범위 설정

인근지역 범위가 너무 확대되면 가격수준의 판정이 어렵고, 너무 축소되면 사례자료수집에 어려움이 있다.

2) 동태적 분석 설정

인근지역의 경계는 지역적 특성을 형성하는 지역요인의 영향을 받아서 설정되는바, 이에 영향을 미치는 지역요인은 항상 변화의 과정에 있으므로 동태적으로 분석하여 설정기준을 정해야 한다.

3) 과학화 · 객관화

보다 정확한 인근지역 분석 위해 Computer 등을 이용한 인근지역 경계설정의 과학화 · 객관화를 요한다.

4) 법상 용도지역과 불일치 가능성

우리나라의 경우 행정적 측면이 강하게 작용하는 면이 있지만 반드시 부동산 관련 법상의 용도지역과 같은 행정적 규제와 일치하는 것이 아니라는 점에 유의해야 한다. 합리적 사유가 있으면 2가지 이상의 용도지역이 혼재하기도 하고 하나의 용도지역이 분할될 수도 있다. 즉, 용도지역은 경계설정의 여러 가지 기준 중 하나의 예에 불과하다.

6. 인근지역의 Age-cycle pattern

(1) 의의

인근지역이란, 인구 · 소득수준 · 행정규제 등 지역요인이 동질적 특성을 가진 단일지역의 하나로서, 대상 부동산이 속한 가장 소규모의 지리적 단위이다. 인근지역의 Age-cycle pattern은, 인근지역의 성쇠현상을 생태학적 관점에서 파악하여 각 국면에서의 여러 가지 특징을 파악하려는 이론을 말한다.

(2) 조건

인근지역은 고정적 · 경직적인 것이 아니라 유동적 · 가변적인바, 보통 성장기, 성숙기, 쇠퇴기, 천이기, 악화기의 5단계로 100년을 주기로 변화하는데 이러한 지역 cycle이 선명하게 되기 위해서는 ① 하나의 개발계획에 의해서 동시에 개발되어야 하고, ② 지역의 동질성이 있어야 한다는 조건이 충족되어야 한다.

(3) 단계별 특징[33](장숙쇠천악) ▸기출 12회

구분	의의	특징	감평 시 유의사항
성장기	① 어떤 지역이 새로 개발 또는 과거 건물이 교체됨으로써 지역의 면모가 달라지기 시작하는 시기 ② New town이라면 15~20년, 작은 것은 수년에 걸쳐 일어남	① 지역 내 경쟁 치열 ② 지가 상승이 활발 ③ 투기적 양상 등장 ④ 입주주민은 젊고, 교육수준 높음 ⑤ 초기에 지가가 개발계획단계 → 개발사업착수단계 → 개발사업 완성단계의 3단계에 따라 변동하는 경향 있음	① 과거의 사례가격은 새로운 거래의 하한선 ② 건물신축시기로 재조달원가의 신뢰성 인정 ③ 투기성향에 의한 사정보정 작업 필요 ④ 지속적 수익상승 정도 예측 필요성
성숙기	① 지역이 점차 안정되고, 지역 기능도 자리가 잡히고, 인구유입이 둔화되는 시기 ② 일반적으로 15~20년	① 부동산가격 · 지역기능 · 지역주민의 사회적 · 경제적 수준이 최고(peak) ② 경쟁이 안정적	① 부동산거래 활발 → 사례자료수집이 용이 ② 재조달원가, 순수익이 최고 ③ 쇠퇴기 전 단계로서 언제 쇠퇴기가 도래할 것인지 예측이 중요 ④ 과거의 사례가격은 새로운 거래의 하한선
쇠퇴기	건물의 경제적 수명을 다하면서 세대가 바뀌고, 더 이상 원주거자의 필요를 충족시키지 못하는 시기	① 경제적 수준이 높은 주민의 유출이 시작됨 ② 지가하락추세 ③ 중고 부동산거래가 부동산거래의 중심 ④ Filtering 현상이 시작되어 사회적, 경제적 지위가 낮은 주민의 유입으로 지역의 지위도 함께 저하됨	① 과거사례는 현재의 가격의 상한선 ② 건물의 경제적 수명이 다해가면서 감가액의 정도가 커짐 ③ 수익하락이 예상됨
천이기	Filtering 현상이 심화되는 시기	① 쇠퇴기 거주자가 교외로 이동성향 ② 지역으로서 하나의 과도기단계(한 단계 낮은 수준의 주민이 유입되는 시기) ③ 일시적인 부동산가격의 상승현상도 보임	① 과거의 사례가격은 새로운 거래의 상한선 ② 경제적 내용연수가 만료되어 감가수정 시 잔존가격만 있는 경우도 있음 ③ 수익의 급락에 유의
악화기	① 쇠퇴기 · 천이기의 기간 중 재개발하지 않을 경우 Slum화되기 전의 단계 ② 부동산 관리비용이 수익을 초과하여 방기현상이 가속되는 단계	① 쇠퇴기와 천이기의 기간은 재개발 · 재건축의 지역개선을 위한 노력 유무에 따라 정도의 차이가 있음 ② 아무런 개선의 노력이 없다면, slum화의 전 단계인 악화기가 됨	감평 시 재건축이나 재개발 가능성을 예측하여 부동산 가격수준을 가늠함

33) (특강) 인근지역의 성쇠현상을 설명하고 감정평가에 있어 고려해야 할 사항을 논하시오(이창석, 태평양특강, 40점).

(4) 유의사항

① 감정평가 시 인근지역의 순환적 수명상태를 파악하여, 대상 부동산의 쾌적성의 진부화와 잔존 경제적 내용연수에 의한 수익예측을 행해야 한다.

② 한 지역의 급성장은 곧 대체·경쟁의 관계에 있는 지역이 쇠퇴하는 경향에 있음에 유의한다.

③ 개발과 관련된 주거지역의 일반적 변천 과정임에 유의하여 지역분석 시 분석 대상지역의 현재상태 및 장래동향 파악에 유의해야 한다.

④ 구체적으로 인근지역의 Age-cycle의 분석은, 지가수준, 인구의 유입과 유출, 주민수준의 파악을 통해 용도변경가능성, 경제적 잔존내용연수, 경제적 감가액, 공실률과 대손율, 최유효이용 분석에 활용 가능할 것이다.

7. 인근지역 분석 시 유의사항

(1) 인근지역의 범위설정에 유의

인근지역은 대상 부동산의 용도와 지역의 동질성이 있는 지역인바, 용도성은 항상 변화하고 있으므로, 구체적 범위 판정 시 단순히 공법상 용도지역으로 판단하지 않고 실태주의에 입각해야 한다.

(2) 인근지역의 상대적 위치 파악에 유의

인근지역의 상대적 위치를 파악하기 위해서는 인근지역 주변에 있는 지역 및 동일수급권 내 유사지역의 지역요인과 인근지역의 요인비교로 상대적 격차를 파악해야 한다.

(3) 자료수집 및 부동산시장의 분석

인근지역을 포괄하는 광역적인 지역요인을 파악하고 이와 관련된 요인자료를 수집, 분석한다. 부동산시장 분석 시에도 그 지역의 부동산시장의 현황과 시장참여인의 행동 등을 분석하여 거래상황을 정확히 파악 후 지역요인 분석을 행하여야 한다.

(4) 장래동향의 분석

인근지역의 지역요인에 대한 분석 및 부동산시장의 동향분석은 인근지역의 변화과정과 주변에 있는 타지역의 추이 및 동향, 특히 이행지·예정지의 경우에는 변화의 추이 및 장래동향을 시계열적으로 분석해야 한다.

Ⅲ 유사지역

1. 의의

“유사지역”이란 대상 부동산이 속하지 아니하는 지역으로서 인근지역과 유사한 특성을 갖는 지역을 말한다(감정평가에 관한 규칙 제2조).

2. 특성(요건)

① 유사지역은 대상 부동산이 속한 인근지역과 지리적 위치가 다르므로 감정평가의 대상이 되는 부동산이 속하지 아니하는 지역이라는 특성이 있다.

② 유사지역은 인근지역과 용도적 및 기능적으로 유사하여 지역구성요소가 동질적인 지역을 말한다. 따라서 이는 거리의 원근개념이 아니라 지역특성의 유사성이나 가치형성요인의 동질성에 따라 그 범위를 설정해야 한다.

3. 분석의 필요성

(1) 대체의 원칙

대상 부동산이 속하고 있는 인근지역은 대체의 원칙에 의거 유사지역과 밀접한 관계에 있으므로 유사지역의 분석을 통한 비교·분석의 작업이 필요하게 된다.

(2) 인근지역의 상대적 위치와 지역특성의 명확한 파악

인근지역과 대체·경쟁관계에 있는 유사지역을 분석함으로써 인근지역의 상대적 위치와 지역특성을 보다 명확하게 파악하여 인근지역의 표준적 이용과 가격수준을 보다 적정하게 파악하기 위해 유사지역에 대한 분석이 필요하다.

(3) 지역의 변화

지역은 고정되어 있는 것이 아니라 자연적·사회적·경제적·행정적 요인의 변화에 따라 항상 변화해가기 때문에 유사지역에 대한 분석을 시계열적인 측면에서 지속적으로 할 필요가 있다. 이를 통해 인근지역의 장래동향을 보다 명확히 할 수도 있게 된다.

(4) 사례자료의 수집범위 확장

인근지역에서 적절한 사례가 없는 경우 유사지역의 분석을 통해 자료를 수집할 수 있다. 또한, 인근지역 내 사례가 있는 경우에도 유사지역의 사례를 분석함으로써 인근지역의 사례에 대한 적정성을 검증함으로써 감정평가액의 정확도를 높일 수 있다.

『인근지역과 동일수급권 내 유사지역과의 관계』

인근지역과의 비교대상으로서 거래사례를 선택할 수 있는 지역은 동일수급권 내 유사지역이 있다. 비록 동일수급권 밖이지만 유사지역인 경우에도 인근지역과 비교대상 지역이 될 수 있다.

Ⅳ 동일수급권

1. 의의

"동일수급권(同一需給圈)"이란 대상 부동산과 대체 · 경쟁 관계가 성립하고 가치형성에 서로 영향을 미치는 관계에 있는 다른 부동산이 존재하는 권역(圈域)을 말하며, 인근지역과 유사지역을 포함한다(감정평가에 관한 규칙 제2조). 이는 부동산의 고정성으로 인해 부동산의 수요 · 공급이 가능한, 즉 대체관계의 지역적 한계를 나타낸다.[34]

2. 특징

① 인근지역과 유사지역을 포함하므로 감정평가 대상 부동산이 존재하는 권역이다. 또한, 이들 지역만이 아니라 순수하게 동질적이라고 볼 수 없는 주변 용도지역을 포함하는 광역적인 지역이다.

② 동일수급권은 거리의 원근개념이 아니라 부동산 상호 간에 수요 및 공급 측면에서 대체관계가 성립되는 부동산이 존재하는 권역이다.

3. 분석의 필요성

(1) 대체의 원칙

대체의 원칙에 의거 대상 부동산이 속한 인근지역은 동일수급권과 밀접한 관계이므로 비교분석이 필요하다.

(2) 개별분석을 위한 선행작업

최유효이용의 판단방향을 제시하고 구체적 가격을 구하기 위한 범위(가격수준, 표준적 이용)를 설정해 줌으로써, 개별분석의 전 단계 절차로서 필요하다. 결국, 인근지역의 지역특성을 명백히 하여 자료의 수집 및 선택범위를 결정하기 위해 필요하다.

(3) 지역요인의 변동

대상 부동산과 관련 있는 동일수급권은 사회적, 경제적, 행정적, 자연적 요인이 부단히 변동하므로 가격변동을 초래하는바, 시계열적인 동일수급권 분석이 필요하다.

---

34) 동일수급권을 시장지역(Market Area)라고 하기도 한다. 이는 대상 부동산과 유사성이 있어 매수자나 잠재적 사용자들의 관심을 끄는 대체 · 경쟁관계에 있는 부동산들이 소재하는 지역을 의미한다.

(4) 사례자료의 수집범위 확장

인근지역 및 유사지역에서 적절한 사례자료가 없는 경우 동일수급권의 분석을 통해 자료를 수집할 수 있다. 또한 인근지역 및 유사지역 내 사례가 있는 경우에도 동일수급권의 사례를 분석하여 인근지역 및 유사지역의 사례에 대한 적정성을 검증함으로써 감정평가액의 정확도를 높일 수 있다.

4. 용도별 동일수급권 파악[35)]

(1) 용도별 동일수급권 파악

① 동일수급권의 범위는 대상 부동산이 존재하는 권역인 인근지역과 상관관계에 있는 유사지역을 포함하는 광역적인 지역이다.

② 이는 부동산의 종류 · 규모 · 성격에 따라 다르며, 유사지역과 인근지역의 지역요인과는 유사성이 있어야 한다. 지리적 인접성과는 무관하다.

③ 동일수급권 파악이란 대상 부동산과 대체관계가 성립되고 그 가격형성에 영향을 미치는 권역의 범위를 파악하는 것을 말하며, 이는 대상이 어떤 지역(종별)에 속해 있는가에 따라 달라진다.

> **용도지대**
>
> 토지의 실제 용도에 따른 구분으로서 「국토의 계획 및 이용에 관한 법률」상의 용도지역 · 지구 · 구역 등(이하 "용도지역 등"이라 한다)에도 불구하고 토지의 지역적 특성이 같거나 비슷한 지역의 일단을 말하며, 상업지대 · 주택지대 · 공업지대 · 농경지대 · 임야지대 · 후보지지대 등으로 구분한다.

(2) 주거지

주택지역의 거주자는 통상 도심의 사무소에서 경제활동을 하게 되므로 이의 동일수급권은 도심으로 통근 가능한 지역범위에 일치하는 경향이 있다. 그러나 사람은 어느 지방, 지역 등에 선호성도 갖게 되므로 이와 같은 지역적인 선호성에 의해 대체관계가 성립되는 지역적 범위가 좁아지는 경향이 있다.

(3) 상업지

상업지의 수요자는 상업지에 의한 수익에 착안하여 행동하는 것이므로 같은 수익을 올릴 수 있는 상업지가 존재하는 지역적 범위가 상업지의 동일수급권이 된다. 고도 상업지역의 동일수급권은 광역적으로 형성되는 경향이 있으나 보통상업지는 보다 좁은 상업기반을 배경으로 하기 때문에 동일수급권 역시 좁다.

---

35) 이창석, 기본강의 감정평가, 리북스, 2013, p424, 425

(4) 공업지

공업지에서는 제품생산 및 판매에 관한 비용의 경제성 등에 관한 대체성을 갖는 토지가 존재하는 지역적 범위와 일치하는 경향을 갖는다. 그러나 대규모 공장지에 있어서는 원재료, 제품 등의 관계로부터 철도, 도로, 항만 등의 수송기관에 관한 대체성을 갖는 지역범위와 일치하는 경향이 있으므로 그 지역적 범위는 전국적인 경우가 되는 수도 있다.

(5) 농지

농지의 동일수급권은 지역 내의 농업경영주체가 해당 농지에 대하여 통상적 형태로 농업생산활동이 가능한 지역의 범위와 일치하는 경향이 있다.

(6) 임지

임지의 동일수급권은 임업경영주체가 통상적 형태로 임업생산활동이 가능한 지역의 범위와 일치하는 경향이 있다.

(7) 후보지 및 이행지

후보지 및 이행지의 동일수급권은 해당 토지가 전환 또는 이행한다고 예상되는 토지 종별의 동일수급권에 일치되는 경향이 있다. 그러나 성숙도가 낮은 경우에는 전환 전 또는 이행 전 토지의 동일수급권과 일치하는 경향이 있다.

5. 동일수급권 분석 시 유의사항

동일수급권은 부동산의 종류, 성격 및 규모에 따라 지역범위를 달리하게 된다. 예를 들어, 단독주택이나 소규모 공장용지 등은 대상 인근지역이나 유사인근지역 수준에서 분석될 수 있으나, 대규모 아파트단지나 공업단지 등의 동일수급권 범위는 유사인근지역보다 넓은 국가적 또는 국제적 지역범위로까지 확장될 수 있다.

V 결

부동산의 가격은 대체의 원칙이 작용하여 형성되는 것이므로, 부동산의 감정평가에 의하여 가격을 구할 때는 다른 부동산의 상대적 가치와 상대적 격차를 정확하게 분석, 검토함으로써 비로소 적정한 감정평가를 할 수 있다. 따라서 평가사는 인근지역뿐만 아니라 유사지역과 동일수급권에 대한 사례자료를 활용함으로써 평가의 정도를 높이고, 인근지역의 특성을 부각시켜 이에 의한 가격수준·가격의 파악에 정당성·합리성을 부여하여야 한다.

Chapter 07

최유효이용

01 절 최유효이용 ▸기출 3회, 13회, 18회, 22회, 24회, 28회

Ⅰ. 최유효이용의 의의

Ⅱ. 최유효이용의 이론적인 근거

1. 인간의 합리성 추구
2. 토지 할당
3. 최유효이용의 강제

Ⅲ. 최유효이용의 판단기준

1. 최유효이용의 판단의 의의
2. 최유효이용의 판단기준
   (1) 물리적 가능성
   (2) 법적 허용성
   (3) 경제적 타당성
   (4) 최대수익성
3. 최유효이용 분석의 순서

Ⅳ. 최유효이용의 분석

1. 최유효이용의 분석의 유형
2. 나지상태의 최유효이용분석
3. 개량부동산이 있는 상태의 최유효이용분석
4. 최유효이용분석의 결과
   (1) 최유효이용분석에 대한 보고서의 포함내용
   (2) 두 가지 분석의 결과가 상이한 경우

Ⅴ. 최유효이용 판정 시 유의사항

1. 통상의 이용능력이 있는 사람에 의한 이용일 것
2. 단순한 이용자에 의한 이용이 아닐 것
3. 예측 가능한 이용일 것
4. 장기적 고려를 통한 이용일 것
5. 수요분석에 유의
6. 동태적인 관점에서 분석할 것
7. 표준적 이용과의 관계를 고려하되, 특수상황의 최유효이용에 유의할 것

Ⅵ. 감정평가와의 관계

1. 평가의 가치전제
2. 지역분석 및 개별분석과의 관계
3. 감정평가 3방식과의 관계
   (1) 원가방식과의 관계
   (2) 비교방식과의 관계
   (3) 수익방식과의 관계

Ⅶ. 최유효이용의 장애요인

1. 경제주체의 비전문성
2. 부동산시장의 불완전성
3. 정부의 행정적 규제

Ⅷ. 결

Ⅰ 최유효이용의 의의(객양통이 합합최)

최유효이용이란 객관적으로 보아 양식과 통상의 이용능력을 가진 사람이 부동산을 합법적이고 합리적이며 최고·최선의 방법으로 이용하는 것을 말하며, 경제주체의 합리성, 토지할당, 최유효이용의 강제 등에 근거한다. 최유효이용분석이란 지역분석과 개별분석을 통하여 대상 부동산이 최대의 수익을 창출할 수 있는 용도를 찾아내는 작업이다. 그러므로 감정평가과정에서는 최유효이용분석의 사전단계로서 먼저 지역분석과 개별분석을 요구하게 된다.

부동산의 가격은 최유효이용을 전제로 파악되는 가격을 표준으로 하여 형성된다는 원칙이 최유효이용의 원칙이다. 만약 최유효이용에 미치지 못하는 경우 그만큼 낮은 가치로 평가된다. 즉, 부동산의 가치는 최유효이용을 전제로 형성되기 때문에 대상 부동산의 가치를 평가하기 위해서는 특정 시점의 시장상황을 고려하여 대상 부동산의 최유효이용을 분석해야 한다.

Ⅱ 최유효이용의 이론적인 근거(합할강)

1. 인간의 합리성 추구

부동산은 부증성으로 인하여 제한된 자원의 효율적 이용이 강조되므로, 다양한 용도 중 가장 효용성 있는 이용방법을 생각하게 된다. 즉, 경제주체의 합리성 추구는 결국 토지의 이용을 최유효이용으로 귀착시킨다.

2. 토지 할당

부동산의 인문적 특성인 용도의 다양성으로 인해 이용의 방법, 주체, 규모에 있어서 대체·경쟁관계가 발생하게 되므로, 이러한 대체·경쟁의 과정을 통해 최유효이용자에게 토지가 할당된다.

3. 최유효이용의 강제

부동산은 개별성으로 인하여 오용되기 쉬운 데 반해 악화성향, 지속성, 비가역성 등의 성질이 있으므로 가치창조 및 사회성·공공성의 최대발휘를 위하여 최유효이용이 필요하다. 따라서 국가나 사회는 공적 규제 등을 통하여 사용자에게 최유효이용을 강제한다.

Ⅲ 최유효이용의 판단기준 ▸기출 22회, 24회, 28회

1. 최유효이용의 판단의 의의

최유효이용판정은 현재 대상 부동산이 있는 그대로의 상태가 아닌 다양한 용도 중 잠재적인 최유효이용을 도출하는 작업이다. 따라서 시장분석 및 시장성분석을 통하여 대상 부동산의 사용과 가치에 관계되는 법적, 물리적, 경제적 문제들을 검증하여야 하고 최종적으로 가장 수익성이 높은 부동산의 유형과 이용방법을 결정하여야 한다.

2. 최유효이용의 판단기준

(1) 물리적 가능성

1) 의의

물리적 가능성 기준이란, 대상 부동산이 토양의 하중 지지력, 지형, 지세 등에 적합한 이용이어야 한다는 기준이다. 상・하수도와 같은 공공편익시설의 유용성도 물리적 가능성을 판단하는 중요한 기준이다.

2) 내용

물리적 조건에 따라 개발비용이 과도하게 소요되는 경우도 있으므로 물리적 가능성은 경제적 효율성과 결부되어 있다. 어떤 토지는 토지 집합의 일부로서 인접 토지와의 병합을 통해 최유효이용을 실현하는 경우가 있는데 이러한 경우 병합을 위한 비용과 시간이 고려되어야 한다.

(2) 법적 허용성

1) 의의

법적 허용성 기준이란, 대상 부동산의 지역지구제뿐만 아니라 여러 가지 환경기준 등 개발에 대한 각종 법적 규제에 적합한 이용이어야 한다는 기준이다. 장기 임대차계약과 같은 사법상의 계약도 최유효이용에 영향을 미치므로 소유권 외에 용익, 담보물권 등의 설정도 검토되어야 한다.

2) 내용

부동산에 가해지는 각종 건축관련 법규의 부담은 건축비용의 상승과 직접적으로 관련이 있으므로 비용을 절감할 수 있는 법적 허용 조건을 찾는 것이 중요한 요소가 된다. 또한 현재의 규제뿐만 아니라 규제의 변경가능성도 검토되어야 한다. 예를 들어, 재개발・재건축이 가능한 오래된 저층아파트의 경우에는 가격이 높게 형성되는데, 이는 현재 상태로서는 재개발 혹은 재건축을 하여 고층아파트로 이용하는 것이 비합법적이지만 가까운 장래에 그것이 가능할 것이라는 합리적 판단이 반영되어 있기 때문이다.

(3) 경제적 타당성

1) 의의

경제적인 타당성이 있는 이용이란 적정한 수익의 확보가 가능한지 여부와 기대 이윤이나 가치 증진이 투입된 비용을 초과하는지 여부로 판단할 수 있으며, 정의 순현가(NPV)가 가능한지를 확인하면 된다.

2) 내용

최유효이용은 해당 용도에 대한 충분한 수요가 있음을 의미하므로 토지이용흡수율 등을 분석할 필요가 있다. 이는 개인적인 차원에서의 투기목적의 이용이라든지 먼 장래의 불확실한 이용 등을 제외하고 객관적인 입장에서 합리적으로 가능한 이용을 파악하기 위함이다.

(4) 최대수익성

1) 의의

최대수익성 기준이란, 대상 부동산이 앞서 설명한 3가지 조건을 충족하는 잠재적 용도 중에서 최고의 수익을 창출하는 이용이어야 최유효이용에 해당한다는 기준으로 이는 객관적인 실제 시장 증거에 의해 뒷받침되어야 한다.

2) 내용

최유효이용은 단순히 최고의 수익을 창출하는 잠재적 용도가 아니라 적어도 그 용도에 대한 부동산의 시장수익률과 동등 이상의 수준이 되어야 한다. 대체・경쟁의 범위를 금융자산 등까지 넓히게 되면 대체투자수단의 수익률과도 비교하여야 한다.

3. 최유효이용 분석의 순서

최유효이용 판정의 네 가지 기준에 대한 분석 시 대개 물리적 분석, 법적 분석, 경제적 분석의 순서로 이루어진다. 그러나 물리적 분석이나 법적 분석은 그 순서가 바뀌어도 상관없다. 때로는 법적 분석이 먼저 이루어지기도 하는데 이는 법적 분석을 통해 일부의 대체적 용도를 쉽게 분석과정에서 제외시킬 수 있고, 물리적 가능성 분석에 수반되는 설계비나 조사비용 등을 절약할 수 있기 때문이다. 즉, 비용과 시간의 절약을 위해 법적 분석이 먼저 이루어질 수도 있다. 그러나 어떤 경우에도 물리적 분석과 법적 분석이 경제적 분석보다는 먼저 이루어져야 한다.

Ⅳ 최유효이용의 분석 ▸기출 28회

1. 최유효이용의 분석의 유형

최유효이용분석이란 토지의 잠재적 용도들의 수익성을 비교분석하여 최대의 수익을 창출할 수 있는 용도를 찾아내는 작업이다. 최유효이용분석은 두 가지로 나누어진다. 하나는 건물과 같은 개량물이 있다고 하더라도 없는 것으로 간주해서 최유효이용을 분석하는 것이며, 다른 하나는 개량물이 있는 상태 그대로 분석하는 것이다. 최유효이용의 판정은 다음의 순서로 신중히 하여야 한다.[36)]

ⅰ) 대상물건의 최유효이용은 무엇인가?
ⅱ) 현재는 최유효이용 상태인가?
ⅲ) 최유효이용으로 이용된다면 앞으로도 계속될 것인가?
ⅳ) 그렇지 않다면 최유효이용 상태로의 전환은 가능한가?
ⅴ) 전환에 소요되는 비용과 시간은 얼마인가?

2. 나지상태의 최유효이용 분석[37)]

(1) 비수익성 부동산

비수익성 부동산의 경우 나지상태로 두는 소극적 이용 또한 최유효이용이 될 수 있으므로, 먼저 개발 여부를 판정한다. 그 다음 건축물의 건축이 최유효이용이라고 가정하고 각 잠재적 용도별로 개발 후의 시장가치에서 건축공사비 등 총 개발비용을 공제한 토지의 잔여가치가 최대가 되는 용도가 최유효이용이 된다.

(2) 수익성 부동산

수익성 부동산의 경우 각 잠재적 용도별로 예상수익을 산정하여 대상 부동산의 가치를 직접환원법에 의하여 토지가치를 산출하는 방법이 있으며, 토지잔여법을 이용하여 토지에 귀속되는 순수익을 토지환원율로 환원하여 토지의 잔여가치를 극대화하는 안을 선택하기도 한다. 이때 각 용도 간 사업위험도의 차이가 있으므로 환원율로 다를 수 있음에 유의하여야 한다.

---

36) 최유효이용 분석은 결국 최고의 수익성을 검토하기 위한 과정으로서의 성격을 지니고 있다. 따라서 여기서는 가장 핵심적이고 최종적인 판정기준인 최고의 수익성에 대해서만 검토하기로 한다.

37) 최유효이용의 기본 개념은 고전 경제학에서 발전되어 원래 토지에만 적용하는 것이다. 감정평가사는 우선 토지만 고려한 다음, 건물의 가치는 그 기여도에 따라 쉽게 측정할 수 있다.

3. 개량부동산이 있는 상태의 최유효이용 분석

개량부동산에 대한 최유효이용분석은 토지가치가 극대화되는 것을 기준으로 삼지 않고, 대상 부동산의 전체 가치가 극대화되는 것을 기준으로 삼는다. 개량부동산의 최유효이용분석은 자본비지출이 필요 없는 경우와 자본비지출이 필요한 경우 두 가지로 분석된다. 또는, 기존 상태대로 계속 사용하거나 용도전환 혹은 철거 후 신축을 하는 경우로도 구분할 수 있다.

구분			방법
토지	비수익성 부동산인 경우		개발 후 시장가치 − 건축비용 − 개발업자 수수료 = 토지가치
	수익성 부동산인 경우	직접환원법	개발 후의 순영업소득/종합환원이율 − 개발비용 = 토지가치
		잔여환원법	(개발 후의 순영업소득 − 건물귀속소득)/토지환원이율 = 토지가치
개량 부동산	자본적 지출이 불필요한 경우		순영업소득/종합환원이율 = 자본환원가치
	자본적 지출이 필요한 경우		자본적 지출 후 순영업소득/종합환원이율 − 자본적 지출 = 개량부동산 가치

4. 최유효이용분석의 결과

(1) 최유효이용분석에 대한 보고서의 포함내용

1) 이용의 구체성

① 최유효이용의 결론에는 우선 대상 부동산에 가능한 여러 가지 이용 중에서 어떤 이용이 최종적인 이용인지를 밝혀야 한다. 이때 이용에 관한 결론은 대략적으로 표현하는 경우도 있을 수 있으나 일반적으로는 구체적으로 표현해야 한다.

② 예를 들어, 안정적인 시장상황에서 주변의 이용상황이 일정하게 구성되어 있는 경우에는 단독주택 또는 상업용 건물과 같은 일반적인 용도 구분에 의해 이용상황을 표현하는 것이 적합할 수 있다. 그러나 일반적으로는 의뢰인이나 이해관계인이 명확하게 인식할 수 있도록 연면적 $100m^2$ 규모의 방 3개로 구성된 단독주택 또는 연면적 $500m^2$ 규모의 5층 짜리 상업용 건물과 같이 구체적으로 표현해야 한다.

2) 이용시기

① 최유효이용의 결론 도출에 있어서 고려해야 할 또 하나의 요소로 이용시기를 들 수 있다. 부동산을 둘러싼 시장환경의 변화에 따라 부동산의 이용 또한 끊임없이 변화한다. 따라서 최유효이용을 판정함에 있어 해당 부동산의 최유효이용이 언제 실현될 수 있는지를 파악하는 것은 매우 중요하다. 즉, 최유효이용의 결론에는 이용시기도 포함되어야 한다.

② 예를 들어, 서울 근교에 위치하고 있는 농경지의 경우 수도권으로의 지속적인 인구유입으로 시간의 흐름에 따라 도시공간이 확대되고 순차적으로 주택지로 용도 변경이

이루어진다. 그런데, 전환의 성숙도가 미미한 경우에는 지금 당장 주택지로 개발되지 못하고 일정한 기간 동안 농경지 상태로 유보되는 경우가 있다. 그런데, 정부의 주택공급 활성화 정책에 따라 주택지에 대한 수요가 증가할 경우 농경지를 주택지로 변경하는 것이 경제적 타당성을 지니면서 즉시 개발하는 것이 최유효이용이 될 수 있다.

3) 이용주체

① 최유효이용의 결론 도출에 있어서 고려해야 할 마지막 요소는 최유효이용의 주체가 누구인가 하는 점이다. 이용주체는 소유자가 될 수도 있고, 임차인이 될 수도 있다.

② 예를 들어, 단독주택 같은 경우에는 소유자들이 거주의 목적으로 이용할 가능성이 많은 반면, 소규모 주거용 오피스텔의 경우에는 임차인들의 임차 목적으로 이용될 가능성이 많다. 이러한 이용주체는 시장환경의 변화와 금융의 접근가능성과도 밀접한 관련성을 지니고 있으므로 시장분석 과정에서 충분히 다루어져야 한다.

(2) 두 가지 분석의 결과가 상이한 경우

최유효이용 분석기법

최유효이용 분석의 사례를 들어보자. 예컨대 대상토지가 용도지역상 상업지역에 있는 단독주택일 경우 이 토지의 최유효이용은 무엇인가를 분석하여 보자. 우선 토지를 나지 상태의 최유효이용과 건축물이 있는 상태의 최유효이용으로 나누어 분석해야 한다. 두 가지 기준은 상호 연관되어 있지만 전혀 다른 개념이기 때문이다.

1. 나지상태의 최유효이용
   예를 들어, 대상물건은 상업지역 내 토지이므로 용적률로 보아 주거용보다는 상업용 시설로서 이용하는 것이 최대수익을 얻는 토지이용이므로 나지상태의 최유효이용은 상가건물이나 주상복합건물이 된다. 주거용 건물로서는 중도적이용밖에는 되지 않고 그 기여도도 비교적 작을 것이다.
2. 건축물이 있는 상태의 최유효이용
   만약 현 상태, 즉 단독주택의 시장가치가 상업용 시설로서의 가치에서 현재의 주택 철거비용을 공제한 시장가치보다 높다고 하자. 그러면 건축물이 있는 상태의 최유효이용은 상가건물이나 주상복합건물이 아니라 계속 단독주택으로 이용하는 것으로 판정된다.

이와 같이 두 가지 판정기준은 전혀 다른 최유효이용의 결론을 도출할 수 있으므로 최유효이용 분석에 있어서는 반드시 이 두 방법을 병용하여 판정해야 하는 것이다.

1) 두 가지 분석의 결과가 상이한 이유

건축된 부동산의 최유효이용분석에는 기존 건축물의 철거비용, 신축비용, 건설기간 동안의 임료 손실 등 『전환비용』이 포함되기 때문에 같은 부동산이라 하더라도 앞에서 설명한 두 가지 분석, 즉 , 나지상태의 최유효이용과 건축물이 있는 상태의 최유효이용의 결과가 다를 수 있다.

2) 두 가지 분석의 결과가 상이한 것이 의미하는 바

왜냐하면 현재 상태의 시장가치가 새로운 용도의 시장가치에서 전환비용을 뺀 값보다 높다면 현재의 이용상태를 유지할 것이기 때문이다.[38)]

유형별 최유효이용분석 예시

Ⅰ. 최유효이용 분석 사례 1

1. 의의

최유효이용분석이란 토지의 잠재적 용도들의 수익성을 비교분석하여 최대의 수익을 창출할 수 있는 용도를 찾아내는 작업이다. 최유효이용분석의 사례를 들어보자. 대상 부동산은 용도지역상 상업지역에 있는 단독주택이라고 한다. 이때 대상 부동산의 토지의 '최유효이용은 무엇인가'하는 문제이다.

2. 나지 상태의 최유효이용

대상물건은 상업지역 내 토지이므로 용적률로 보아 주거용보다는 상업용 시설로서 이용하는 것이 최대수익을 얻는 토지이용이므로 '나지상태의 최유효이용'은 상가건물이나 주상복합건물이 된다. 주거용 건물로서는 중도적이용 밖에는 되지 않고 그 기여도도 비교적 작을 것이다.

3. 건축물이 있는 상태의 최유효이용

만약 현 상태, 즉 단독주택의 시장가치가 상업용 시설로서의 가치에서 현재의 주택 철거비용을 공제한 시장가치보다 높다고 하자. 그러면 건축물이 있는 상태의 최유효이용은 상가건물이나 주상복합건물이 아니라 계속 단독주택으로 이용하는 것으로 판정된다.

Ⅱ. 최유효이용 분석 사례 2

1. 나지상태의 최유효이용 판단

〈표1〉 대상토지 용도별 최유효이용분석

항목	아파트 건물	사무실 건물	매장용 건물
건축비용	130,000	100,000	90,000
순영업소득	30,000	25,000	20,000
건물소득 (건물환원이율 12%)	−15,600	−12,000	−10,800
토지소득 (토지환원이율 10%)	14,400	13,000	9,200
토지가치	144,000	130,000	92,000

아파트로 개발하면 토지가 창출한 수익은 4.8억원이며, 시장의 환원율을 10%로 가정할 경우 토지의 가치는 48억이 되므로, 이 토지에 대해서는 아파트로 개발하는 것이 경제적으로 가장 높은 수익을 낸다는 결론을 얻을 수 있다. 여기서 중요한 것은 최유효이용이 무엇인지를 판단하는 데 있어서 건축비나 EGI, 아니면 NOI 등이 크다고 해서 항상 그 용도로 개발하는 것이 최적의 대안이 될 수는 없다는 것이다. 최종적으로 토지 자체가 발생시키는 수익이 얼마나 되는지를 아는

38) 경우에 따라서는 오히려 복합부동산의 최유효이용분석에 의한 용도가 토지의 최유효이용분석의 용도보다 더 우세하고 가치도 높게 나타날 수 있다. 이는 비적법적 이용과 같은 특수한 상황이 발생할 수 있기 때문이다. 가치가 작거나 우세하다는 의미는 토지가치만을 대상으로 비교한 결과를 말한다.

것이 최유효이용을 결정하는 데 가장 중요하며, 이는 결국 토지 자체의 가치를 극대화하는 최유효이용 방안이 되는 것이다.

2. 건축물이 있는 경우의 최유효이용

토지의 최유효방안을 찾는 데에는 단지 건축물이 없는 나대지만을 대상으로 하는 것은 아니다. 기존 건축물이 존재하는 토지도 고려대상이 될 수 있다. 예를 들어, 낡은 건축물이 존재하는 부동산도 실제로 시장에서 자주 거래가 이루어지는 것을 볼 수 있는데, 이는 낡은 빌딩 자체가 가치가 있다기보다는 그 빌딩을 철거하고 새로운 시설물을 신축함으로써 대상 토지의 가치를 더 높일 수 있기 때문이다.

그러면 이미 존재하고 있는 부동산의 기능을 개선함으로써 그 효용과 가치를 극대화하는 방안에 대해서 살펴보도록 한다. 이는 부동산의 용도 내지는 시설의 기능을 개선함으로써 궁극적으로 경제적 가치를 높이는 방안이라 할 수 있는데 이해를 돕기 위해 〈표2〉의 예를 들어 설명하도록 한다.

〈표1〉에서 가정한 토지 위에 이번에는 25년이 된 낡은 건물이 있고, 건물소유자가 어떤 용도로 리모델링 후 임대할 경우 가장 높은 수익을 얻을 수 있는지를 분석해 보기 위해 분석을 의뢰받았다고 가정한다. 용도는 오피스와 상가로 운영되는 두 가지의 경우를 가정하고, 각각의 경우에 대한 투자액과 임대수익, 운영비용 등을 가정하여 수익률을 구했다. 최유효이용분석에 빠뜨려서는 안 될 또 하나의 대안은 건물을 완전히 철거하고 신축하는 경우이다. 이 경우도 역시 대안의 하나로 반드시 포함되어야 한다. 이는 건축물이 신축된 지 25년이 경과하여 상황에 따라서는 철거 후 신축이 오히려 경제적일 수도 있기 때문이다. 이상 세 가지 대안별 수익률을 측정하기 위해 필요한 투자액 규모와 임대수익, 그리고 운영비용을 각각 추정하여 투자수익을 분석한 결과는 다음과 같다.

항목	하숙의 경우	월세의 경우
가능조소득	9,000	6,000
공실 및 불량부채	−500	−300
유효조소득	8,500	4,700
영업경비	−3,500	−0
순영업소득	5,000	4,700
종합환원이율	10%	10%
자본환원가치	50,000	47,000

위의 가정을 토대로 분석한 결과 이 빌딩의 최유효이용은 상가로 활용하는 것이라는 결론을 내릴 수 있다. 왜냐하면 상가로 용도변경할 경우 투자수익률이 17.3%로 가장 높기 때문이며, 곧 이 건물의 수익을 최적화하는 방안이 된다. 만약 이 건물을 철거하고 상가를 아예 신축하는 경우 신축과 기타 비용 68억원에 철거비 2억원을 더한 70억원이 투자된다고 가정하면, 수익률은 16.4%가 된다. 따라서 상가로 용도변경할 경우 투자수익률이 가장 높은 것을 알 수 있다. 결론적으로 부동산의 최유효이용분석에 있어서 가장 중요한 것 중 하나는 토지의 경우 반드시 건축물과 분리하여 별도 나지로 가정하고, 토지만의 가치를 분석해야 한다는 점이다.

V 최유효이용 판정 시 유의사항

1. 통상의 이용능력이 있는 사람에 의한 이용일 것

최유효이용은 객관적으로 보아 양식과 통상의 이용능력이 있는 사람에 의한 이용이어야 한다. 따라서 특별한 능력을 가진 사람의 경우 더욱 높은 수익을 올릴 수도 있으나 이는 비정상적인 상황으로 배제해야 한다.

2. 단순한 이용자에 의한 이용이 아닐 것

최유효이용은 단순 이용자가 아닌 소유자에 의한 이용임에 유의하여야 한다. 그 이유는 단순한 이용자는 소유자와 달리 계약내용 및 조건에 따라 이용방법이 한정되기 때문이다.

3. 예측 가능한 이용일 것

효용발휘시점이 너무 먼 미래로 예측되면 불확실성으로 객관성을 잃을 가능성이 크므로 최유효이용에 따른 효용이 발휘될 수 있는 시점이 예측할 수 있는 기간 내에 이루어져야 한다.

4. 장기적 고려를 통한 이용일 것

일시적으로 초과수익을 누리는 상황이 계속될 것으로 오해해서는 안 되고 이용수익이 장래 상당기간 계속될 수 있어야 한다. 즉, 일시적으로 초과수익을 누리고 있는 상황을 마치 계속될 것으로 오해하여 판단해서는 안 된다.

5. 수요분석에 유의

최유효이용은 해당 용도에 대한 충분한 수요가 있는지 여부를 확인하는 작업인바, 특히 수요분석에 유의해야 한다. 만약 현재시점에 해당 용도에 대한 충분한 수요가 없다면, 최유효이용은 잠정적으로 연기되거나 중도적 이용에 할당된다.

6. 동태적인 관점에서 분석할 것

가치형성요인은 항상 변화하는 점을 고려하고, 특히 가치형성에 영향을 미치는 지역요인의 변동이 객관적으로 예측되는 경우에는 대상 부동산의 이용방법이 변화될 가능성이 높으므로 동태적인 관점에서 최유효이용을 분석해야 한다.

7. 표준적 이용과의 관계를 고려하되, 특수상황의 최유효이용에 유의할 것

최유효이용은 일반적으로 인근지역 특성의 제약하에 있기 때문에 인근지역 내 부동산의 표준적 이용과의 상관관계를 고려하여 판정하여야 한다. 그러나, 대상 부동산의 위치, 규모, 환경 등에 따라서는 표준적 이용과 다른 특수상황의 최유효이용으로 판정해야 하는 경우가 있으므로 유의해야 한다.[39]

Ⅵ 감정평가와의 관계

1. 감정평가의 가치전제

부동산의 가격은 최유효이용을 가치전제로 하여 형성되기 때문에, 대상 부동산이 최유효이용이 아닌 경우에는 그만큼 낮게 평가하게 된다. 따라서 최유효이용에 대한 상태판정이 가격평가에 있어 중요한 작용을 하므로 최유효이용의 원칙은 감정평가의 가치전제가 된다.

2. 지역분석 및 개별분석과의 관계

해당 지역의 일반적, 표준적 이용상태를 나타내는 지역요인은 그 지역 안에 있는 대상 부동산의 최유효이용의 판정기준이 되고 있다. 따라서 대상 부동산의 이용상태가 그 부동산이 속한 해당 지역의 지역특성에 적합하면 최유효이용일 가능성이 높다.

3. 감정평가 3방식과의 관계[40]

(1) 원가방식과의 관계

원가방식 적용에 있어 재조달원가는 최유효이용을 전제로 하여 파악되는 것이고, 간접법에서는 대상과 사례에 대한 최유효이용을 판정한 후 개별요인의 비교가 이루어지는 것이다. 감가수정은 대상물건의 최유효이용을 재조달원가의 상한으로 하여 물리적 · 기능적 · 경제적 감가액을 이에서 차감하여 재조달원가를 적정화하는 작업이다.

(2) 비교방식과의 관계

비교방식 적용 시 거래사례의 선택에 있어 대상물건과 동일한 최유효이용 상태에 있는 사례를 채택해야 한다. 만약 사례가 최유효이용에 미치지 못하는 경우 격차요인 비교과정을 통하여 보정되어야 한다. 이와 같이 대상과 사례물건 간 개별요인의 비교는 최유효이용을 토대로 하여 이루어진다.

(3) 수익방식과의 관계

수익방식 적용에 있어서 순수익과 환원율은 최유효이용을 전제로 하여 구하여진다. 수익사례에 나타난 공실률이나 운영경비율, 수익률, 환원율 등을 대상 부동산과 비교함에 있어

---

39) 예를 들어, 단독이용 등의 특수한 경우에는 표준적 사용과 유사하지 않지만, 최유효이용이 되는 경우도 있음에 유의하여야 한다.

40) 노용호, 아카데미 부동산 감정평가론, 부연사, 2021

서도 마찬가지이다. 또한 간접법에서 개별요인을 비교할 때나 잔여법에서 사례선택 시에도 최유효이용을 전제로 하여 이루어진다.

Ⅶ 최유효이용의 장애요인 ▸기출 22회

1. 경제주체의 비전문성

최유효이용의 성립 근거에는 경제주체의 합리성이 전제되어 있다. 그러나 부동산의 이용 결정에는 물리적, 사회적, 경제적, 행정적 요인 등 수없이 많은 요인들이 영향을 미치고 이러한 요인들은 끊임없이 변화하기 때문에 소유자를 비롯한 경제주체들이 최유효이용을 판정한다는 것이 그리 쉬운 일이 아니다. 이에 따라 감정평가사를 비롯한 전문가들의 도움으로 토지이용분석 등의 컨설팅을 받아 최유효이용을 판정할 수 있지만 경제적 부담과 복잡한 절차 등으로 전문가의 서비스가 즉각적이고 충분하게 제공되지 못하는 경우가 많다.

2. 부동산시장의 불완전성

부동산은 시장에서의 대체, 경쟁과정을 통해 최고가격을 지불하는 사람에게 할당되며, 최고가격에 상응하는 방안이 최유효이용에 해당된다. 그러나 부동산의 자연적 특성인 지리적 위치의 고정성으로 인한 지역적 이동의 어려움과 고가성으로 인한 시장참여자의 제한, 개별성으로 인한 정보의 불완전성 등으로 인하여 완전경쟁이 제약되는바 최유효이용을 방해하는 장애요인으로 작용한다.

3. 정부의 행정적 규제

부동산시장의 불완전성은 장기적으로 어느 정도 치유가 가능하다. 즉 부동산 가격공시제가 점차 발전하고 있고, 부동산 증권화를 통해 불특정 다수가 투자활동에 참여하고 있으며, 인터넷을 기반으로 하는 부동산 정보제공의 활성화, 실거래가격 신고제나 부동산 투자지수 공표 등으로 인하여 정보의 불완전성이 어느 정도까지 해소가 되고 있다.
그러나 정부는 토지자원의 최적할당 및 공공복리 증진을 위하여 지역지구제나 건축 인허가권한을 행사하여 사유지의 최대수익 창출을 위한 최유효이용으로의 진입을 막거나 임대료 통제 등의 법적 규제를 통해 최유효이용으로의 진입을 지연시키는 경우가 있다. 그러나 부동산활동은 합법성을 전제로 하는바 결국 합법적인 한도 내에서 사업자는 이윤을, 가계는 효용의 극대화를 추구하게 된다.

Ⅷ 결

최유효이용 판정은 현재 대상 부동산이 있는 그대로의 상태가 아닌 다양한 용도 중 잠재적인 최유효이용을 도출하는 작업이다. 따라서 시장분석 및 시장성분석을 통하여 대상 부동산의 효용 및 생산력에 관계되는 법적·물리적·경제적 문제들을 검토·분석하고, 여러 가지 대체적 용도에 대한 타당성을 비교하여 최유효이용에 대한 결론을 내려야 하므로 시장분석이나 시장성분석의 결과들과 일관성 있게 연결되어야 한다.

최유효이용분석의 내용과 네 가지 판단기준에 대한 최종판정의 결과는 감정평가서에 상세히 보고되어야 한다. 구체적으로 대상 부동산에 대한 나지상정 최유효이용분석과 개량물이 있는 상태의 최유효이용분석 중 하나를 보고하되, 만일 별도로 토지가치평가 결과가 제시된 경우에는 두 가지 분석 내용 및 결과를 모두 보고하여야 한다.

네 가지 최유효이용 판단기준에 대한 판정 결과에 대하여도 요약보고하여야 한다. 왜냐하면 가치결론에 도달하기까지는 네 가지 최유효이용 판단기준에 대한 논리적, 구조적인 검토가 선행되어야 하기 때문이다. 그리고 감정평가 3방식의 적용과정에서 사용된 자료나 기법들이 대개 최유효이용분석에 그대로 넘어와서 종합적으로 기술되는 것이 실무적 관행이다. 또한 경제적 타당성이나 최대의 수익성에 대한 최종적인 검증에는 방식 적용 시 분석된 정보가 꼭 필요하게 된다.

감정평가의 궁극적 목적이 최유효이용판단에 따른 개별적, 구체적 가격판단이라는 면에서 감정평가사는 최유효이용분석 능력이 요구되는바, 이에 대한 기법의 연구, 개발이 요구된다. 이러한 최유효이용분석은 가치추계뿐만 아니라 컨설팅 영역에서도 활용가능성이 높은바, 업무영역 확대차원에서도 중요하다.

02 절 특수 상황에서의 최고최선의 이용분석[41] ▸기출 03회

41) 안정근, 부동산평가이론(제4장 부동산평가원리와 최고최선의 이용), 양현사, 2013

Ⅰ 단일이용(single use)(= 개별적 최유효이용)

1. 의의 및 예

일반적으로 특정토지의 최유효이용은 주위의 용도와 일치하거나 유사한 용도가 되지만, 인근지역의 용도와는 전혀 다른 데도 불구하고 최유효이용이 되는 경우가 있는데 이를 단독이용이라 한다. 예컨대 아파트 단지 내 상가가 이에 해당한다.

2. 내용

단독이용의 판정은 시장수요와의 관계에서 파악한다. 즉, 해당 용도에 대한 인근지역 내 수요가 충분히 있다면, 주변의 표준적이용 상태와 유사하지 않더라도 최유효이용이 될 수 있다.

3. 유의사항

단독이용은 부동산의 개별성 때문에 인근지역의 영향이나 제약 정도가 현저히 적다고 인정되는 경우이다. 따라서 지역특성의 유사성보다는 오히려 개개 부동산의 유사성에 착안하는 것이 유용하다. 이 경우 지역개념에 구애됨이 없이 동일수급권에서 대상 부동산과 대체·경쟁관계가 성립한다고 인정되는 사례를 채택할 필요가 있다.

Ⅱ 중도적 이용(interim use)

1. 의의 및 예

가까운 미래에 대상부지나 개량 부동산에 대한 최고최선이용이 도래할 것으로 예측될 때, 그 이용을 대기하는 과정상 현재에 할당되는 이용을 의미한다. 시가지 내의 주차장, 화원, 오래된 건물, 가건물 등 비집약적인 토지이용이나, 외곽지역의 공터, 논과 밭들의 상당수가 중도적 이용이다.

2. 내용

최유효이용은 여러 잠재적 이용 가운데 비교우위를 극대화하거나 비교열위를 극소화하는 방안이라 할 수 있다. 따라서 중도적 이용 같은 소극적 이용도 현재의 법적·경제적 상황하에서 다른 잠재적 이용에 비해 비교우위를 극대화하거나 비교열위를 극소화하는 방안이 될 수 있으므로 최유효이용이 될 수 있다.

3. 감정평가기준

(1) 일치성 이용의 원리

중도적 이용에 할당되는 토지를 평가하는 경우 특히 유의해야 할 원리가 일치성 이용의 원리이다. 일치성 이용의 원리란, 토지와 개량물에 대하여 동일한 용도를 가정하고 평가해야 하며, 각각 분리된 용도로 평가해서는 안 된다는 원리를 말한다.

(2) 현황 기준 감정평가

중도적 이용에 할당되는 토지를 감정평가하는 경우에는 기준시점의 이용상황 및 공법상 제한을 받는 상태를 기준으로 한다. 이는 「감정평가에 관한 규칙」 제6조의 현황기준 및 평가원칙에도 부합된다.

(3) 개량물의 가치

중도적 이용의 지속시기는 법적 가능성 측면에서 보면 유리한 규제 변경이 있을 때까지 계속될 것이며, 경제적 측면에서 보면 현재 이용의 가치가 철거비용이 고려된 나지상정의 토지가치를 상회하는 한 계속된다. 즉, 새로운 용도로 전환하기까지 기존 건축물의 기여가치가 인정되는 한 전체 부동산의 가치가 나지상정 토지가치보다 크게 된다.[42)]

4. 유의사항[43)]

일시적인 이용 상태를 가지고 있다고 판단되는 부동산의 최유효이용은 최종적 개발에 소요되는 시간과 개발 후의 부동산에 대한 최유효이용 상태의 중간적이고 예비적인 최유효이용 상태로 판단되어야 하고 개발 후의 이익이 완전히 무시되지 않아야 한다.

---

42) 그러나 건축물의 기여가치가 없다면 철거가 정당화될 수 있으므로 건축물은 부(−)의 가치, 즉 건부감가가 발생할 수 있다. 이는 일시적인 이용에서 발생하는 개념이다.

43) 나상수, 감정평가이론강의, 리북스, 2009

Ⅲ 비최고최선의 이용

1. 의의

비최고최선의 이용이란 현재의 복합부동산의 이용과 나지를 상정한 토지의 최유효이용이 상호 부합하지 않는 경우 현재의 복합부동산의 이용을 말한다.

2. 구별개념(중도적 이용과 비최고최선의 이용)

비최유효이용과 중도적 이용은 분명히 구별하여야 한다. 중도적 이용이 가까운 장래에 최유효이용이 가능한 상황을 앞두고 일시적인 건축물이 존재하는 상황을 설명하는 개념인데 반해, 비최유효이용은 비교적 견고한 건축물이 존재함으로써 토지의 최유효이용을 방해하는 상황이므로 당연히 감가수정을 요하게 된다는 점에서 구별된다.

3. 감정평가기준

(1) 개량물과 토지의 최유효이용이 같은 범주인 경우

건축물이 토지의 최유효이용과 같은 범주인 경우, 예컨대 고층아파트 지역 내 저층아파트가 이에 해당하는바 저층아파트도 같은 범주에 속하지만 현재의 이용은 최유효이용이 아니다. 이러한 경우 저층아파트에는 물리적·기능적 감가가 있게 된다.

(2) 개량물과 토지의 최유효이용이 다른 범주인 경우

건축물이 있는 토지의 최유효이용과 다른 범주에 속하는 경우에도 주의하여야 한다. 예컨대 상업지역 내 주거용 건축물이 이에 해당하는바, 이때 주거용 건물을 최유효이용이라 할 수 없다. 이러한 경우에는 물리적·기능적 감가 외에 경제적 감가도 있게 된다. 경제적 감가는 건물의 내적요인에 의한 것이 아니라 건물의 외적요인에 의한 감가상각을 말한다.

4. 유의사항

대상부지의 최유효이용과 개량물의 현재 이용이 서로 다른 범주에 속할 경우에는, 일치성 이용의 원리를 적용하여 평가해야 한다는 사실에 유의해야 한다. 경우에 따라서는 개량물은 아무런 가치를 지니지 못하는 수도 있다.

Ⅳ 비적법적 이용[44](legally nonconforming)(= 법률적 최유효이용의 변경)

1. 의의 및 구별개념

과거에는 적법하게 건축되어 이용되던 부동산이 현재의 법적 규제에 부합하지 않는 경우를 적법적 이용(legally nonconforming) 또는 '부적법 이용'이라고 한다. 이는 규제 변경 시 기득권 보호차원에서 법이 허용한 것으로서 법이 허용하지 않는 불법적 이용과는 구별된다.

2. 발생원인

비적법적 이용 부동산이 발생하는 원인은 신구 법령 간의 충돌, 즉 새로운 규제가 발생하거나 기존의 규제가 더욱 강화되어 발생하며, 기존 부동산이 현재의 법령 기준에 어긋나는 것이다. 구체적 원인을 보면 용도지역의 변경이나, 건폐율 및 용적률 기준의 변경, 지방자치단체의 자치법규 간 차이, 기타원인 등이 있다.

3. 감정평가기준

① 비적법적 이용에 할당되고 있는 부동산의 가치는 일반적으로 토지가치, 개량물의 가치, 할증금으로 각각 분리하여 산출된다. 이 경우 증가분은 개량물이 경제적 내용연수 또는 허용기한까지의 할증분을 현가화함으로써 산정된다.

② 우리나라나 일본의 평가실무에서는 이를 건부증가로서 토지에 귀속시키기도 한다. 반면, 미국의 경우에는 토지가치는 최유효이용을 전제로 한 나지가격으로 평가하고 이때 증분(감소분) 가치는 모두 개량물에 의한 것으로 개량물의 가치에서 증감시킨다. 기존 최유효이용상태의 부동산과 구별해야 한다는 점은 동일하다.

4. 유의사항

비적법적 이용 부동산의 평가는 통상적인 평가와 다르다. 그 이유는 대상 부동산이 최유효이용상태에 있지 않고, 또한 최유효이용 상태에 있지 않은 원인은 행정적 또는 법률적인 요인에 기인하기 때문이다. 이것은 가격형성과정이 일반부동산과 다르기 때문이며, 이러한 특성은 대상 부동산의 조사, 분석, 평가방식적용, 시산가치 조정 등에서 반드시 고려해야 할 사항이다.

---

44) (특강) 비적법적 이용에 할당되고 있는 구조물의 시장가치 추계(김상한, 10점)

V 복합적 이용(multiple use)

1. 의의

동일한 부동산이라 할지라도, 동시에 여러 가지 복합적 이용에 할당될 수 있다. 일단의 넓은 토지는 동시에 여러 가지 용도가 혼합되는 것이 최유효이용이 될 수 있으며, 건물에도 해당된다.

2. 내용

(1) **계획단위개발**(PUD : planned unit development)

아파트단지는 아파트건물뿐만이 아니라 위락시설, 쇼핑시설, 스포츠시설 등이 하나의 계획된 단위로서 개발되었을 때 최고최선의 이용이 될 수가 있다.

(2) **다용도건물**

고층건물의 최고최선의 이용은 단일용도로 사용될 때보다 여러 가지 용도가 혼합되어 사용될 때 달성되는 수가 많다.

3. 유의사항

① 복합적 이용에 할당되고 있는 부동산의 경우, 각 구성부분의 가치는 전체 가치에 대한 기여도에 의해 결정된다. 즉, 부동산의 전체 가치는 각 구성부분들이 하나의 단위로서 상호간에 얼마나 조화를 이루고 있느냐에 따라 결정된다.[45]

② 복합부동산의 구성요소별로 효용가치를 구분하여 평가할 수도 있는데 이 경우에는 구분평가되는 부동산의 가격이 전체 부동산의 가격을 초과하여서는 안 된다.

45) 만일, 건축물의 경우에는 구성요소 간 부조화가 있다면 기능적 감가가 있을 수 있음에 유의하여야 한다.

Ⅵ 특수목적의 이용(special-purpose use)(= 특수용도와 최유효이용)

1. 의의

특수목적의 부동산이란 호텔, 극장, 대학, 교회, 공공건물 등과 같이 특정한 활동을 위해서 설계되고 운영되는 부동산이다. 특수목적의 부동산은 단지 하나의 목적이나 또는 극히 제한된 목적에만 적합하도록 설계되기 때문에, 그것의 최고최선이용을 확인하기가 곤란한 경우가 많이 있다.

2. 내용

(1) 해당 용도에 대한 수요가 충분한 경우

1) 감정평가 기준

① 해당 용도에 대한 수요가 충분하여 그 이용이 지속될 수 있다면, 현재 상태에 대한 최유효이용 분석이 수행되며, 현재의 이용을 전제로 평가한다.

② 특수부동산은 그 효용이 특수하고 제한적이어서 교환가치의 성립이 어려우므로 사용가치로 평가되는 경우가 대부분이다.

2) 유의사항

수요가 충분하여 특수부동산을 사용가치로 평가함에 있어 시장이 형성되지 않거나, 유용한 시장자료가 없는 경우에는 시장가치와는 구분되는 것이므로 그 사실을 보고서에 명확히 기술해야 한다.

(2) 해당 용도에 대한 수요가 부족한 경우

1) 감정평가 기준

① 해당 용도에 대한 수요가 충분하지 않은 경우이다. 건축물이 물리적으로나 기능적으로 쇠락하여 더 이상 충분한 서비스를 제공하지 못하는 경우로 건축물은 철거비용으로 인하여 건부감가로 작용하기도 하는데 이때 토지의 가치는 나지상정 가치에서 철거비용을 차감한 값으로 평가된다.

② 이 경우는 사용가치가 아닌 시장에서의 교환가치로 평가된다.

2) 유의사항

해당 용도에 대한 수요가 부족한 경우에는 다른 용도로의 전환 가능성, 전환비용, 그리고 전환시기 등에 대한 예측이 필요하다.

Ⅶ 투기적 이용(speculative investment)

1. 의의

부동산투자에는 취득, 운영, 처분 세 단계가 있는데, 이 중에서 운영단계가 없는 투자행위, 시세차익을 목적으로 토지를 취득하는 행위를 투기라 한다. 일반적으로 투자와 투기를 구분하는 것은 간단하지 않으나, 투기적 용도의 부동산은 투자자가 부동산의 용도를 특별하게 정하지 않으며 일시적으로 보유하고 매각을 위한 준비상태에 있는 것이 보통이다.

2. 유의사항

감정평가사가 투기적으로 보유하고 있는 부동산을 평가하는 경우에는 합리적이라고 판단되는 사용용도를 기준으로 하여 최유효이용을 판단하여야 한다. 또한 부동산에 대하여 용도적 대체 방안을 찾아야 하고 일반적인 수익예측을 하여야 하며 지출되는 경비에 대해서도 가장 보편적인 경우를 상정하여야 한다.

Ⅷ 초과토지(excess land)와 잉여토지(surplus land)

1. 초과토지(excess land)

(1) 의의

초과토지란 현존 지상개량물에 필요한 적정면적 이상의 토지를 말하며, 건부지와 다른 용도로 분리되어 독립적으로 사용될 수 있으므로 건부지와는 별도로 평가되어야 한다. 건부지에 정상적으로 필요한 면적은 대상 부동산의 최유효이용에 해당되는 만큼의 토지면적이므로 초과토지 부분의 최유효이용은 건부지의 적정면적 부분과는 다를 수도 있다.

(2) 판정기준

초과토지 여부는 지역분석을 통한 표준적 사용과 유사용도 부동산의 시장자료를 토대로 판정된다. 즉, 적정면적에 대한 판단은 지역분석을 통하여 파악된 전형적인 유사 개량물의 건폐율을 바탕으로 이루어진다. 예컨대 오피스빌딩의 주차장이나 학교운동장과 같이 저밀도이더라도 건부지의 주목적에 적합하게 할당되고 있을 때에는 초과토지에 해당되지 않는다.

(3) 감정평가방법

초과토지는 그 자체를 하나의 독립적인 용도로 사용하는 것이 최유효이용이 될 수 있으므로 초과부분의 토지는 따로 떼어 사용할 수 있는지 여부를 고려하여 평가한다. 따라서 정상 필요면적만큼의 토지가치와 초과부분의 토지가치는 각기 별도로 추계하여 전체 토지의 가치를 결정한다. 그리고 적정면적에 대한 판단은 지역분석을 통하여 파악된 전형적인 유사개량물의 건폐율을 바탕으로 이루어진다.

2. 잉여토지(surplus land)

(1) 잉여토지의 의의

기존 개량물 부지와 독립적으로 분리되어 사용될 수 없고 별도의 최유효이용용도에 사용할 수 없는 토지를 말한다. 비록 대상부지가 필요 이상으로 크다 하더라도 그것이 특정한 용도로 분리되어 사용될 수 있는 경우에는 잉여토지가 아니라 초과토지로 간주된다.

(2) 판정기준 및 감정평가방법

어느 정도의 면적이 초과토지인지, 잉여토지인지는 인근 유사토지의 표준적인 이용상황이나, 건폐율 그리고 도로진입 가능 여부 등에 따라 달리 판정될 수 있으므로 유의하여야 한다. 잉여토지의 경우 정상적 토지보다 낮게 평가되는 것이 당연하나 인접토지와의 합병이 가능한 경우에는 오히려 합병이익이 있을 수 있음에 유의하여야 한다.

잉여토지의 판정기준 및 감정평가방법

1,000m^2 규모의 공장부지 지상에 200m^2의 공장건물이 있다 하자. 인근 유사용도 토지의 건폐율은 50%이고 표준적 토지면적은 400m^2인데, m^2당 시장가치는 100만원 수준이라고 조사되었다. 대상토지 중 공장건물 후면의 200m^2 정도는 공지로서, 별도 진입로가 없다면, 이 토지는 잉여토지라 할 수 있다. 왜냐하면 나머지 800m^2의 부지와 분리하여 별도로 거래되기 곤란하기 때문이다. 따라서 이 잉여토지는 설사 장래 확장 가능성 측면에서 이점이 있더라도 m^2당 100만 원에 상당히 못미치는 가치로 평가될 것이다.

심화논점

01 절 일치성 이용의 원리(= 제합사용의 원칙)

Ⅰ 의의

일치성 이용의 원리(Principle of Consistent Use)란, 토지와 개량물에 대하여 동일한 용도를 가정하고 평가해야 하며, 각각 분리된 용도로 평가해서는 안 된다는 원리를 말한다. 토지와 개량물은 결합하여 효용을 발휘하고, 가치를 창출한다는 점에서 중요시된다. 일본에서는 제합이용의 원칙이라고도 한다.

Ⅱ 일치성의 구분

1. 용도상의 일치성

① 토지와 건물은 일체로서 이용되고 일반적으로 토지의 가치에 건물의 가치를 가산한 것이 부동산의 가치라고 생각되기 때문에 토지와 그 위의 건물 사이에는 용도상 일치성이 있어야 한다는 것이다.

② 예를 들어, 상업용으로 이용될 수 있는 도로변에 단독주택이 있는 경우 토지는 상업용으로, 건물은 주거용으로 평가해서는 안 된다는 것이다.

2. 시계열상 일치성

① 어느 용도지역에서 다른 용도지역으로 전환 또는 이행해 가고 있는 지역에 대하여는 전환 후 또는 이행 후의 용도지역의 지역요인을 보다 중시해야 할 것이다. 전환 또는 이행의 정도가 낮은 경우에 있어서는 전환 전 또는 이행 전의 용도지역의 지역요인을 보다 중시해야 한다.

② 예를 들어, 주택지에서 상업지로 이행 중인 토지의 경우처럼 용도의 이행이 행하여지고 있거나 이행이 확실시되는 경우에는 최유효이용에 상업지로서의 인식을 두어야 한다.

Ⅲ 관련제원칙

개량물의 가치는 대상 부동산의 가치에 기여한 정도로 파악되므로 기여의 원칙, 균형, 적합, 예측, 변동의 원칙 및 최유효이용의 원칙과 관계된다.

Ⅳ 감정평가상 적용

① 후보지, 이행지 지역에서 최유효이용 판단에 따른 평가 시 전제되는 개념으로서 성숙도가 높은 경우 전환 후의 용도지역을, 성숙도가 낮은 경우 전환 전의 용도지역을 기준으로 삼아야 하며, 이때 제합사용의 원칙에 의거하여야 한다.

② 또한 특수 상황에서의 최유효이용분석 시 중도적 이용, 비최고최선의 이용을 분석하는 경우 판단의 기준이 된다. 중도적 이용은 가까운 장래에 최유효이용이 가능한 상황을 앞두고 일시적인 개량물이 존재하는 상황을 설명하는 개념인 반면, 비최고최선의 이용은 비교적 견고한 개량물이 존재함으로써 토지의 최유효이용을 방해하는 상황으로 양자를 분명히 구별해야 한다.

Ⅴ 적용 시 유의사항

개량물은 독자적 가치를 갖기보다는 토지에 기여하는 만큼의 가치를 가짐이 일반적이다. 따라서 최고최선의 이용이 아닌 개량물은 경우에 따라 철거비용 등으로 인해 (-) 가치를 가질 수도 있다.

Chapter

08 지대·지가론 및 도시성장이론

01 절 고전학파와 신고전학파의 지대논쟁[1]

고전적 지대이론

1) 19C 초 영국에서 밀가격이 폭등하자, 밀가격이 왜 폭등하였는가에 대한 논쟁
2) 논쟁의 핵심은 지대가 가격을 결정하는 생산비인가 또는 가격에 의해 결정되는 잉여인가 여부
3) 전자의 주장은 지주들이 높은 지대를 매겨 생산비가 올랐기 때문에 일정한 자본비용 + 일정한 노동비용 + 높은 지대 = 높은 밀가격
4) 후자의 주장은 밀공급이 부족하여 밀가격이 올랐고, 높은 밀가격 − 일정한 자본비용 − 일정한 노동비용 = 높은 지대
5) 리카도를 위시한 고전학파의 지대이론은 지대가 생산비의 일종이 아니라, 생산물의 가격에서 다른 생산요소의 비용을 제외한 잉여로 보고 있다.

Ⅰ 개설

토지의 지대란 토지이용의 대가로서 개량물에 대한 공사비(자본, 노동의 대가)를 제외하고 순수하게 토지에 귀속되는 또는 토지에 귀속되어야 할 소득을 의미하며, 이는 잔여수익의 성격을 가진다. 지대이론의 발전과정에서 지대는 토지에 한정되지 않고 단기적으로 공급의 탄력성이 낮은 생산요소에 귀속되는 소득인 Marshall의 준지대로, 이는 다시 파레토(경제지대[2]))까지 개념이 확장되었다. 지대에 관한 논쟁의 핵심과 실익은 지대의 생산비용 여부와 토지정책과의 관련성에 있다.

1) 노용호, 아카데미 부동산 감정평가론, 부연사, 2021
2) 생산요소가 실제로 얻고 있는 수입과 전용수입(기회비용)과의 차액(= 생산요소 공급자의 잉여)

Ⅱ 고전학파의 입장(잉여로서의 지대, Ricardian Rent)

1. 이론적 배경

고전학파는 생산비가치설에 근거하여 다른 자원과 구별되는 토지의 특성을 인식하여 토지를 중요한 별개의 자원으로 보았으며, 소득분배를 중요한 경제문제로 취급하여 사회전체의 입장에서 경제현상을 파악하였다.

2. 지대에 대한 관념

토지는 고정성, 부증성의 특징을 갖는 특수한 자원이므로 지대는 생산요소의 3분법에 근거하여 총생산 중 무지대 토지에 의해 결정되는 다른 생산요소에 대한 대가를 지불하고 남은 잔여로 보았다.

3. 지대의 기능에 대한 입장

지대를 잉여, 즉 가격에 의해 결정되는 소득이지 가격을 결정하는 비용은 아니라고 인식하면서, 불로소득으로 간주하는 경향이 지배적이었다.

4. 토지정책과 관계

지가에 직접 영향을 주는 토지정책은 토지생산물에는 영향을 주지 않아 토지 이용 양태에는 아무런 변동이 없다고 보아 토지세가 가장 이상적인 조세라고 하였으며, 이는 헨리조지의 토지 단일세 이론의 주축이 되었다.

Ⅲ 초기 신고전학파 입장(비용으로서의 지대, Paretian Rent)

1. 이론적 배경

19C 후반 초기 신고전학파는 주관적 가치설에 근거하여 토지는 생산요소 중의 하나이고, 한정된 자원으로써 그 효율적 이용에 중점을 두었고 개별 경제주체의 입장에서 경제현상을 파악하려 하였다.

2. 지대에 대한 관념

신고전학파는 토지의 양적 측면에서 대체성을 고려한 경제적 공급을 중시하고, 토지는 다른 생산요소와 구분할 필요가 없다고 보았다. 즉, 지가 및 지대를 결정하는 원리가 별도로 있는 것이 아니라, 기본적으로 다른 상품의 가격과 똑같은 원리에 따라 시장에서 결정된다고 보아, 토지(지대 및 지가)의 특수성을 인정하지 않았으며, 토지지대는 토지의 한계생산가치에 의해 결정되는 생산요소로서의 대가로 보았다.

3. 지대의 기능에 대한 입장

모든 생산요소에 대한 대가는 기회비용을 반영하므로, 지대도 기회비용을 반영하고 각각의 토지는 가장 높은 지대를 지불하는 용도로 이용된다. 또한 비용으로서의 지대는 다양한 용도에 대한 토지 배분을 주도하는 역할을 한다(자원배분기능).

4. 토지정책과의 관계

지가에 영향을 주는 토지정책은 물가상승, 생산위축의 부정적 측면을 갖는 반면, 토지이용을 사회적으로 바람직한 방향으로 교정하는 수단이 될 수 있는 긍정적인 측면도 갖는다.

Ⅳ 결

고전학파의 입장에서는 토지의 자연적 특성에 기인하여 공급곡선을 수직으로 보는 반면, 초기 신고전학파에서는 인문적, 용도적 관점에서 공급곡선의 탄력성을 인정하였다. 지대는 개별 생산자의 입장에 있어서는 비용의 측면을 가지고 사회전체적 측면에서는 잉여의 성격을 모두 가진다고 볼 수 있다.

잉여와 비용이 분명하게 구분되는바, 현실적으로 토지의 가격은 균형가격에 의한 rent 외에 시장왜곡으로 인한 추가적 rent가 존재하므로, 이는 시장기능에 맡겨서는 해결이 불가능하다. 따라서 잉여와 비용을 모두 반영한 현실 부동산 가치의 성격과 부합하여 공익평가가 요구된다.

▼ 고전학파와 초기 신고전학파의 비교[3)]

구분	고전학파	신고전학파
1. 이론적 배경	생산비가치설(노동가치설)에 근본, 소득분배에 중점	단기에는 주관적 가치설(한계효용가치설)에 근본, 장기에는 생산비설 채택, 자원의 효율적 이용에 중점
2. 경제현상을 파악하는 입장	사회전체 (경제발전과 소득분배)	개별경제주체 (자원의 효율적 이용)
3. 생산요소로서의 토지에 대한 입장	토지는 특별한 재화 (자연적 특성 강조)	토지는 여러 가지 생산요소의 하나 (경제적 공급 가능)
4. 토지지대의 성격	불로소득, 타 생산요소에 대가를 지불하고 남는 잉여	지대는 토지의 한계생산가치
5. 지대와 생산물 가격과의 관계	지대는 가격에 의해 결정된 소득이고 가격을 결정하는 비용은 아니다.	토지라는 생산요소에 대한 한계생산가치의 대가이므로, 지대도 기회비용으로서 생산물가격에 영향을 준다.
6. 지대소득의 사회적 정당성 유무	불로소득, 세금으로 환수	생산요소에 대한 대가
7. 토지공급의 성격	자연적 특성에 따라 완전비탄력적인 공급곡선	경제적 공급(인문적 특성)에 따라 우상향하는 공급곡선
8. 감정평가방식과의 관련	원가방식의 사고방식에 바탕을 제공(생산비가치설), 공급자 입장에만 치중	Marshall의 3면등가 원칙, 감정평가 3방식의 성립에 기초를 제공
9. 최유효이용의 개념에 미친 영향	한계지 개념을 통하여 물리적 최유효이용의 개념에 바탕을 제공	각 생산요소의 한계이익이 같아지는 경제적 측면에서의 최유효이용 개념에 바탕을 제공

3) 서동기, 부동산학 개론, 부연사, 2005, p90

02 절 농경지 지대이론[4] ▸기출 2회, 10회, 11회

Ⅰ 개설[5]

토지가 경제적 가치를 가지는 것은 그것이 다양한 용도에 효용을 제공하기 때문인데, 토지가 제공하는 효용에 대한 대가가 바로 지대(임대료)가 되는 것이다. 즉, 지대란 토지를 이용한 대가로서 토지에 귀속되는 또는 귀속되어야 할 소득을 말한다. 그러므로 토지 등의 경제적 가치를 판정하여 그 결과를 가액으로 표시하는 감정평가에서 지대이론을 이해하는 것은 토지가격 판정의 본질에 접근하고 토지가격 형성의 메커니즘을 분석하는 초석이 되는 것이다.

4) (특강) 농경지 지대이론과 도시토지 지가이론(노용호, 건대특강)
5) 노용호, 아카데미 부동산 감정평가론, 부연사, 2021

Ⅱ 페티의 지대이론

1. 의의

페티(W. Petty)는 지대의 문제를 최초로 이론화하였는데 지대란 토지에서 생산된 총수익에서 영농자의 생계비 등 제경비를 공제한 것으로서 잉여라고 정의한 후 지가는 이 지대소득을 자본화한 것으로 보았다.

2. 내용

지가는 지대소득이 자본화된 것으로, 잉여로서의 지대와 비옥도 차이, 수송비 절감에 의한 순수익이 지대를 구성한다고도 하여 지대개념에 복합적 입장을 취하였다.

3. 평가

지대문제를 최초로 이론화시켰고, 지대개념의 다양성을 암시하여 튀넨, 리카도 등에 영향을 주었다. 페티가 정립한 잉여로서의 지대의 개념은 후일 A. Smith에 의해서 수용되어 Ricardo 등 대부분의 고전학파 학자들을 거쳐 A. Marshall에 이르기까지 큰 수정 없이 전달되었다. 그뿐 아니라 Petty는 이 잉여로서의 지대에 비옥도의 차이 및 수송비 절감으로 인한 순수익이 첨부된다고 말하여 후에 Ricardo에 의해서 정립된 차액지대의 개념을 도입하였던 것으로 알려지고 있다.

Ⅲ 아담스미스의 지대이론

1. 의의

스미스는 그의 저서 '국부론'에서 생산비가치설에 근거하여 지대를 불로소득으로 보았는데, 임금, 이자, 지대는 자연율에 의해 결정된다고 보았다.

2. 내용

① 임금, 이자, 지대는 자연율에 의해 각 요소에 배분되며, 토지를 비롯한 각 요소는 자연율에 따라 배분된 자연가격을 갖는다고 하였다. ② 국부론의 총론과 각론에서 지대의 가격결정성의 기능에 대해 이중적인 입장을 취하였고, ③ 무지대 토지의 존재를 긍정하여 리카도의 한계지 개념에 영향을 주었다.

3. 평가

사회발전과 연계해서 지대를 역동적 요인으로 고찰해야 한다고 보았으며, 도시용 토지에 대한 지대를 고찰하여 건물지대와 대지지대로 구성된다고 하였으나, 지대결정의 문제를 수확체감의 법칙과는 연결시키지는 못하여 리카도 지대이론과 차이를 보인다.

Ⅳ 리카도의 차액지대론[6]

1. 의의

리카도는 지대를 우등지가 획득하는 잉여라고 정의하고 있는데, 농토의 전체생산량에서 생산비(자본과 노동의 사용에 대한 대가)를 제외한 나머지 잉여분이 지대가 되고 이 지대를 자본화한 것이 토지가격이라고 보았다. 지대는 언제나 등량의 자본과 노동을 사용하여 획득되는 생산물량 사이의 차액이며 이것을 '차액지대'라고 하였다.

2. 차액지대의 성립조건

① 토지가 제한되어 있을 것, ② 토지에 수확체감의 법칙이 작용할 것, ③ 토지의 비옥도나 위치상의 편의가 다를 것 등을 들고 있다. 이러한 세 가지 조건이 충족될 때 인구가 증가하여 토지의 사회적 수요가 증가하면 차액지대가 발생한다는 것이다.

3. 내용

① 비옥한 토지의 양이 정해져 있고, 또 수확체감의 법칙이 작용하기 때문에 증가되는 인구를 위한 식량조달을 위해 열등지를 경작해야만 하는 상황에 이르게 되면 지대가 발생하게 된다는 것이다.

② 이때의 지대 크기는 비옥한 토지와 열등지 간의 생산성의 차이에서 정해지고, 지대를 토지가 제공하는 잉여로 보게 되므로 생산물의 가치와 생산비가 일치하는 한계지에서는 지대가 발생하지 않는다고 보았다.

③ 한계지를 추가로 활용하는 외연적 토지활용을 잘 설명해주고 있는데, 곡물에 대한 수요가 증가하면 지대가 0이 되는 한계지도 경작대상이 된다는 것이다.

구분	농지 A	농지 B	농지 C
수확량－생산비＝지대	500만원－300만원＝200만원	400만원－300만원＝100만원	300만원－300만원＝0만원

4. 평가상 활용

(1) 감정평가원리 측면

① 지대란 생산물의 가격에서 다른 요소에 해당되는 비용을 제하고 남는 부분이 토지에 귀속되는 부분, 즉 토지잔여라고 본다. 이는 수익배분의 원칙과 관련이 있다.

② 토지의 한계생산성을 강조하여 한계생산체감의 법칙, 즉 수익체증·체감의 원칙과 그 맥을 같이 한다.

---

6) (특강) 입지교차지대와 차액지대(김태훈, 10점) / (특강) 절대지대, 차액지대, 입지교차지대설을 중심으로 중농주의 사상에서의 지대, 지가이론의 특징을 설명하시오(김태훈, 20점).

③ 또한, 기존의 농지에 한계지를 더하여도 대상 농지의 토지가치가 증가하지 않는다는 의미에서 기여의 원칙과도 관련된다.

(2) 감정평가기법 측면

① 개발법 및 토지잔여법의 이론적 근거가 되고 있다.

② 토지잔여법은 전체 부동산의 수익에서 건물 등에 투입된 자본 및 노동의 가치에 귀속하는 수익을 제외한 나머지의 잔여를 토지귀속수익으로 보아 환원한 가치를 토지가치로 하고 있다.

③ 토지의 수익이 이러한 잔여수익의 성격을 갖는 이유는 토지는 지리적 위치의 고정성에 따라 퇴출이 곤란한 반면, 건물에 투입된 자본과 노동은 진퇴가 자유롭다고 보기 때문이다.

5. 평가

① 토지의 위치문제를 경시하였고 비옥도 자체가 아닌 비옥도의 차이에만 중점을 두는 등 불합리한 면이 있다.

② 토지의 사유화가 인정되는 현대 자본주의 사회에서는 토지소유권자의 요구에 따라 가장 열등한 토지라 하더라도 지대를 지불하지 않고는 사용할 수 없다는 것을 설명하지 못한다(한계지에서는 지대가 발생하지 않는다고 하였으나, 현실적으로는 한계지 내에서도 지대가 발생하고 있다).

③ 지대발생조건으로서 토지가 제한되어 있고 전용이 불가능할 것을 들고 있으나, 토지는 용도가 다양하고 경제적 공급이 가능하다.

V 마르크스(K. Marx)의 절대지대론[7)]

1. 의의

① 지대는 토지소유자가 토지를 소유하고 있다는 독점적 지위 때문에 받는 수입이므로 최열등지에서도 지대가 발생한다고 하는 이론이다.

② 토지소유의 독점으로 인해 지주는 아무리 열등지라도 경제적 대가 없이는 타인의 이용을 허용하지 않는다. 따라서 토지가격이 일반적 생산가격 이상으로 높아야 하고, 토지소유 자체가 농산물의 가격을 인상시키게 된다고 하는 이론이다.

2. 차액지대와의 비교

① 절대지대의 경우 지대가 생산비의 일부를 구성하므로 지대의 존재는 가격상승의 요인이 되며, 토지의 소유 그 자체가 지대를 발생시키는 원인이라고 하는 데 비하여, 차액지대는

7) (특강) 절대지대(김태훈, 5점)

생산물 가격의 상승이 원인이 되어 초과이윤을 발생하며, 그것은 결국 지대로 전환하는 것으로 보아, 지대가 생산물가격결정요인이 되는 것이 아니라, 가격이 지대결정요인이 되는 것이라고 한다.

② 절대지대이론에서는 절대지대가 일단 성립한 것은 토지생산력의 차이가 계속되는 한 차액지대화하는 경향이 있으며, 차액지대이론이 설명하지 못한 최소열등지에서 지대가 발생하는 이유를 설명하고 있다.

3. 평가

① 차액지대론이 설명 못한 최소열등지에서의 지대 발생을 설명하였고, 당시의 자본주의 체제 내에서 불합리하게 발생한 초과이윤을 설명하였다.

② 종전에 지대를 잉여와 이자로 보던 대립된 견해에 대해 절충을 시도(비용과 잉여로 조화)했다는 데 의의가 있다.

학설	차액지대설(D. Ricardo)	절대지대설(K. Marx)
발생 이유	① 비옥한 토지공급의 제한 ② 토지의 비옥도와 위치에 따라 생산성의 차이 발생 ③ 수확체감의 법칙 적용	① 수요가 공급을 초과하는 희소성의 법칙 작용 ② 자본주의하에서 토지의 사유화로 지대가 발생
내용	① 지대는 대상토지의 생산성과 한계지의 생산성과의 차이와 동일 ② 한계지에는 차액지대가 발생하지 않음 (차액지대론에 의하면 무지대토지가 존재) ③ 지대는 일종의 불로소득에 해당	① 토지의 비옥도나 생산력에 관계없이 지대발생 ② 한계지에도 토지소유자의 요구로 지대가 발생 (절대지대설에 의하면 최열등지라도 토지이용자 입장에서 보면 지대를 지불해야 하므로 무지대토지는 없는 셈)

Ⅵ 튀넨의 입지교차지대설[8)]

1. 의의

① 튀넨은 도심에서 가까운 토지는 수송비가 절약되어 높은 지대에 대한 농산물을 생산하므로, 결국 생산물가격은 한계토지의 생산비와 수송비에 의해 결정되고, 지대는 한계토지 내에서 발생한다는 입지교차지대설을 주장하였다.

② 튀넨은 그의 저서 고립국에서 토지의 위치에 따라서 지대가 달라질 수 있다고 보고, 도심에 가까울수록 집약적 경영이 이루어지고, 멀어짐에 따라 조방적 경영이 이루어진다고 보았다.

8) (특강) 차액지대와 입지교차지대설을 상술하고, 부동산감정평가에 미친 영향을 상술하시오(김태훈, 20점).

2. 전제조건

① 지형조건의 동일성, ② 지대는 한계토지 내에서 발생한다는 것을 들고 있다. 즉, 시장과 농장과의 거리에 따른 곡물수송비의 절약분이 지대가 되고, 생산물가격은 한계지의 생산비와 수송비의 합계로 결정된다는 것이다.

3. 내용

① 생산자가 부담해야 할 수송비는 도시에서 멀어질수록 증가하고 그에 따라 지대로 지불할 수 있는 몫은 도시에서 멀어질수록 점차 감소한다. ② 이처럼 위치에 따라 달라지는 지대의 개념은 특히 위치지대라 하고 튀넨에 의해 처음 제창되었는데, 튀넨은 비옥도가 동일하더라도 지대에 차이가 나는 것을 발견하고 이 같은 이론을 제창하였다.

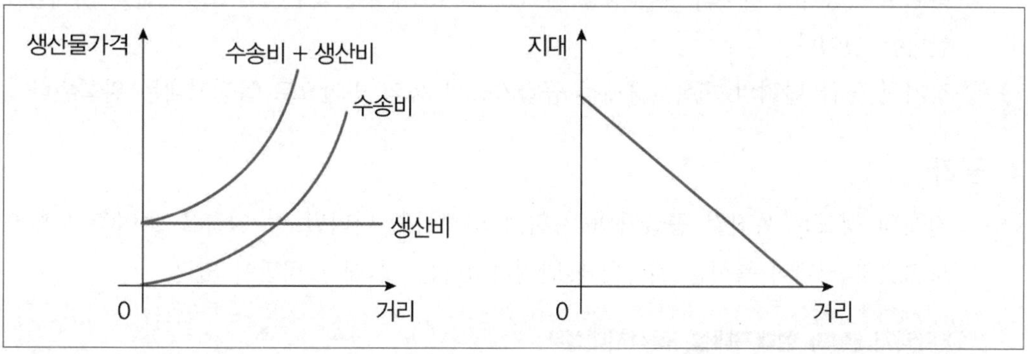

4. 평가

차액지대가 토지의 비옥도에 중심을 두었다면, 입지교차지대설은 시장(도시)과의 거리에 중점을 두고 동심원이론 등의 배경하에 도시성장구조의 원리까지 고려된 이론으로, 농경지지대이론이기보다는 위치고찰의 기본하에서 도시지가이론으로 보아도 무리가 없을 것이다.

5. 감정평가에 미친 영향

(1) **지역이론**(인근지역의 개념)

지대는 토지의 지리적 위치의 고정성 때문에 도심에서 원거리로 멀어지는 위치에 따라 지대를 달리하므로 감정평가에 있어 가격수준이 유사한 인근지역의 개념에 영향을 미쳤다.

(2) **최유효이용의 개념**

지대는 한계 토지 내에서의 수송비와 생산비에 의해 결정되므로, 집약이용, 수확체감현상, 한계지 개념 등 감정평가에 있어 최유효이용의 개념에 영향을 미쳤다.

Ⅶ 독점지대이론(Monopoly rent theory)

1. 의의

독점지대란 토지용역의 공급독점에 기인하여 발생하는 지대이다. 즉 독점지대의 근본적 본질은 토지에 대한 수요는 무한히 많은 데 비하여 공급이 독점되어 있는 경우에 발생한다는 것이다. 따라서 독점지대는 토지사용의 본질적 가치인 완전경쟁가격보다 높다.

2. 내용

① 발생조건에 따라 두 가지 형태로 구분되는데, 다른 토지가 생산하지 못하는 최상품을 생산하는 토지에 토지소유자는 독점적인 초과이윤의 지대를 요구한다는 것, 토지생산물의 초과수요로 시장가격 이상의 가격 상승 시에도 토지소유자는 독점적인 초과이윤의 지대를 요구한다는 것이다.

② 장기적 공급 탄력의 회복, 경제적 공급가능성 등의 방안으로 독점지대는 완화된다.

3. 평가

① 지대의 정도는 독점적 공급자의 지위에 의해서도 나타날 수 있음을 보여주고 있으나,

② 토지관의 시대적 특성을 지나치게 반영하였다는 데 대한 비판이 있다.

차액지대설과 절대지대설, 독점지대설[9)]

구분	차액지대	절대지대	독점지대
발생형태	토지의 비옥도 차이와 비옥한 토지의 희소성	자본주의적 경쟁과 토지사유화에 기인	일시적, 파생적 형태
가격과의 관계	가격형성의 결과	가격형성요인	독점가격의 결과, 가치수준 이상
발생가능 토지	우등지	모든 경작 가능토지	특수우등지
지대발생 원인	수확체감법칙 및 각 토지 간 비옥도 차이	토지의 독점, 자본적·유기적 구성도 (토지의 사유화)	시장가격적 독점 (구매자 욕망과 공급독점)

9) 경응수, 감정평가론 제6판, 나무미디어, 2021

Ⅷ 집약도 지대

1. 의의

비옥도가 높거나 위치가 좋은 토지는 노동과 자본의 대체가 나타나서 토지의 생산성과 집약도가 높아지고 그만큼 지대가 높아진다는 이론으로, 비옥도나 위치에 의해 발생한 지대 이상의 증가분이 토지의 집약적 이용에 의해 발생한 경우 그것을 집약도 지대라고 한다.

2. 원인

토지의 집약적 이용이 지대발생의 원인이 된다. 가령, 자본과 노동의 대체탄력성이 높아지는 경우 집약도가 상승한다는 것이다.

3. 내용

① 비옥도나 위치가 우수한 토지는 그만큼 노동・자본 간 대체가 탄력적이다. 따라서 대체탄력성에 의해 집약도가 상승할 경우 일정분 이상의 초과이윤이 발생하게 된다.

② 거리가 OL일 경우 비옥도・위치지대는 P가 되는데 토지의 집약적 이용 후에는 지대가 P′로 상승하며, 이 경우 P′−P가 집약도 지대가 된다.

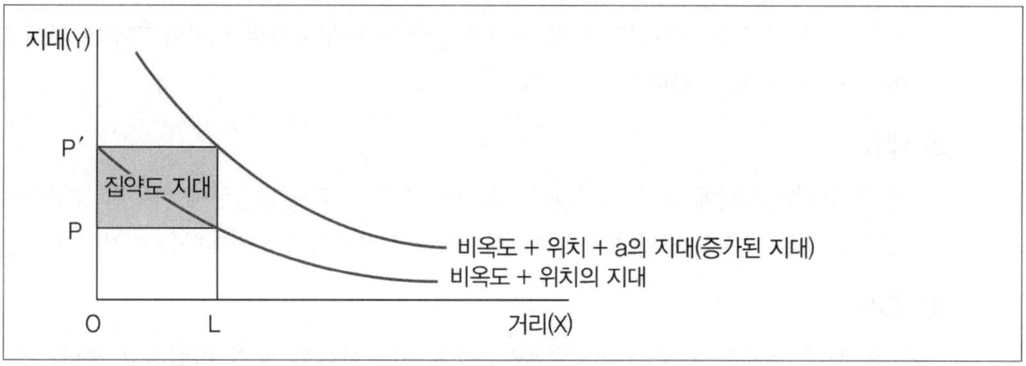

4. 평가

실제의 생산활동의 결과로 나타날 수 있는 초과분(잉여)을 설명함에 있어 가장 설득력이 높은 이론이다.

Ⅸ Marshall의 지대이론

1. 개설

고전학파와 초기 신고전학파의 단편적인 지대론의 논의를 수용하여 체계적인 지대이론을 정립하였다. 이를 위해 비용과 시간의 개념을 도입하고, 지대를 순수지대, 준지대, 공공발생지대로 분류하여 지대론을 한층 심화시켰다.

2. 비용과 시간 개념의 도입

(1) 비용

비용이란 생산물을 만드는 데 소요되는 수고와 희생으로, 원활한 공급을 보장받기 위해 지불되어야 하는 가격을 의미한다. 토지 역시 각 용도에서 토지의 한계생산가치가 균등하도록 여러 용도에 배분된다고 지적하나, 이로부터 지대가 가격에 영향을 미치는 비용이라고는 단정하지 않았다.

(2) 시간

진정한 가치의 파악을 위해서는 단기와 장기의 모든 지대요인을 고려해야 한다고 하여 장·단기의 개념을 도입하여 설명하고 있는데, 준지대를 통해 단기에는 지대가 잉여의 성격이, 장기에는 지대가 비용의 성격이 될 것이라고 전망하였다.

3. 마샬지대론

(1) 순수지대(Pure rent) : 본원적 가치

1) 의의

순수지대는 순수한 대자연의 무상 공여물 상태(자유재)로서의 토지와 결부된 잉여를 의미한다. 이는 거의 찾아보기 힘들다.

2) 내용

잉여(지대)는 가격에 의해 결정되고, 그 많고 적음은 토지 공급량에 아무런 영향을 주지 못하며, 이는 토지의 구입자가 지불가격으로부터 장기적으로 기대하는 이자이기도 한다.

3) 평가

거의 모든 토지는 개량이 필요한바, 순수지대는 사실상 찾기 어렵다고 본다.

(2) 준지대(Quasi rent) : 사적가치

1) 의의

준지대는 생산을 위하여 사람이 만든 기계나 기구로부터 얻는 소득으로서 일시적으로 토지와 매우 흡사한 성격을 가지는 토지 이외에 고정적 생산요소에 귀속되는 소득을 말한다. 즉 자본재 투자로부터 얻는 순소득(예컨대 토지에 대한 개량사업으로 인한 추가적인 소득)인데, 이는 '생산의 총소득에서 가변비용을 뺀 잉여분'이라고 할 수 있다.

2) 내용

준지대는 단기에 있어서는 생산요소의 공급량을 변화시키지 못하므로 상품가격에도 영향을 못 미치는바, 순수지대와 같이 가격에 의해 결정되는 지대(잉여)의 성격을 가지지만, 장기에 있어서는 잉여의 크기는 해당 생산요소의 공급량과 생산량에 미치므로 비용의 성격을 갖는다. 즉 충분한 대가가 없으면 해당 생산요소의 공급이 감소하는바, 이에 따라 생산이 감소될 수 있으므로 비용의 성격이 된다.

3) 평가

지대의 개념을 토지 이외의 단기적인 변동이 불가능한 고정적 자본까지 확장하여 응용하였다. 이때 준지대는 사적가치의 성격을 가지며, 공공가치적 성격을 가지는 공공발생지대와 구분된다.

(3) 공공발생지대 : 공공가치

1) 의의

토지소유자의 노력과 희생 없이 주로 공공에 의해 발생하는 지대로서, 사회전체의 노력에 의해 창출된 이익이라고 해서 공공가치라고 불렀고, 상대적으로 유리한 장소에서 획득 가능한 추가소득을 의미한다.

2) 내용

부지의 가치는 농업용 가치와 위치가치의 합으로 파악되는바, 위치지대의 대부분은 공공발생지대이고, 개발이익, 우발이익이라고도 하며, 불로소득으로서 분배의 문제를 야기시킨다.

3) 평가

농업용 토지를 기준으로 이와 비교해서 특정 부지가 누리는 모든 비교우위를 금전화한 것으로 도시지가 이론을 설명하는 단서를 제공한다.

4. 도시지가이론

위치의 유용성을 중심으로 하며 지가는 '토지의 위치적 유용성의 화폐가치의 총액'으로 표현된다고 보고, 어떤 부지가 누리는 모든 측면의 비교우위를 금전화한 가치를 이 부지의 위치가치라고 한다.

5. 감정평가에 미친 영향

① 그가 정의한 비농업용 토지의 지대 중 공공가치는 소유자의 노력과 무관하게 발생하는 것이므로 개발이익의 범주에 포함되는 것이고, 이것 또한 토지의 가치를 구성하는 것이다.
② 토지는 그 특성 중 지리적 위치의 고정성으로 인하여 위치가격의 성격을 가짐을 비농업용(상업용, 공업용) 토지의 지가와 관련하여 논의하였다.

03 절 도시토지 지가이론[10] ▸기출 8회

Ⅰ 서

초기 경제학자의 지대론은 봉건시대 구조를 반영하고 있으나, 산업화·도시화 과정으로 인해 기존의 지대이론으로는 도시지가를 설명할 수 없게 되었다. 즉, 도시화로 인한 도시토지에 대한 폭발적 수요증가는 지가폭등으로 이어져서 학자들은 도시지가의 형성 원인이 무엇인가를 연구대상으로 삼게 되었다. 한편, 도시지가이론은 도시지가의 공간적 형성에 대한 거시적 접근으로, 평가과정에서 이를 숙지하고 활용하여야 한다. 도시란 문화의 접촉에 따른 인구의 집중지역이며, 지역적 공간으로 현대 산업사회의 산업화·도시화로 도시지역 내 부동산의 역할이 증대되는바, 도시지가이론은 평가활동에 있어 특정지역의 지가수준의 추이를 파악하고 개별토지가격의 결정방향을 제시해주는 등 감정평가에 미친 영향이 크다.

10) 백영준, 신종웅, 백일현 외, 최신감정평가론, 부연사, 2003

II 도시지가에 대한 제 견해

1. 마샬의 지가이론(마위유)

(1) 의의

마샬은 전통적 농촌지대를 순수지대, 준지대, 공공발생지대 등으로 설명하고, 기업용 토지 등에 관심을 가지면서 지가는 위치의 유리성에 대한 화폐가치의 총액이라 하여 위치의 중요성을 강조하였다.

(2) 내용

① 토지가치를 결정하는 요인으로 ① 토지의 생산력, ② 공공서비스, ③ 주변 토지의 용도로 인한 영향 등을 꼽았으며, 특히 도시토지에 대해 위치의 중요성을 강조하여 위치의 가치가 바로 택지의 가치라고 하였다.

② 공업지의 가치는 비용의 절감에, 소매상의 입지는 매상고의 증가에 있다고 하여 지가는 유용성에 대한 화폐가치의 총액이며, 기업용 지가는 토지의 최유효이용하에서 얻어지는 것으로 기대되는 수익 중 택지에 귀속되는 부분을 평균이자율로 자본환원한 가격이라고 하였다.

③ 한편, 토지소유자의 희생이 없는 것이 일반적이므로 위치 가치는 공공성을 가진다고 하였다.

(3) 평가

결국 종래의 지대이론이 농지를 중심으로 한 데 비하여 마샬은 도시의 토지에도 역시 위치에 따라 초과이윤의 차가 생기게 된다고 보았던 것이다. 즉 도시지가의 중요한 요인의 하나로 '위치'의 중요성을 파악하였는바, 실제 지역분석에 있어 위치는 지가수준의 결정적 지표 중의 하나가 된다.

2. Hurd의 지가이론(허접)

(1) 의의

Hurd는 미국 도시 성장에 대한 실증적 자료수집의 연구를 통하여 도시토지 지가는 접근성에 의존한다고 하였으며, 이에는 시간적, 생태적 거리개념이 동시에 표현되었다.

(2) 내용

① 지가의 바탕은 경제적 지대이며, 지대는 위치에, 위치는 편리에, 편리는 가까움에 의존하므로 결국 지가는 접근성에 의존한다고 하였다.

② 접근성은 접근의 정도(용도의 차이), 접근대상(혐오, 편의 등에 따라 차이)에 따라 차이가 있다고 하였다.

(3) 평가

접근성(위치의 유사개념)이 지가결정의 주요 요인임을 설명하였고, 도시성장에 있어 접근성은 중요한 요인이 되며, 실제 지역분석, 노선가식 평가법 등에서 활용된다.

3. Haig의 마찰비용이론(마교지절약)

(1) 의의

지대란 토지의 이용자가 교통비를 절약할 수 있고 상대적 도달가능성을 갖는 경우에 토지의 소유자가 이용자에게 과하는 요금이라고 하여 지대에 있어서 교통비를 강조하였다.

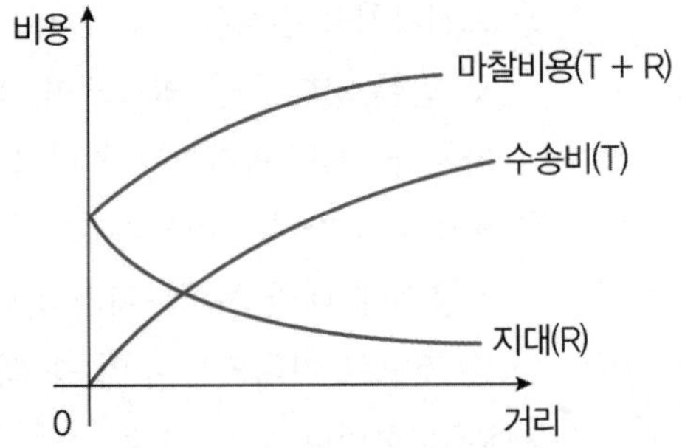

(2) 내용

① 마찰비용은 지대와 교통비로 구성되는바, '지대 = 마찰비용 − 교통비'로서 지대는 교통비의 절약분이라는 것이다.

② 교통수단은 공간의 마찰을 줄이기 위해 고안된 것으로 교통수단이 양호하면 마찰은 적어지지만 지대는 높아진다.

(3) 평가

① 지역분석에서 지가수준의 판정요인으로 작용하며, 마샬, 허드, 알론소 등과 유사한 시각을 보인다.

② 판단기준이 마찰비용이면 주택은 도시중심부에 위치하여야 하나 실제로는 그렇지 않다는 문제가 있으며, 현대 도시지가의 다양한 가치형성요인을 반영하는 데 한계가 있다.

4. 알론소(Alonso)의 Penalty 이론(페도함수)

(1) 의의

도시의 각종 집적시설(고용, 시장, 시설)이 도시의 중심지에 있는 것으로 가정할 경우, 중심지의 거리와 함수관계에 있는 운송비에 의해 지가가 결정된다는 이론이다.

(2) 내용

① 고용, 시장, 시설 등이 도심지에 있는 것으로 가정하고 'V = 지가, T = 시간'이라고

할 때 「V = f(T)」가 성립하여 도심에서의 거리함수인 수송비에 의해 지가가 결정된다는 것으로 튀넨의 입지교차지대설을 일반화한 이론이 Penalty 이론이다. 지가는 도심에서 멀어짐에 따라 감소한다는 이론으로 결국 지가는 접근성에 의존함을 보이고 있다.

② 주택입지 결정과 관련 직주분리에 있어 도심에서 얼마나 먼 곳에 주택을 마련할 것인가는 도심과의 교통관계, 거주하려는 지역의 지가수준, 필요면적의 확보 가능성 등을 종합 고려하여 가장 유리한 곳으로 선택될 것이다.

(3) 평가

페널티 이론은 지가는 결국 접근성에 의존함을 나타내며, 지역분석 등에서 지가수준의 파악의 근거가 되고 노선가 등 평가방식의 근거가 된다.

5. 토페카 연구(Knos)[11]

(1) 의의

도시의 지가구조와 토지의 이용도와의 관계를 미국의 소도시 Topeka를 대상으로 행한 실증적 연구를 말한다.

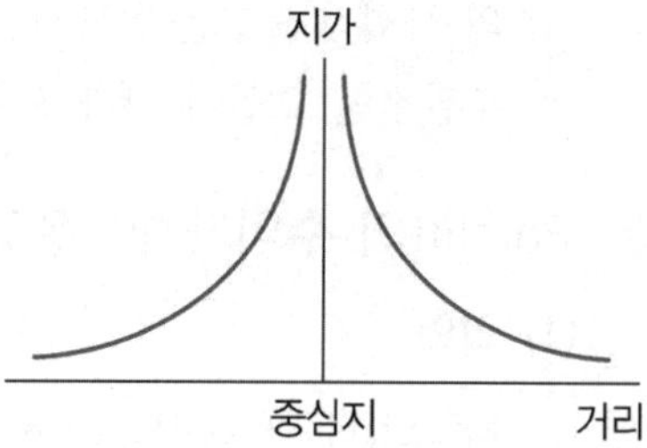

(2) 내용

1) 토지이용의 집약화와 조방화

도시가 성장할수록 중심지는 토지이용이 집약적이 되므로 중심지의 지가는 다른 어떤 지역보다도 우뚝 치솟는다는 것이다. 그러나 중심지에서 벗어나서 접근성이 나쁜 도시 외부에 이르면 지가는 급격히 낮아지고 토지이용도 역시 조방적인 것이 되며, 이를 토페카 현상이라고 부른다.

2) Feed-back 원리

Knos의 연구는 지가의 변동에 따라 토지이용의 집약도가 달라지고, 다시 그 집약도에 의해 지가구조가 복잡해진다는 피드백 원리도 지적하고 있다. 즉 지가가 높은 곳은 거기에 맞는 토지이용이 이루어지고 토지이용밀도가 높은 곳은 거기에 맞는 부동산가격이 형성된다는 것이다.

(3) 평가

지가 단계의 (불)연속적 현상을 공간적 차원에서 파악하였으며, 지가는 위치 및 유용성에 의해서 형성됨을 입증하였다. 지가구배현상을 실증한 것으로 평가된다.

---

11) (특강) 토페카현상(김태훈, 5점) / (특강)지가구배현상에 대해 설명하시오(이창석, 태평양특강). / (연습문제) 경응수(감정평가론, 2021)

6. 하우레이(Hawley)의 인간생태학 이론

(1) 의의

토지경제학자들이 도시토지가격에 대해 경제학과 도시계획적 측면에 관심을 갖는 데 비하여, 생태학자들은 사회학적 측면에서 관심을 보였다. 즉, 지가를 「잠재 토지 이용자들의 호가과정의 소산」이라고 인정하고 그 과정에서 토지이용의 유형이 결정된다고 한다.

(2) 내용

이는 지역의 분리나 용도의 결정에 있어 지가가 미치는 영향, 즉 지가는 도시 내 입지선정 활동에 영향을 미치는 동시에 입지선정 활동의 결과를 반영한다고 보았다.

(3) 평가

① 동심원이론 등에 의해서 영향을 받았고 ② 지가는 경제적 요인 측면과 인간의 문제로서의 사회적 요인을 반드시 고려해야 한다는 것이나, 객관적인 증거 제시에 있어서는 미흡한 주관적인 요인이 많다고 볼 수 있다.

7. Ratcliff의 수익가격(나완장패지)

(1) 의의

Ratcliff는 토지시장을 완전경쟁시장으로 전제하고, 장기 균형하에서의 토지 이용결과로 인해 토지이용의 패턴과 지가가 결정된다고 보았다. 즉 토지소유자나 기업가는 토지를 최유효로 이용하려 하기 때문에 토지와 건물의 결합으로 최대수익을 얻으려 하는 중에 경쟁하게 되고, 거기서 지가가 결정된다고 하였다.

(2) 내용

① 지가나 지대를 결정하는 것은 해당 건물의 경제적 내용연수라 보고 내용연수 만료 시 대상 부동산의 수익은 토지분만의 수익이라 하여, 그것을 경제지대라 하였다. 그래서 지가란 결국 경제지대의 자본환원적 표현에 지나지 않는다고 하였다. 말하자면 그는 지가를 지대의 수익환원으로 본 것이다.

② 한편, 그는 교통정비가 어떤 한 지역에 위치편익을 부여하여 지가나 지대를 상승시키나, 미국의 여러 도시는 교통개선으로 일어나는 스피드 증가나 수송비 저하가 토지공급을 증대시켜 지가와 지대를 하락시킨다고 하였다.

(3) 평가

① 불안정적인 현실의 토지시장의 설명은 미흡하다.

② 수익적 사고방식에서 지가를 파악함은 평가 측면에서 고려의 대상이라 하겠다.

③ 수익가격이론 역시 위치 내지 접근성 사고의 일환으로 볼 수 있다.

8. 가격조정이론(Thurston. H. Ross)

(1) 의의

T. H. Ross는 매도인・매수인이 부동산에 부여하는 주관적 가격은 불완전경쟁의 제 요인 때문에 공개시장의 가격과는 차이가 있을 수 있고, 따라서 부동산의 거래가격은 매도인의 요구가격과 매수인의 제안가격의 상호조정과정에서 형성된다고 보았다.

(2) 내용

① *IB*와 *IS*로 둘러싸인 공간이 부동산 시장구역이며, 또한 감정평가사의 활동영역이다.

② 점 *I*에서의 거래는 양자 모두 이익이 없고 다만 교환할 뿐이다. 감정평가사는 불완전한 부동산시장에서 시장가치 *I*점을 구해야 한다.

③ 매도인・매수인 가격조정과정에서 매도인은 은행이자율, 양도소득세 등에 영향을 받고, 매수인은 대출이자율, 재산세 등에 영향을 받는다.

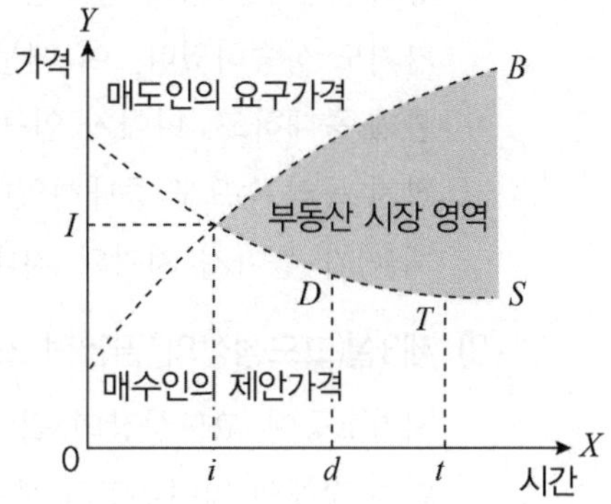

(3) 평가

구체적 가격설명을 위한 도구의 하나이나, 실제로는 매도자・매수자 구간 추정 자체가 곤란하다. 또한 경기변동과 관련하여 시장국면에 따라 매도인 중심시장, 매수인 중심시장 등으로 나타나는바 협상력이 달라지고, 이러한 협상력의 차이에 의해 가격이 결정되는 경향이 있다.

9. 지가고등(앙등)이론[12)]

(1) 의의

지가폭등을 주기적으로 경험하고 있는 일본에서 발생한 이론으로 지가의 폭등원인이 어디에 있는가를 구명하려는 이론체계이다.

(2) 내용

1) 제1설(한계지규정설)

도시근교농가의 지주가 장래의 가격상승을 기대하여 처분하지 않고 토지공급을 제한시켜 온 것이 지가고등의 주요원인이라는 설이다. 도시토지의 팽대한 수요에도 불구하

12) 방경식, 부동산학개론, 부연사, 2007 / 김태훈, 부동산학개론, 범론사

고, 도시 내 농지가 농지의 세제혜택을 받으면서 처분 시에는 택지가격으로 처분할 수 있어 농민은 농지보유의 혜택을 향유하였기 때문에 소유할수록 지가상승의 차익을 볼 수 있었던 것이 사실이다. 그래서 도시 내 농지는 택지로 간주하여 과세하자는 논의가 많았다.

2) 제2설(토지의 한계생산성과 한계대체율의 상승)

토지의 한계생산성과 한계대체율의 상승에 원인을 두는 설이다. 2차 대전 후의 고도성장과정에서 자본의 급격한 축적이 진행되고, 노동의 질도 향상되어 이에 따라 토지의 가치도 상승하였다. 이 때문에 토지가 갖는 가치(한계생산성)도 국민총생산의 증대와 함께 증대하고, 나아가 인구의 도시집중과 소득수준향상에 따라 공공용지, 주택지, 별장지 등의 수요도 증대하였다. 이에 따라 토지가 다른 재화에 비해 상대적 가치(한계대체율)가 높아져 지가와 지대도 고등한다는 것이다.

3) 제3설(고도성장의 필연적 소산)

지가고등이 고도성장의 필연적 소산이라는 설이다. 고도성장기의 이상한 지가고등은 단지 장래의 지대수입의 상승과 농지의 공급제한만으로는 설명할 수 없고, 제1설과 제2설에서 주장되고 있는 원인을 포함하고 있는 고도경제성장이야말로 지가상승의 원인이며 모체라는 것이다. 고도성장은 자본축적을 주원인으로 하는 생산성의 비약적인 증대에 있으며, 그것을 지탱하기 위하여 광대한 공장, 도로, 항만, 나아가 주택용지를 필요로 한다. 이러한 팽대한 토지수요가 있을 때에는 공급의 한계(비탄력성)도 있고, 공급자 측의 비용에 관계없이 수요자 측이 지급할 수 있는 최고액으로 지가가 형성되게 된다. 따라서 공급자 측의 자의적 판단으로 지가가 결정되기 쉽고, 그것이 지가상승에 박차를 가하는 결과가 되는 것이다.

(3) 평가

일본의 지가고등설은 여러 가지 상황이 유사한 우리에게 시사하는 바가 많으며, 연구의 필요성이 큰 과제의 하나라 생각한다. 지대와 지가에 대한 연구가 전무하다시피 한 우리나라에서는 이 분야의 이론 개척이 시급한 실정이다.

10. 거품지가이론

(1) 의의

금융, 실물자산의 거래가격이 그 자산으로부터 기대되는 장래의 배당, 임대료수입에 의해 결정되는 시장가치를 크게 상회하는 거품현상을 말한다.

거품지가이론은 개인의 비합리성이나 정보의 비대칭성, 유행이나 시장심리의 변동성 등으로 자산시장이 불완전할 경우 자산의 실제지가와 시장기본가치 간에 괴리가 존재할 수 있다고 보는 비합리적 거품지가론과, 자산시장이 완전함에도 불구하고 자산의 실제가격과 시장기본가치 간의 차이가 할인율의 비율로 성장할 것이라는 기대가 형성된다면 이러한 괴리는 장기적으로 계속될 수 있다고 보는 합리적 거품지가론이 있다.

(2) 거품지가의 요인(전제 조건)

1) 토지투기로 인한 거품지가

거품지가는 투기에 의해 형성되는바, 일단 투자자들이 어느 자산의 장래가격이 높을 것이라는 믿음에 의해 그 자산의 현재가격이 높게 형성되었다면 그 자산의 가격에는 거품이 있다고 할 수 있다. 특히 경제주체들이 장래가격이 높을 것으로 예상하면 수요·공급에 영향을 미치는 다른 경제변수들과는 무관하게 현재가격이 상승하는 이른바 거품현상이 발생하게 될 것이고, 이렇게 발생한 거품은 상당 기간 지속될 것이다.

2) 토지특성에 따른 거품지가

Tirol이 제시한 거품가격 창출요인은 우선 재화의 내구성이 있고 희소성이 존재하여야 하며, 그러하리라는 공통의 믿음이 있어야 하는바, 토지의 경우 내구재이며, 물리적 공급량이 고정되고 경제적 공급량도 한정적이므로 희소성이 크고, 토지시장은 지리적 위치의 고정성과 개별성으로 인해 다른 자본시장에 비해 지역시장성과 정보의 불안정성이 훨씬 크며, 토지가격은 주로 인구 및 산업의 동향, 사회자본의 정비 등 외부적 요인에 의해 상승하므로 토지에 거품의 현상이 나타날 수 있다.

(3) 내용(합정유)

1) 성장하는 합리적 거품

일정한 배당을 보장하는 자산의 공급이 고정되어 있고, 모든 거래자들이 똑같은 정보, 판단력, 투자의 위험에 대한 민감도가 동일할 때 현재의 자산가격이 시장기본가치(장래이익의 현재가치)와 같게 되어 시간이 지남에 따라 일정한 비율로 지속적으로 상승하는 현상을 말한다.

2) 비합리적 정보거품

경제주체들 간의 견해 차이나 정보의 양적·질적 차이로 인해 실제가격이 시장기본가치(내재적 가치)와 괴리되는 현상을 말한다.

3) 비합리적 유행거품

비합리적 투자자나 군중심리에 의해 움직이는 투자자들에 의해 자산가격이 시장가치로부터 괴리되고 그 괴리가 시간의 흐름에 따라 변동되거나 0으로 서서히 접근하는 것을 말한다.

(4) 평가

Henry George는 토지투기가 주기적 불황의 중요한 원인이며, 사회발전의 걸림돌로 보았는바, 거품지가는 망국적 토지투기를 계속 유발시키며 토지평가에 있어서도 거품지가를 시장기본가치로 오인하는 우를 범하게 되므로 정도 높은 지가산정을 더욱 어렵게 만드는 악순환이 계속되게 된다. 따라서 토지를 “소유에서 이용으로”라는 대전제하에 토지정책의 인식 전환과 국민적 공감대가 형성되어야 한다.

11. Alonso의 입찰지대곡선(Bid-price-curve)

(1) 의의

Alonso가 도출한 것으로 소비자효용 극대화 모형을 이용해서 도심으로부터 지대가 ‘0’인 한계점까지의 각 토지이용자가 지불하는 최고가격을 이은 곡선이다. 즉, 도심에서부터 한계점까지 각 지점의 토지를 경매에 부친다고 했을 때 토지이용자가 부를 수 있는 최고가격을 반영한다는 의미에서 입찰지대라 한다.

(2) 가정

토지에 지불되는 비용을 제외한 주택건설 및 유지비용은 모든 지점에 걸쳐 동일하며 모든 직장이 도심지에 집중되어 있다고 가정한다.

(3) 내용

1) 주거한계

d_0 지점은 교통비가 너무 높아 지대가 0인 점으로 곧 도시주거지의 한계가 된다. 도심 O에서는 $\overline{AB}$만큼 지대를 지불한다. 이는 마샬의 위치지대와 Ricardo의 차액지대 개념과 유사하다.

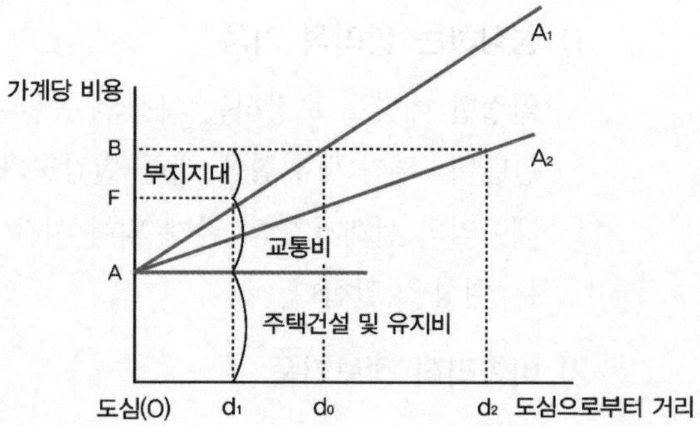

2) 교통운송의 기술진보와 교외화 현상

여기에 교통수단의 진보가 있게 되면 AA_1의 기울기가 완만해져 AA_2로 되어 주거의 한계는 d_2까지 넓어진다. 이는 오늘날 도시화과정에 있어 매우 중요하게 지목되는 교외화 현상으로 설명된다.

3) 입찰지대곡선(토지의 용도 간 경합과 도시형태)

① 도심은 면적이 협소하고 높은 지대가 지불되고 있으므로 기울기가 가파르고 외곽으로 갈수록 기울기가 완만해진다. 이러한 입찰지대곡선을 합성하면 ADEC′를 얻을 수 있게 된다.

② 그림에서 상업용 지대곡선이 AA′, 주거용 지대곡선이 BB′, 공업용 지대곡선이 CC′이다. 도심 가까이에서는 상업용 지대곡선이 주거용 지대곡선보다 위에 있지만, D점을 지나게 되면 오히려 아래에 위치하게 된다. 이것의 의미는 도심 가까이에서는 상업용이 주거용보다 더 높은 지대를 지불할 수 있지만, 외곽지대에서는 오히려 주거용이 상업용보다 더 높은 지대를 지불할 수 있다는 것이다. 이처럼, 거리에 따라 더 높은 지대를 지불할 수 있는 각 용도의 지대곡선들을 연결한 것이 입찰지대곡선(ADEC′)이 된다.

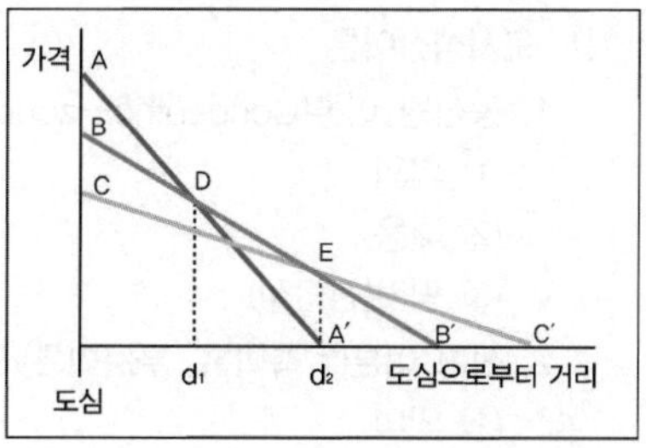

(4) 평가

① 입찰지대를 주어진 것으로 보고 지대 자체의 발생과정에 대해서는 분석하지 않는다. 단순히 지대는 비사회적 현상이고, 최고 입찰자에게 토지를 배분하는 합리적 배분장치로만 간주되는바, 현상 기술적이라는 한계를 갖고 있다.

② 입찰지대곡선은 지대와 거리의 관계에서 우하향하는 연속적인 모습으로 나타나는데, 이는 도심으로부터 거리가 증가함에 따라 지대지불의 감소를 전제하기 때문이다. 이러한 모형은 지가분포패턴을 묘사하는 기술적 분석도구로서의 한계를 벗어나지 못한다는 비판을 받고 있다.

Ⅲ 결

① 도시지가이론이 농경지 지대이론과는 달리 지가발생의 주요 요인으로 「위치와 접근성을 강조」하여, 「지가와 거리와의 관계」를 밝혀준 점은 높이 평가될 만하다. 따라서 감정평가 주체는 해당 지역의 지가수준의 형성과 지역의 교통, 거리, 위치 편익정도의 파악에 있어 도시지가이론의 활용이 가능하다. ② 다만, 「현실의 지가」는 다종 · 다양한 가치를 반영하며, 수많은 자연적 · 인문적 인자의 영향을 받아 형성된다. 또한 인간의 가치인식에 있어서도 표준이 되는 여러 가지 법칙성이 지가에 투영되고, 인자들의 부단한 변동으로 지가도 변동한다. ③ 이에 따라 감정평가 주체도 지가의 바탕인 지대의 정확한 파악과, 토지의 특성, 인간의 사용목적 · 가치관을 배경으로 한 제 법칙을 충분히 활용함으로써 적정가치를 직시할 수 있을 것이다.

04 절 도시성장 구조이론[13](도시공간구조이론)

Ⅰ 서

각 도시의 성장형태는 각 도시에 따라 다르지만 많은 도시에서 어느 정도 공통적으로 되풀이되는 질서가 있고, 각 도시의 인적·물적 구조 또한 각 도시마다 서로 다르지만 거시적으로 볼 때에는 유사한 점이 있으므로 도시성장·구조이론을 도출할 수 있다.
이러한 도시성장·구조이론은 도시의 성장과정 및 앞으로의 성장방향 예측에 도움을 주고, 도시구조 파악에 도움을 주므로 결국 감정평가 시 장래 예측기능과 인근지역분석에 도움을 주는 이론이라 할 수 있으며, 따라서 감정평가사는 도시성장 구조이론에 대한 지식을 습득하여야 한다.

Ⅱ 도시성장이론

1. 동심원 이론[14](Concentric－zone theory)

(1) 의의

도시는 중심지에서 동심원 상으로 확대되어 성장하는 경향이 있다는 이론으로 버제스(Burgess)가 전개한 이론이다. 이 이론은 튀넨의 농촌토지 이용구조를 도시토지 이용구조

13) (특강) 도시구조이론(노용호, 건대특강)
14) (특강) 버제스의 동심원 이론에 의하면 CBD를 둘러싸고 있는 지역이 슬럼화된다고 한다. 그 이유를 에이지 사이클 현상과 관련하여 설명하시오(김태훈, 20점).

에 적용시킨 것으로, ① 토양의 균일성, ② 균질적인 지형, ③ 수송비 조건의 동일성이 전제된다.

(2) 내용

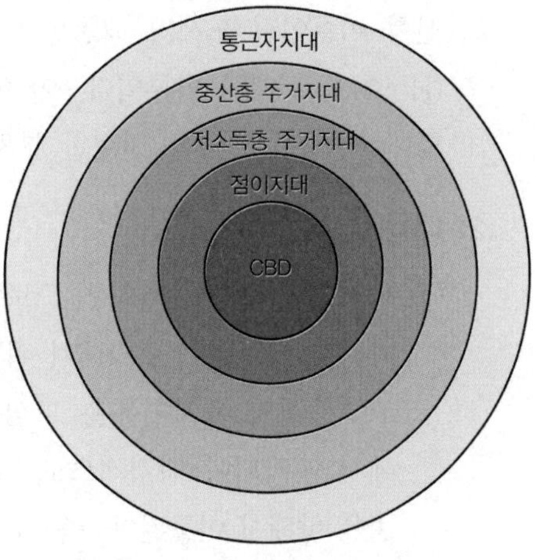

① 도시는 중심지로부터 원을 그리며 성장하고, 중심지에서 멀수록 접근성, 지대 및 인구밀도가 낮아진다. 중심지에서 멀수록 범죄, 인구이동, 빈곤 등 도시문제가 적어지는 경향이 있다.

② 도시의 정치, 경제, 문화적인 중심적 관리 기능이 집합되어 있는 중심업무지역을 중심으로, 상공업에 의해 침입되는 전이지역, 공업근로자들이 직주접근으로 모여 사는 저소득층 주거지역, 고급 아파트 및 독립 주택들이 들어서 있는 고급 주거지역, 중상업무지역에 통근하는 직장인이 거주하는 통근자 지역으로 구성된다(중전저고통).

③ 동심원 이론은 Alonso의 지대지불이론과 유사한 이론으로서 높은 지대를 지불할 수 있는 지역에서 토지이용도 높아진다는 것이다.

(3) 평가(장단점)

1) 유용성

① 도심에서 멀어질수록 접근성 · 지대 · 인구밀도가 낮아지는 과정을 잘 반영한다.

② 현실적으로 도시주변의 피폐화와 도시근교의 쾌적한 환경, 그리고 교통거리가 잘 반영되고 있다.

2) 한계(이집불도)

① 주택지에서는 접근성이란 그렇게 중요한 입지요건이 아니며, 상업지역의 밀집은 상호 경쟁 때문에 손해가 나는 경우를 고려하지 못했다.

② 직선거리 개념만을 도입하여 생태학적 거리의 개념이 제외되고 있고, 시장환경 내의 경제력의 작용에만 의존하고 있다. 즉 지형이나 도로망의 역할을 경시하고 있다.

③ 같은 동심원 내이더라도 토지이용은 이질적일 수 있으므로, 이상적인 토지이용모형과 일치하지 않는다.

④ 상업지역은 보통 불규칙적인 크기를 가지며 그 형상은 원형이기보다는 정방형이거나 장방형이다.

2. 선형 이론(= 축이론, 부문이론)(Sector theory)

(1) 의의

선형 이론이란 도시가 교통망의 축에 따라서 확대·성장되는 현상을 중시하며, 호이트(Hoyt)가 전개한 이론이다. 이 이론은 동질적인 도심에서 시작되어 점차 교통망을 따라 확대, 성장하며 원을 변형한 부채꼴 모형으로 도시가 성장한다는 것이다.

(2) 내용

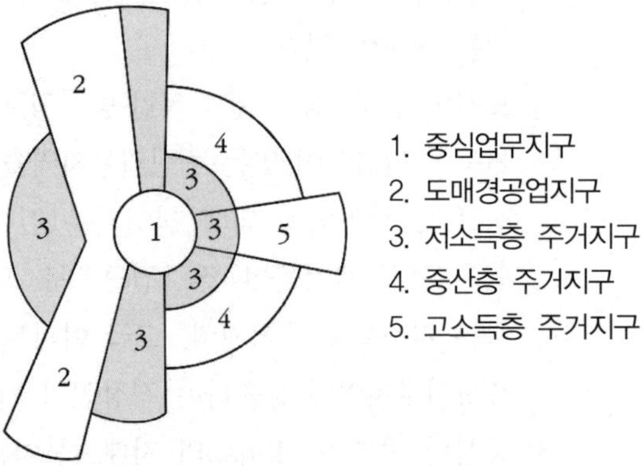

① 도시의 인구가 증가하면 도로망을 따라서 새로운 선형지대가 확대되고, 동질의 토지이용은 도심부근에서 시작되어 점차적으로 그 주변을 향해서 이동된다. 즉, 고수준의 주택은 기존 교통망이 발달된 도시 내의 고급경관지대로 입지하고, 중수준의 주택은 고수준 주택의 인근에 입지하고, 저수준의 주택은 고수준 주택의 반대편에 입지하는 경향이 있다.

② 도시중심지에서 고소득층이 교외로 이동하면 저소득층이 그곳을 점유하게 된다.

③ 지역의 경제성장 및 인구증가에 따른 확산과정에 관한 이론으로 동심원 이론과 유사하나, 도시공간의 분화는 존(Zone)보다는 섹터(Sector) 형태로, 주거지역은 도심에 접근성과 관련한 임대료에 의하여 공간의 분화가 결정된다고 주장한다.

④ M. Hurd는 도시의 성장과 확장은 가장 저항이 적은 방향이나 가장 매력도가 큰 방향으로 이루어진다는 최소마찰비용이론을 주장한바 있다. 만약, 주어진 조건이 동일하다면, 도시는 동심원의 형태로 성장, 확장될 것이다. 그러나 현실적인 공간은 지형이나 교통망 등에 차이가 나기 때문에, 도시는 원형이 아닌 선형으로 차별적 성장을 하게 된다. 호이트의 선형 이론은 최소마찰비용이론과 일맥상통한다.

최소마찰비용이론[15)]

허드는 미국 50개 도시를 연구하여 도시의 성장이 저항이 적은 방향, 즉 매력이 높은 방향으로 이루어진다는 최소마찰비용이론을 주장하였는데, 이는 튀넨의 동심원 이론에 도시성장의 현실적인 장애물을 추가적으로 고려한 것이다.

15) 조주현, 부동산학개론, 건국대학교출판부, 2003

(3) 평가(장단점)

1) 유용성

동질적인 토지이용부분은 도심에서 시작하여 교통망을 따라 확대·성장한다는 점에서 동심원 이론을 현실감 있게 수정·보완하고 주택입지 등을 설명한 것에 유용성이 있다.

2) 한계(과축동고)

① 동일수준의 주택이 집적하는 데 대한 설명은 있으나 그 원인에 대한 설명은 없다.

② 단순히 과거의 결과를 말하는 것으로, 도시성장의 추세분석을 유도하기에는 미흡하다.

③ 지역에 대한 명확한 정의를 결하고 있고, 도시가 교통량의 최소저항 방향으로 성장하여 성장도시를 형성한다는 축상 발달 이론에 불과하다.

④ 주택입지의 이동을 설명 또는 예측하기 위해서 고급주택의 역할을 강조한 것에 불과하다.

3. 다핵심 이론(Multiple−nuclei theory)

(1) 의의

다핵심 이론이란 도시에 있어서 그 이용형태는 어떤 지역 내에서 여러 개의 핵을 형성하면서 지역공간을 구성해 간다는 이론으로 해리스(Harris)와 울만(Ullman)에 의해 전개되었다.

(2) 내용

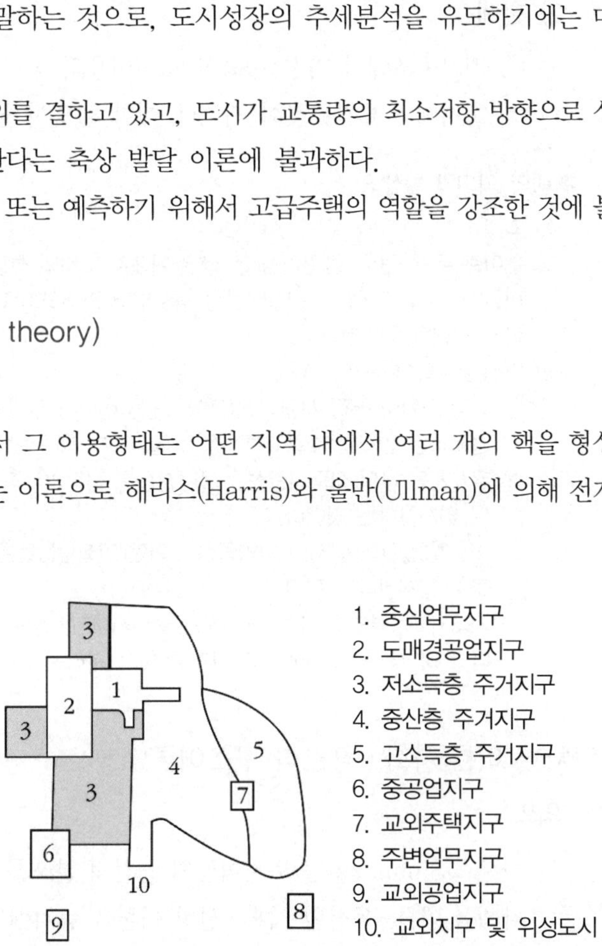

① 도시는 유사토지이용군별로 여러 개의 핵을 형성하면서 지역공간을 형성해간다는 이론으로 유사토지이용군은 서로 흡인력을 가지고 동질적인 집단을 형성한다. 예를 들면, 저소득층이 거주하는 지역은 경공업지역과 인접하게 되며, 중공업지역과 고소득층 주거지역은 정반대의 지역에 입지하게 된다. 그리하여 각각의 핵을 이루고 있는 집단은 각 지역의 특성에 알맞게 전문화된다.

② 하나의 핵이 이루는 곳에 교통망이 모이고, 주거·상업 지역 등 토지이용군이 형성된다.

(3) 평가(장단점)

1) 유용성

① 도시의 기능적 지역분화현상을 반영하여 동심원, 선형 이론과 달리 여러 개의 핵을 중심으로 도시가 성장·발전하는 과정을 나타낸다.

② 현대 도시토지이용구조에서 보면 실제로 다핵적인 면이 인정된다(지역분화현상).

③ 도시지가 수준대의 다양한 양상을 반영하였다.

2) 한계

① 지가구조에서 가장 중요한 토지이용의 공간적 배치를 경시했다.

② 도시핵의 발생, 분화 과정에 대한 설명이 불분명하다.

핵의 의의와 발생요인

1) 의의

핵이란 주거, 업무, 공업기능 등 그 주위에서 도시의 성장을 발생하게 하는 어떤 견인적 요소를 의미한다. 이 같은 핵은 도시의 발생 당시부터 존재하기도 하지만, 도시성장과 지역특화가 진행됨에 따라 발생하기도 한다.

2) 발생원인(특집비지)

① 특정 위치나 특정 시설의 필요성 : 상업이나 업무활동은 접근성이 양호한 위치가 필요하고, 공업활동은 편리한 수륙교통시설이 필요하기 때문에 그런 곳에 입지한다는 것이다.

② 유사활동 간의 집중지향성 : 유사활동은 집적의 이익이 있기 때문에, 특정 지역에 서로 응집하여 입지한다는 것이다.

③ 이질활동 간의 입지적 비양립성 : 어떤 이질활동들은 이해가 상반되므로, 서로 다른 핵에 분리하여 입지한다는 것이다.

④ 지대지불능력의 차이 : 어떤 활동들은 지대지불능력에서 차이가 나기 때문에, 특정 위치를 원한다고 하더라도 그곳에 입지하지 못하고 분리된다는 것이다.

4. 다차원 이론(사회·공간적 구조이론)

(1) 의의

1) 시몬스(Simmons)는 토지이용의 공간적 분포를 기술함에 있어 서로 받아들일 수 없는 다핵심 이론, 동심원 이론, 선형 이론을 동시에 적용하여 왔다고 지적하고, 도시의 내부구조는 ① 인종별 분산, ② 도시화, ③ 사회계층 등 3개 차원에서 파악해야 한다는 이론을 제시하였다.

2) 실제로 이 세 가지의 공간적 분포패턴을 중첩시켜 시카고 시의 지역구조를 모델화하였다.

(2) **내용**(인도사 다동선)

1) **인종별 분산차원**(다핵심)

인종·민족 구성 측면에서 주거지의 인종별 분화로서 본질적으로 무질서하게 분포하여 다핵심을 이룬다.

2) **도시화 차원**(동심원)

가족구성·세대유형·노동력 반영 등 도시주민의 생활양식과 관련된 차원으로 동심원을 이룬다.

3) **사회계층 차원**(선형)

인구의 경제, 교육수준, 직업수준 등을 뜻하며 고급주택과 저급주택이 일정축에 따라 변화하며 선형을 이룬다.

(3) **평가**

① 토지이용의 공간적 분포에 있어 서로 받아들이기 힘든 3가지 이론을 동시에 적용하였다.

② 이상의 3차원은 서로 밀접히 관련을 맺으면서 물리적 도시공간에 조직되어 있으며, 이는 도시의 전체적인 사회·경제적 특징을 표출한다.

Ⅲ 도시성장 구조이론과 감정평가와의 관련성

1. 가치형성요인 분석

가치형성요인이란 가치발생요인에 영향을 미쳐 부동산가격을 변화시키는 일반적, 지역적, 개별적 요인을 말한다. 부동산은 고정성과 지역성의 성격을 가지고 있는바, 대상 부동산이 속한 도시공간구조의 성격 및 변화에 따라 사회적, 경제적, 행정적 요인 등 일반적 요인 및 지역요인이 상이하고 변동되므로 가치형성요인에 대한 분석이 우선되어야 한다.

2. 지역분석

다양한 인근지역 형태는 도시성장과정을 동심원, 선형, 다핵심 등으로 다양하게 연구함으로써 인근지역의 형태를 설정하는 기초가 되며 지역의 변화는 도시성장에 따른 변화를 지적함으로써 지역의 변동 관계를 반영하고, 예측의 방향을 알 수 있게 한다. 또한 후보지·이행지 파악 시 도시성장은 필수적으로 분석이 요구된다.

3. 개별분석

축소된 도시개념인 특정 지역에 대한 분석을 함으로써 개별부동산의 구체적 특성을 파악하는 기준을 제시한다. 입지조건 파악 시 도시성장은 중요한 요인으로 작용한다. 또한 더불어 선형이론은 개별적 요인 중 도로조건 파악 시 관련이 깊다.

4. 평가방식

비교방식의 사례 그리고 원가방식의 재조달원가 및 수익방식의 순수익을 간접법으로 구할 경우 사례선택 범위 기준이 도시성장이론과 관련성이 있으며 비교방식에서 지역・개별요인 비교 시 용도적 지역 파악에도 영향을 미친다. 회귀분석이나 노선가식평가법 적용 시 선형 이론과 다핵심 이론이 깊은 연관성을 갖는다.

Ⅳ 결

도시가 어떻게 성장, 발전하는가는 생태학 등 도시성장 및 구조이론 등의 연구대상이 되어 왔다. 동심원 이론, 선형 이론, 다핵심 이론 등이 그것이다. 이러한 이론들은 도시의 성장과 발전을 정치적, 경제적・문화적・사회적・생태적 제 측면에서 종합적, 입체적으로 연구한 결과이다. 부동산 감정평가에서는 이러한 연구결과들을 도입, 응용함으로써 도시생성, 발전과 부동산활동의 상호 역학관계에 관한 법칙성을 발견하고, 이것이 부동산 가격구조 및 가치형성요인의 변화에 미치는 영향을 연구하게 된다. 또한 도시 전체를 부동산 공간으로 파악하고, 이러한 도시공간에 대한 수요와 공급 요인, 부동산시장 참여자들의 전형적인 투자활동, 금융시장이나 자본시장에서 발행되는 경쟁상품들과 부동산 상품 간의 경쟁상황 등을 종합고려하여 ① 가치형성요인을 분석하게 되며, ② 지역분석, ③ 개별분석 등의 작업을 수행하게 되고, ④ 적용할 감정평가방식을 선택하게 된다.

05 절 감정평가와의 관련성[16]

1. 개설

지가형성의 일반론으로서 도시지가이론과 도시형태 및 성장에 관한 지역배치이론은 토지 등의 경제적 가치를 판정하여 그 결과를 가액으로 표시하는 감정평가와 밀접한 관련성이 있다.

2. 부동산 가격제원칙과의 관련

도시성장의 구조에 대한 이해를 통해 지역의 성장, 발달에 대한 변동과 예측이 필요하므로 변동 · 예측의 원칙과 관련이 있다(접근성과 위치에 관련되는 지가이론은 적합의 원칙과 외부성의 원칙과 관련이 있다).

3. 지역 · 개별분석과의 관련성

(1) 일반적 요인 분석

거품지가이론, 지가고등이론은 부동산가격의 형성요인 중 경제적 요인과 관련된다.

(2) 지역분석

도시성장 구조이론이나 Penalty 이론의 직주분리현상 등은 대상지역확정(경계설정)의 기준이 되며, 지가고등이론이나 거품지가이론은 지역의 지가수준의 급격한 변동이 있을 경우 그 해석에 있어서 유용하다. 또한, 지역분석 시 해당지역에 대한 접근성이 주요 요인이 되는데, 접근성과 관련된 마샬, 헤이그, 알론소의 패널티 이론 등이 관련된다.

(3) 개별분석

접근성은 또한 개별요인으로도 작용하므로 이와 관련된 이론은 개별분석 시 유용하며, 상호조정곡선은 개별부동산의 구체적 가격결정에 있어 시장에서의 매도자와 매수인이 가격에 접근하는 데 개별적인 사정 등이 개입된다고 보므로 개별분석과 관련된다.

16) 노용호, 아카데미 부동산 감정평가론, 부연사, 2021

4. 감정평가방식의 적용 시 관련성

(1) 원가방식

접근성과 위치와 관련하여 감가수정 시 주변에 혐오시설이 존재하는 경우 및 주변의 토지이용과 현저히 다른 토지이용의 경우에는 외부효과에 대한 경제적 감가가 필요하다.

(2) 비교방식

지역·개별요인 등의 비교 시에 접근성 관련 지가이론이 유용하게 쓰이며, 거품지가이론이나 지가고등이론은 유사성 있는 사례를 선정하는 데 종합적인 분석과 더욱 세심한 주의를 요한다.

(3) 수익방식

수익방식은 수익을 환원하는 방식으로 수익의 대표적인 형태인 지대와 지가와의 관계를 설명하는 이론들이 수익방식의 기초가 되고 있다.

(4) 노선가식 평가법과 회귀분석법

노선가 측정 시 특정물과의 접근조건을 반영하며, 노선가를 적용하여 평가하는 경우 도로와의 접근성, 즉 깊이에 따른 가격체감원리를 적용한다. 회귀분석법에 의한 평가의 경우에는 접근성을 독립변수로 보고 지가를 산정할 수 있다.

5. 유의점

도시지가이론은 지가형성요인을 단순화하여 다양한 가치형성요인을 반영하지 못하는 한계를 가지며, 도시내부의 지리적 분포·규모·다양한 기능 등을 통합적으로 고려하고 있는 도시성장 구조이론은 계량화가 곤란하다는 한계점이 있다. 또한 개별토지마다 개별적·구체적으로 발생하는 개별지가를 판정할 때 이러한 이론들을 직접적으로 적용하는 것에는 한계가 있다.

심화논점

01 절 도시지가이론에서 접근성과 감정평가와의 관계[17]

Ⅰ 서

접근성이란 어떤 대상과의 상대적 거리관계를 의미하는데, 거리에는 실거리, 시간거리, 운임거리, 의식거리 4가지로 표현된다.

부동산의 가치는 장래편익의 현재가치로서, 그 본질은 효용에 있으며, 효용의 대가가 지대이고 지가를 구성한다. 부동산에 있어서 효용은 이용을 통하여 발휘되는바, 농촌토지의 경우 비옥도가 효용을 결정하지만, 도시토지의 경우에는 활동입지로서의 위치가 효용을 결정하는데 위치의 결정요소로서 접근성은 중요한 역할을 한다.

부동산은 고정성의 특성 때문에 도시공간구조 내에서의 위치가 토지이용방법 및 지가를 결정하는바, 이하 위치의 결정요소로서 접근성을 설명하고 접근성으로 도시지가를 설명하는 이론에 대해서 살펴보기로 한다.

17) (연습문제) 경응수, 감정평가론 제6판, 나무미디어, 2021

Ⅱ 위치와 접근성의 가치관계(대정 도리)

1. 접근 대상

접근성은 접근 대상에 따라 증가 혹은 감가요인으로 작용한다. 증가요인은 공공시설, 상업시설의 접근성이며, 감가요인은 변전소, 오수처리장 등 혐오·위험시설의 접근성이다. 그리고 증·감가요인이 동시에 작용하는 예로서 가로의 계통이 좋고 폭이 크면 교통의 편리는 좋으나 공해, 소음 등이 증가하므로 증·감가요인이 병존하게 된다.

2. 접근 정도

대상물이 인간생활을 위해 필요한 경우라도 그 접근성이 지나치면 오히려 불리한 경우가 있다. 예로써 주거지가 시장에 접한 경우를 들 수 있다.

3. 부동산 용도

부동산의 용도에 따라 동일한 접근성이라 하더라도 증가 또는 감가요인이 될 수 있는 등 중요성과 평가기준이 달라진다.

4. 거리

보통 거리가 가까우면 접근성이 높다고 할 수 있으나, 반드시 비례관계에 있는 것은 아니다. 주차문제, 일방통행, 가로의 횡단, 각지 관계 등이 그 원인이 된다. 따라서 시간거리, 의식거리, 운임거리 등의 상대적 거리의 영향이 중요하다.

Ⅲ 도시지가이론에서 말하는 접근성

1. Marshall의 도시지가이론

지가는 위치의 유리성에 대한 화폐적 가치의 총액이라 하여 위치의 중요성을 강조하였으며 위치가치란 농업용 토지를 기준으로 삼아 이와 비교하여 어떤 부지가 누리는 모든 측면의 비교우위를 금전화한 가치라 하였다.

2. Hurd의 지가이론

도시토지의 지가는 접근성에 의존한다. 즉 지가의 바탕은 경제적 지대이고, 지대는 위치에, 위치는 편리에, 편리는 가까움에 의존하므로 지가는 결국 접근성에 의존하는 것이다.

3. Haig의 마찰비용이론

지대란 토지의 이용자가 교통비를 절약할 수 있고 상대적 도달 가능성을 갖는 경우에 토지의 소유자가 이용자에게 과하는 요금이라고 하여 지대에 있어서 교통비를 강조하였다. 즉 지대는 '마찰비용 − 교통비'로서 교통비의 절약분이라는 것이다.

4. Alonso의 Penalty 이론

고용, 시장, 시설 등이 도심지에 있는 것으로 가정하고 'V = 지가, T = 시간'이라고 할 때 'V = f(T)'가 성립하여 수송비에 의하여 지가가 형성된다는 것으로서 튀넨의 입지교차지대설을 일반화한 이론이다. 지가는 도심지에서 멀어짐에 따라 감소한다는 이론으로 결국 지가는 접근성에 의존함을 보이고 있다.

Ⅳ 감정평가에의 활용

1. 접근성의 중요성

접근성은 지가의 증・감가요인이 되며, 평가활동에 있어서 지역요인인 동시에 개별요인이 되고, 노선가식 평가의 근거가 되어 지가에 영향을 미친다. 평가의 궁극적 목표가 재화의 적정한 가치파악에 있다면, 평가대상물건의 가격에 직접적인 영향을 미치는 접근성에 대한 분석은 필요불가결한 평가의 한 요소가 된다.

2. 지역・개별요인으로서의 접근성

접근성은 가격형성요인 중 매우 중요한 위치를 점하고 있는바, 개별요인인 동시에 지역요인도 된다. 즉 대상 부동산이 속한 지역 그리고 그 지역의 표준적 이용에 따라 접근성의 논리가 다르고, 개별부동산에 달리 적용되는바, 지역・개별요인으로서 매우 중요하다.

3. 평가방식과 접근성

(1) 3방식과 접근성

비교방식에서는 사례선택과 요인 비교 시, 수익방식에서는 접근성의 정도에 따라 수익창출 정도도 달라지므로 수익사례선택과 환원이율 산정 시, 원가방식에서는 경제적 감가 작업 시 접근성을 고려해야 한다.

(2) 노선가식 평가와 접근성

노선가는 곧 접근조건에 대응하는 지수라고 할 수 있다. 이 방법에서는 택지가격에 영향을 미치는 제 시설과의 상대적 거리관계를 접근계수의 개념으로 처리한다. 즉 노선가는 가로

계수, 접근계수, 획지계수의 합으로 이루어지는데 그중에서 접근계수는 교통이나 공공시설 등의 접근요소를 계수화한 것이다.

(3) 가격제원칙과 접근성

기타 접근성은 위치에 따른 부동산 유용성의 차이로서 부동산 가격제원칙 중 적합의 원칙, 외부성의 원칙과 관련된다.

V 결

접근성은 대상과 일정한 지역, 일반적으로는 도심지와 가까움을 말한다. 감정평가의 대상이 되는 도시의 부동산은 이러한 접근성에 의해 가치가 결정되므로, 감정평가를 할 때에는 타 부동산과 비교되는 도심지로의 접근성에 있어 유리함, 불리함의 정도를 고려하여 평가하여야 한다(경응수).

또한 지역・개별요인을 동태적으로 분석하고 현재의 토지이용과 더불어 가까운 장래의 토지이용 변화 가능성 등을 고려하여 위치에 따른 토지의 최유효사용과 이에 상응한 경제가치를 판정하여야 함에 유의해야 한다.

부동산의 생산성과 도시성장

1. 개요 : 부동산의 물리적, 법적, 위치적 특성은 부동산의 생산성에 많은 영향을 주고 있다. 이 중에서 특히 위치적 특성은 근린지역의 토지이용이나 도시의 공간구조와 밀접한 관계가 있다.
2. 접근성 : 접근성은 대상 부동산이 위치하고 있는 장소에서 다른 장소에 도달하는 데 소요되는 시간, 경비, 노력 등으로 측정되는 상대적 비용으로 정의된다. 2가지 측면에서 보면, 미시적 접근성은 대상 부동산의 접근성을 주변지역의 측면에서 본 것이며, 거시적 접근성은 도시 전체적 측면에서 본 것이다.
3. 도시성장과의 관계 : 거시적 접근성은 도시의 성장과 발전과 밀접한 관계가 있다. 도심지역은 다른 지역과의 거리가 상대적으로 짧기 때문에, 다른 조건이 일정할 경우, 전체 도시지역 중 유인력이 가장 큰 곳이 된다. 따라서 도심지역은 입지경쟁이 가장 치열한 곳이 되며, 이에 따라 부지임대료와 매매가격이 상승한다.
4. 분석 시 유의사항 : 부동산의 물리적 위치는 고정되어 있지만, 경제적 위치는 그렇지 않다. 생산성 분석을 함에 있어, 평가사는 부동산의 가치가 도시구조상의 공간적 위치와 시간적 변화요인과 밀접하게 관련된다는 사실을 명심해야 한다.

Chapter 09

3방식 총론

01 절 감정평가의 3방식[18] ▸기출 4회, 22회, 25회, 26회, 29회

감정평가에 관한 규칙 제11조(감정평가방식)
감정평가법인등은 다음 각 호의 감정평가방식에 따라 감정평가를 한다.
1. 원가방식 : 원가법 및 적산법 등 비용성의 원리에 기초한 감정평가방식
2. 비교방식 : 거래사례비교법, 임대사례비교법 등 시장성의 원리에 기초한 감정평가방식 및 공시지가기준법
3. 수익방식 : 수익환원법 및 수익분석법 등 수익성의 원리에 기초한 감정평가방식

Ⅰ. 서
Ⅱ. 감정평가 3방식
  1. 비교방식
    (1) 의의
    (2) 근거
    (3) 적용대상
    (4) 장단점
  2. 원가방식
    (1) 의의
    (2) 근거
    (3) 적용대상
    (4) 장단점
  3. 수익방식
    (1) 의의
    (2) 근거
    (3) 적용대상
    (4) 장단점
Ⅲ. 결

가격의 3면성	3방식	특징	평가대상	방법	시산가액(임대료)
비용성	원가방식 (비용접근법)	공급가치	(협의의) 가치	원가법	적산가액
			임대료	적산법	적산임대료
시장성	비교방식 (시장접근법)	균형가치 (수요・공급가치)	(협의의) 가치	거래사례비교법	비준가액
				공시지가기준법	
			임대료	임대사례비교법	비준임대료
수익성	수익방식 (소득접근법)	수요가치	(협의의) 가치	수익환원법	수익가액
			임대료	수익분석법	수익임대료

18) (특강) 감정평가 3방식의 의의와 장단점(노용호, 건대특강)

Ⅰ 서

감정평가방식이란 대상물건의 가치를 판정하기 위하여 적용하는 기법으로 제반 가치형성요인의 구체적인 영향관계를 바탕으로 그 가치를 화폐액으로 계산해내는 방법이다. 이는 감정평가활동에 있어 가장 핵심적인 위치를 차지하고 있는 부분이다.

일반적으로 사람이 물건의 가치를 판정할 때는 ① 그 물건이 어느 정도의 가격으로 시장에서 거래되고 있는가?(시장성) ② 그 물건을 만드는 데 얼마만큼의 비용이 투입되었는가?(비용성) ③ 그 물건을 이용함으로써 어느 정도의 이익 또는 편익을 얻을 수 있는가?(수익성) 하는 세 가지를 고려하게 된다. 이것을 통상 가치의 3면성이라고 한다.

부동산의 경우에도 이와 마찬가지로 시장성에 착안하여 가치를 구하는 '비교방식'과 비용성에 착안하여 가치를 구하는 '원가방식' 및 수익성에 착안하여 가치를 구하는 '수익방식'이 전통적으로 감정평가의 방식으로 정립되어 왔다. 이 세 가지 방식을 감정평가의 3방식이라고 한다.

추가적으로 공시지가기준법도 기본적으로 비교방식의 원리에 근거하고 있다. 따라서 공시지가기준법을 비교방식의 범주에 포함하기도 한다. 다만, 비교방식이 시장의 거래사례자료를 기초로 하여 대상물건의 가치를 산정하는 것과 달리 공시지가기준법은 표준지공시지가를 기초로 하여 가치를 산정한다는 점에서 그 적용상에 차이가 있을 뿐이다.

Ⅱ 감정평가 3방식

1. 비교방식

(1) 의의

① 비교방식이란 거래사례비교법, 임대사례비교법 등 시장성의 원리에 기초한 감정평가방식 및 공시지가기준법을 말한다.

② 거래사례비교법이란 대상물건과 가치형성요인이 같거나 비슷한 물건의 거래사례와 비교하여 대상물건의 현황에 맞게 사정보정, 시점수정, 가치형성요인 비교 등의 과정을 거쳐 대상물건의 가액을 산정하는 감정평가방법을 말한다. 비준가액이란 거래사례비교법에 따라 산정된 가액을 말한다.

비준가액 = 거래사례가격 × 사정보정 × 시점수정 × 지역요인 비교 × 개별요인 비교

③ 임대사례비교법이란 대상물건과 가치형성요인이 같거나 비슷한 물건의 임대사례와 비교하여 대상물건의 현황에 맞게 사정보정, 시점수정, 가치형성요인 비교 등의 과정을 거쳐 대상물건의 임대료를 산정하는 감정평가방법을 말한다. 비준임대료란 임대사례비교법에 따라 산정된 임대료를 말한다.

비준임대료 = 임대사례임대료 × 사정보정치 × 시점수정치 × 지역요인비교치 × 개별요인비교치

④ 공시지가기준법이란 감정평가의 대상이 된 토지와 가치형성요인이 같거나 비슷하여 유사한 이용가치를 지닌다고 인정되는 표준지의 공시지가를 기준으로 대상토지의 현황에 맞게 시점수정, 지역요인 및 개별요인 비교, 그 밖의 요인의 보정을 거쳐 대상토지의 가액을 산정하는 감정평가방법을 말한다.

토지단가 = 표준지공시지가 × 시점수정 × 지역요인의 비교 × 개별요인의 비교 × 그 밖의 요인 보정

(2) 근거

① 비교방식은 대상물건이 시장에서 어느 정도의 가격으로 거래되고 있는가 하는 시장성에 근거하고 있다.

② 비교방식은 사례물건의 가격으로부터 대상물건의 가치를 구하기 때문에 기본적으로 대체의 원칙에 근거하고 있다. 즉, 전형적인 매도자는 유사거래사례의 가격 이하로는 팔려고 하지 않을 것이며, 매수자도 그 가격 이상으로는 사려고 하지 않을 것이다.

③ 비교방식은 수요와 공급의 상호작용에 따른 재화의 가치를 파악한 신고전학파의 수요공급이론과도 관련을 지을 수 있다.

(3) 적용대상

① 충분한 매매사례가 있는 경우 모든 종류의 부동산에 다 적용 가능하다. 예를 들면, 토지와 아파트 및 상가뿐만 아니라 자동차와 염전 등에도 적용이 가능하다.

② 오래된 건물이나 수익을 창출하지 않는 단독주택에 적용이 가능하다.

(4) 장단점

1) 장점

① 시장성의 원리에 의한 것으로 실증적, 객관적이며 설득력이 있다.[19]

② 거래사례가 있는 모든 부동산에 적용 가능하며, 특히 소득이 없는 부동산, 감가상각 정도가 심한 부동산에 유효하다.

③ 재생산이 불가능한 토지평가에 유용하다.

④ 산식이 간편하고 의뢰인 등이 이해하기 쉽다.

---

19) 비교방식의 유효성은 부동산시장을 효율적 시장으로 가정한 경우에 확보된다. 그러나 분양가 상한제나 과도한 보유세 부과 등 정부의 인위적 수요·공급 규제정책에 의하여 부동산시장 자체가 비효율적인 경우 시장의 사례가격이 모든 정보를 그대로 반영하지 못하는 한계가 있다.

⑤ 순수익 예측, 재조달원가, 감가수정 파악 시 추계의 주관성을 배제할 수 있다.
⑥ 충분한 가격자료와 비교조건의 적용이 전제된다면 3방식 중 가장 활용도가 높기 때문에 3방식 중 중추적인 역할을 한다.
⑦ 인플레이션이 지속적으로 심한 상황에서 보다 직접적으로 시장가치를 지지할 수 있는 수단이 된다.

2) 단점

① 거래사례가 없으면 적용이 불가능하다.
② 요인비교 시 감정평가 주체의 주관이 개입될 수 있다.
③ 극단적인 호·불황의 시기 또는 투기지역에서의 사례가격은 수집하기도 어렵고 활용하기에도 문제점이 노출된다.
④ 왜곡된 매매가격, 금융조건, 당사자의 사정, 거래동기 파악이 어렵다.
⑤ 사례가격은 과거가격으로 현재 시장가치와의 관계가 문제된다.
⑥ 매도자나 매수자의 협상력의 차이에 의해 매매가격이 왜곡되어 있을 수 있어 사정보정에 있어 애로사항이 존재한다.
⑦ 비교방식에서 사례비교 분석의 유효성은 부동산시장이 효율적인 시장인 경우에 보장된다. 거래사례가 부동산시장 자체가 비효율적인 경우에는 사례가격에 시장의 모든 정보가 반영되지 못한 것으로 판단되므로 가치추계의 정확도를 기할 수 없는 단점이 있다.

2. 원가방식

(1) 의의

① 원가방식이란, 원가법 및 적산법 등 비용성의 원리에 기초한 감정평가방식을 말한다.
② 원가법이란 대상물건의 재조달원가에 감가수정을 하여 대상물건의 가액을 산정하는 감정평가방법을 말한다. 적산가액이란 원가법에 따라 산정된 가액을 말한다.

적산가액 = 재조달원가 - 감가수정액

③ 적산법이란 대상물건의 기초가액에 기대이율을 곱하여 산정된 기대수익에 대상물건을 계속하여 임대하는 데에 필요한 경비를 더하여 대상물건의 임대료를 산정하는 감정평가방법을 말한다. 적산임대료란 적산법에 따라 산정된 임대료를 말한다.

$$R = V \times r + E$$

R : 적산임대료, V : 기초가액, r : 기대이율, E : 필요제경비

(2) 근거

① 원가방식은 대상물건이 어느 정도의 비용이 투입되었는가 하는 비용성에 근거하고 있다.

② 원가방식은 비교방식과 마찬가지로 대체의 원칙에 근거하고 있다. 즉, 전형적인 매수자는 대상물건과 동일한 효용과 기능을 제공하는 다른 물건의 생산비보다 더 많은 가격을 지불하지 않을 것이며, 매도자도 그 비용 이하로는 팔려고 하지 않을 것이다.

③ 원가방식은 비용과 가치와의 상관관계를 파악하는 것으로 비용에서 재화의 가치를 파악한 고전학파의 생산비가치설과도 관련을 지을 수 있다.

(3) 적용대상

① 건물, 구축물은 원가방식이 적용되는 대표적인 부동산이다. 이들은 건설에 소요되는 표준적인 건설비에 통상의 부대비용을 가산하여 재조달원가를 구한 뒤 정액법으로 감가수정하여 가격을 구한다.

② 중기, 선박, 항공기 등 제작된 부동산에 대한 표준적 제작비에 통상 부대비용을 가산하여 재조달원가를 구한 뒤 보통 정률법으로 감가수정하여 가격을 구한다.

③ 조성지, 매립지, 개간지, 간척지 등 개량된 토지는 투자비용의 산정이 가능하므로 표준취득가격이나 또는 택지가격의 조성을 위해 소요되는 표준적 건설비에 통상부대비용을 가산하여 가격을 구한다.

(4) 장단점

1) 장점

① 비용성에 따른 공급자 측면의 평가방식으로 논리적이고 설득력이 있으며, 부동산개발 타당성 분석에 유리하다.

② 재생산이 가능한 모든 부동산에 적용 가능하다.

③ 거래사례가 없는 부동산 등의 평가액을 산정할 수 있다는 장점을 지닌다. 예를 들어, 거래사례를 구하기 어려운 공용·공공 부동산의 감정평가에 유용하다.

④ 조성지, 매립지 등의 토지 평가에 가능하다.

⑤ 감가상각 정도가 적고 최근의 비용자료 수집이 가능한 신축건물 평가에 유용하다.

2) 단점

① 표준비용 추계치 문제, 건축의 질적 차이 파악문제, 간접비용 차이문제, 비용항목의 문제 등 재조달원가의 파악이 어렵다.

② 재생산이 불가능한 기성 시가지 등의 평가가 불가능하다.

③ 가격을 구성하는 시장성 · 비용성 · 수익성 중에서 비용성을 반영한 방식이므로 상대적으로 시장성과 수익성을 잘 반영하지 못하는 단점이 있다.
④ 생산에 투입된 비용과 경제적 가치가 비례한다는 전제가 성립되어야만 하는 방식이라는 한계가 있다.
⑤ 재조달원가의 가정인 '비용은 과거의 역사적 원가'라는 점은 부동산가치가 '장래 이익의 현재가치'라는 정의에 부합되지 못하는 문제점이 있다.

3. 수익방식

(1) 의의

① 수익방식이란, 수익환원법 및 수익분석법 등 수익성의 원리에 기초한 감정평가방식을 말한다.
② 수익환원법이란 대상물건이 장래 산출할 것으로 기대되는 순수익이나 미래의 현금흐름을 환원하거나 할인하여 대상물건의 가액을 산정하는 감정평가방법을 말한다. 수익가액이란 수익환원법에 따라 산정된 가액을 말한다.
③ 수익분석법은 일반기업 경영에 의하여 산출된 총수익을 분석하여 대상물건이 일정한 기간에 산출할 것으로 기대되는 순수익에 대상물건을 계속하여 임대하는 데에 필요한 경비를 더하여 대상물건의 임대료를 산정하는 감정평가방법을 말한다. 수익임대료란 수익분석법에 따라 산정된 임대료를 말한다.

$$Ri = NR + \mathrm{Exp}$$

Ri : 수익임대료, NR : 순수익, Exp : 필요제경비

(2) 근거

① 수익방식은 대상물건에서 향후 어느 정도의 수익이 발생할 것인가 하는 수익성에 근거하고 있다. 즉, 소득을 많이 창출하는 부동산일수록 가치는 크고, 그렇지 못한 부동산일수록 가치는 작아진다는 것에 근거한다.
② 수익방식은 장래기대이익의 현재가치라는 측면에서 부동산의 가치를 파악하게 되므로 예측의 원칙에 근거하고 또한 대체부동산의 수익성을 감안하여 매수자와 매도자의 가격이 영향을 받게 되므로 대체의 원칙에도 근거한다.
③ 수익방식은 효용과 가치와의 상관관계를 파악하는 것으로 재화의 가치는 수요자의 주관적 효용에 의해서 결정된다는 한계효용학파의 한계효용가치설과도 관련을 지을 수 있다.

(3) 적용대상

① 수익방식은 안정시장하에서는 부동산과 동산 할 것 없이 수익을 발생하는 물건이면 적용할 수 있다. 그러나 수익분석법은 주거용 부동산에는 적용이 불가능하다.

② 수익방식 중 수익분석법은 주거용 부동산에는 적용이 불가능함에 유의해야 한다(주거용 부동산 외에도 수익의 발생형태가 임료로만 이루어진 물건은 모두 해당된다). 이는 구하고자 하는 목표인 임료를 기준으로 하여 산정한다는 의미가 되므로 이는 결국 순환논리의 모순에 빠지기 때문이다.

(4) 장단점

1) 장점

① 수익성에 따른 수요자 측면의 가격으로 이론적이며 가격의 본질에도 부합한다.

② 기업용 또는 임대용 부동산(수익분석법은 제외) 등과 같이 수익이 발생하는 모든 부동산 평가에 적용된다.

④ 부동산시장이 활황인 경우에는 선행하는 경향이 있는 거래가격에 대한 유력한 검증수단으로 활용할 수 있다.

⑤ 오늘날 가치추계, 비가치추계에 있어 강한 현실적인 필요성이 요구된다.

2) 단점

① 수익이 없는 부동산(주거용, 교육용, 공공용)에 적용이 불가하다.

② 수익성을 중시하므로 수익의 차이가 없는 부동산의 경우 신축건물과 기존건물의 감정평가액에 차이가 없다는 단점이 있다. 그러나 최근 환원율을 조정하여 극복된다.

③ 불완전한 시장에서 순수익과 환원율의 파악이 어렵다.

④ 최유효이용이 아니거나 비수익성 부동산이 포함된 경우 과소평가될 우려가 있다.

⑤ 수익환원법에는 예측의 원칙이 중요하게 작용하나 예측의 오류가능성이 존재한다.

⑥ 소득수익보다 자본수익이 높은 경우 비교방식에 의한 시산가액과 괴리되는 경우가 많다는 한계가 있다.[20)]

Ⅲ 결

3방식은 가격3면성의 성격으로 보아 상호보완관계에 있는 것으로 주종, 경중의 관계에 있는 것은 아니다. 그러나 부동산은 각각 성격이나 조건에 있어 차이가 있고, 3방식도 이러한 차이로 인하여 그 적용대상에 제한을 받는다. 따라서 현실에 있어서는 평가대상 부동산의 성격이나 조건에 가장 적당한 방식을 적용하여 구한 가격을 타 방식으로 그 타당성을 검토하는 정도의 제한적 의미의 3방식 병용이 이루어져야 할 것이다.

---

20) 예를 들어, 대도시 인근의 농지는 임료는 낮지만 향후 개발가능성을 고려하여 시장가격은 높은 경우가 많다.

02 절 3방식 병용에 대한 논의

Ⅰ. 서

Ⅱ. 3방식 병용의 필요성

1. 각 방식의 상호 관련성
2. 각 방식의 특징 및 유용성과 한계
3. 부동산시장의 불완전성
4. 평가주체의 주관 개입가능성
5. 단일평가방식에 의한 오류의 방지
6. 평가의 합리성과 현실성 제고
7. 부동산시장의 개방화 · 국제화에 따른 시대적 요청

Ⅲ. 단일방식 적용이 인정되는 경우

1. 곤란한 경우
   (1) 특수목적부동산
   (2) 자료의 신뢰성이 없는 경우
2. 불필요한 경우
   (1) 거래관행이 있는 부동산
   (2) 대상 부동산의 성격
3. 법령이나 평가목적 및 평가조건에 따른 경우
   (1) 평가방식의 선택이 법령에 정해져 있는 경우
   (2) 평가목적 및 평가조건에 따른 경우

Ⅳ. 3방식 병용의 법률적 근거

1. 개설
2. 법률적 근거
   (1) 부동산공시법 제3조
   (2) 토지보상법 시행규칙 제18조
   (3) 감정평가법 제3조
   (4) 감정평가에 관한 규칙 제12조
3. 검토

Ⅰ 서[21)]

부동산과 자본시장의 통합화, 부동산 금융의 발전 등 감정평가시장의 환경 변화로 인해 종래의 비교방식이나 원가방식만으로 감정평가하는 데 한계가 있으며, 시장수요자의 다양한 요구와 국제평가기준과의 정합성 등을 고려할 때, 단일방식보다는 다양한 감정평가방식의 적용이 필요하다.

또한 감정평가방식의 선진화를 유도하고 감정평가의 전문성을 제고하여 의뢰인에게 보다 합리적인 감정평가액을 제시할 수 있는 방안이 요구된다. 이러한 이유로 「감정평가 실무기준」에서는 가장 적정한 감정평가방식을 적용하되, 다른 감정평가방식을 통한 시산가액으로 합리성을 검토하도록 함으로써 원칙적으로 대상물건의 감정평가에 다양한 방식의 적용이 가능하도록 명문화하였다. 이는 3방식 병용을 원칙으로 하고 있는 국제평가기준(IVS), 미국 그리고 일본의 감정평가기준과도 일맥상통하는 규정으로 세계적 흐름에도 부합한다.

21) 감정평가 실무기준 해설서(Ⅰ), 2014, p187, 188

Ⅱ 3방식 병용의 필요성(상유시주단합개)

1. 각 방식의 상호 관련성

각 방식에서 추가하는 가치 목표는 서로 일치할 뿐만 아니라 각 방식은 각기 다른 방식의 사고방식이 채택되어 혼합적용되고 있다는 점에서 볼 때 상호 밀접하게 관련되어 있다. 따라서 3방식을 모두 적용하게 되면 서로 보완적인 기능을 함으로써 보다 적정한 평가결과가 도출될 수 있다.

2. 각 방식의 특징 및 유용성과 한계

각 방식은 각 방식마다의 특징과 유용성을 가지고 있지만, 한편으로 적용범위의 한계를 지니고 있다. 이에 어느 한 가지 방식만을 적용해서는 현실적으로 적정한 가치를 산정한다는 것이 어려운 일이므로 3방식을 모두 적용해야 할 필요성이 생긴다.

3. 부동산시장의 불완전성

부동산시장은 기본적으로 불완전한 특성을 가지고 있다. 특히 우리나라의 경우에는 부동산가격의 변동이 심하고 투기적인 성향이 강한 불안정한 시장이라 할 수 있다. 이러한 시장에서는 각 방식을 적용하여 그 결과를 검토함으로써 보다 적정한 가치를 도출할 수 있다.

4. 평가주체의 주관 개입가능성

각 평가방식은 그 적용상에 있어 평가주체의 주관적인 판단이 개입될 수 있는 부분이 많이 있다. 이에 각 방식을 병용함으로써 주관개입의 한계를 어느 정도 극복하고 보다 객관적인 결과를 도출하는 데 기여할 수 있다.

5. 단일 평가방식에 의한 오류의 방지

하나의 평가방식만을 적용하게 될 경우 대상물건의 성격 등과 맞지 않는 평가방식의 적용으로 인해 불합리한 결과가 발생할 수 있다. 또한, 자료의 부족 및 부적절성 등의 문제와 적용과정에서 오류발생의 문제 등으로 적절치 못한 결과가 나올 수 있다. 따라서 다른 방식을 병용함으로써 이러한 오류를 방지하고 보완해야 할 필요가 있다.

6. 평가의 합리성과 현실성 제고

부동산과 자본시장의 통합화, 부동산 금융의 발전 등 감정평가시장의 환경 변화로 인해 부동산의 가치는 하나의 점의 개념(점추정)으로 이해될 수 있으나 현실적으로는 어떤 일정한 범위의 개념(구간추정)으로 이해하는 것이 보다 타당할 때가 있다. 그런데, 단일방식에 의할 경우에는 전자의 개념에 따라 결과치가 특정한 하나의 가치로 도출될 수 밖에 없다. 따라서 현실적인 타당성을 고려한다면 오히려 3방식을 적용하여 어떤 범위를 나타내는 가치를 도출함으로써 보다 합리적이고 현실에 부합하는 평가결과를 도출할 수 있을 것이다.

7. 부동산시장의 개방화 및 국제화에 따른 시대적 요청

부동산시장도 넓은 의미의 자본시장에 포함되므로 개방화와 국제화라는 큰 흐름에 예외일 수는 없다. 이에 3방식 병용을 포함한 국제적 수준의 평가기준을 도입하여 외국자본 등에 대해 높은 수준의 평가서비스를 제공할 필요가 있다. 물론, 국내의 수요자에게도 그러한 고품질 서비스의 혜택이 돌아가게 함으로써 평가업계의 질적 향상을 도모할 수 있게 된다.

Ⅲ 단일방식 적용이 인정되는 경우

1. 곤란한 경우

(1) 특수목적부동산

공공청사, 하천, 기타 국유재산이나 임야 등과 같이 3방식 병용에 필요한 자료가 없는 경우가 있다.

(2) 자료의 신뢰성이 없는 경우

사례자료가 있다고 하더라도 오래된 건물의 비용측정처럼 너무 오래되었다거나, 시장의 급격한 변화로 신뢰성이 없는 경우이다.

2. 불필요한 경우

(1) 거래관행이 있는 부동산

① 시장에서 부동산의 거래에 있어 일정한 관행이 정해져 있어 기타 방식에 의한 평가가 그러한 가격형성 관행과 어긋나는 경우, 3방식 병용은 불필요하다. ② 아파트의 경우 일체로 거래되기 때문에 일체의 거래관행에 따른 비준가격은 타당성이 있을 것이나, 원가방식으로 건물과 대지권을 각각 평가해서는 곤란하다.

(2) 대상 부동산의 성격

① 대상 부동산의 성격에 따라 3방식 중 하나의 방식 또는 두 개의 방식만이 유용하고, 다른 방식은 적용이 불필요하다. ② 주거용 부동산의 경우 수익방식의 적용은 명백한 난센스이다. 반대로 상업용 부동산의 평가에서 원가방식의 적용은 부적절하다 할 것이다. ③ 이는 3방식 병용에 대한 부정적 견지를 나타내는 논거이기도 하였다.

3. 법령이나 평가목적 및 평가조건에 따른 경우

(1) 평가방식의 선택이 법령에 정해져 있는 경우

감정평가는 국민의 재산권을 다루는 사회성과 공공성이 매우 큰 전문활동으로서 법률에 의거하여 평가에 관한 세부적인 기준과 방법 등을 규율하고 있는 경우가 많다. 이처럼 법률규정에 따라 평가하는 것을 법정평가라 하는데 대표적인 것이 바로 보상평가이다. 평가방식의 선택과 관련하여 관련 법률에 규정이 있는 경우에는 그에 따라야 한다. 그렇지 않을 경우에는 위법한 행위가 된다.

(2) 평가목적 및 평가조건에 따른 경우

① REITs나 ABS, MBS 등 각종 금융상품의 평가 시, 그 목적상 수익방식의 적용이 타당하다 할 것인바, 평가목적에 따라 3방식 병용이 부인될 수 있다. ② 또한, 평가의뢰자가 특정방식의 적용을 평가조건으로 약정한 경우 의뢰자의 의도에 따라 3방식 병용을 하지 않을 수도 있다.

Ⅳ 3방식 병용의 법률적 근거[22)]

1. 개설

국가별 평가방식은 대동소이하나 각국의 부동산 환경의 차이로 평가방식의 적용에 있어서는 다소 차이를 보이고 있다. 특히 수익환원법의 경우에는 미국이나 유럽 등에서는 활발히 적용되고 있는 반면 우리나라와 일본 등은 논의가 활발하나, 자료의 비공개성 등으로 적용에 소극적인 실정이다.

일본과 미국의 경우 3방식을 모두 적용하여 평가하는 것을 기본원칙으로 하고 있으며, 영국의 경우 비교방식, 소득방식, 비용방식, 수익성 방식과 잔액방식(잔여법)의 다섯 가지 평가방법을 사용하고 가장 적합한 방법을 선택한다고 하여 시산가액 조정을 부정한다.

2. 법률적 근거

(1) 『부동산 공시법』 제3조

표준지공시지가를 조사·평가하는 경우에 참작하여야 할 기준으로 인근 유사토지의 거래가격·임대료 및 해당 토지와 유사한 이용가치를 지닌다고 인정되는 토지의 조성에 필요한 비용추정액 등을 종합적으로 참작하여야 한다고 규정함으로써 3방식 병용을 긍정한다.

22) (논문) 김지희, 평가방식의 적용방법과 시산가격조정, 한국부동산원

(2)『토지보상법 시행규칙』 제18조

대상물건의 평가는 이 규칙에서 정하는 방법에 의하되, 그 방법으로 구한 가격 또는 사용료를 다른 방법으로 구한 가격 등과 비교하여 그 합리성을 검토하여야 한다.

(3)『감정평가법』 제3조

『감정평가법』 제3조 제2항은 감정평가법인등이 『주식회사 등의 외부감사에 관한 법률』에 따른 재무제표 작성 등 기업의 재무제표 작성에 필요한 감정평가와 담보권의 설정・경매 등 대통령령으로 정하는 감정평가를 할 때에는 해당 토지의 임대료, 조성비용 등을 고려하여 감정평가를 할 수 있다고 규정하고 있다.

(4)『감정평가에 관한 규칙』 제12조

감정평가법인등은 대상물건의 감정평가액을 결정하기 위하여 제1항에 따라 어느 하나의 감정평가방법을 적용하여 산정(算定)한 가액을 다른 감정평가방식에 속하는 하나 이상의 감정평가방법으로 산출한 시산가액과 비교하여 합리성을 검토하여야 한다.

3. 검토

① 외국에서는 비교방식과 원가방식 및 수익방식이 일반적으로 사용되고 있으며 이를 위한 각종 자료의 개발과 발표도 활발히 이루어지고 있다. 그렇다고 이것이 무조건적인 3방식 병용을 의미하는 것은 아니다. 예컨대, 미국에서는 신축건물이나 특수건물의 경우를 제외하고는 원가방식을 주된 방식으로 적용하지 않고 있으며, 일본에서는 부동산 증권화와 관련된 평가에 있어 DCF법을 우선적으로 적용하도록 하는 등 평가대상별로 주된 평가방식이 있고 이를 검토하고 검증할 수 있는 부수적인 평가방식이 있다.

② 이처럼 각국의 평가방식은 각자가 처한 시장상황과 관행에 따라 평가에 필요한 자료와 수집가능한 자료의 종류와 범위에 큰 영향을 받고 있다. 그러나, 대상물건의 가치를 평가한다는 기본적인 접근 논리는 동일하므로 우리나라 또한 기존의 공시지가기준법에만 국한하지 말고 되도록 3방식을 모두 사용하게 함으로써 평가의 객관화와 선진화에 힘써야 할 것이다. 이를 위해서는 정확하고 유용한 정보를 투명하게 접근할 수 있도록 하는 제도적 뒷받침이 선행되어야 한다.

03 절 시산가액(= 시산가격, 시산가치) 조정 ▸기출 14회, 25회, 28회

감정평가에 관한 규칙 제12조(감정평가방법의 적용 및 시산가액 조정)

① 감정평가법인등은 제14조부터 제26조까지의 규정에서 대상물건별로 정한 감정평가방법(이하 "주된 방법"이라 한다)을 적용하여 감정평가해야 한다. 다만, 주된 방법을 적용하는 것이 곤란하거나 부적절한 경우에는 다른 감정평가방법을 적용할 수 있다.

② 감정평가법인등은 대상물건의 감정평가액을 결정하기 위하여 제1항에 따라 어느 하나의 감정평가방법을 적용하여 산정(算定)한 가액[이하 "시산가액(試算價額)"이라 한다]을 제11조 각 호의 감정평가방식 중 다른 감정평가방식에 속하는 하나 이상의 감정평가방법(이 경우 공시지가기준법과 그 밖의 비교방식에 속한 감정평가방법은 서로 다른 감정평가방식에 속한 것으로 본다)으로 산출한 시산가액과 비교하여 합리성을 검토해야 한다. 다만, 대상물건의 특성 등으로 인하여 다른 감정평가방법을 적용하는 것이 곤란하거나 불필요한 경우에는 그렇지 않다.

③ 감정평가법인등은 제2항에 따른 검토 결과 제1항에 따라 산출한 시산가액의 합리성이 없다고 판단되는 경우에는 주된 방법 및 다른 감정평가방법으로 산출한 시산가액을 조정하여 감정평가액을 결정할 수 있다.

Ⅰ. 의의

Ⅱ. 시산가액 조정의 필요성

1. 시산가액 조정에 대한 견해

2. 필요성

(1) 3면등가의 한계

(2) 평가방식의 특징과 유용성에 따른 한계

(3) 상관・조정의 원리

3. 검토(우리나라의 경우)

Ⅲ. 시산가액 조정방법 및 조정기준

1. 조정방법

(1) 가중평균에 의한 방법

(2) 종합적인 판단에 의한 방법

(3) 최적정 평가방법에 의한 방법

(4) 통계적 분석방법

2. 시산가액 조정의 기준

(1) 대상물건의 성격

(2) 평가목적

(3) 시장상황

(4) 자료의 신뢰성

1) 자료의 정확성

2) 증거의 양

3. 검토(감정평가 실무기준상 조정방법 및 조정기준)

Ⅳ. 시산가액 조정 시 유의사항

1. 일반적 유의사항

2. 구체적 유의사항

(1) 자료의 선택, 검토 및 활용의 적부

(2) 부동산 가격제원칙 활용의 적부

(3) 가치형성요인분석의 적부

(4) 단가와 총액과의 관계

(5) 3방식 특성에 따른 유의사항

(6) 새로운 평가방법 적용의 타당성

Ⅴ. 결

Ⅰ 의의

앞서 감정평가의 3방식을 모두 적용할 것인가 말 것인가에 대한 논의를 하였다. 만약 3방식을 병용하지 않고 하나의 방식만을 적용하게 된다면 최종적인 평가결과는 쉽게 도출될 수 있을 것이다. 그러나, 3방식을 모두 적용하게 된다면 각각의 방식 적용으로 도출된 가치를 어떻게 처리해야 하는가 하는 문제 즉, 시산가액 조정 문제가 대두된다.

시산가액이란 대상물건의 감정평가액을 결정하기 위하여 각각의 감정평가방법을 적용하여 산정한 가액을 말하며, 최종결론을 얻기 위하여 시산가액을 조정하는 작업과정이 필요하다. 시산가액의 조정이란 각 시산가액을 비교·대조하여 그들 사이에 차이가 있을 경우 통일적·일관적인 가격을 구성하도록 조화시키는 작업을 말한다.

시산가액 조정을 통하여 각 방식의 평가과정에 정당성과 객관성을 부여하며, 평가과정을 비판적으로 재검토함으로써, 시산가액이 차이가 난 이유를 알 수 있다. 따라서 이러한 과정을 통하여 감정평가가격에 논리성과 객관성을 부여할 수 있다. 감정평가사는 시산가액 조정 시 그 조정방법, 조정기준 등을 보고서에 적절히 표시하여야 한다.

Ⅱ 시산가액 조정의 필요성

1. 시산가액 조정에 대한 견해

① 시산가액 조정의 필요성에 대하여는 이를 인정하는 견해와 부정하는 견해가 대립된다. A. Marshall의 3면등가의 법칙을 근거로 3방식에 의하여 산정된 시산가치의 조정이 불필요하다는 것이 부정하는 견해의 입장이다.

② 한편 인정하는 견해는 주로 부동산시장은 동태적 시장이므로 3면등가성 자체가 성립되기 어려울 뿐 아니라 3방식의 가치평가가 전제가 각기 다르므로 시산가치도 다를 수밖에 없다고 주장하였다.

③ 현실적으로 부동산시장은 불완정성, 시장증거자료의 미비, 수익자료의 불투명성 등에 의한 수익분석의 한계로 인하여 3방식에 의한 시산가액이 일치하기는 쉽지 않다.

④ 또한, 현대 감정평가이론에서는 이러한 논쟁이 이미 종결되었다. 즉, 3면등가의 법칙이 성립하는가의 문제를 떠나 가치 3면성이 부동산 가격형성 과정상 상호 유기적으로 관련되어 있으므로 당연히 시산가치 조정의 필요성을 인정하고 있는 것이다.

2. 필요성 ▸기출 28회

(1) 3면등가의 한계

A. Marshall의 3면등가성은 완전경쟁시장, 정적 균형하에서 성립한다고 하였다. 그러나, 현실의 부동산시장은 부동산의 특성에 의해 불완전한데다 가치형성요인이 항상 변화의 과정 속에 있는 동적 시장으로서 현실적으로 일치할 수 없기 때문에 시산가액 조정이 필요하다.

(2) 평가방식의 특징과 유용성에 따른 한계

각 평가방식은 시장성, 원가성, 수익성이라는 서로 다른 사고를 기초로 하고 있어 각 방식의 한계와 적용대상의 구분이 있고, 경우에 따라서는 특정 방법의 적용 시 주관이 많이 개입될 소지가 있기 때문에 특정 방법에 의한 가격편의 현상을 막고자 시산가액 조정이 필요하다.

(3) 상관 · 조정의 원리

부동산가격은 효용(수익성), 상대적 희소성(비용성), 유효수요(시장성)의 가치발생요인의 상호 유기적 결합에 의해 발생하는바 가치발생요인의 유기적 관련성을 바탕으로 상관 · 조정의 원리에 의한 시산가액 조정이 요구된다.

3. 검토(우리나라의 경우)

특히 우리나라의 경우 부동산시장의 불안정성, 수익자료의 불투명성 등으로 인한 수익분석의 한계 등으로 인하여 각 방식에 의한 시산가액이 일치하기가 어렵다. 그러므로 시산가치의 조정작업 과정을 통하여 시산가치 간 차이의 원인을 알 수 있고, 감정평가가격에 대하여 논리성과 객관성을 부여할 수 있다.

Ⅲ 시산가액 조정방법 및 조정기준

1. 조정방법 ▸기출 4회, 25회

(1) 가중평균에 의한 방법

가중평균에 의한 방법은 각 시산가액에 대하여 가중치를 부여한 후 평균하는 방법이다. 이 방법은 단순한 산술평균이 아니라 대상물건의 특성과 용도, 평가의 목적과 조건, 자료의 신뢰성과 대상물건이 속한 지역적 특성을 전반적으로 참작하여 가중치를 부여하는 것으로, 조정과정에 대한 객관적인 근거를 둘 수 있다는 점에서 장점이 있는 반면, 가중치 결정에 있어서 일정한 기준이 없는 경우 평가자의 주관 개입 여지가 있는 것이 단점이다.

(2) 종합적인 판단에 의한 방법

종합적인 판단에 의한 방법은 평가목적, 평가대상물건의 특성, 시장의 상황 등을 고려하여 시산가액의 수치상의 차이점을 수학적 계산방법을 동원하지 않고 종합적인 판단에 의하여 조정하는 방법을 말한다. 이 방법은 시산가액 조정의 근본적인 의의에 부합하는 방법이기는 하지만, 상대적으로 평가자의 주관적 판단의 개입이 클 여지가 있다는 단점이 있다.

(3) 최적정 평가방법에 의한 방법

최적정 평가방법에 의한 방법은 가장 적절하다고 판단되는 감정평가방식에 의한 시산가액을 중심으로 다른 감정평가방식에 의한 시산가액과의 검토를 통하여 결론을 내리는 방법으로서, 금액적인 조정의 과정이 없어 최종 감정평가금액은 가장 적절한 감정평가방식의 결과로 결정된다. 결과적으로 금액적인 조정이 이루어지지 않기 때문에 시산가액 조정으로 볼 수 없다는 의견도 있지만, 넓은 의미에서의 시산가액 조정에 포함될 수 있을 것이다.

(4) 통계적 분석방법

최근에는 감정평가과정이 전산화되면서 통계적 분석기법을 도입하자는 주장도 제기되고 있다. 감정평가액도 부동산가격의 하나이므로 감정평가액이 복수가 된다는 이른바 '감정평가액은 일정범위의 가격'이라는 주장에 근거하는 것으로서, 일정범위 내에 분포할 확률분석기법을 통하여 최종적인 감정평가액을 구하는 방법이다. 이 방법은 컨설팅 분야나 투자분석 등에 활용함으로써 감정평가영역의 확장을 가능하게 한다는 장점이 있다.

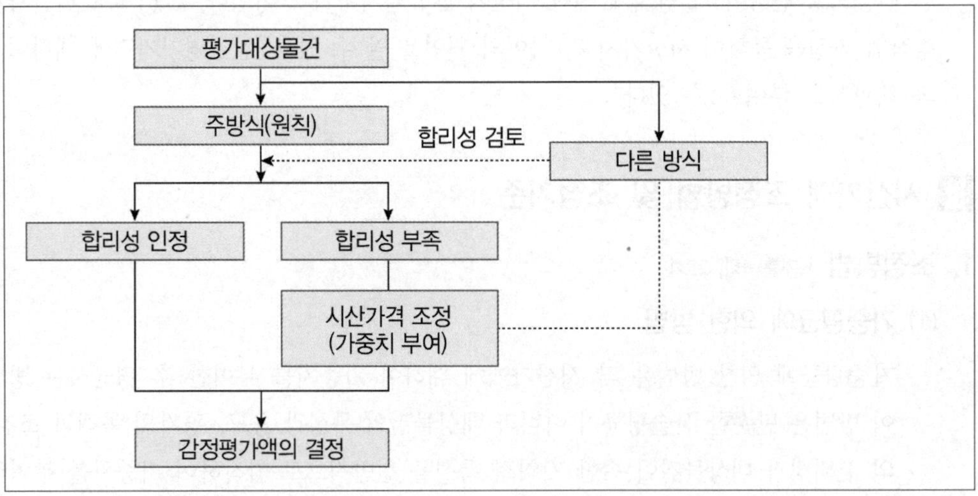

2. 시산가액 조정의 기준(대목시신)

(1) 대상물건의 성격

평가사는 평가방법의 적절성이 평가목적이나 용도에 적절한지를 판단한다. 이러한 평가방법의 적절성은 보통 대상 부동산의 유형과 시장의 성격 등과 직접적인 관련이 있다. 시장성이 있는 물건이라면 비교방식이, 수익성이 있는 물건이라면 수익방식이 보다 타당한 평가방식이 될 것이다. 한편, 이제 막 비용이 투입된 신규물건이라면 원가방식이 유용한 평가방식이 될 것이다.

(2) 평가목적

평가목적은 시산가액 조정에 있어 기준이 되며, 부동산의 가치는 가치다원론의 입장에서 평가목적에 따라 다양한 가치의 개념으로 접근할 수 있다. 따라서 평가목적이 무엇인지를 기준으로 시산가액을 조정함으로써 평가의뢰인의 요구에 보다 적절하게 부응할 수 있을 것이다. 예를 들어, 부동산을 담보로 한 담보가치 산정에 있어서 투입비용에 근거한 원가법보다는 확실하게 대출금의 회수가 가능한 거래사례비교법에 의한 시산가액이 보다 적정하다 할 것이다.

(3) 시장상황

시장상황도 시산가치의 가중치를 정하는 조정기준으로 사용된다. 안정적인 시장에서는 원가법에 의한 시산가액, 시장상황이 변화추세에 있을 경우 거래사례비교법과 수익환원법에 의한 시산가액에 상대적으로 더 많은 비중을 둔다. 그러나 이 경우에 있어, 평가사는 거래사례비교법에 의한 시산가액이 최신자료에 근거하여 수정된 것인지를 반드시 확인하여야 한다.

『아카데미 부동산 감정평가론』, 노용호 著

1. 수익방식 적용 시 유의사항
   이 방법의 적용에서 유의할 점은 대상물건의 시장이 안정되어 있어야 한다는 것이다. 그래야만 거래나 수익사례가 풍부하여 순수익이나 환원율을 정확하게 파악할 수 있다. 시장동향이 극단적으로 상・하향을 이룰 경우에는 경제상태가 유동적인 것이 되어 순수익이나 환원율의 파악이 곤란해지기 때문이다.
2. 비교방식 적용 시 유의사항
   이 방법의 적용은 과도한 호황 또는 불황기에는 적용이 곤란하고, 시장이 비교적 안정되어 있을 때만 유용하게 사용할 수 있다는 점을 유의할 필요가 있다. 왜냐하면 극단적인 호・불황기에는 물건의 가치와 가액과의 차이가 크고 가액변동이 심하며, 이때의 사례는 시간이 경과한 후의 실제적인 가격수준을 제시하지 못함으로써 사례로서의 의의를 상실하기 때문이다.

3. 시산가액 조정 시 유의사항
3방식 특성에 따른 유의사항으로 비교방식은 급격한 호·불황 시 신뢰성이 떨어지며, 수익가격은 임료의 지행성이 있음을 유의하고, 한편 원가방식은 공급자 중심의 가격이 됨을 유의하여야 한다.

『감정평가학원론』, 서광채 著
시장상황 또한 시산가액 조정에 있어 중요한 기준이 된다. 비교방식은 시장상황이 안정적일 때 상대적으로 신뢰성이 있고, 시장상황이 급변할 때는 원가방식과 수익방식에 상대적으로 더 많은 비중을 두게 된다.

(4) 자료의 신뢰성

1) 자료의 정확성(자수계)

평가사는 자료의 정확성, 계산의 정확성 그리고 수정의 정확성 등을 검토하여 시산가치의 정확성을 측정한다. 각 방법의 적용에 의한 시산가치의 정확성은 자료의 정확성에 크게 좌우되며, 평가사는 각 방법에 사용된 자료 중 어느 것이 가장 정확성이 있는가를 판단한다.

2) 증거의 양

적절성이나 정확성은 평가가치 지적에 있어서 질적인 비교기준이 되는 것이다. 그러나 증거의 양은 이러한 질적인 비교기준을 지지해주는 것으로, 증거가 부족한 경우 적절성과 정확성은 당연히 그 신뢰성이 떨어지게 마련이다.

이러한 증거의 양이 상대적으로 부족하다면 진정한 가치가 존재하는 신뢰구간의 폭이 넓어져 평가가치 지적의 의미가 퇴색되며, 신뢰성 있는 증거가 충분히 제시될 경우 보다 정확한 시산가치 조정이 가능하다.

3. 검토(감정평가 실무기준상 조정방법 및 조정기준)

시산가액을 조정할 때에는 대상물건의 특성, 감정평가 목적, 시장상황, 수집한 자료의 신뢰성 등을 종합적으로 고려하여 각 시산가액에 적절한 가중치를 부여하여 감정평가액을 결정(주된 방법이 아닌 다른 감정평가방법으로 산정한 가액 등으로 감정평가액을 결정하는 경우를 포함한다)하여야 한다.

Ⅳ 시산가액 조정 시 유의사항 ▸기출 4회, 25회

1. 일반적 유의사항

① 시산가액 조정이 단순히 기계적으로 차이를 산술평균하거나 작위적으로 차이를 없애거나 하는 일이 없어야 하며, ② 각각의 가격차이를 명백히 하기 위해 감정평가방식과 채용한 자료가 가진 특성을 검토한 후, 감정평가 각 단계에 대하여 객관적, 비판적으로 반복하고, 재검토한다.

2. 구체적 유의사항(자칙분단3새)

(1) 자료의 선택, 검토 및 활용의 적부

평가에 있어서 수집・선택된 자료가 적절한가 그리고 그 검토와 평가과정에서의 활용방법은 어떠했는가를 체크하여야 한다. 즉, 어떤 평가방법에 의한 자료가 가장 잘되었는가에 따라 각 방법의 비중이 달라지는 것이다.

(2) 부동산 가격제원칙 활용의 적부

가격제원칙은 부동산 가격형성과정상에 있어서의 기본적 원칙이며, 평가의 전 과정에 있어서 제원칙 활용의 적부는 평가액의 객관성을 좌우한다. 특히 최유효이용원칙에 대한 활용의 적부는 매우 중요하다.

(3) 가치형성요인 분석의 적부

가격수준에 영향을 미치는 일반요인과 지역요인 그리고 개별요인이 어떠한 것이 있으며 그것의 영향관계를 제대로 파악하고 분석하여 적용했는지를 확인해야 한다. 감정평가를 통해 얻고자 하는 가액은 결국 현실의 객관적인 시장에서의 가격형성 메커니즘과 일치해야 하기 때문에 시장분석의 결과를 조정의 지침으로 활용해야 한다. 즉, 시산가액이 현실시장의 수급동향을 정확하게 반영하고 있는지, 시장참가자의 행동원리를 제대로 반영하고 있는지를 파악해야 한다.

(4) 단가와 총액과의 관계(총액이 크면 클수록 단가의 상승비율이 적어진다.)

부동산 규모의 대소(大小)는 최유효이용과 시장성 및 가치에 영향을 미친다. 일반적으로 대규모의 부동산은 인근의 일반적이고 표준적인 부동산에 비하여 이용의 활용도가 낮고 이에 따라 시장성 또한 높지 않아 감가요인이 되는 것이 보통이다. 그러나 최근에는 대규모 토지의 부족으로 인한 희소성으로 인하여 오히려 광평수의 토지라는 점이 증가요인으로 작용하기도 한다. 따라서 단순히 단가를 기준으로 하여 가치를 산정하고 비교하게 되면 정확한 평가에 이르지 못할 위험성이 존재하므로 단가를 기준으로 한 경우와 총액을 기준으로 한 경우 등을 면밀히 비교검토하여 최종적인 가치를 결정해야 한다.

(5) 3방식 특성에 따른 유의사항

비교방식은 급격한 호・불황 시 신뢰성이 떨어지며, 수익가격은 임대료의 지행성이 있음을 유의하고 한편, 원가방식은 공급자 중심의 가격이 됨을 유의해야 한다. 그 밖에 재조달원가 및 순수익 산정의 정확성 여부, 중요사항 누락 여부 등을 재검토하고 부동산 시장상황을 고려하여야 한다.

(6) 새로운 평가방법 적용의 타당성23)

시산가액 조정과정에서는 다양한 평가과제에 대응하여 전통적인 감정평가 방법 이외에 다양한 평가방법을 적용할 수 있는가를 사전에 검토하였는지, 그리고 적용하였다면 그 적용과정 및 결과에 대한 타당성을 검토하여야만 한다.

V 결

부동산과 자본시장의 통합화, 부동산 금융의 발전 등 부동산환경의 변화로 인해 종래의 공시지가기준방식이나 원가방식만으로는 적정한 가치를 평가하는 데 한계가 있으며, 시장수요자의 요구와 국제평가기준 또한 단일평가방식에 의한 평가는 지양하고 있는 추세이다. 감정평가에 관한 규칙 제12조 및 감정평가 실무기준에서는 의뢰인에게 평가가액의 합리적 근거를 제시할 수 있도록 가장 적정한 방식을 적용하되, 다른 평가방식을 통한 시산가액으로 합리성을 검토하도록 함으로써 원칙적으로 대상물건의 평가 가능한 방식은 모두 적용하여야 한다. 이는 3방식 병용을 원칙으로 하고 있는 미국, 일본이나 국제평가기준(IVS)에도 부합된다고 볼 수 있다. 감정평가사는 기타의 감정평가방법을 이용하여 시산가액의 조정 가능성을 넓히는 것이 매우 중요하다. 특히 부동산시장과 자본시장의 통합화 현상에 따른 증권화상품(ABS, MBS, REITs 등)의 평가나 환경의 가치가 갈수록 높아지는 현실을 반영한 환경가치평가 등이 요구되는바, 3방식에만 국한할 것이 아니라 다양한 평가방법의 개발 및 적용이 요구된다.

23) 이러한 새로운 평가과제가 부상하게 된 것은 경제・사회・환경의 급속한 변화에 기인한다. 기업가치나 투자가치와 금융상품, 상표권, 특허기술, 영업권 등 다양한 무형자산 가치를 국제적 기준에 맞게 평가해야 한다.

04 절 감정평가의 절차[24]

Ⅰ. 서

Ⅱ. 감정평가 절차의 필요성

1. 주관적인 요소 배제를 통한 신뢰성 확보
2. 책임소재 파악에 기여
3. 의뢰인의 이해증진
4. 능률성 제고

Ⅲ. 감정평가의 절차

1. 기본적 사항의 확정
   (1) 의의
   (2) 중요성
   (3) 대상물건의 확정
      1) 물적 사항 확정
      2) 권리 관계 확정
   (4) 감정평가목적의 확정
   (5) 기준시점의 확정
      1) 의의
      2) 기준시점 확정의 중요성
      3) 기준시점과 (감정)평가시점과의 관계
   (6) 감정평가조건의 확정
   (7) 기준가치의 확정
      1) 의의
      2) 필요성
      3) 가격의 종류
2. 처리계획의 수립
   (1) 의의
   (2) 중요성
   (3) 주요내용
3. 대상물건의 확인
   (1) 의의
   (2) 감정평가에 관한 규칙 제10조(실지조사의 예외)
   (3) 대상물건의 확인 절차
      1) 사전조사
      2) 실지조사
   (4) 대상물건의 확인사항
      1) 물적사항
      2) 권리상태
   (5) 물적 불일치의 처리방법
      1) 물적 불일치의 개념
      2) 물적 불일치의 처리방법
      3) 유의사항
4. 자료의 수집과 정리
   (1) 의의
   (2) 자료의 중요성
   (3) 자료의 종류
      1) 확인자료
      2) 요인자료
      3) 사례자료
   (4) 자료의 수집방법
      1) 징구법
      2) 실사법
      3) 열람법
      4) 탐문법
   (5) 자료의 정리
5. 자료검토 및 가치형성요인의 분석
   (1) 의의
   (2) 유의사항
6. 감정평가방법의 선정 및 적용
   (1) 의의
   (2) 내용
7. 감정평가액의 결정 및 표시
   (1) 의의
   (2) 감정평가액의 결정(시산가액의 조정)
   (3) 감정평가액의 표시
      1) 점추정치
      2) 구간추정치와 관계가치

Ⅳ. 결

24) (특강) 감정평가의 절차(노용호, 건대특강)

I 서[25]

감정평가를 하기 위해서는 합리적이고도 현실적인 인식과 판단에 기초한 질서 있는 절차가 필요하다. 감정평가 실무에서는 정형화된 절차나 형식에 따라 감정평가하는 것이 하나의 관행으로 되어 있는데, 이러한 감정평가의 토대가 되는 정형화된 절차나 형식을 감정평가 절차(Appraisal Process)라 한다. 감정평가의 절차는 대상물건의 가치에 대한 의뢰인의 질문에 해답을 제시하기 위하여 감정평가법인등이 수행하는 일련의 체계적인 절차로서, 감정평가 업무의 능률성과 신뢰도를 높이기 위한 단계적인 처리방법으로 「감정평가에 관한 규칙」 제8조에서 규정하고 있다. 그러나 감정평가의 절차 규정은 경직적인 것이 아니며, 실무적인 필요에 따라 예비적인 작업을 사전에 수행하기도 하고, 선행 작업의 결과를 중도에 재검토하여 융통성 있게 변경할 수도 있다.

감정평가에 관한 규칙 제8조(감정평가의 절차)

감정평가법인등은 다음 각 호의 순서에 따라 감정평가를 해야 한다. 다만, 합리적이고 능률적인 감정평가를 위하여 필요할 때에는 순서를 조정할 수 있다.

1. 기본적 사항의 확정
2. 처리계획 수립
3. 대상물건 확인
4. 자료수집 및 정리
5. 자료검토 및 가치형성요인의 분석
6. 감정평가방법의 선정 및 적용
7. 감정평가액의 결정 및 표시

II 감정평가 절차의 필요성(주책이능)

1. 주관적인 요소 배제를 통한 신뢰성 확보

감정평가 행위 자체가 본질적인 측면에서 주관적인 요소를 내포하고 있기 때문에 평가과정상의 객관성을 제고함으로써 신뢰성을 확보할 수 있다.

2. 책임소재 파악에 기여

최근 일반인들의 지적 수준과 권리의식의 향상으로 인하여 각종 민원 및 소송과 같은 법적 분쟁이 날로 증가하고 있다. 이러한 상황은 평가업계에도 예외일 수는 없다. 평가절차는 분쟁발생 시 책임소재를 명확히 하여 문제점을 파악하고 해결하는 데 도움을 줄 수 있다.

25) 감정평가 실무기준 해설서(Ⅰ), 2014, p82~87

3. 의뢰인의 이해증진

평가의뢰인에게 체계적인 절차를 제시함으로써 평가결과에 대한 보다 깊은 이해를 가능하게 한다.

4. 능률성 제고

제반 절차에 따라 계획적이고 단계적인 평가업무를 수행함으로써 평가활동의 능률성을 제고할 수 있다.

Ⅲ 감정평가의 절차(기처대자자방결)

1. 기본적 사항의 확정

감정평가에 관한 규칙 제9조(기본적 사항의 확정)

① 감정평가법인등은 감정평가를 의뢰받았을 때에는 의뢰인과 협의하여 다음 각 호의 사항을 확정해야 한다.

1. 의뢰인
2. 대상물건
3. 감정평가 목적
4. 기준시점
5. 감정평가조건
6. 기준가치
7. 관련 전문가에 대한 자문 또는 용역(이하 "자문 등"이라 한다)에 관한 사항
8. 수수료 및 실비에 관한 사항

② 기준시점은 대상물건의 가격조사를 완료한 날짜로 한다. 다만, 기준시점을 미리 정하였을 때에는 그 날짜에 가격조사가 가능한 경우에만 기준시점으로 할 수 있다.

③ 감정평가법인등은 필요한 경우 관련 전문가에 대한 자문 등을 거쳐 감정평가할 수 있다.

(1) 의의(의대목시조기자수)

"기본적 사항의 확정"이란 1) 의뢰인, 2) 대상물건, 3) 감정평가 목적, 4) 기준시점, 5) 감정평가조건, 6) 기준가치, 7) 관련 전문가에 대한 자문 또는 용역에 관한 사항, 8) 수수료 및 실비에 관한 사항 등을 의뢰인과 협의하여 결정하는 절차를 말한다.

(2) 중요성

대상물건의 물적 현황과 대상권리 및 평가목적 등을 명확히 하여 ① 평가액의 적정성 보장, ② 의뢰자의 의뢰목적 만족으로 분쟁 방지, ③ 책임소재의 명확화, ④ 평가사의 사회적 신용유지가 가능하다.

(3) 대상물건의 확정[26]

1) 물적 사항 확정

물적 사항은 의뢰인의 의뢰목적에 기반한 의사와 토지대장, 지적도, 건축물대장과 같은 공부서류를 기준으로 하되, 실지조사를 통한 확인으로 최종 확정하게 된다.

2) 권리 관계 확정

권리관계는 의뢰인의 의뢰목적에 기반한 의사와 등기사항전부증명서, 등록부와 같은 공부서류를 기본으로 하되, 실지조사를 통한 확인으로 최종 확정하게 된다. 실지조사 시에는 특히 등기 또는 등록되지 않은 권리의 존재 여부와 그 내용을 파악하는 것이 매우 중요하다.

(4) 감정평가 목적의 확정

감정평가 목적의 확정이란 의뢰인이 구체적으로 감정평가의 의뢰를 통해 달성하고자 하는 목적을 파악하고 이를 확정하는 것을 말한다. 의뢰인들이 평가를 의뢰하는 목적은 다양하며, 경제사회의 성장과 발전에 따라 그 내용 또한 복잡해지고 있는 것이 현실이다. 또한, 감정평가 목적에 따라 적용 법률과 감정평가의 기준 및 가치에 대한 접근방식과 같은 감정평가방법 등이 달라져 가치의 차이가 발생할 수 있다. 의뢰인의 의뢰목적을 명확히 확인함으로써 그에 맞는 적절한 정보를 제공하고, 보다 정확한 가치를 산출해낼 수 있다는 점에서 볼 때 감정평가 목적의 확정은 매우 중요한 의미를 지닌다.

(5) 기준시점의 확정 ▸기출 12회

1) 의의

기준시점이란 대상물건의 감정평가액을 결정하는 기준이 되는 날짜를 말한다(감정평가에 관한 규칙 제2조).

① 『감정평가에 관한 규칙』상 기준시점은 대상물건의 가격조사를 완료한 날짜로 한다.

② ①에도 불구하고 기준시점을 미리 정하였을 때에는 그 날짜에 가격조사가 가능한 경우에만 그 날짜를 기준시점으로 할 수 있다.

③ 과거를 기준시점으로 하는 경우를 소급평가라 하며, 미래를 기준시점으로 하는 경우를 기한부 평가라 한다.

④ ②에 따라 기준시점을 정한 경우에는 감정평가서에 그 이유를 기재하여야 한다.

26) 노용호, 아카데미 부동산 감정평가론, 부연사, 2021

2) 기준시점 확정의 중요성

① 부동산의 영속성과 위치의 가변성

부동산의 영속성과 사회적, 경제적, 행정적 위치의 가변성이라는 특성은 가치형성요인을 변동시키고 이에 의해 부동산가격도 항상 변동의 과정에 있게 된다. 따라서 부동산가격은 그 가격결정의 기준이 되는 날에만 타당한 것이 되어 기준시점 확정이 중요하다.

② 가치의 본질

부동산가격은 장래이익의 현재가치이며, 장기적인 배려하에 형성되므로 기준시점을 확정하여야 한다. 즉, 부동산가격은 장래 모든 이익에 대한 특정시점 현재의 가치반영을 의미한다.

③ 책임소재의 명확화

기준시점은 평가사의 책임소재를 명확히 하기 위해 필요하다. 즉 기준시점에 있어서 감정평가액에 잘못이 없었다는 것을 입증하는 것으로 민원과 법적 분쟁에 있어 그 판단기준이 되는 것은 결국 기준시점이지 그 이전과 이후가 아니다.

3) 기준시점과 (감정)평가시점과의 관계

① 의의

기준시점이 평가대상물건의 가격의 결정 기준일이라면, 평가시점은 평가대상물건의 사실상의 평가기준일이다. 평가시점은 감정평가법인등이 감정평가 행위를 실질적으로 마무리하는 감정평가서 작성일로 해석하는 것이 타당할 것이다.

② 시점확인의 중요성

부동산의 특성인 영속성과 가변성에 기인하여, 부동산 가치형성요인은 유동성을 지니고 변동의 과정 중에 있다는 것과 책임소재 파악의 실무적 중요성에 의해 제기된다.

③ 기준시점과 평가시점과의 관계

(관련성) 양자는 일치함이 원칙이나, 기준시점이 미리 정해진 경우는 평가시점에서 가격조사가 가능한 경우에 한해 예외적으로 일치하지 않는다. 감정평가시점은 항상 현재로 표시되지만, 기준시점은 과거나 미래의 어떤 특정일이 될 수도 있는 것이다.
(불일치의 경우) 소급평가, 미래평가의 경우가 있다. 예를 들어 상속세, 보험금, 소송, 개발사업의 타당성 분석에 관한 평가 등을 들 수 있다. 보상평가의 경우는 따로 법률에서 정하고 있다.

(6) 감정평가조건의 확정

감정평가 조건은 기준시점의 가치형성요인 등을 실제와 다르게 가정하거나 특수한 경우로 한정하는 조건을 말한다(『감정평가에 관한 규칙』 제6조 제2항). 감정평가 조건은 의뢰인들의 다양한 요구를 충족할 수 있어 감정평가의 의사결정 기능을 원활하게 하는 순기능을 지니고 있다. 그러나 감정평가조건에 따라 감정평가의 결과가 크게 달라질 수 있고, 이에 따라 감정평가의 신뢰성에도 부정적인 영향을 미칠 수 있는 잠재적 위험을 안고 있어 일정한 경우에만 감정평가조건을 인정하고 있다. 또한, 감정평가조건을 붙여 감정평가하는 경우에도 합리성과 적법성 및 실현가능성을 검토하도록 규정하여 감정평가업무 수행에 신중을 기하도록 유도하고 있다.

(7) 기준가치의 확정

1) 의의

감정평가는 일반적으로 시장가치를 구함이 원칙이나, 대상 부동산의 성격, 평가목적, 의뢰조건에 따라 시장가치를 구하는 것이 적정치 않은 경우 그에 부합하는 가격 종류를 결정함을 말한다. 「감정평가에 관한 규칙」 제5조에서도 시장가치를 원칙으로, 시장가치 외의 가치를 예외로 인정하고 있다.

2) 필요성

감정평가의 의뢰목적, 조건에 따른 평가액의 차이가 생기며, 평가의 도구성에 부합하기 위해 필요하고, 가격다원론적 관점에서 적용법률이나 평가기법이 달라진다.

3) 가격의 종류

감정평가의 목적에 의하여 결정되는 사항으로서 일반의 거래, 공공용지의 취득 등의 경우에는 시장가치를 구해야 할 것이며, 부동산의 병합, 분할을 목적으로 부동산의 거래시장이 한정된 경우나, 기업합병 시의 자산재평가 등의 경우에는 시장을 전제로 하지 않는 특정조건하에 있으므로 시장가치 외의 가치를 구해야 할 것이다.

2. 처리계획의 수립

(1) 의의

"처리계획의 수립"이란 대상물건의 확인에서 감정평가액의 결정 및 표시에 이르기까지 일련의 작업과정에 대한 계획을 수립하는 절차를 말한다.

확정된 기본적 사항에 의하여 감정평가의 능률화·적정화를 위하여 평가결과를 도출할 때까지의 과정을 미리 사전에 체계적으로 수립하는 것이다.

(2) 중요성

처리계획의 수립은 능률적인 감정평가업무를 위한 목적 이외에도 의뢰인에게 감정평가 수임계약에 따른 업무 진행 상황을 보고하는 데에도 유용하다.

(3) 주요내용

처리계획의 내용으로는 ① 사전조사계획, ② 실지조사계획, ③ 가격조사계획, ④ 감정평가서 작성계획, ⑤ 회보계획 등이 포함된다.

3. 대상물건의 확인

(1) 의의

기본적 사항 확정단계에서 관념적이고 형식적으로 확정된 대상물건의 물리적 현황과 권리관계를 실지조사를 통해 대상물건의 물리적 현황과 제 권리관계의 실제와의 부합 여부를 확인하는 작업이다.

(2) 감정평가에 관한 규칙 제10조(실지조사의 예외)

「감정평가에 관한 규칙」 제10조는 평가 시 실지조사에 의해 대상물건을 확인하되, 실지조사를 하지 아니하고도 객관적이고 신뢰할 수 있는 자료를 충분히 확보할 수 있는 경우에는 실지조사를 하지 아니할 수 있다고 규정하고 있다. 실지조사를 하지 않는 경우는 1) 천재지변, 전시·사변, 법령에 따른 제한 및 물리적인 접근 곤란 등으로 실지조사가 불가능하거나 매우 곤란한 경우, 2) 유가증권 등 대상물건의 특성상 실지조사가 불가능하거나 불필요한 경우에 해당한다.

(3) 대상물건의 확인 절차

1) 사전조사

실지조사 전에 감정평가 관련 구비서류의 완비 여부 등을 확인하고, 대상물건의 공부 등을 통해 토지 등의 물리적 조건, 권리상태, 위치, 면적 및 공법상의 제한내용과 그 제한정도 등을 조사하는 절차를 말한다.

2) 실지조사

실지조사는 현장을 방문하여 대상물건의 현황 등을 조사하는 과정으로 사전조사에서 확인할 수 없는 현장의 상황을 면밀히 조사하고 대상물건의 가치에 영향을 미치는 제반 사항을 파악해야 한다.

(4) 대상물건의 확인사항

1) 물적사항

대상물건의 물적 확인에 있어서 대상물건이 토지인 경우는 소재지, 지번, 지목, 면적, 경계 등을, 그리고 건물일 경우에는 소재지, 구조, 용도, 면적, 층수 등을, 확인자료를 통하여 실지확인하여야 한다. 물적 사항의 확인에 있어서는 토지대장 및 건축물대장이 등기사항전부증명서의 기재사항보다 우선한다는 점에 유의해야 한다.

2) 권리상태

권리상태의 확인에 있어서는 물적 확인을 한 대상물건에 관계되는 모든 권리관계를 확인자료를 통하여 명확히 확인하여야 하며, 특히 대상물건의 가격형성에 영향을 미치는 권리의 하자 유무, 제한물권의 설정 유무, 소유형태 등을 조사·확인한다. 이때, 권리관계의 확인에 있어서는 물적 사항의 확인과는 달리 토지대장이나 건축물대장보다 등기사항전부증명서의 기재사항이 우선시 된다는 점에 유의하여야 한다.

(5) 물적 불일치의 처리방법[27)]

1) 물적 불일치의 개념

물적 사항의 확인에 있어 대상물건의 공부상 내용과 현황이 다른 경우가 문제될 수 있다. 이를 물적 불일치라고 하는데 그 불일치 정도가 경미하거나 제반 행정절차를 통해 수정이 가능한 경우에는 이를 보완하거나 평가서에 그 내용을 기재하고 평가할 수 있으나, 동일성이 인정되지 않을 정도로 중대한 경우에는 평가업무를 진행할 수 없는 사유에 해당하므로 반려 처리하여야 한다.

2) 물적 불일치의 처리방법

① 위치 및 경계확인이 곤란하거나 일치하지 않는 경우 의뢰인으로부터 측량도면을 제시받아 처리한다. 다만, 의뢰인과 협의하여 직접 외부용역으로 처리할 수 있다.

② 지목이 일치하지 않는 경우 현황의 지목을 기준으로 평가한다. 다만, 불법으로 변경된 경우에는 개별적 사안에 따라 처리를 달리해야 한다.

③ 소재지 및 지번이 일치하지 않는 경우, 행정구역의 개편 등 동일성이 인정되는 경우에는 정상평가할 수 있으나, 그렇지 않은 경우 사유를 보다 세밀하게 확인하여야 한다.

④ 건물 및 정착물의 위치, 면적, 구조 등이 일치하지 않는 경우 등기변경의 가능성, 거래상의 제약 정도 등을 파악하여 사회통념상 동일성을 인정할 수 있는지 판단하여야 한다. 내용연수의 불일치는 관찰감가법 등을 적용하여 연장 또는 단축할 수 있을 것이나, 구건물이 멸실된 경우에는 평가가 원칙적으로 불가능하다고 볼 수 있다.

3) 유의사항

대상 부동산의 현황과 확인자료가 부합되지 않는 경우로서, 경미하거나 경정가능한 불일치의 경우에는 이를 기재하고 정상적으로 평가할 수 있으나, 동일성이 인정되지 않을 정도로 중대한 경우에는 평가를 반려하여야 한다.

---

27) 감정평가 실무기준 해설서(Ⅰ), 2014, p100, 101

4. 자료의 수집과 정리

(1) 의의

"자료수집 및 정리"란 대상물건의 물적사항 · 권리관계 · 이용상황에 대한 분석 및 감정평가액 산정을 위해 필요한 확인자료 · 요인자료 · 사례자료 등을 수집하고 정리하는 절차를 말한다.

(2) 자료의 중요성

자료는 감정평가의 합리성 · 논리성을 부여하는 중요 기초자료가 되므로 풍부하고 질서 있게 수집 · 정리하고, 후일의 증빙자료 및 다른 평가에 활용하기 위해 보존해야 한다.

(3) 자료의 종류[28)]

1) 확인자료

① 의의

확인자료는 대상물건의 확인 및 권리관계의 확인에 필요한 자료로서 토지대장, 지적도, 건축물대장, 설계도면 및 등기사항전부증명서 등이 있다.

내용[29)]

- 토지이용계획확인서 : 토지이용계획확인서란 지구, 구역, 권역, 단지, 도시, 군계획시설 등 명칭에 관계없이 개발행위를 제한하거나 토지이용과 관련된 인가 · 허가 등을 받도록 하는 등 토지의 이용 및 보전에 관한 제한과 관련한 지정 내용 등을 확인하는 공적 서류를 말한다. 토지이용계획확인서에서는 「국토계획법」상 용도지역, 용도지구, 용도구역 등 도시 · 군관리계획의 수립 및 해당 여부, 「군사시설보호법」상 군사시설보호구역 등의 해당 여부, 「하천법」상 하천구역, 하천예정지의 해당 여부 등의 다양한 사항을 확인할 수 있다.
- 지적도(임야도) : 지적도(임야도)란 토지의 소재, 지번(地番), 지목(地目), 면적, 경계 등을 나타내기 위하여 만든 평면 지도를 말한다. 이를 통해 감정평가 시 토지의 위치, 지번, 토지의 형상, 방위, 접면도로의 폭 등을 확인할 수 있다.
- 등기사항전부증명서 : 등기사항전부증명서는 소유권, 지상권, 지역권, 전세권, 저당권 등의 권리관계에 대하여 기록하는 공적 서류를 말하며, 이를 통하여 권리사항 등을 확인할 수 있다.
- 토지(임야)대장 : 토지대장(임야대장)은 토지의 소재, 지번, 지목, 면적 등 토지의 사실관계를 확정할 수 있는 사항이 기재된 공적 서류를 말하며, 이를 통하여 토지의 물적사항 등을 확인할 수 있다.
- 건축물대장 : 건축물대장은 건물의 소재지, 지번, 용도, 구조, 면적, 건폐율과 용적률, 사용승인일자 등 건물의 사실관계를 확정할 수 있는 사항이 기재된 공적 서류를 말한다.

---

28) (특강) 감정평가에 필요한 자료의 종류와 자료의 필요성 및 정리에 유의할 사항(노용호, 건대특강) / (연습문제) 감정평가 시 필요한 자료 및 그 수집방법을 논해보라(경응수, 감정평가론, 2021).

② 유의사항

부동산은 물적으로는 물론 법적으로도 개별성이 있으므로 확인자료도 물적인 것과 법적인 것으로 분류하여 수집, 정리하여야 한다.

2) 요인자료

① 의의

요인자료는 대상물건의 가치형성에 영향을 주는 자연적 · 사회적 · 경제적 · 행정적 제 요인의 분석에 필요한 일반자료와 대상물건이 속해 있는 지역의 분석에 필요한 지역자료 및 대상물건의 개별요인 분석에 필요한 개별자료로 구분된다.

내용[30]

- 일반요인 : 일반경제사회에서 부동산의 상태 및 가격수준에 영향을 주는 제반 요인으로 사회적 요인, 경제적 요인, 행정적 요인 등으로 구분할 수 있다.
- 지역요인 : 지역요인이란 일정한 지역이 다른 지역과 구별되는 지역특성을 형성하는 개개의 요인으로서, 지역의 가격수준 및 표준적 사용의 결정에 영향을 미치는 지역적 차원의 가치형성요인을 말한다.
- 개별요인 : 개별요인이란 토지의 개별적인 특수한 상태, 조건 등 토지가 개별성을 발휘하게 하고, 그 가치를 개별적으로 형성하게 하는 요인을 말한다.

② 유의사항

일반적 요인은 항상 변화 과정에 있으므로 그 추이 및 동향분석을 위해서는 평소부터 가능한 한 넓게 조직적으로 수집하여야 하며, 지역요인은 용도지역별 그 내용에 따라 차이가 있으므로 용도지역별로 수집하고 지역자료는 다수의 감정평가에 이용될 수 있으므로 평소부터 수집, 정리하여야 하고, 부동산 개별적 특성을 파악하는 개별분석은 감정평가방식 적용 시 개별요인의 비교 등을 정확히 할 수 있도록 대상부동산의 종류, 대상확정조건 등의 내용에 따라서 적절하게 수집하여야 한다.

3) 사례자료

① 의의

사례자료는 거래사례, 조성사례, 임대사례 등과 같이 감정평가 3방식의 적용에 필요한 자료이다.

29) 감정평가 실무기준 해설서(Ⅰ), 2014, p221
30) 감정평가 실무기준 해설서(Ⅰ), 2014, p225

▶ 내용[31]

- 거래사례 : 주로 비교방식을 적용하기 위하여 필요하며 시장에서 거래되고 있는 가격수준을 파악하게 해주는 사례로서, 실거래가격 · 분양가격 등이 있다. 거래사례를 수집하고 정리하는 경우에는 매매계약서나 등기사항전부증명서상의 신고 내용을 확인하는 방법 등을 통하여 그 거래금액의 적정성 여부를 확인하여야 한다.
- 조성사례 : 주로 조성지나 매립지 등의 감정평가 시 원가방식을 적용하기 위하여 유사토지의 조성사례를 수집하게 되며, 이를 통하여 소지의 취득가격 · 조성공사비 · 부대비용 · 유효택지화율 · 성숙도 등을 확인할 수 있다.
- 임대사례 : 주로 토지를 수익방식에 따라 감정평가하는 경우 필요한 자료로서, 주차장이나 고물상, 건물 등의 사용을 위해 임대차계약이 이루어진 사례 등이 있다. 임대사례를 통하여 임대수익 · 임대보증금 · 전환율 · 기타수익 · 총비용 등을 확인할 수 있다. 임대사례의 경우에도 임대차계약서 등을 확인하는 방법을 통하여 해당 임대내역의 적정성을 확인하여야 한다.
- 시장자료 등 그 밖의 가격자료 : 대상토지가 속한 지역의 일반적인 경제상황을 파악하기 위한 자료들로, 물가상승률 · 경제성장률 · 지가변동률 · 금리 · 환율 등의 일반 거시경제지표 등이 있으며, 그 밖에 토지가치에 영향을 미칠 수 있는 제반 자료를 수집할 필요가 있다.

② 유의사항

사례자료는 일반적으로 위치의 유사성, 물적 유사성, 시점수정의 가능성, 사정보정의 가능성이 있어야 한다. 특히 임대사례의 경우는 상기조건 이외에 계약내용의 유사성, 최근 신규 임대된 임대차에 적용된 실질임대료사례를 수집하여야 한다. 건설사례의 경우 표준적이고 객관적인 사례를 수집하여야 한다.

(4) 자료의 수집방법(징실열탐)

1) 징구법

부동산평가를 의뢰하는 자로 하여금 필요한 자료를 감정평가사에게 제출하게 하는 방법을 말한다. 이는 평가활동을 능률화시키고 대상 부동산의 확인에 유익한 자료를 수집할 수 있는 장점이 있는 반면, 감정평가사의 판단을 오도하는 단점이 있다.

2) 실사법

현지조사를 통하여 대상 부동산을 확인하고 가치형성요인을 파악하는 방법으로서 이는 임장활동의 성격을 지닌다. 물적 확인과 권리양태의 확인을 위한 자료수집에 활용된다. 신뢰성은 높은 장점이 있는 반면, 능률성이 떨어진다는 단점이 있다.

31) 감정평가 실무기준 해설서(Ⅰ), 2014, p222

3) 열람법

공부상 기재사항이나 지적도의 불분명한 점 등에 대해 자료나 문서를 직접 열람을 통하여 조사하는 방법으로 제시자료가 없거나 신뢰성이 없을 때 활용된다.

4) 탐문법

평가활동에 필요한 자료와 정보를 중개업자, 세무공무원, 관공서, 인근 주민, 건축업자 등을 통해 탐문하여 얻는 방법이다. 탐문 방법에는 공개탐문법, 가장탐문법, 고용탐문법, 절충법 등이 있다.

(5) 자료의 정리

자료정리는 확인자료의 경우 물적인 것과 법적인 것으로 나누어 정리한다. 그리고 요인자료의 경우 일반자료, 지역자료 및 개별자료별로 체계적으로 정리하고, 사례자료는 감정평가방법에 적절하게 활용될 수 있도록 구분하여 정리한다.

5. 자료검토 및 가치형성요인의 분석

(1) 의의

"자료검토 및 가치형성요인의 분석"이란 자료의 신뢰성·충실성 등을 검증하고 일반요인, 지역요인, 개별요인 등 가치형성요인을 분석하는 절차를 말한다.

(2) 유의사항

가치형성요인의 분석은 가치형성요인의 상호작용에 의하여 나타나는 가치형성의 기본적 법칙성, 그리고 일반 경제동향 및 추이를 충분히 이해하여야 하며, 부동산시장의 경기별 유형에 맞는 사례자료의 선택 및 적용에도 유의하여야 한다.

6. 감정평가방법의 선정 및 적용

(1) 의의

"감정평가방법의 선정 및 적용"이란 대상물건의 특성이나 감정평가목적 등에 따라 적절한 하나 이상의 감정평가방법을 선정하고, 그 방법에 따라 가치형성요인 분석 결과 등을 토대로 시산가액을 산정하는 절차를 말한다.

(2) 내용

① 감정평가방법의 선정 및 적용은 감정평가 3방식(원가방식, 비교방식, 수익방식) 중 하나 이상의 평가방식을 선정하고 대상물건의 시산가액을 도출하는 과정이다.

② 이때 평가방법을 적용한 이유와 다른 방식의 검토 여부, 다른 평가방식을 적용하지 않은 경우에는 그 사유를 감정평가서에 상세히 기술하여야 한다.

③ 감정평가액을 도출하는 과정이므로 대상물건의 성격, 평가조건, 감정평가방법의 적용 과정에 오류가 없어야 한다.

7. 감정평가액의 결정 및 표시 ▸기출 28회

(1) 의의

"감정평가액의 결정 및 표시"란 감정평가방법의 적용을 통하여 산정된 시산가액을 합리적으로 조정하여 대상물건이 갖는 구체적인 가치를 최종적으로 결정하고 감정평가서에 그 가액을 표시하는 절차를 말한다.

(2) 감정평가액의 결정(시산가액 조정)

3방식으로 도출된 시산가액을 조정하고 감정평가액을 결정하는 과정이다. 시산가액의 조정은 단순히 감정평가 3방식에 의한 시산가액의 산술적 평균을 의미하는 것이 아니므로 평가 시 사용된 자료의 양, 자료의 정확성 및 적절성 등을 고려하여 각각의 방법에 대해 적절한 가중치를 두어 조정한다.

(3) 감정평가액의 표시

감정평가액의 표시는 시산가액의 조정을 거쳐 최종적인 감정평가액을 표시하는 단계이다. 일반적으로 최종적인 감정평가액은 하나의 수치로 표시된다. 그러나, 이론적인 측면에서 볼 때 반드시 하나의 수치로만 표시되는 것은 아니다. 이는 하나의 수치가 대상물건의 가치를 정확하게 반영하고 있다고 볼 수 없기 때문이다. 경우에 따라서는 일정범위로 최종 감정평가액을 표시하는 것도 또한 가능하다.

1) 점추정치

최종가치를 하나의 수치로 표현하는 것을 점추정치라 한다. 점추정치 감정평가액은 가급적 반올림을 하여 적정한 유효숫자까지만 표시하고, 정확성의 한계를 밝히는 것이 바람직하다. 만약 시장사례 자료가 풍부하여 시산가치의 정확도가 높다면 최종평가액의 유효숫자를 더 넓혀 갈 수도 있을 것이다.

2) 구간추정치와 관계가치

최종가치를 범위로 표시하는 것을 구간추정치라 하며, 기준금액의 상하관계로 표시한 것을 관계가치라고 한다. 예를 들어 '가격은 10억원 이하'라고 하거나, 또는 '가격은 10억원 이상'이라고 표현하는 것을 관계가치라고 말한다. 경우에 따라서는 단 하나의 수치를 산정한다는 것이 별다른 의미를 지니지 못하는 수가 많은데, 넓은 범위의 가치지적은 의미가 없지만 좁은 범위의 가치지적은 점추정치보다 오히려 평가의 신뢰성을 높여줄 수도 있다.

Ⅳ 결

부동산에서의 부증성 등의 자연적 특성 및 사회성·공공성은 감정평가의 사회성·공공성을 강조하고, 감정평가사의 주관을 배제한 신뢰성 있고 객관성이 확보된 가치의 산출을 요구한다. 따라서 이에 부응하기 위해 표준적 감정평가의 절차에 입각하여 평가활동을 수행함으로써 감정평가의 적정성을 확보할 수 있을 것이며, 가치형성에 관한 제 원리 및 평가의 적정성에 중대한 영향을 미치는 자료의 선택·검토·활용의 적부 및 각종 요인 분석에 유의해야 한다. 그동안 시산가액의 조정 절차의 중요성을 고려할 때 이에 대한 규정 마련이 요구되어 왔으며, 감정평가기준에서 명시적으로 이를 규정함으로써 감정평가액의 객관성과 신뢰성을 제고할 수 있을 것으로 생각된다.

05 절 감정평가서(평가보고서)

감정평가에 관한 규칙 제13조(감정평가서 작성)

① 감정평가법인등은 법 제6조에 따른 감정평가서(「전자문서 및 전자거래기본법」에 따른 전자문서로 된 감정평가서를 포함한다. 이하 같다.)를 의뢰인과 이해관계자가 이해할 수 있도록 명확하고 일관성 있게 작성해야 한다.

② 감정평가서에는 다음 각 호의 사항이 포함돼야 한다.

1. 감정평가법인등의 명칭
2. 의뢰인의 성명 또는 명칭
3. 대상물건(소재지, 종류, 수량, 그 밖에 필요한 사항)
4. 대상물건 목록의 표시근거
5. 감정평가 목적
6. 기준시점, 조사기간 및 감정평가서 작성일
7. 실지조사를 하지 않은 경우에는 그 이유
8. 시장가치 외의 가치를 기준으로 감정평가한 경우에는 제5조 제3항 각 호의 사항. 다만, 같은 조 제2항 제1호의 경우에는 해당 법령을 적는 것으로 갈음할 수 있다.
9. 감정평가조건을 붙인 경우에는 그 이유 및 제6조 제3항의 검토사항. 다만, 같은 조 제2항 제1호의 경우에는 해당 법령을 적는 것으로 갈음할 수 있다.
10. 감정평가액
11. 감정평가액의 산출근거 및 결정 의견
12. 전문가의 자문 등을 거쳐 감정평가한 경우 그 자문 등의 내용
13. 그 밖에 이 규칙이나 다른 법령에 따른 기재사항

③ 제2항 제11호의 내용에는 다음 각 호의 사항을 포함해야 한다. 다만, 부득이한 경우에는 그 이유를 적고 일부를 포함하지 아니할 수 있다.

1. 적용한 감정평가방법 및 시산가액 조정 등 감정평가액 결정 과정(제12조 제1항 단서 또는 제2항 단서에 해당하는 경우 그 이유를 포함한다)

1의2. 거래사례비교법으로 감정평가한 경우 비교 거래사례의 선정 내용, 사정보정한 경우 그 내용 및 가치형성요인을 비교한 경우 그 내용

2. 공시지가기준법으로 토지를 감정평가한 경우 비교표준지의 선정 내용, 비교표준지와 대상토지를 비교한 내용 및 제14조 제2항 제5호에 따라 그 밖의 요인을 보정한 경우 그 내용
3. 재조달원가 산정 및 감가수정 등의 내용
4. 적산법이나 수익환원법으로 감정평가한 경우 기대이율 또는 환원율(할인율)의 산출근거
5. 제7조 제2항부터 제4항까지의 규정에 따라 일괄감정평가, 구분감정평가 또는 부분감정평가를 한 경우 그 이유
6. 감정평가액 결정에 참고한 자료가 있는 경우 그 자료의 명칭, 출처와 내용
7. 대상물건 중 일부를 감정평가에서 제외한 경우 그 이유

④ 감정평가법인등은 법 제6조에 따라 감정평가서를 발급하는 경우 그 표지에 감정평가서라는 제목을 명확하게 적어야 한다.
⑤ 감정평가법인등은 감정평가서를 작성하는 경우 법 제33조 제1항에 따른 한국감정평가사협회가 정하는 감정평가서 표준 서식을 사용할 수 있다.

감정평가에 관한 규칙 제13조의2(전자문서로 된 감정평가서의 발급 등)
① 감정평가법인등이 법 제6조 제1항에 따라 전자문서로 된 감정평가서를 발급하는 경우 같은 조 제2항에 따른 감정평가사의 서명과 날인은 「전자서명법」에 따른 전자서명의 방법으로 해야 한다.
② 감정평가법인등은 전자문서로 된 감정평가서의 위조・변조・훼손 등을 방지하기 위하여 감정평가 정보에 대한 접근 권한자 지정, 방화벽의 설치・운영 등의 조치를 해야 한다.
③ 감정평가법인등은 의뢰인이나 이해관계자가 전자문서로 된 감정평가서의 진본성(眞本性)에 대한 확인을 요청한 경우에는 이를 확인해 줘야 한다.
④ 제2항 및 제3항에 따른 전자문서로 된 감정평가서의 위조・변조・훼손 등의 방지조치와 진본성 확인에 필요한 세부사항은 국토교통부장관이 정하여 고시한다.

Ⅰ 의의

감정평가서(Appraisal Report)란 감정평가사가 평가결과를 의뢰인에게 알리기 위하여 작성하는 보고서이다. 감정평가서는 유형에 따라 내용이 상이할 수 있으나, 기본적으로 대상 부동산 평가가액, 평가방식, 산출과정, 기타 부속서류 등이 포함되어야 한다. 감정평가서는 감정평가사가 의뢰인에게 제공할 수 있는 유형의 서비스이므로 평가내용, 구성 및 형식 등에 주의하여 작성하여야 한다.

Ⅱ 감정평가서의 형식요건

우리나라의 감정평가 체계는 임의평가주의를 배격하고 법정평가주의를 채택하고 있다. 따라서 우리나라에서 사용될 수 있는 감정평가서는 적법한 절차에 의하여 자격을 취득한 감정평가사만이 작성할 수 있다. 이와 같이 우리나라는 감정평가서의 형식요건을 법률로 제한하고, 감정평가서의 필수기재사항을 규칙으로 정하고 있다.

Ⅲ 감정평가서의 유형 및 작성기준

1. 유형

(1) 단엽식 감정평가서

단엽식 감정평가서는 평가가액만을 표시하고 기타 평가과정이나 부속자료 등을 제시하지 않는다. 현재 단엽식 감정평가서는 거의 사용되지 않고 있다.

(2) 정형식 감정평가서

정형식 감정평가서는 미리 인쇄된 양식에 해당되는 사항을 조사하여 기입하는 유형으로 간결하고 작성하기가 용이하며 이해하기 쉽다는 장점이 있다. 그러나 평가과정을 충분히 기술하지 못하는 단점이 있다.

(3) 서술식 감정평가서

서술식 감정평가서는 평가의 전체 과정을 상세하게 기술한 완전한 형태의 보고서이다. 이 감정평가서는 복잡하고 규모가 큰 상업용 부동산 등의 평가에 주로 이용되기 때문에 감정평가사는 풍부한 경험과 지식을 필요로 한다. 이 감정평가서는 제반가치형성요인의 분석 및 판단을 전문 감정평가사로서의 의견을 충분히 기술할 수 있는 장점이 있는 반면에, 작성에 많은 시간이 소요된다.

(4) 검토

감정평가서의 형식요건과 필수적 기재사항을 법률로 규정하고 있는 우리나라는 감정평가서의 종류에 대한 규정을 가지고 있지 않다. 우리나라에서 작성되는 감정평가서는 정형식과 서술식을 절충한 형태로 작성되는 것이 일반적이다.

2. 작성기준

(1) 분리작성기준

의뢰물건별, 평가목적별, 행정구역별로 분리하여 작성함이 원칙이나, 여러 개의 물건이라도 소유자가 동일하고, 의뢰물건이 동일업무와 관련되는 경우에는 일괄작성이 가능하다.

(2) 객관적, 합리적 기준

감정평가 결과는 의뢰자는 물론 제3자에게도 미치는 영향이 클 뿐만 아니라 이후의 부동산가격형성에도 영향을 미치므로, 객관적이고 합리적인 기준에 의해 작성되어야 한다.

Ⅳ 감정평가사의 법률적 성격 및 감정평가사의 책임[32)]

① 감정평가서는 감정평가 작업결과에 대한 하나의 보고서로서 재산의 경제적 가치의 판정에 대한 참고자료에 불과한 것이다. 감정평가의 정의를 “부동산의 가격산출 및 그에 대한 의견”, “부동산의 가격에 대한 전문가의 판단이자 의견”이라고 한다면 평가가격은 어디까지나 추정이며 의견인 것이다. 때문에 여기에 절대적인 가격이나 정가는 없다.

② 따라서 영・미의 감정평가기준이나 일본의 부동산감정평가에 관한 법률 및 독일의 연방건축기준법 등 외국에서는 감정평가에 대한 손해배상책임규정은 찾아볼 수 없는 반면, 고도의 지식과 직업윤리를 요구하고 있다. 그러나 우리나라의 경우는 감정평가법 제28조에서 손해배상책임을 명시하고 있다.

③ 결국, 감정평가의 법률적 성격은 구속적 의미라기보다는 하나의 참고적 지침의 역할을 하는 것이며 이를 작성하는 전문가인 감정평가사의 직업윤리에 따른 전문적인 지식, 풍부한 경험, 정확한 판단력을 통하여 최선의 노력이 요구되는 것이다. 그러나 중대한 과실과 진실을 숨기고 선의의 제3자에 손해를 발생시킬 때는 당연히 손해배상책임이 있다.

Ⅴ 결

평가 보고서는 매매, 담보 등의 경제 활동을 위한 참고적, 자료적 성격이나 그 사회성, 공공성 및 기준 등을 고려하여 평가적 기재사항을 충분히 제시하여 활용도를 높이고 법적 책임소재를 명백히 할 필요가 있다.

32) 경응수, 감정평가론(제6판), 나무미디어, 2021

심화논점

01 절 직접법과 간접법의 장단점

감정평가에 있어서 직접법과 간접법의 장단점을 설명하고 감정평가 3방식 적용에 의하여 어떻게 활용되는지 설명하시오.

Ⅰ. 서
Ⅱ. 직접법과 간접법
  1. 직접법
    (1) 의의 및 성립근거
    (2) 장점
    (3) 단점
  2. 간접법
    (1) 의의 및 성립근거
    (2) 장점
    (3) 단점
Ⅲ. 감정평가 3방식의 적용
  1. 비교방식
  2. 원가방식
  3. 수익방식
  4. 기타 방식
Ⅳ. 간접법이 직접법보다 우수한 이유
  1. 성립근거상 우수성
  2. 3방식 적용상 우수성
Ⅴ. 결

Ⅰ 서

부동산의 가격은 대상 부동산의 효용, 상대적 희소성, 유효수요에 영향을 미치는 가격형성요인의 상호작용으로 형성, 유지, 수정, 파괴되는바, 감정평가는 시장증거력이 있는 자료를 바탕으로 일련의 가격형성과정을 추적, 분석하는 작업이라 할 수 있다. 여기서 자료는 확인자료, 요인자료, 사례자료를 말하며, 자료의 출처에 따라 직접법과 간접법으로 구분된다. 부동산의 자연적 특성인 고정성과 개별성으로 대체가 제한되나, 인문적 특성인 용도의 다양성과 지역성에 의해 대체의 원칙이 성립하여 간접법의 유용성이 인정된다.

Ⅱ 직접법과 간접법

1. 직접법

(1) 의의 및 성립근거

직접법이란 대상 부동산의 가격을 산출하는 데 필요한 자료를 대상 부동산으로부터 직접 구하는 방법을 말한다. 직접법은 개별부동산의 가격이 면적, 구조, 형상 등 개별적 요인으로 각각 개별적으로 형성된다는 사고하에 부동산의 자연적 특성의 하나인 개별성에 근거한다.

(2) 장점

① 대상 부동산으로부터 직접 생산에 소요된 비중, 산출되는 수익 등의 자료를 이용하므로 가장 확실하다.

② 비교 및 정상화 과정이 필요 없으므로 평가 주체의 주관성 개입 여지가 없다.

(3) 단점

① 부동산가격은 개별, 독립적으로 형성되는 것이 아니라 인근의 대체성 있는 유사 부동산과 상호 영향을 주고받으면서 가격이 형성되는바 직접법만을 사용하는 경우 오류에 빠질 수 있다.

② 건축비용 등에 의한 재조달원가 추계 시 시간의 경과가 길면 오차의 범위가 커짐에 따라 신뢰성의 저하가 올 수 있다.

2. 간접법

(1) 의의 및 성립근거

간접법은 대상 부동산과 대체・경쟁관계에 있는 다른 부동산의 가격산출자료를 기준으로 이와 비교하여 구하는 방법을 말한다. 간접법은 부동산의 가격이 이용 측면에서 대체부동산의 영향을 받아 결정된다는 대체의 원칙에 근거한다.

(2) 장점

① 대상 부동산의 자료를 구할 수 없을 때나, 타당성 검증에 유용하다.

② 대체의 원리에 따른 시장성 있는 자료의 활용으로 객관성 확보가 가능하다.

(3) 단점

① 대상 부동산의 고정성, 개별성에 의해 자료 수집이 어렵다.

② 사례자료에서 대상 부동산과의 비교, 정상화 과정에 평가 추계의 주관성 개입이 있을 수 있다.

③ 시장이 불안정할 때에는 자료의 신뢰성이 떨어진다.

Ⅲ 감정평가 3방식의 적용

1. 비교방식

인근지역 또는 유사지역의 대체・경쟁 관계에 있는 사례자료를 수집하여 대상 부동산의 가격 및 임대료를 추계한다. 이 방식은 간접법만이 있고 직접법은 적용이 없다.

2. 원가방식

재조달원가 추계 시 대상 부동산과 대체 · 경쟁 관계에 있는 사례부동산으로부터 총량조사법, 구성단위법, 단위비교법, 비용지수법 등에 의해 추계한다. 또한 적산법에 기초가액 추계 시에도 사례부동산으로부터 가능하다.

직접법 적용은 대상 부동산의 건축비용으로부터 건축비 지수를 적용하여 추계 가능하며, 기초가액 추계에도 동일하다.

3. 수익방식

직접법은 순수익 추계 시 대상 부동산으로부터 직접 추계하는바 직접법을 활용하며 간접법은 대상 부동산과 대체 · 경쟁 관계에 있는 용도적으로 유사한 사례부동산으로부터 순수익, 환원율을 추계할 때 활용한다.

4. 기타 방식

비교방식의 논리, 즉 간접법의 적용으로서 노선가식 평가법, 조소득승수법, 공시지가기준법 등이 있다.

Ⅳ 간접법이 직접법보다 우수한 이유

1. 성립근거상 우수성

① 직접법의 성립근거는 물리적으로 동일한 부동산은 존재하지 않는다는 개별성이나, 간접법의 성립근거는 부동산 거래 시 인근의 유사한 부동산의 사례가 있을 경우 이를 참작한다는 시장논리와 부동산의 이용적인 측면에 의한 대체의 원리에 성립근거를 둔다.

② 직접법은 대체 가능한 유사한 부동산에 의해 부동산의 가격이 상호 영향을 주고받는다는 시장논리에 맞지 않다.

③ 반면, 간접법은 부동산의 자연적 특성인 개별성에 의해 동일한 부동산은 하나도 없더라도 인문적 특성에 의해 대체 가능한 유사부동산은 시장에서의 부동산가격에 영향을 미친다는 시장논리와 대체의 원칙에 적합하다고 볼 수 있으므로 직접법보다 우수하다.

2. 3방식 적용상 우수성

① 직접법은 해당 부동산에서 직접 가격산출자료를 구하기 때문에 자료를 구하기 곤란한 경우가 많으며, 3방식에 있어서는 원가방식과 수익방식에서만 한정적으로 사용이 가능하다.

② 간접법은 기준시점에 있어서 대상 부동산과 유사한 부동산의 사례를 비교, 참작하여 대상 부동산의 가격을 구하는 방식으로 현실적이고 설득력을 가지며, 3방식에 있어서도 모두 적용이 가능하다.

V 결

① 감정평가의 정도가 자료의 신뢰도에 좌우된다고 볼 때, 간접법과 직접법 어느 방법으로든 정확한 가격산출자료의 수집이 중요하다.

② 부동산의 가격은 독립적으로 발생하는 것이 아니라, 이용 측면에서 대체의 원칙에 따라 대체 부동산과의 수요・공급, 경쟁관계를 통해 형성된다는 점을 고려할 때, 직접법으로 대상 부동산의 가격을 평가할 수 있다고 하더라도 간접법을 병용함으로써, 보다 정도 높은 가격을 도출할 수 있을 것이다.

③ 다만, 간접법 적용 시 부동산의 자연적 특성 때문에 대체・경쟁관계에 있는 지역 및 부동산을 찾기 어렵고 또한 주관의 개입 여지가 많기 때문에 이러한 한계를 극복하는 것이 관건이다.

02 절 대상 부동산의 확정과 확인과의 관계[33]

Ⅰ 개설

평가절차로서 대상 부동산의 확정의 단계를 거친 후 확인의 단계를 밟게 되는데, 부동산은 물적 구분이 불분명하고 권리관계가 복잡한바, 평가의 신뢰와 능률을 확보하고 책임소재를 분명히 하고자 필요하다.

Ⅱ 확정의 의의 및 내용

대상 부동산의 물적, 법적관계 및 의뢰목적에 부응하는 사실적 제 관계를 확정하는 것으로, 기본조건에 대한 확정(종류, 수량, 평가범위, 권리관계 등)과 부가적 조건의 확정(현황평가, 조건부평가 등)이 있다.

Ⅲ 확인의 의의 및 내용

확정에서 정하여진 대상물건의 물리적 사항 및 권리관계가 실질적으로 부합하는가에 대한 확인으로서, 물적 사항에 대한 확인(지목, 면적, 구조 등), 권리태양에 대한 확인(등기부권리와 현실이용에 따른 권리)이 있다.

Ⅳ 양자의 관계

1. 개념적 측면

확정이 관념적이고 형식적으로 대상의 경계나 권리 등을 확정하는 것이라면, 확인은 현실적이고 실질적으로 물리적 사항 권리관계의 부합 여부를 확인하는 것이다.

33) (연습문제) 경응수, 감정평가론, 나무미디어, 2021

2. 절차적 측면

감정평가의 절차(감정평가에 관한 규칙 제8조)는 기본적 사항의 확정, 처리계획의 수립, 대상물건의 확인, 자료수집 및 정리, 자료검토 및 가치형성요인의 분석, 감정평가방법의 선정 및 적용, 감정평가가액의 결정 및 표시의 일련의 절차인바, 확정과 확인은 절차상 선후관계에 있다.

3. 확정과 확인의 불일치 시 처리방법

동일성 판단기준에 의하여 불일치가 근소하거나 경정할 수 있는 경우에는 부기 후 평가하고, 동일성이 인정되지 않는 경우에는 법률상 하자 있는 물건이므로 의뢰인과 상의하여 일정한 조치를 취해야 하며, 원인을 확인한 후 불명확한 경우 평가를 반려해야 한다.

V 확정과 확인의 중요성

① 부동산은 다른 부동산과 경계가 외견상 불분명한 것도 있고 또한 대상 부동산의 소유권 기타 권리관계가 복잡한 양상을 띠고 있는 경우도 적지 않다. 따라서 대상 부동산을 정확하게 확정짓고 인식하는 것이 무엇보다 중요하다.

② 특히 부동산의 가격은 소유권, 기타 권리 이익의 가격이므로 물적 확인뿐만 아니라 이들 각종 권리의 파악이 중요하다.

③ 따라서 확정과 확인은 감정평가의 중요한 절차의 하나가 된다.

03 절 「감정평가법」 제3조 제1항 단서의 의미

감정평가 및 감정평가사에 관한 법률 제3조(기준)

① 감정평가법인등이 토지를 감정평가하는 경우에는 그 토지와 이용가치가 비슷하다고 인정되는 「부동산 가격공시에 관한 법률」에 따른 표준지공시지가를 기준으로 하여야 한다. 다만, 적정한 실거래가가 있는 경우에는 이를 기준으로 할 수 있다.

② 제1항에도 불구하고 감정평가법인등이 「주식회사 등의 외부감사에 관한 법률」에 따른 재무제표 작성 등 기업의 재무제표 작성에 필요한 감정평가와 담보권의 설정 · 경매 등 대통령령으로 정하는 감정평가를 할 때에는 해당 토지의 임대료, 조성비용 등을 고려하여 감정평가를 할 수 있다.

③ 감정평가의 공정성과 합리성을 보장하기 위하여 감정평가법인등(소속 감정평가사를 포함한다. 이하 이 조에서 같다)이 준수하여야 할 원칙과 기준은 국토교통부령으로 정한다.

④ 국토교통부장관은 감정평가법인등이 감정평가를 할 때 필요한 세부적인 기준(이하 "실무기준"이라 한다)의 제정 등에 관한 업무를 수행하기 위하여 대통령령으로 정하는 바에 따라 전문성을 갖춘 민간법인 또는 단체(이하 "기준제정기관"이라 한다)를 지정할 수 있다.

⑤ 국토교통부장관은 필요하다고 인정되는 경우 제40조에 따른 감정평가관리 · 징계위원회의 심의를 거쳐 기준제정기관에 실무기준의 내용을 변경하도록 요구할 수 있다. 이 경우 기준제정기관은 정당한 사유가 없으면 이에 따라야 한다.

⑥ 국가는 기준제정기관의 설립 및 운영에 필요한 비용의 일부 또는 전부를 지원할 수 있다.

Ⅰ 개설

「감정평가법」 제3조 제1항 단서에 해당하는 감정평가(자산재평가, 소송 및 경매평가, 담보평가 등)의 경우 해당 토지의 임대료 · 조성비용 등을 고려하여 감정평가를 할 수 있으므로, 공시지가기준법에 의한 시산가액의 합리성이 없다고 판단되는 경우에는 다른 감정평가방법에 의하여 감정평가액을 결정할 수 있을 것이다.

Ⅱ 공시지가기준법 외의 감정평가방법 적용 가능 여부

① 「감정평가법」 제3조 제1항 단서에 해당하지 않는 감정평가(보상평가, 국공유지의 처분 또는 매수 목적의 감정평가 등)에서는 공시지가기준법을 적용하여야 한다는 강행규정에 따라 다른 감정평가방법으로 구한 가액으로 최종적인 감정평가액을 결정하기 곤란하다는 해석의 여지가 있다.

② 적정한 감정평가액의 산정을 위해 다양한 감정평가방법의 적용을 통하여 적극적인 시산가액의 조정을 권장하고 있는 「감정평가에 관한 규칙」 및 「실무기준」의 취지 등을 종합적으로 고려해 본다면, 「감정평가법」 제3조 제1항 단서규정에 해당하지 않는 토지의 감정평가의 경우에도 공시지가기준법에 의한 감정평가가 크게 부적정할 경우 공시지가기준법 외의 감정평가방법을 적용하는 것이 가능할 것이다.

Ⅲ 시장성도 고려대상에 포함할 수 있는지 여부

① 「감정평가법」 제3조 제1항 단서규정은 “해당 토지의 임대료, 조성비용 등을 고려하여 감정평가할 수 있다.”고 하여 수익성 및 비용성의 원리에 기초한 감정평가방법을 열거하고 있다. 다만, 시장성의 원리에 기반한 감정평가방법은 직접적으로 열거되어 있지 않으나 고려대상에 포함할 수 있는지 여부에 대하여 논란의 여지가 있다.

② 그러나 부동산가격 3면성의 원리(비용성 · 수익성 · 시장성) 및 「감정평가법」 제3조 제1항 단서규정이 “임대료, 조성비용 등”으로 규정하고 있는 점 등을 고려할 때, 시장성에 기초한 감정평가방법도 당연히 고려대상에 포함된다고 볼 수 있을 것이다.

부록

감정평가에 관한 규칙

부록 감정평가에 관한 규칙

[시행 2023.9.14.] [국토교통부령 제1253호, 2023.9.14, 일부개정]

» 제1조(목적)

이 규칙은 「감정평가 및 감정평가사에 관한 법률」 제3조 제3항에 따라 감정평가법인등이 감정평가를 할 때 준수해야 할 원칙과 기준을 규정함을 목적으로 한다. 〈개정 2016.8.31, 2022.1.21.〉

» 제2조(정의)

이 규칙에서 사용하는 용어의 뜻은 다음 각 호와 같다. 〈개정 2014.1.2, 2016.8.31, 2022.1.21.〉

1. "시장가치"란 감정평가의 대상이 되는 토지 등(이하 "대상물건"이라 한다)이 통상적인 시장에서 충분한 기간 동안 거래를 위하여 공개된 후 그 대상물건의 내용에 정통한 당사자 사이에 신중하고 자발적인 거래가 있을 경우 성립될 가능성이 가장 높다고 인정되는 대상물건의 가액(價額)을 말한다.
2. "기준시점"이란 대상물건의 감정평가액을 결정하는 기준이 되는 날짜를 말한다.
3. "기준가치"란 감정평가의 기준이 되는 가치를 말한다.
4. "가치형성요인"이란 대상물건의 경제적 가치에 영향을 미치는 일반요인, 지역요인 및 개별요인 등을 말한다.
5. "원가법"이란 대상물건의 재조달원가에 감가수정(減價修正)을 하여 대상물건의 가액을 산정하는 감정평가방법을 말한다.
6. "적산법(積算法)"이란 대상물건의 기초가액에 기대이율을 곱하여 산정된 기대수익에 대상물건을 계속하여 임대하는 데에 필요한 경비를 더하여 대상물건의 임대료[(賃貸料), 사용료를 포함한다. 이하 같다]를 산정하는 감정평가방법을 말한다.
7. "거래사례비교법"이란 대상물건과 가치형성요인이 같거나 비슷한 물건의 거래사례와 비교하여 대상물건의 현황에 맞게 사정보정(事情補正), 시점수정, 가치형성요인 비교 등의 과정을 거쳐 대상물건의 가액을 산정하는 감정평가방법을 말한다.
8. "임대사례비교법"이란 대상물건과 가치형성요인이 같거나 비슷한 물건의 임대사례와 비교하여 대상물건의 현황에 맞게 사정보정, 시점수정, 가치형성요인 비교 등의 과정을 거쳐 대상물건의 임대료를 산정하는 감정평가방법을 말한다.
9. "공시지가기준법"이란 「감정평가 및 감정평가사에 관한 법률」(이하 "법"이라 한다) 제3조 제1항 본문에 따라 감정평가의 대상이 된 토지(이하 "대상토지"라 한다)와 가치형성요인이 같거나 비슷하여 유사한 이용가치를 지닌다고 인정되는 표준지(이하 "비교표준지"라 한다)의 공시지가를 기준으로 대상토지의 현황에 맞게 시점수정, 지역요인 및 개별요인 비교, 그 밖의 요인의 보정(補正)을 거쳐 대상토지의 가액을 산정하는 감정평가방법을 말한다.
10. "수익환원법(收益還元法)"이란 대상물건이 장래 산출할 것으로 기대되는 순수익이나 미래의 현금흐름을 환원하거나 할인하여 대상물건의 가액을 산정하는 감정평가방법을 말한다.

11. “수익분석법”이란 일반기업 경영에 의하여 산출된 총수익을 분석하여 대상물건이 일정한 기간에 산출할 것으로 기대되는 순수익에 대상물건을 계속하여 임대하는 데에 필요한 경비를 더하여 대상물건의 임대료를 산정하는 감정평가방법을 말한다.
12. “감가수정”이란 대상물건에 대한 재조달원가를 감액하여야 할 요인이 있는 경우에 물리적 감가, 기능적 감가 또는 경제적 감가 등을 고려하여 그에 해당하는 금액을 재조달원가에서 공제하여 기준시점에 있어서의 대상물건의 가액을 적정화하는 작업을 말한다.
12의2. “적정한 실거래가”란 「부동산 거래신고 등에 관한 법률」에 따라 신고된 실제 거래가격(이하 “거래가격”이라 한다)으로서 거래 시점이 도시지역(「국토의 계획 및 이용에 관한 법률」 제36조 제1항 제1호에 따른 도시지역을 말한다)은 3년 이내, 그 밖의 지역은 5년 이내인 거래가격 중에서 감정평가법인등이 인근지역의 지가수준 등을 고려하여 감정평가의 기준으로 적용하기에 적정하다고 판단하는 거래가격을 말한다.
13. “인근지역”이란 감정평가의 대상이 된 부동산(이하 “대상 부동산”이라 한다)이 속한 지역으로서 부동산의 이용이 동질적이고 가치형성요인 중 지역요인을 공유하는 지역을 말한다.
14. “유사지역”이란 대상 부동산이 속하지 아니하는 지역으로서 인근지역과 유사한 특성을 갖는 지역을 말한다.
15. “동일수급권(同一需給圈)”이란 대상 부동산과 대체・경쟁 관계가 성립하고 가치 형성에 서로 영향을 미치는 관계에 있는 다른 부동산이 존재하는 권역(圈域)을 말하며, 인근지역과 유사지역을 포함한다.

» 제3조(감정평가법인등의 의무)

감정평가법인등은 다음 각 호의 어느 하나에 해당하는 경우에는 감정평가를 해서는 안 된다. 〈개정 2022.1.21.〉

1. 자신의 능력으로 업무수행이 불가능하거나 매우 곤란한 경우
2. 이해관계 등의 이유로 자기가 감정평가하는 것이 타당하지 않다고 인정되는 경우

» 제4조(적용범위)

감정평가법인등은 다른 법령에 특별한 규정이 있는 경우를 제외하고는 이 규칙으로 정하는 바에 따라 감정평가해야 한다. 〈개정 2022.1.21.〉

» 제5조(시장가치기준 원칙)

① 대상물건에 대한 감정평가액은 시장가치를 기준으로 결정한다.
② 감정평가법인등은 제1항에도 불구하고 다음 각 호의 어느 하나에 해당하는 경우에는 대상물건의 감정평가액을 시장가치 외의 가치를 기준으로 결정할 수 있다. 〈개정 2022.1.21.〉
  1. 법령에 다른 규정이 있는 경우
  2. 감정평가 의뢰인(이하 “의뢰인”이라 한다)이 요청하는 경우
  3. 감정평가의 목적이나 대상물건의 특성에 비추어 사회통념상 필요하다고 인정되는 경우

③ 감정평가법인등은 제2항에 따라 시장가치 외의 가치를 기준으로 감정평가할 때에는 다음 각 호의 사항을 검토해야 한다. 다만, 제2항 제1호의 경우에는 그렇지 않다. 〈개정 2022.1.21.〉
1. 해당 시장가치 외의 가치의 성격과 특징
2. 시장가치 외의 가치를 기준으로 하는 감정평가의 합리성 및 적법성

④ 감정평가법인등은 시장가치 외의 가치를 기준으로 하는 감정평가의 합리성 및 적법성이 결여(缺如)되었다고 판단할 때에는 의뢰를 거부하거나 수임(受任)을 철회할 수 있다. 〈개정 2022.1.21.〉

» 제6조(현황기준 원칙)

① 감정평가는 기준시점에서의 대상물건의 이용상황(불법적이거나 일시적인 이용은 제외한다) 및 공법상 제한을 받는 상태를 기준으로 한다.

② 감정평가법인등은 제1항에도 불구하고 다음 각 호의 어느 하나에 해당하는 경우에는 기준시점의 가치형성요인 등을 실제와 다르게 가정하거나 특수한 경우로 한정하는 조건(이하 "감정평가조건"이라 한다)을 붙여 감정평가할 수 있다. 〈개정 2022.1.21.〉
1. 법령에 다른 규정이 있는 경우
2. 의뢰인이 요청하는 경우
3. 감정평가의 목적이나 대상물건의 특성에 비추어 사회통념상 필요하다고 인정되는 경우

③ 감정평가법인등은 제2항에 따라 감정평가조건을 붙일 때에는 감정평가조건의 합리성, 적법성 및 실현가능성을 검토해야 한다. 다만, 제2항 제1호의 경우에는 그렇지 않다. 〈개정 2022.1.21.〉

④ 감정평가법인등은 감정평가조건의 합리성, 적법성이 결여되거나 사실상 실현 불가능하다고 판단할 때에는 의뢰를 거부하거나 수임을 철회할 수 있다. 〈개정 2022.1.21.〉

» 제7조(개별물건기준 원칙 등)

① 감정평가는 대상물건마다 개별로 하여야 한다.

② 둘 이상의 대상물건이 일체로 거래되거나 대상물건 상호 간에 용도상 불가분의 관계가 있는 경우에는 일괄하여 감정평가할 수 있다.

③ 하나의 대상물건이라도 가치를 달리하는 부분은 이를 구분하여 감정평가할 수 있다.

④ 일체로 이용되고 있는 대상물건의 일부분에 대하여 감정평가하여야 할 특수한 목적이나 합리적인 이유가 있는 경우에는 그 부분에 대하여 감정평가할 수 있다.

» 제8조(감정평가의 절차)

감정평가법인등은 다음 각 호의 순서에 따라 감정평가를 해야 한다. 다만, 합리적이고 능률적인 감정평가를 위하여 필요할 때에는 순서를 조정할 수 있다. 〈개정 2022.1.21.〉
1. 기본적 사항의 확정
2. 처리계획 수립
3. 대상물건 확인
4. 자료수집 및 정리

5. 자료검토 및 가치형성요인의 분석
6. 감정평가방법의 선정 및 적용
7. 감정평가액의 결정 및 표시

» 제9조(기본적 사항의 확정)

① 감정평가법인등은 감정평가를 의뢰받았을 때에는 의뢰인과 협의하여 다음 각 호의 사항을 확정해야 한다. 〈개정 2022.1.21.〉
  1. 의뢰인
  2. 대상물건
  3. 감정평가 목적
  4. 기준시점
  5. 감정평가조건
  6. 기준가치
  7. 관련 전문가에 대한 자문 또는 용역(이하 "자문 등"이라 한다)에 관한 사항
  8. 수수료 및 실비에 관한 사항

② 기준시점은 대상물건의 가격조사를 완료한 날짜로 한다. 다만, 기준시점을 미리 정하였을 때에는 그 날짜에 가격조사가 가능한 경우에만 기준시점으로 할 수 있다.

③ 감정평가법인등은 필요한 경우 관련 전문가에 대한 자문 등을 거쳐 감정평가할 수 있다. 〈개정 2022.1.21.〉

» 제10조(대상물건의 확인)

① 감정평가법인등이 감정평가를 할 때에는 실지조사를 하여 대상물건을 확인해야 한다. 〈개정 2022.1.21.〉

② 감정평가법인등은 제1항에도 불구하고 다음 각 호의 어느 하나에 해당하는 경우로서 실지조사를 하지 않고도 객관적이고 신뢰할 수 있는 자료를 충분히 확보할 수 있는 경우에는 실지조사를 하지 않을 수 있다. 〈개정 2022.1.21.〉
  1. 천재지변, 전시·사변, 법령에 따른 제한 및 물리적인 접근 곤란 등으로 실지조사가 불가능하거나 매우 곤란한 경우
  2. 유가증권 등 대상물건의 특성상 실지조사가 불가능하거나 불필요한 경우

» 제11조(감정평가방식)

감정평가법인등은 다음 각 호의 감정평가방식에 따라 감정평가를 한다. 〈개정 2022.1.21.〉

1. 원가방식 : 원가법 및 적산법 등 비용성의 원리에 기초한 감정평가방식
2. 비교방식 : 거래사례비교법, 임대사례비교법 등 시장성의 원리에 기초한 감정평가방식 및 공시지가기준법
3. 수익방식 : 수익환원법 및 수익분석법 등 수익성의 원리에 기초한 감정평가방식

» 제12조(감정평가방법의 적용 및 시산가액 조정)

① 감정평가법인등은 제14조부터 제26조까지의 규정에서 대상물건별로 정한 감정평가방법(이하 "주된 방법"이라 한다)을 적용하여 감정평가해야 한다. 다만, 주된 방법을 적용하는 것이 곤란하거나 부적절한 경우에는 다른 감정평가방법을 적용할 수 있다. 〈개정 2022.1.21.〉

② 감정평가법인등은 대상물건의 감정평가액을 결정하기 위하여 제1항에 따라 어느 하나의 감정평가방법을 적용하여 산정(算定)한 가액[이하 "시산가액(試算價額)"이라 한다]을 제11조 각 호의 감정평가방식 중 다른 감정평가방식에 속하는 하나 이상의 감정평가방법(이 경우 공시지가기준법과 그 밖의 비교방식에 속한 감정평가방법은 서로 다른 감정평가방식에 속한 것으로 본다)으로 산출한 시산가액과 비교하여 합리성을 검토해야 한다. 다만, 대상물건의 특성 등으로 인하여 다른 감정평가방법을 적용하는 것이 곤란하거나 불필요한 경우에는 그렇지 않다. 〈개정 2022.1.21.〉

③ 감정평가법인등은 제2항에 따른 검토 결과 제1항에 따라 산출한 시산가액의 합리성이 없다고 판단되는 경우에는 주된 방법 및 다른 감정평가방법으로 산출한 시산가액을 조정하여 감정평가액을 결정할 수 있다. 〈개정 2022.1.21.〉

» 제13조(감정평가서 작성)

① 감정평가법인등은 법 제6조에 따른 감정평가서(「전자문서 및 전자거래기본법」에 따른 전자문서로 된 감정평가서를 포함한다. 이하 같다)를 의뢰인과 이해관계자가 이해할 수 있도록 명확하고 일관성 있게 작성해야 한다. 〈개정 2016.8.31, 2022.1.21.〉

② 감정평가서에는 다음 각 호의 사항이 포함돼야 한다. 〈개정 2022.1.21.〉

1. 감정평가법인등의 명칭
2. 의뢰인의 성명 또는 명칭
3. 대상물건(소재지, 종류, 수량, 그 밖에 필요한 사항)
4. 대상물건 목록의 표시근거
5. 감정평가 목적
6. 기준시점, 조사기간 및 감정평가서 작성일
7. 실지조사를 하지 않은 경우에는 그 이유
8. 시장가치 외의 가치를 기준으로 감정평가한 경우에는 제5조 제3항 각 호의 사항. 다만, 같은 조 제2항 제1호의 경우에는 해당 법령을 적는 것으로 갈음할 수 있다.
9. 감정평가조건을 붙인 경우에는 그 이유 및 제6조 제3항의 검토사항. 다만, 같은 조 제2항 제1호의 경우에는 해당 법령을 적는 것으로 갈음할 수 있다.
10. 감정평가액
11. 감정평가액의 산출근거 및 결정 의견
12. 전문가의 자문 등을 거쳐 감정평가한 경우 그 자문 등의 내용
13. 그 밖에 이 규칙이나 다른 법령에 따른 기재사항

③ 제2항 제11호의 내용에는 다음 각 호의 사항을 포함해야 한다. 다만, 부득이한 경우에는 그 이유를 적고 일부를 포함하지 아니할 수 있다. 〈개정 2023.9.14.〉

1. 적용한 감정평가방법 및 시산가액 조정 등 감정평가액 결정 과정(제12조 제1항 단서 또는 제2항 단서에 해당하는 경우 그 이유를 포함한다)

1의2. 거래사례비교법으로 감정평가한 경우 비교 거래사례의 선정 내용, 사정보정한 경우 그 내용 및 가치형성요인을 비교한 경우 그 내용

2. 공시지가기준법으로 토지를 감정평가한 경우 비교표준지의 선정 내용, 비교표준지와 대상토지를 비교한 내용 및 제14조 제2항 제5호에 따라 그 밖의 요인을 보정한 경우 그 내용

3. 재조달원가 산정 및 감가수정 등의 내용

4. 적산법이나 수익환원법으로 감정평가한 경우 기대이율 또는 환원율(할인율)의 산출근거

5. 제7조 제2항부터 제4항까지의 규정에 따라 일괄감정평가, 구분감정평가 또는 부분감정평가를 한 경우 그 이유

6. 감정평가액 결정에 참고한 자료가 있는 경우 그 자료의 명칭, 출처와 내용

7. 대상물건 중 일부를 감정평가에서 제외한 경우 그 이유

④ 감정평가법인등은 법 제6조에 따라 감정평가서를 발급하는 경우 그 표지에 감정평가서라는 제목을 명확하게 적어야 한다. 〈개정 2022.1.21.〉

⑤ 감정평가법인등은 감정평가서를 작성하는 경우 법 제33조 제1항에 따른 한국감정평가사협회가 정하는 감정평가서 표준 서식을 사용할 수 있다. 〈개정 2022.1.21.〉

» 제13조의2(전자문서로 된 감정평가서의 발급 등)

① 감정평가법인등이 법 제6조 제1항에 따라 전자문서로 된 감정평가서를 발급하는 경우 같은 조 제2항에 따른 감정평가사의 서명과 날인은 「전자서명법」에 따른 전자서명의 방법으로 해야 한다.

② 감정평가법인등은 전자문서로 된 감정평가서의 위조・변조・훼손 등을 방지하기 위하여 감정평가 정보에 대한 접근 권한자 지정, 방화벽의 설치・운영 등의 조치를 해야 한다.

③ 감정평가법인등은 의뢰인이나 이해관계자가 전자문서로 된 감정평가서의 진본성(眞本性)에 대한 확인을 요청한 경우에는 이를 확인해 줘야 한다.

④ 제2항 및 제3항에 따른 전자문서로 된 감정평가서의 위조・변조・훼손 등의 방지조치와 진본성 확인에 필요한 세부사항은 국토교통부장관이 정하여 고시한다.

[본조신설 2022.1.21.]

» 제14조(토지의 감정평가)

① 감정평가법인등은 법 제3조 제1항 본문에 따라 토지를 감정평가할 때에는 공시지가기준법을 적용해야 한다. 〈개정 2022.1.21.〉

② 감정평가법인등은 공시지가기준법에 따라 토지를 감정평가할 때에 다음 각 호의 순서에 따라야 한다. 〈개정 2023.9.14.〉

1. 비교표준지 선정 : 인근지역에 있는 표준지 중에서 대상토지와 용도지역·이용상황·주변환경 등이 같거나 비슷한 표준지를 선정할 것. 다만, 인근지역에 적절한 표준지가 없는 경우에는 인근지역과 유사한 지역적 특성을 갖는 동일수급권 안의 유사지역에 있는 표준지를 선정할 수 있다.
2. 시점수정 : 「부동산 거래신고 등에 관한 법률」 제19조에 따라 국토교통부장관이 조사·발표하는 비교표준지가 있는 시·군·구의 같은 용도지역 지가변동률을 적용할 것. 다만, 다음 각 목의 경우에는 그러하지 아니하다.
   가. 같은 용도지역의 지가변동률을 적용하는 것이 불가능하거나 적절하지 아니하다고 판단되는 경우에는 공법상 제한이 같거나 비슷한 용도지역의 지가변동률, 이용상황별 지가변동률 또는 해당 시·군·구의 평균지가변동률을 적용할 것
   나. 지가변동률을 적용하는 것이 불가능하거나 적절하지 아니한 경우에는 「한국은행법」 제86조에 따라 한국은행이 조사·발표하는 생산자물가지수에 따라 산정된 생산자물가상승률을 적용할 것
3. 지역요인 비교
4. 개별요인 비교
5. 그 밖의 요인 보정 : 대상토지의 인근지역 또는 동일수급권내 유사지역의 가치형성요인이 유사한 정상적인 거래사례 또는 평가사례 등을 고려할 것

③ 감정평가법인등은 법 제3조 제1항 단서에 따라 적정한 실거래가를 기준으로 토지를 감정평가할 때에는 거래사례비교법을 적용해야 한다. 〈신설 2016.8.31, 2022.1.21.〉

④ 감정평가법인등은 법 제3조 제2항에 따라 토지를 감정평가할 때에는 제1항부터 제3항까지의 규정을 적용하되, 해당 토지의 임대료, 조성비용 등을 고려하여 감정평가할 수 있다. 〈신설 2016.8.31, 2022.1.21.〉

» 제15조(건물의 감정평가)

① 감정평가법인등은 건물을 감정평가할 때에 원가법을 적용해야 한다. 〈개정 2022.1.21.〉

② 삭제 〈2016.8.31.〉

» 제16조(토지와 건물의 일괄감정평가)

감정평가법인등은 「집합건물의 소유 및 관리에 관한 법률」에 따른 구분소유권의 대상이 되는 건물부분과 그 대지사용권을 일괄하여 감정평가하는 경우 등 제7조 제2항에 따라 토지와 건물을 일괄하여 감정평가할 때에는 거래사례비교법을 적용해야 한다. 이 경우 감정평가액은 합리적인 기준에 따라 토지가액과 건물가액으로 구분하여 표시할 수 있다. 〈개정 2022.1.21.〉

» 제17조(산림의 감정평가)

① 감정평가법인등은 산림을 감정평가할 때에 산지와 입목(立木)을 구분하여 감정평가해야 한다. 이 경우 입목은 거래사례비교법을 적용하되, 소경목림(小徑木林 : 지름이 작은 나무·숲)인 경우에는 원가법을 적용할 수 있다. 〈개정 2022.1.21.〉

② 감정평가법인등은 제7조 제2항에 따라 산지와 입목을 일괄하여 감정평가할 때에 거래사례비교법을 적용해야 한다. 〈개정 2022.1.21.〉

» 제18조(과수원의 감정평가)

감정평가법인등은 과수원을 감정평가할 때에 거래사례비교법을 적용해야 한다. 〈개정 2022.1.21.〉

» 제19조(공장재단 및 광업재단의 감정평가)

① 감정평가법인등은 공장재단을 감정평가할 때에 공장재단을 구성하는 개별 물건의 감정평가액을 합산하여 감정평가해야 한다. 다만, 계속적인 수익이 예상되는 경우 등 제7조 제2항에 따라 일괄하여 감정평가하는 경우에는 수익환원법을 적용할 수 있다. 〈개정 2022.1.21.〉

② 감정평가법인등은 광업재단을 감정평가할 때에 수익환원법을 적용해야 한다. 〈개정 2022.1.21.〉

» 제20조(자동차 등의 감정평가)

① 감정평가법인등은 자동차를 감정평가할 때에 거래사례비교법을 적용해야 한다. 〈개정 2022.1.21.〉

② 감정평가법인등은 건설기계를 감정평가할 때에 원가법을 적용해야 한다. 〈개정 2022.1.21.〉

③ 감정평가법인등은 선박을 감정평가할 때에 선체・기관・의장(艤裝)별로 구분하여 감정평가하되, 각각 원가법을 적용해야 한다. 〈개정 2022.1.21.〉

④ 감정평가법인등은 항공기를 감정평가할 때에 원가법을 적용해야 한다. 〈개정 2022.1.21.〉

⑤ 감정평가법인등은 제1항부터 제4항까지에도 불구하고 본래 용도의 효용가치가 없는 물건은 해체처분가액으로 감정평가할 수 있다. 〈개정 2022.1.21.〉

» 제21조(동산의 감정평가)

① 감정평가법인등은 동산을 감정평가할 때에는 거래사례비교법을 적용해야 한다. 다만, 본래 용도의 효용가치가 없는 물건은 해체처분가액으로 감정평가할 수 있다. 〈개정 2022.1.21, 2023.9.14.〉

② 제1항 본문에도 불구하고 기계・기구류를 감정평가할 때에는 원가법을 적용해야 한다. 〈신설 2023.9.14.〉

» 제22조(임대료의 감정평가)

감정평가법인등은 임대료를 감정평가할 때에 임대사례비교법을 적용해야 한다. 〈개정 2014.1.2, 2022.1.21.〉

» 제23조(무형자산의 감정평가)

① 감정평가법인등은 광업권을 감정평가할 때에 제19조 제2항에 따른 광업재단의 감정평가액에서 해당 광산의 현존시설 가액을 빼고 감정평가해야 한다. 이 경우 광산의 현존시설 가액은 적정 생산규모와 가행조건(稼行條件) 등을 고려하여 산정하되 과잉유휴시설을 포함하여 산정하지 않는다. 〈개정 2022.1.21.〉

② 감정평가법인등은 어업권을 감정평가할 때에 어장 전체를 수익환원법에 따라 감정평가한 가액에서 해당 어장의 현존시설 가액을 빼고 감정평가해야 한다. 이 경우 어장의 현존시설 가

액은 적정 생산규모와 어업권 존속기간 등을 고려하여 산정하되 과잉유휴시설을 포함하여 산정하지 않는다. 〈개정 2022.1.21.〉

③ 감정평가법인등은 영업권, 특허권, 실용신안권, 디자인권, 상표권, 저작권, 전용측선이용권(專用側線利用權), 그 밖의 무형자산을 감정평가할 때에 수익환원법을 적용해야 한다. 〈개정 2022.1.21.〉

» 제24조(유가증권 등의 감정평가)

① 감정평가법인등은 주식을 감정평가할 때에 다음 각 호의 구분에 따라야 한다. 〈개정 2014.1.2, 2022.1.21.〉

1. 상장주식[「자본시장과 금융투자업에 관한 법률」 제373조의2에 따라 허가를 받은 거래소(이하 "거래소"라 한다)에서 거래가 이루어지는 등 시세가 형성된 주식으로 한정한다] : 거래사례비교법을 적용할 것
2. 비상장주식(상장주식으로서 거래소에서 거래가 이루어지지 아니하는 등 형성된 시세가 없는 주식을 포함한다) : 해당 회사의 자산・부채 및 자본 항목을 평가하여 수정재무상태표를 작성한 후 기업체의 유・무형의 자산가치(이하 "기업가치"라 한다)에서 부채의 가치를 빼고 산정한 자기자본의 가치를 발행주식 수로 나눌 것

② 감정평가법인등은 채권을 감정평가할 때에 다음 각 호의 구분에 따라야 한다. 〈개정 2014.1.2, 2022.1.21.〉

1. 상장채권(거래소에서 거래가 이루어지는 등 시세가 형성된 채권을 말한다) : 거래사례비교법을 적용할 것
2. 비상장채권(거래소에서 거래가 이루어지지 아니하는 등 형성된 시세가 없는 채권을 말한다) : 수익환원법을 적용할 것

③ 감정평가법인등은 기업가치를 감정평가할 때에 수익환원법을 적용해야 한다. 〈개정 2022.1.21.〉

» 제25조(소음 등으로 인한 대상물건의 가치하락분에 대한 감정평가)

감정평가법인등은 소음・진동・일조침해 또는 환경오염 등(이하 "소음 등"이라 한다)으로 대상물건에 직접적 또는 간접적인 피해가 발생하여 대상물건의 가치가 하락한 경우 그 가치하락분을 감정평가할 때에 소음 등이 발생하기 전의 대상물건의 가액 및 원상회복비용 등을 고려해야 한다. 〈개정 2022.1.21.〉

» 제26조(그 밖의 물건의 감정평가)

감정평가법인등은 제14조부터 제25조까지에서 규정되지 아니한 대상물건을 감정평가할 때에 이와 비슷한 물건이나 권리 등의 경우에 준하여 감정평가해야 한다. 〈개정 2022.1.21.〉

» 제27조(조언・정보 등의 제공)

감정평가법인등이 법 제10조 제7호에 따른 토지 등의 이용 및 개발 등에 대한 조언이나 정보 등의 제공에 관한 업무를 수행할 때에 이와 관련한 모든 분석은 합리적이어야 하며 객관적인 자료에 근거해야 한다. 〈개정 2016.8.31, 2022.1.21.〉

» 제28조(그 밖의 감정평가 기준)

이 규칙에서 규정하는 사항 외에 감정평가법인등이 감정평가를 할 때 지켜야 할 세부적인 기준은 국토교통부장관이 정하여 고시한다. 〈개정 2013.3.23, 2022.1.21.〉

» 제29조(규제의 재검토)

국토교통부장관은 제13조에 따른 감정평가서의 작성에 대하여 2024년 1월 1일을 기준으로 3년마다(매 3년이 되는 해의 기준일과 같은 날 전까지를 말한다) 그 타당성을 검토하여 개선 등의 조치를 해야 한다.

[본조신설 2023.9.14.]

» 부 칙 〈국토교통부령 제1253호, 2023.9.14.〉

제1조(시행일)

이 규칙은 공포한 날부터 시행한다.

제2조(감정평가서의 작성에 관한 적용례)

제13조 제3항 제1호의2의 개정규정은 이 규칙 시행 이후 감정평가를 의뢰받은 경우부터 적용한다.

합격까지 박문각

박문각
감정평가사

이충길 · 이동현
S+ 감정평가이론 총론

2차 | 기본서

제3판 인쇄 2024. 2. 20. | **제3판 발행** 2024. 2. 26. | **편저자** 이충길 · 이동현
발행인 박 용 | **발행처** (주)박문각출판 | **등록** 2015년 4월 29일 제2015-000104호
주소 06654 서울시 서초구 효령로 283 서경 B/D 4층 | **팩스** (02)584-2927
전화 교재 문의 (02)6466-7202

저자와의 협의하에 인지생략

정가 30,000원
ISBN 979-11-6987-747-3

MEMO

MEMO

MEMO